버킷리스트 23

이 책을 소중한

_____님에게 선물합니다.

_____ _____드림

• 운명을 바꾸는 종이 위의 기적 •

버킷리스트 23

기획 | **김도사 · 권마담**

임정호 박옥희 이남희 김유정 주연아
우경화 이순복 반 현 류옥경 이창순
김수진 박민준 김표영 이명란 박상민

위닝북스

버킷리스트를 쓰고
원하는 삶을 살아가라!

세상은 꿈꾸는 사람들의 것이다. 이 말이 가슴에 와닿지 않아 이해하기 어려운 사람도 있을 수 있다. 현실은 생각보다 고달프고 먹고 살기 팍팍하며 힘들지 않은가? 하지만 누구든 버킷리스트를 작성하면 알게 된다. 꿈이 있어야 목표가 생기고 그 목표를 실현하기 위해 내가 달라진다는 것을. 터무니없고 허황된 것이라고만 생각했던 꿈과 희망, 손으로 직접 작성하면서 분명 달라진다.

흔히들 과거의 경험들이 우리를 힘들게 한다고만 생각한다. 심지어 나를 우울하게 하고 괴롭게 한다고 생각한다. 하지만 버킷리스트를 쓰다 보면 과거의 힘들었던 경험이 치유가 된다는 것을 알게 된다. 지금 돌이켜 생각해 보니 과거의 고난과 역경은 우리를 성장하게 하는 기회였다. 우리를 발전시키고 앞으로 나아가게 만들며, 우리에게 더 큰 꿈과 목표를 세우라고 이야기한다. 누구든 버킷리스트를 작성하면서 행복함을 느낄 것이다. 진짜 나에게 한 걸음 다가가서, 정말 내가 원하고 진정으로 하고 싶은 것이 무엇인지 알게 된다.

이 책의 저자들은 직접 작성한 버킷리스트를 이루기 위해 매일 앞으로 나아가고 있다. 우리는 어떤 일이 다가와도 반드시 이루어진다는 것을 알고 있다. 예전에는 혹시나 하는 이런저런 걱정과 고민으로 시간을 보냈다. 하지만 꿈과 목표가 생기면서 달라졌다. 쓸데없는 생각으로 시간을 낭비하지 않는다. 자기 자신을 그냥 믿는다. 내가 무엇을 어떻게 해야 하는지, 실제적인 방법을 찾는다. 안 된다는 생각보다는 무조건 실행한다. 하루하루가 즐겁다. 우리 앞에 있는 사건들이 어떻게 우리의 꿈을 이루어줄지 너무 궁금하다. 행복하다. 우리는 매일 버킷리스트를 보며 꿈꾸고 행동한다. 우리가 진정 원하는 삶을 살아간다.

2020년 5월

김유정

CONTENTS

PART
1

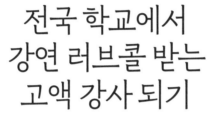

전국 학교에서
강연 러브콜 받는
고액 강사 되기

· 임정호 ·

임정호

미술교사, 자기계발 작가

중·고등학교 미술교사로 재직 중이다. 현재 '즐겁게 교사생활하는 방법'을 주제로 개인저서를 집필 중이다.

아마추어 골퍼 싱글 되고
제일 비싼 골프장 회원권 갖기

많은 사람들이 골프를 좋아한다. 우연히 배우기도 하고 꼭 하고 싶어서 하게 된 경우도 있을 것이다. 그처럼 골프와 인연을 맺게 된 각자의 이유는 다 다를 수 있다. 어떤 운동이든 열정적인 연습과 노력이 필요하지만 골프는 골프 나름대로의 치명적인 매력이 있다. 나 또한 48세에 시작해 52세가 된 지금까지 그 매력에서 빠져나오지 못하고 있다.

내가 골프를 시작한 이유는 솔직히 말하자면 외로워서였다. 어렸을 때도 사춘기를 거치면서도 내가 운동을 좋아하는 사람이라는 것을 인지하지 못하고 살았다. 그러다 두 딸의 엄마가 되고 나서 아이들에게 생존 운동이라는 수영을 시키게 되었다. 나는 아이들을 마치 선수처럼 훈련시켜 교육장배 대회에까지 내보냈다. 뿐만 아니라 학교 수행평가를 위해 줄넘기, 농구 등의 레슨을 받게 했다. 그 밖에도 교양 스포츠로 테니스까지 시켰다. 겨울에는 스케이트, 스키, 보드까지 다 맛보게 했다.

하지만 정작 나 자신은 뒷전이었다. 딸들에게 가르친 그 모든 것들은 내 것은 아니었다. 나는 내가 쫓아다니다시피 해서 남편과 결혼했다. 그런데 그 남편과의 결혼생활도 어느 순간 막다른 길에 다다른 듯한 답답함을 주었다. 다시 뭔가에 빠져보고 싶다는 생각을 한 것은 그쯤이었다. 그리고 그때 만나게 된 운동이 골프다.

시작한 이유야 좀 허접하게 느껴지지만 마음에 든 이상 난 열정을 가지고 빠져드는 스타일이다. 나와 같은 사람들의 단점이 또 쉽게 그 열정이 식기도 한다는 점이리라. 그런데 나에게 골프는 아직 그렇지 않다. 골프는 나의 외로움을 많이 달래 주었다. 뿐만 아니라 나의 시야를 넓혀 주고 항상 목표를 갖고 살게 한다.

사람들은 골프를 치려고 13개의 클럽을 골프백에 가지런히 넣어서 약속된 장소에서 만난다. 그런데 입고 나온 복장을 보면 뭔가 그 사람의 성격도 알 수 있을 것 같다. 골프는 매력적인 복장으로 시선을 끌 수도 있다. 또는 멋진 스윙으로 구력과 연습량과 운동신경을 뽐낼 수도 있다. 어디 그뿐인가. 과감한 도전으로 프로같이 라운딩을 할 수도 있는 멋진 운동이다. 무엇보다 18홀을 도는 4시간여 내내 어느 한순간도 같지 않은 경험을 하게 된다. 그만큼 쉽게 만족할 만한 스코어를 낼 수 없는 도도한 운동이기도 하다.

라운딩을 한 번 하게 되면 상대방에 대해서 어느 정도 알게 된다. 근본 없이 골프만 잘 치는 사람보다는 적당한 스코어에 매너 있게 치는 사람이 훨씬 멋지게 느껴지는 운동이기도 하다. 차근차근 몇 해를 하다 보니 나도 어느덧 타수 100을 깨고 90도 깨고 80대에 들어설 때도 있다.

골프 라운딩은 13개의 채를 다 이용해서 4개의 영역을 골고루 완성해야 싱글스코어를 낼 수 있다. 먼저 드라이버로 시원하게 공을 페어웨이에 안착시켜야 한다. 그리고 나서 날카로운 아이언샷과 섹시한 어프로치 그리고 스트록이 좋은 퍼터 감까지 갖춰야 싱글스코어를 갖게 되는 것이다.

쉽지 않음을 깨닫고 포기하고 싶은 마음도 여러 번 들었으나 요즘은 더 열심히 하게 되었다. '한국책쓰기1인창업코칭협회(이하 한책협)'에 등록하고 버킷리스트를 만들면서부터다. 나도 아마추어 싱글골퍼가 될 수 있다고 김도사님이 알려 주셨다. 너무 마음이 설레어 혈압이 올라갈 정도다. 고혈압 약을 먹어야(?) 될지도 모르겠다.

골프를 치면 다양한 사람들을 만나게 된다. 나보다 잘 치고 구력이 많아 아마추어 싱글골퍼인 친구들도 있다. 많은 골퍼들은 홀인원보다 안정적인 싱글스코어를 갖게 되기를 더 희망한다. 어쩌다 운이 좋아 내게 되는 홀인원보다 싱글스코어는 실력이 뒷받침되어야 하기 때문이다. 많은 의미를 갖는 대목이다.

골프를 잘 치려면 첫째, 건강해야 한다. 둘째, 함께할 동반자가 있어야 한다. 셋째, 돈이 있어야 한다. 마지막으로 시간이 있어야 한다. 정말 쉽지 않은 운동이다. 때문에 아마추어로서 싱글스코어를 기록하는 친구들을 볼 때면 마음속 깊이 인정하게 된다. 또한 나도 그렇게 될 수 있을 거란 자신감도 생긴다. 골프는 아니지만 한책협에 싱글스코어를 기록한 사람들이 많다. 골프가 아닌 책 쓰기로 말이다. 그들을 보면 자신감을 가지게 되고 나도 할 수 있다는 긍정적인 에너지를 받는다.

아마추어 싱글골퍼가 되기 위해서 무엇보다 중요한 건 자신감인 것 같다. 나는 김도사님에게서 원하는 것을 이루는 법을 배웠다. 그래서 이미 머릿속에 싱글스코어를 가지고 있다. 곧 그렇게 될 것이라고 확고하게 믿는다는 뜻이다. 무엇이든지 그러하듯 나를 막고 있는 장애물은 바로 나다. 마찬가지로 원하는 곳에 공을 보내는 것도 바로 나인 것이다.

그렇게 마음먹고부터 나의 샷이 달라졌다. 믿음이 아주 확실한 동기부여가 된 것이다. 그런 만큼 집중력 있게 기본에 충실한 연습을 하고 흔들리지 않는 나만의 스윙을 만들려고 한다. 그리고 임팩트가 좋다는 말을 많이 듣는 편이므로 거리도 어느 정도는 낼 수 있을 것이다.

직장에 다니므로 시간은 좀 부족한 편이다. 주말 또는 방학을 이용해서 필드에 나가야 한다. 정기적으로 자주 나가지 못하는 것이 아쉬울 뿐이다. 그런 만큼 내게 주어진 시간을 잘 활용해서 즐겁게 라운딩을 해야 한다. 또 한 명의 동반자인 캐디에게서 그 홀의 생김새에 대한 안내를 잘 듣고, 클럽을 잘 선택하고, 자신 있게 샷을 하면 되리라.

티샷은 반드시 페어웨이에 간다. 세컨 샷은 그린 옆에 살포시 또는 그린 위에 정확하게 올라간다. 그리고 퍼터를 하면 마술같이 홀 속으로 공이 빠져든다. 그러면 공이 홀 속으로 사라지고 잠깐 트윙클이 생기는 것을 볼 수 있을 것이다.

골프 연습을 매일 하는 이유는 필드에 나가 실력이 느는 나의 모습을 나에게 보여 주고 싶기 때문이다. 또한 그건 나를 끊임없이 담금질하는 이유이기도 하다. 그리고 골프장에서 라운딩을 하는 동안 내가 숨 쉬고 살아 있음을 확인하는 확실한 방법이기도 하다.

골프를 하면서 수많은 선택과 갈등, 후회를 겪는다. 그렇게 그 속에서 또 다른 인생을 경험하며 라운딩을 끝낸다. 라운딩 중에는 순간순간 선택해야 하는 일이 많이 생긴다. 뿐만 아니라 그 선택이 잘되었는지 또 그렇지 않은지 바로바로 확인이 가능하다. 골프 인생에서 확실하게 성공하고 싶다. 싱글스코어로서 말이다.

때로 여러 곳의 아름다운 골프장을 다니는 즐거움도 있다. 하지만 아주 좋은 골프장에서 정기적으로 라운딩을 하고 싶다. 마치 내 집을 갖고 싶은 이유와 같은 것일지도 모르겠다. 내가 좋아하는 지인들과 골프를 좋아하는 친구들을 초대해서 골프를 즐기고 이런저런 삶의 이야기를 나누고 싶다. 그러면서 진정한 골퍼가 되고 싶다.

'아마추어 골퍼 싱글 되고 제일 좋은 골프장 회원권 갖기'라는 버킷리스트를 정하는 순간 나는 이미 싱글골퍼가 되어 있다. 나의 마인드며 공의 구질까지 확 변해 있음을 느낀다. 이렇게 버킷리스트에 대해 글을 쓰는 나 자신을 보고도 놀라지 않을 만큼.

내 생각을 글로 쓰다 언젠가는 책을 내고 싶다는 막연한 마음만 가득 갖고 있었다. 그런데 한책협에 등록하는 순간 거짓말처럼 그런 일이 일어나고 있다. 글을 쓰려고 하다 보니 순식간에 책도 많이 읽게 되었다. 교사로서의 나의 경험을 골프이야기와 함께 풀어놓은 책을 낼 것이다. 그러곤 책 내용을 주제로 강의를 다닐 것이다. 그렇게 돈을 벌어서 나의 버킷리스트 '제일 비싼 골프장 회원권' 갖기도 이룰 것이다.

아마추어 골프대회도 나가고 싶다. 그러면 나의 골프 근육은 확실히 단단해질 것이다. 그렇게 나와 함께 라운딩을 하는 동반자에게 기분 좋은 에너지를 주고 싶다. 나 또한 항상 함께 골프를 치고 싶은 멋진 동반자로 기억되고 싶다.

홍천에 있는 아버지 집 옆에
저택 지어 지내기

태어나서 결혼하기 전까지는 늘 아버지와 한집에서 살았다. 결혼 후 처음으로 아버지와 떨어져서 살게 되었다. 아버지는 내가 선택한 아버지가 아니다. 난 태어날 때부터 아버지 딸로 정해져 있었다. 생각해 보니, 아버지에게 크게 불만은 없었다. 우리 아버지는 왜 저러나 하는 생각도 없이 지낸 것 같다. 아버지는 열심히 일했으며 좋은 아버지가 되려고 노력하시는 모습도 많이 보이셨다.

내가 초등학교 때 살던 집의 정원은 넓은 잔디밭이었다. 정원 한쪽에는 탁구대가 있었다. 아버지와 탁구를 했던 추억도 있다. 아버지는 집을 건축하시는 일을 하셨다. 땅을 사고 그 위에 집을 지으시곤 다시 팔았다. 그렇게 돈을 벌고 모으셨다. 나에겐 피아노도 배우게 해 주셨으며 미술을 전공할 수 있게 지원해 주셨다. 하고 싶은 것은 다 할 수 있게 해 주신 것이다.

물론 아버지도 좋은 점만 가지고 계신 것은 아니다. 화도 잘 내시고 성격도 급하시다. 뿐만 아니라 내가 어렸을 때 엄마와 많이 싸우셨다. 그

점은 내가 본 아버지의 가장 큰 단점이었다. 그럼에도 불구하고 나는 아버지를 사랑하고 존경한다.

큰딸인 나는 아버지께서 반대하는 결혼을 했다. 대학교 2학년 때 처음 만난 남편은 부모님이 일찍 돌아가신 고아였다. 나보다 한 살 어린 남편은 결혼할 때쯤 취직하게 된 만큼 경제적인 능력이 없는 상태였다. 아버지는 그런저런 이유로 우리의 결혼을 반대하셨다. 그럼에도 불구하고 나는 내가 좋아하는 사람과 결혼하겠다고 고집을 꺾지 않았다. 자식 이기는 부모 없다는 말을 믿었다. 그렇게 믿어서인지 아버지는 이런 결혼도 있구나 하시면서 나의 결혼을 허락해 주셨다. 우리는 남편이 취직하던 해 늦가을에 결혼했다.

막상 결혼을 하게 되자 아버지는 우리에게 작은 아파트도 사 주셨다. 또한 신혼 살림살이도 다 장만해 주셨다. 나는 결혼 후 두 딸을 낳았다. 나는 고등학교 미술교사였지만 그 당시에는 육아휴직이 쉽지 않았다. 부모님은 딸의 직장생활을 위해 딸의 딸도 키워 주셨다. 우리가 부모님과 가까운 곳에서 살게 된 이유이기도 하다. 나는 평일에만 아이들을 맡기고 주말에만 집으로 데려왔다.

직장에 다니는 많은 여자들은 발을 동동거리면서 육아를 전쟁처럼 치러 낸다. 그런데 난 부모님의 도움을 받아 가며 아이들을 키웠다. 부모님은 손녀들을 자식들보다 더 정성스럽게 키우셨다. 평일 날 가끔, 일찍 퇴근하고 아이들을 보러 갈 때도 있었다. 그럴 때면 아버지는 손녀를 포대기에 싸 업고 자장가를 부르고 계셨다. 거의 매일 엄마는 내가 음식 만들 일이 없을 정도로 반찬을 해 주셨다.

두 딸이 태어나기 전 아버지는 강원도 홍천에다 산을 하나 사셨다. 그러곤 소나무 숲으로 이루어진 산 입구에 길을 내셨다. 주변에는 산속에서 흘러 내려오는 시냇물도 있었다. 아버지는 산 밑 좋은 위치에서부터 차례로 직접 네 채의 집을 지으셨다. 부모님 집, 여동생, 남동생 그리고 나의 집이었다. 그때 당시 우리 3남매는 모두 결혼했고 신혼인 여동생네만 아이가 없었다.

주말이면 아들이 둘인 남동생 가족과 딸이 둘인 나의 가족은 홍천에 갔다. 아버지는 산에서 산딸기도 따서 주시고 희귀한 약초도 먹어 보라고 하셨다. 직접 재배하신 열무로 김치도 담가 주셨다. 우린 토마토, 옥수수도 원 없이 먹었다.

아버지는 홍천에 지은 집 네 채에 애착을 많이 가지셨다. 가끔 지나가던 사람들이 아버지 땅에 관심을 보였다. 그러곤 각자 형편에 맞게 땅을 사서 집을 짓기 시작했다. 그렇게 몇 해가 지나고 나니 꽤 많은 집이 생겼다. 작은 마을이 형성된 것이다.

아버지는 미술을 전공한 나에게 간판을 주문하셨다. 마을 입구에 세워 놓을 거라 하셨다. 간판에 들어갈 내용으로 '미소마을'이라는 마을 이름과 아버지의 전화번호를 넣어야 한다고 하셨다. 처음에는 업체에 맡기면 될 일을 부러 시키신다고 귀찮은 생각이 들었다. 사실은 잘 만들 자신이 없었다. 하지만 계속 아버지에게 받기만 하며 살고 있는 내 처지를 돌아보게 되었다. 그러자 그 일은 반드시 해 드려야겠다는 생각이 들었다.

인터넷에서 간판을 제작하는 방법을 찾았다. 필요한 재료를 샀고 나무도 합판을 파는 업체에 가서 직접 잘라 왔다. 나는 아버지가 주문하신 간판을 만들기 위해 방과 후 학교 미술실에서 며칠간 씨름했다. 크기가 60cm×80cm 정도로 크지는 않다. 하지만 마을 입구의 철제 다리 위에 올려놓을 간판인 데다 비와 바람, 햇볕에 견뎌야 한다. 내 전공과도 무관한 일이고 한 번도 해 본 적이 없음에도 나는 간판을 만들어 냈다. 그러곤 잘 포장해서 아버지께 드렸다.

부모님과 우리 3남매의 터전은 모두 서울이다. 아이들이 크면서 홍천에 가는 횟수는 점점 줄어들게 되었다. 특히 엄마는 홍천과 서울의 두 집 살림이 점점 버겁다 하셨다. 아버지 혼자 홍천에 가 계시거나 다녀오시는 일이 잦아졌다. 간판을 만들어 아버지께 전달한 후 한참동안 나는 홍천에 갈 일이 없었다. 평일에는 직장을 다니고 주말에는 딸들 학교 과제며 학원 숙제를 챙기느라 정신이 없었기 때문이다.

그러던 어느 날 홍천에 꼭 가야 할 일이 생겼다. 골프백을 찾아와야 했기 때문이다. 1년 전쯤 내가 만든 간판이 마을 입구에 세워져 있는 것을 보게 되었다. 미술실에서보다 훨씬 작게 느껴졌다. 그렇지만 뭔가 모를 감동이 밀려왔다. 아버지가 내가 만든 간판을 세워 놓으셨구나. 당사자인 나는 언제인지도 기억이 가물가물한데…. 그새 비도 맞고 바람도 맞고 햇볕에 색도 좀 바랬다. 그리고 네 채의 집은 다른 지역 사람들이 다 사서 전원주택으로 사용하고 있었다.

나는 오랜만에 간 홍천 미소마을에서 아버지가 처음 만든 네 채의 집을 금세 찾을 수 없었다. 그 정도로 주변에 모르는 집들이 많이 생긴 것이었다. 두 딸을 키운다는 핑계 속에 나는 아버지가 어떻게 사시는지 챙기지 않았다. 아이들이 어렸을 때는 하루가 멀다 하고 부모님을 찾아 갔었다. 거의 같이 살다시피 한 거나 다름없다. 그런데 아이들을 핑계 대며 찾아뵙는 횟수가 점점 줄어들었다. 그러다 보니 뭔가 섭섭함을 느끼시는 기색이시다.

나는 아버지에게서 늘 받기만 했다. 살다 보니 딸들과 함께한 시간과 행복한 추억은 많다. 외국여행을 가서 밤늦게까지 돌아다니거나 맛집을 찾아다니며 놀던 기억들…. 그러나 아무리 돌이켜 봐도 성인이 된 후 아버지와 함께한 추억이 없다. 어디를 가자 해도 아버지는 바쁘니 괜찮다고만 하셨다. 뭘 사 드린다 해도 돈 아껴 쓰라시며 괜찮다 하신다. 그러다 어느새 서로 불편한 관계가 되고 있다.

다른 사람들은 나의 껍데기를 보고 나를 판단한다. 차, 옷, 스펙 그리고 돈 같은 것들 말이다. 하지만 아버지는 나를 아신다. 나의 한계, 나의 바닥까지 깊이 알고 계신다. 그래서 편하면서도 또 불편하다.

홍천 아버지 집 옆에 저택을 짓겠다. 내가 직접 디자인해서 시공을 아버지께 부탁드리고 싶다. 집 곳곳을 내가 원하는 스타일대로 꾸미고 가꾸겠다. 저택 한쪽에 방을 들여 행복하게 글을 쓰는 작가의 공간으로 만들고 싶다. 그리고 가끔 아버지를 초대해서 아버지가 좋아하는 대구탕을 끓여 드리고 싶다. 생선구이도 해 드리고 때로는 상추쌈에 오리고기도 구워 드리면서 아버지와의 추억을 만들고 싶다.

아버지는 여동생의 아들이 스무 살이 되는 해까지 사시겠다고 선언(?)하셨다. 조카는 올해 여덟 살로 초등학교 2학년이다. 올해 75세이시니 앞으로 12년을 더 살고 싶다는 바람이 아니시겠나. 나는 아버지가 건강하고 행복하게 지내시길 바란다. 아버지와의 추억이 없었던 과거를 새로 쓰고 싶다. 리셋을 할 수 없음에도. 홍천 아버지 집 옆에 저택을 짓고 그곳에서 글을 쓰고 싶다. 그렇게 틈틈이 아버지와 추억을 만들면서 아버지와의 관계를 새롭게 창조하고 싶다.

명품 숍에서만 쇼핑하고
딸들과 같이 옷 입는 엄마 되기

나는 옷이 많은 편이다. 직장생활 23년 차이니 매년 옷을 몇 벌씩만 샀다고 해도 그렇지 않겠나. 옷장에는 옷이 이미 차고도 넘친다. 나는 다양한 곳에서 옷을 구입한다. 백화점, 아울렛, 동네에 있는 작은 숍, 그리고 동대문의 대형 상가까지. 요즘에는 압구정 가로수 길의 로드 숍과 고속버스터미널 지하상가에서 많이 산다.

나는 긍정적인 나의 자아를 드러내 주는 밝은 색의 옷을 즐겨 입는다. 그리고 항상 투머치 룩이 되지 않도록 한다. 대신 여백의 미를 살리는 스타일을 좋아한다. 한마디로 '꾸안꾸(꾸민 듯 안 꾸민 듯)' 스타일이 나와 잘 맞는다.

'꾸안꾸룩'은 쉬울 것 같지만 꼭 그렇지만도 않다. '꾸안꾸룩'을 완성하려면 먼저 꾸밀 수 있어야 한다. 그렇다고 남을 의식해서 지나치게 꾸몄다는 느낌을 주는 것은 옷을 잘 입는 게 아니다. 색과 색 사이에 자연스럽게 중간색을 넣듯이 전체적으로 튀는 느낌이 없도록 해 줘야 한다. 그러면서도 어느 곳에서든 개성이 드러나게끔 해 줘야 한다.

처음부터 내가 옷차림으로 나의 정체성을 나타내려고 한 것은 아니었다. 중학교와 고등학교 시절에는 주로 엄마가 사 주는 옷을 입었다. 대학교에 가서도 특별히 내가 옷을 산 경우는 없었다. 때문에 내가 입을 수 있는 옷에는 한계가 있었다. 중학교, 고등학교 시절 나에게도 입고 싶은 스타일의 옷이 있었다. 하지만 그때는 생각에 그칠 수밖에 없었다.

고등학교 2학년 때쯤이었다. 엄마와 같이 옷을 사러 간 적이 있었다. 동네에 있는 보세 옷가게였다. 바지 위에 입을 옷으로 니트 카디건을 골랐다가 이유 없이 엄마에게 혼난 적이 있다. 아마도 엄마는 학교에 입고 다닐 만한 평범한 옷을 사 주시려 했을 거다. 그런데 손질이 어려운 니트를 고르니 어이가 없으셨나 보다. 엄마는 좀 무서운 편이셨다. 나는 내가 입고 싶은 옷을 이유 없이 별로라고 하는 엄마의 말을 반박하지 못했다. 그 일이 알게 모르게 상처가 되어서 그때부터 엄마가 사 주는 옷만 입었다.

3남매 중 내가 첫째 딸이다. 그리고 두 살 터울의 남동생이 있다. 여동생은 나와 일곱 살 차이가 난다. 때문에 학창시절 여동생과 옷을 공유할 수도 없는 상황이었다. 대학교에 진학해서도 나는 계속 엄마가 사 주는 옷을 입었다. 아버지가 대학교에 입학했다고 내게 사 주신 꽃무늬 핑크색 구두는 아직도 생생하게 기억난다.

옷도 나와 함께 가서 골라 주는 것이 아니라 엄마가 직접 골라 왔다. 엄마는 옷이 예뻐서 사 주셨겠지만 내 마음에 썩 들지 않는 경우가 더 많았다. 하지만 그냥 입고 다녔다. 20대 초반은 어지간하면 다 어울리는 나이가 아니겠는가. 가끔 엄마는 색상이 선명한 티셔츠를 사 주기도 하셨다. 특히 나에게는 주황색이 매우 잘 어울렸다. 그 티셔츠를 입을 때면 생동감 넘치는 여대생으로 변신한다고 생각해 꽤 자주 입기도 했다.

대학교 졸업식 때 입으라고 부모님이 나와 함께 백화점에 가서 꽤 비싼 투피스를 사 주신 적도 있다. 비싸고 고급스럽고 예쁜 옷이었다. 그런데 난 그 옷이 썩 마음에 들지 않았다. 옷이 나의 정체성과 맞지 않아서 그랬던 것 같다. 그때는 나의 이미지에 대해 확고한 생각을 갖지 못했다. 내가 어떻게 입어야 할지 자신감도 없었다. 그래서 부모님이 예쁘다고 골라 주는 옷을 그냥 입고 졸업식에 참석했다.

대학 졸업 후 나는 매일 학생들 앞에 서야 하는 교사가 되었다. 학생들은 교사의 옷차림에 관심이 많다. 즉각적인 반응을 보여 주기도 하고 때론 뜨거운 반응을 보이기도 한다. 자신들의 수준에서 좋아하는 옷차림에 그런 반응들을 보였다. 본인들이 입을 수 있음직한 옷차림에 더 크게 반응하곤 했다. 특이하게도 나는 수업을 잘하는 교사보다는 옷을 잘 입는 교사라는 말이 더 듣고 싶었다. 그래서 학생들의 취향을 반영한 옷을 입으려 노력했다. 그 때문인지 나는 옷을 젊게 입는다는 말을 많이 들었다. 또한 내가 원하는 스타일대로 입고 출근하면 자신감이 생겼다. 학생들 앞에서 수업할 때도 좀 더 행복했다.

유행에 민감한 학생들의 반응은 나를 변화시켰다. 엄마가 사 주는 옷만 입던 나의 패션 센스는 나날이 발전했다. 나는 기본적으로 열정적이고 화려한 스타일의 옷을 선망한다. 하지만 실제 내가 입고 다니는 옷은 잡지나 모델, 사진 속의 연예인들처럼 치밀하게 계산된 화려한 룩일 수는 없다. 그러한 옷차림은 일상생활과 괴리될 수밖에 없을 것이다. 그래서 화려한 것을 좋아하지만 지루하지 않은 선에서 여백의 미를 갖추려고 노력한다.

직장생활을 하면서 키운 어린 딸들은 이제 대학생이 되었다. 첫째는 미술을 둘째는 음악을 한다. 전공이 다른 만큼 옷을 입는 스타일도 다른 편이다. 하지만 너무나 감사하게도 둘 다 나의 옷장을 좋아한다. 외출하기 전에 항상 그 옷장을 뒤지며 뭘 입으면 좋을지 물어본다. 내가 새 옷을 사서 걸어 놓으면 나보다 먼저 입고 나가기도 한다. 처음에는 옷이 망가질까 봐 옷을 같이 입는 것이 반갑지만은 않았다. 그런데 생각해 보니 딸들과 함께 옷을 입으니 좋은 점이 많다.

딸들과 함께 옷을 입으니 상대적으로 옷값이 줄어드는 효과가 있다. 좀 비싼 옷을 구입할 때도 딸과 함께 입을 수 있는지의 여부를 따져 보면 선택이 쉽다. 패션의 완성은 얼굴과 몸매라고 한다. 아무리 예쁜 옷도 몸에 맞아야 입을 수 있다. 딸들과 함께 입으려면 몸매 관리를 안 할 수가 없다. 그래서 딸들이 성인이 된 이후에 나의 몸은 더 젊어졌다.

패션디자인을 배우러 영국에 유학 중인 큰딸과 여행을 간 적이 있다.

여행 계획은 딸이 짰고 나는 여행 경비를 댔다. 딸은 여행 계획에 장소와 음식과 패션을 넣었다. 딸과 여행을 다니면 평소에 입지 못하는 좀 더 과감한 옷에도 도전할 수 있다. 딸은 내게 어깨가 드러나는 짧은 데님 스커트도 권한다. "엄마 나이에 이런 옷을 입어도 돼?"라고 물으면 딸은 나이가 뭐가 중요하냐고, 어울리면 입으면 된다고 응원한다. 나도 그렇게 생각한다. 나이는 중요하지 않다고 생각한다.

둘째 딸과는 단둘이 제주도 여행을 간 적이 있었다. 대학 입시에 실패한 딸을 위로하고 격려하기 위한 여행이었다. 맛집도 찾아가 보고 차를 렌트해서 제주도 해안도로를 원 없이 달려 보고도 싶었다. 저녁에는 둘이서 호텔 야외 수영장을 이용하기도 했다. 수영장에는 성인용 풀이 따로 있었다. 뜨거운 연인들만 있는 수영장에 우리만 엄마와 딸일까 봐 살짝 걱정되었다. 하지만 우리는 준비해 간 비키니를 입고 수영장에서 즐겁게 수영도 하고 사진도 찍었다. 딸은 비키니를 입고 자신과 놀아 주는 엄마가 최고라며 멋진 미소를 날렸다.

딸들과 같이 옷을 입기 시작하면서 내 패션은 좀 더 과감해졌다. 크게 남을 의식하지 않는 다는 뜻이다. 나는 지금 50대다. 그런데 이렇게 철없이 살다 보니 남이 어떻게 나를 보든 '젊다'는 말이 꽤 오래 써먹을 수 있는 표현이라 생각된다. 그래서 어느 순간부터 나이는 생각하지 않고 살기로 했다. 내가 아무리 동안이어도 서른다섯은 아니고 아무리 내가 노안이어도 예순은 아님을 잘 알고 있다.

나는 성인이 되고도 한참이 지나서야 나의 정체성에 따라 옷을 입기 시작했다. 하지만 딸들은 이미 자신들이 어떤 스타일을 좋아하고 어울리는지 잘 알고 있다. 딸들은 자신의 눈과 직관을 신뢰한다. 그런 모습이 보기 좋다. 딸들은 자신들의 매력을 알고 있다. 장점을 드러낼 줄도 알고 단점도 커버할 줄 안다. 그들은 패션 공식을 기본으로 삼아 자신의 존재를 드러낸다. 하지만 본인들의 외모를 객관화하고 인정하고 받아들일 줄도 안다.

그런 딸들이 명품을 좋아한다. 가끔 해외여행을 갈 때면 면세점에서 고급스러운 명품을 감상하곤 한다. 고액의 패션 아이템이지만 큰마음 먹고 구입하기도 한다. 어떻게 보면 꼭 필요한 것은 아니다. 하지만 소수의 사람들만이 누릴 수 있는 만큼 딸들에게 특별함을 부여해 준다. 독특하고 귀한 것을 착용하니 딸들의 정체성이 더 잘 드러난다. 그러나 안타깝게도 딸들에게 명품을 많이 사 줄 수는 없다. 물론 옷장에 있는 옷이, 가지고 있는 가방이 다 명품일 필요는 없다. 하지만 분명히 명품이 주는 아우라가 있다.

아무리 비싼 명품이어도 입는 사람에 따라 값어치가 달라 보인다. 명품은 쉽게 만들어지지 않는 고가의 상품이다. 명품을 입음으로써 시너지 효과를 얻는 유명 인사들을 소개하는 글을 본 적이 있다. 그들 또한 그 자리에 오르기까지 힘든 과정을 겪고 결국 성공한 것이리라.

나는 딸들이 명품을 많이 갖고 싶다는 욕심을 내는 것은 아직 이르다고 생각한다. 명품이 그들에게 잘 맞는 사람으로 성장하길 바랄 뿐이다. 명품을 가질 수 있는 사람으로, 명품 또한 잘 어울리는 사람으로 말이다.

전국 학교에서
강연 러브콜 받는 고액 강사 되기

나는 미술대학을 졸업했다. 그 후 바로 대학원에 진학해 나만의 개성 있는 작품을 만들었다. 나의 전공은 금속공예. 아트 공예인만큼 독특한 디자인의 작품을 만들어 과제로 내곤 했다. 콘셉트를 잘 잡고 공을 들여 작품을 제작했다. '피니시' 작업까지 완벽히 잘해냈다. 그래서인지 공모전에 출품할 때마다 입상했다. 나의 꿈은 아트주얼리 작가가 되는 것이었다. 나는 개성 있는 작품을 만들어 내기 위해 내 20대의 하루하루를 열심히 살았다.

그러나 나는 점점 아트주얼리 작가라는 꿈에 자신이 없어졌다. 왠지 '밑 빠진 독에 물 붓기'라는 생각이 들었다. 작품은 제작비만 많이 들어가고 판로가 마땅치 않았다. 금속공예 중 아트주얼리의 주재료는 금, 은, 원석 등이다. 가뜩이나 대학원에 다니는 것을 못마땅하게 여기시던 부모님이다. 부모님은 딸에게 미술을 시킨 것을 후회하고 계셨다.

하루는 직접 만든 장신구를 들고 아트주얼리 숍에 갔다. 1996년 당시에는 인사동에 아트주얼리 숍이 많았다. 그곳에는 유명한 미술대학교 교수들의 장신구와 작품들이 전시되어 있었다. 물론 가격도 비쌌다.

　나는 인사동을 나와 남대문시장으로 갔다. 남대문시장에도 아트주얼리 숍이 있었는데 인사동처럼 고급스럽진 않았다. 수입 용품을 파는 시장 안쪽의 중간쯤에 자리 잡고 있는 숍이었다. 나는 나의 분신과도 같은 작품을 얼마에 사 줄 수 있는지 숍 주인에게 물었다. 매우 떨리는 순간이었다. 내 작품은 재료비가 많이 들어간 장신구였기 때문이다. 무엇보다 수작업을 한 것이라 만드는 데 시간이 꽤 걸렸다.

　가격 흥정에 들어가자 숍 주인은 15만 원에 사겠다고 했다. 나는 잠시 계산을 해 봤다. 장신구를 만드는 데 들어간 돈을 말이다. 언뜻 생각하면 15만 원이라는 돈은 적은 돈은 아니다. 하지만 장신구 제작비와 나의 노력에 대한 대가로는 충분치 않았다.

　바람과는 달리 대학원을 나오고도 나는 작가가 될 수 없었다. 뿐만 아니라 직업을 가질 수도 없었다. 이곳저곳에 취업 원서를 내 봤다. 나는 내 전공을 그나마 살릴 수 있는 '미미월드'라는 완구업체에 취업이 되었다. 하지만 출근하지 않기로 결정했다. 적성에 맞을 것 같지 않았고 좀 더 창의적인 일을 찾고 싶어서였다.

　그러다가 곧 임용고시를 준비했다. 교사가 되기로 결정한 것이다. 학원을 다니고 문제를 풀고 논술시험을 준비했다. 시험 준비를 하다 보니 교사가 되고 싶은 마음이 간절해졌다. 두 해 정도 공부하고 난 미술교사가 되었다.

교직은 그간 창의적인 작품을 위해 열정을 쏟았던 나와는 썩 잘 맞지 않았다. 콘셉트를 잡아 작품을 제작하고 공모전에 입상해 스펙을 쌓던 일은 과거가 되어 버렸다. 아침 일찍 출근해 수업을 하고 업무를 보는 일상을 되풀이했다.

학생 상담, 학부모 상담 등 배우지 않은 낯선 일들을 그때그때 눈치껏 처리해야 했다. 무엇보다 부담스러운 것은 연구수업을 해야 한다는 것이었다. 신임교사는 다른 교사들과 교감, 교장이 참관하는 수업을 해야 했다.

항상 작품을 열심히 만들어 낸 것처럼 나는 수업도 욕심껏 준비했다. 그러나 내 수업을 참관한 동료 교사 중 한 명은 내게 가르치는 것이 아니고 브리핑하는 것 같다고 평가했다. 아마도 학생들과 소통이 덜 되었던 탓이리라. 뒤에서 참관하는 선생님들을 더 의식한 탓이리라. 나는 아직 초보 교사고 좀 더 시간이 지나면 더 좋은 수업을 할 수 있을 거라며 나를 위안했다.

몇 년 후 다시 나의 연구수업 차례가 되었다. 많은 선생님들이 참관하는 가운데 수업을 했다. 열심히 준비했으나 이때도 역시 나는 내가 듣고 싶은 평가를 받지 못했다. 그러고 나서 몇 년 뒤 나는 다른 고등학교로 전근을 갔다. 학교를 옮기게 되면 의례적으로 연구수업을 하게 된다. 당시 연구수업을 담당하던 선생님은 나의 수업 내용이 좋다며 수업대회에 도전하라고 했다. 정말 내가 수업대회에 나갈 정도로 잘하나? 사실 자신은 없었다. 하지만 또 다른 경험이다 생각하고 참가했다.

같은 학교에서 함께 참가한 선생님은 3위를 했다. 그러나 나는 예선 탈락이었다. 교사로서 수업을 인정받지 못한다는 건 참 안타까운 일이다. 나는 아픈 기억을 빨리빨리 지우는 연습을 많이 하고 산다. 어느새인가 난 누구에게도 수업대회에 참가했다 떨어졌다고 말하지 않게 되었다. 기억에서 지워 버렸기 때문이다.

나는 중학교로 자리를 옮기게 되었다. 요즘은 학교현장에 동료장학이 활성화되어 있다. 같은 과목 선생님들끼리 수업을 참관하고 서로 조언해 주는 시스템이다. 물론 교감선생님도 수업을 참관하신다.

내 수업에 다른 선생님들이 들어오는 것은 이래저래 불편한 일이다. 그래서 난 되도록 교감선생님이 바쁘신 2학기로 동료장학을 신청했다. 내심 들어오지 않으셨으면 하는 바람이 있었다. 그런데 마침 교감선생님이 승진을 하셔서 다른 학교 교장으로 가시게 되었다. 내 바람이 이루어져 흐뭇했던 것도 잠시, 새로 오시는 교감선생님은 모든 교사들의 동료장학을 참관한다는 말이 들려왔다. 심지어 45분간 진행되는 수업 내내 참관을 하신단다. 나는 1학기에 미리 동료장학 수업을 하지 않은 나 자신을 탓했다.

동료장학 수업의 날이 다가왔다. 평소에 수업하던 PPT에 몇 가지 자료를 더 첨부했다. 생동감 있는 수업을 하기로 마음먹은 때문이다. 적극적으로 수업에 참여하는 학생들을 위한 간단한 선물(?)도 챙겼다. 누가 내 수업을 보고 있다 생각하지 않고 학생들에게 집중하고 호흡을 맞추는 데 초점을 두었다. 다행히 수업은 성공적이었다. 학생들은 매우 적극적으로 질문하며 수업에 참여했다. 신기하리만큼 그해 담임을 맡은 학생들은 다른 사람을 의식하지 않았다. 그런 점은 내가 그들에게서 배우고 싶은 점이기도 하다.

나의 수업을 참관하신 교감선생님은 수업이 매우 인상적이었다고 나를 격려해 주셨다. 학생이 중심이 된 수업이었다고 평가하시는 듯했다. 동료 미술선생님도 학생들이 수업을 매우 즐거워하고 있다고 수업 참관록에 썼다. 이처럼 어느 날은 수업에서 보람을 찾는다. 학생들과 소통이 잘된다고 느끼면 내가 뭔가를 가르치고 있다는 자부심이 들기도 한다. 하지만 학교현장의 선생님들은 여전히 힘들다.

나는 23년째 학교에서 근무하고 있다. 매년 다른 학생들을 만나고 다양한 경험을 한다. 한 번도 경험하지 못한 일을 겪어 내야 하는 경우도 많다. 어느 특성화고등학교에서 담임을 할 때다. 특별한 이유 없이 학교에 다니기 싫다는 학생을 붙들고 며칠간 상담을 한 적이 있다. 이미 학교에서 마음이 떠난 학생을 향한 나의 조언은 메아리 없는 '야호' 같았다. 나는 그 학생을 학교에 붙들어 둘 시간을 벌기 위해 어쩔 수 없이 '학업숙려제'를 권했다.

아마 교사라면 누구라도 학교에 다니기 싫다는 학생을 상담한 적이 있을 것이다. 상담을 해도 학생이 변화되지 않을 것 같은 벽을 경험하기도 한다. 교육현장에서 교사들은 이제까지 경험하지 못했던 어려운 일에 직면하기도 한다. 교실에서, 교실 밖에서 그리고 학교 밖에서⋯ 마치 신종플루, 사스, 에볼라, 메르스, 코로나처럼.

세상이 변하고 스마트폰이란 게 생겨났다. 다양한 SNS를 통해 학생들은 그들끼리 소통한다. 교사는 그들의 세계에 깊이 들어갈 수도 없다. 들어가서도 안 되는 분위기다. 그냥 밖에서 서성이다가 문제가 생기면 수습해야 하는 경우도 많다. 학생들이 어떻게 진화하는지 직접 보면서도 낯설다.

스포츠계에서는 히딩크과 박항서 같은 지도자들의 리더십이 회자되고 있다. 그들은 현역시절에는 최고의 선수가 아니었다. 하지만 감독으로 변신해 기적과도 같은 일들을 이뤄 냈다. 나 자신을 그들에게 비견해 볼 수 있을까? 돌아보니 나는 교사로서 최고의 수업을 하지 못했다. 또한 학생들에게 진로를 속 시원히 제시해 줄 수도 없었다. 그들의 삶의 멘토가 되고 싶다는 건 나의 착각이었다. 오히려 내가 점점 소진되어 간다는 느낌만 가득하다.

그래서 교사로서는 할 수 없었던 일을 해내기 위해 창의적으로 생각하기로 했다. 선수시절보다 지도자로서 더 빛을 발한 분들처럼 말이다. 하지만 아무래도 교직은 보수적이고 엄격한 잣대를 들이대는 곳이다. 가끔은 힐링이나 다른 곳에서의 충전이 필요하다고 생각한다. 그래서 나는 학생들을 어떻게 잘 가르칠 것인가를 고민하되 내가 어떻게 살 것인가를 더 고민하기로 했다. 행복한 고민이 시작된 것이다.

학생들이 꿈을 갖도록 내가 먼저 행동으로 보여 줄 것이다. 항상 긍정적인 고민을 학생들과 나눌 것이다. 그리고 그 내용을 글로 쓰고 책으로 엮어서 전국의 학교현장으로부터 러브콜을 받는 강사가 될 것이다. 내 책을 읽은 독자들이나 앞으로 읽게 될 독자들과 교육에 대해서 이야기하고 싶다. 특히 우리 학생들의 인성과 미래에 대해서 이야기하는 기회를 갖고 싶다.

5

유학파 딸과 여행 다니며
자유자재로 영어 구사하기

　중학교 1학년 3월 영어를 처음 배웠다. 첫 중간고사에서 나는 영어시험을 100점 받았다. 그래서 영어는 꽤 쉬운 과목이라 생각했다. 나는 앞으로 다가올 미래를 예견하지도 대비하지도 못했다. 그 때문인지 영어가 갑자기 어려워졌다. 잠시 친구들과 노느라 공부에 집중하지 않았더니 교과서도 공부하기 힘들어졌다. 고등학교에 올라가자 영어는 수학 다음으로 내가 싫어하는 과목이 되었다.

　대학에 진학 후 나는 아주 우연한 기회에 대학생들만으로 구성된 해외 연수에 합류하게 되었다. 나는 인도, 파키스탄 팀이었다. 그곳은 매우 이국적이었다. 그곳에서의 추억은 한동안 내가 살아가는 데 밑거름이 되어 주었다. 해외 연수 일정 동안 영어를 사용할 일이 많았다. 가이드가 있긴 있었다. 하지만 직접 몇 마디라도 나눌 수 있는 또래 대학생들을 보며 뭔가 모를 주눅이 들었다. 나는 거의 영어를 사용하지 않았다. 솔직하게 말하면 영어를 못했다.

여행을 다녀온 후 난 수업이 끝나면 영어학원에 다니기 시작했다. 초급영어 회화 책을 들고 파고다 영어학원에 일주일에 3일 정도 갔다. 나는 영어의 기초도 부족한 상태였다. 그래서 하루에 한 시간씩 일주일에 세 번을 간 것이다. 그렇게 몇 개월 정도 영어학원에 다니는 것으로 영어실력이 늘 수 없다는 걸 그때는 몰랐다. 나는 영어 문제를 해결하지 못한 채 대학을 졸업했다.

대학원에 입학하고 졸업할 때도 영어시험이 있었지만 형식적이었다. 정해진 범위 안에서 문제가 나왔기 때문에 가까스로 통과는 했다. 하지만 나 스스로에게는 매우 석연치 않은 결과였다. 그렇다고 '이 정도의 영어실력을 인정해 주는 거냐'고 따질 마음은 없었다. 인도를 다녀온 직후 영어공부에 대한 나의 열정은 어느덧 식고 없었다. 하지만 영어에 대한 아쉬움은 많이 남았다.

결혼을 하고 딸들을 키웠다. 나의 분신과도 같은 딸들에게 나는 많은 것을 해 주고 싶었다. 특히 영어만은 확실히 배워 주고 싶다는 생각이 들었다. 당시 나의 월급의 반 정도를 들여서 딸들을 영어유치원에 2년간 보냈다. 딸들은 언어 감각이 뛰어났고 영어를 곧잘 했다.

큰딸이 초등학교 3학년이 되던 해에 나는 큰딸과 뉴욕을 갔다. 영어를 못하는 엄마가 영어유치원을 다닌 초등학교 3학년 딸을 데리고 간 둘만의 여행이었다.

여행을 가기 전 캐나다에서 온 '앤디'라는 선생님에게 영어 수업을 받왔다. 일주일에 한 번 1년 정도에 걸쳐 수업을 받았다. 하지만 나의 영어 실력은 크게 차이가 없었다. 여행하면서 아주 기본적인 회화만 할 수 있는 정도였다. 뉴욕에 가기 전 뉴욕을 소개한 어린이 그림책을 수없이 읽고 갔다.

처음 가 본 뉴욕은 너무나 멋진 곳이었다. 나는 간단한 영어는 직접 사용하도록 딸을 독려했다. 영어를 못하는 나를 대신해 가이드(?)해 주기를 바라면서. 그러나 딸은 영어 사용에 자신 없어했다. 내가 수시로 영어를 사용하라고 독촉하는 데 부담을 느꼈던 것 같다. 난 그런 딸의 모습이 답답했다. 아직 어린아이일 뿐인데 내가 너무 조급증을 냈다는 것을 지금에서야 인정한다.

어린 딸과의 여행은 쉽지 않았다. 많이 걸으면 다리도 아팠다. 일일이 아이의 건강 상태나 컨디션을 체크해야 했고 먹거리 해결에도 신중해야 했다. 나 혼자 몸일 때보다 배로 힘들었다. 메트로폴리탄 박물관, 모마 미술관, 자연사 박물관 등 미리 책에서 보고 간 곳들을 둘러보느라 시간이 금세 흘러갔다. 사진도 많이 찍어 와야겠다고 작정하고 갔다. 그런데 문제가 생겼다. 카메라 메모리카드 용량에 한계가 있었던 것이다. 우린 호텔 컴퓨터에 사진을 옮기고 다음 날 센트럴파크에 가기로 했다.

하지만 우리나라와는 달리 그곳 호텔에서는 카메라 메모리카드에 있는 사진들을 컴퓨터에 쉽게 옮길 수 없었다. 당시만 해도 미국 뉴욕의 중심에 있는 호텔도 인터넷을 원활하게 사용할 수 없었다. 그래서 아침 일찍 호텔 옆 대형 상가에서 메모리카드를 하나 사기로 했다. 나는 당당하게 가게에 들어가 메모리카드를 달라고 직접 영어로 말했다. 그러곤 점원이 주는 메모리카드를 카메라에 끼웠다. 그리고 가격을 물어봤더니 29만 원이라고 했다. 29만 원? 나는 내 귀를 의심했다. 다시 물어봤지만 점원은 똑같은 가격을 요구했다.

딸을 시켜서 물어봐도 마찬가지 대답이 돌아왔다. 우리나라에서는 고작해야 3만 원 정돈데…. 아무리 관광지라도 7~8만 원은 넘지 않을 거라 생각했는데…. 나는 너무 비싸니 사지 않겠다고 했다. 그러자 점원은 단호하게 말했다. 이미 포장을 뜯어서 안 된다고…. 지금 생각해도 분노가 치밀어 오르는 일이다. 난 아이와 함께 그냥 가게를 나왔다. 그리고 세상에서 가장 비싸게 주고 산 메모리카드를 카메라에 넣고 사진을 많이 찍었다.

우리는 센트럴파크에도 가고 시외버스를 타고 우드버리라는 아울렛 매장에도 왕복 2시간여에 걸쳐 다녀왔다. 메모리카드에 대한 나쁜 기억을 빨리 지우려고 노력해야 했다. 왜 미리 가격을 물어보지 않았느냐는 큰 자책감과 내가 영어를 잘했더라면 그런 일을 당하지 않았을 거라는 후회가 나를 괴롭혔다.

더 큰 나쁜 일을 당하지 않아서 다행이라고 스스로를 위안하기도 했다. 그리고 깨끗하게 잊기로 했다. 하지만 난 메모리카드를 파는 듯한 매장이 보일 때면 일부러 들어가 사지도 않을 메모리카드의 가격을 물었다. 가격을 확인하고 싶어서였다. 하지만 그것은 미리 가격을 묻지 않고 물건을 사서 바가지를 쓴 스스로에 대한 반성과 아쉬움을 떨쳐 내려는 몸부림 같았다. 아무리 비싸도 내가 29만 원에 산 물건과 같은 용량의 메모리를 6만 원 이상 받는 곳은 없었다.

1년 뒤 우리 가족은 유럽 배낭여행을 계획했다. 둘째 딸을 두고 큰딸과 둘이만 여행한 것이 아쉬워서였다. 가족이 함께 가면 좋은 추억이 될 것 같았기 때문이다. 두 딸과 남편과 처음 간 유럽여행은 계획대로 잘 진행되었다. 아이들에게 많은 볼거리를 만들어 줄 수 있어서 보람이 있었다. 하지만 스코틀랜드에서 영어로 인해 좌절감을 또 경험했다. 우리 가족은 네스 호로 이동하기 위해 버스를 탔다. 그 버스는 네스 호를 관광하려는 사람들이 이용했다. 가이드는 따로 동반하지 않았다. 버스기사분이 가이드를 겸했다.

버스기사는 영어로 뭔가를 많이 이야기했다. 아마도 스코틀랜드에 대한 소개와 네스 호에 도착해서의 일정을 얘기하는 듯했다. 우린 창밖으로 펼쳐진 스코틀랜드의 풍경을 감상하며 이국적인 모습에 취해 있었다. 그 버스를 탄 목적은 영화 〈워터호스〉로 유명한 네스 호를 가려는 것이었다. 거기서 작은 유람선을 타고 네스 호를 한 바퀴 도는 일정도 포함되어 있었다.

네스 호에 도착하니 큰딸이 멀미가 났는지 토를 했다. 살짝 걱정이 되었다. 버스에서 기사분이 뭐라고 뭐라고 딸에게 자꾸 물어봤던 게 걸렸다. 아이를 챙긴 후 우리 가족은 천천히 네스 호 주변으로 걸어갔다.

막 출발한 유람선이 보였다. 유람선을 놓친 것이다. 큰딸은 유람선 타는 시간에 대한 공지를 버스에서 들었으나 토하느라 우리에게 말하지 못했던 것이다.

속상한 마음을 접고 우리는 여유롭게 네스 호 주변을 돌아보기로 했다. 영화 〈워터호스〉의 공룡 알처럼 생긴 돌도 찾아보고 사진도 많이 찍었다. 여행을 끝내고 집으로 와서 사진을 인화해 정리했다. 그러다 유람선을 놓치고 네스 호에서 찍은 사진을 보게 되었다. 의외의 인생 샷이었다. 유람선을 놓친 4명의 모습은 그곳에서의 상황과는 다르게 평화롭고 아름다웠다.

그 후로 나는 영어의 필요성을 마음속 깊이 느끼고 또 느꼈다. 그래서 필리핀 선생님과 전화 영어도 했다. 영어회화를 들으며 출퇴근하기도 했다. 나에게는 영어를 잘하고 싶은 열정은 있지만 지속적으로 해내는 끈기가 부족하다. 아니면 영어를 잘하는 DNA가 없나 싶을 정도다.

이렇게 나는 영어에 대해 큰 아쉬움을 갖고 있다. 다시 태어나면 영어 잘하는 사람이 되었으면 좋겠다는 생각을 할 정도다. 나의 영어공부 실패담을 들은 지인들은 번역기를 대안으로 제시한다. 앞으로는 번역기가 내 영어를 대신해 줄 날이 온다고 말이다. 굳이 영어를 잘하지 않아도 된다고 위로 아닌 위로도 받는다.

간단한 영어는 할 수 있다. 음식을 주문할 수도 있고 택시를 탈 수도 있다. 하지만 내가 하고 싶은 영어는 따지는 영어다. 바가지를 쓸 때 쓰더라도 속 시원하게 영어로 이야기하고 싶다. 결국 잘못된 그들의 행동을 콕 짚어 말해 주고 싶은 것이다. 인터넷에 올리든 SNS에 알리든 사람들이 멋진 여행지에서 그런 상인들 때문에 속상한 일을 겪지 않도록 하고 싶다.

그리고 어린 딸에게 영어를 맡기고 책임을 물었던 못난 엄마의 모습도 바꾸고 싶다. 그런 딸이 영국으로 유학을 갔다가 코로나 때문에 어제 귀국해야 했다. 다시 딸과 둘이 함께 여행을 간다면 부당한 일을 겪었을 때 엄마인 내가 당당하게 영어로 따질 수 있다는 것을 보여 주고 싶다. 그리고 무엇보다 영어로부터 자유로워지고 싶다.

PART
2

300쌍 성혼시키고
경제적 자유를 누리는
선한 부자 되기

· 박옥희 ·

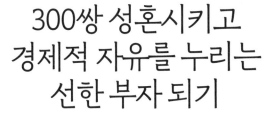

박옥희

결혼정보회사 대표, 다문화 가정 상담사, 외국인을 위한 한국어 강사, 동기부여가, 자기계발 작가

한국방송통신대학교 유아교육학사로 졸업하고 잠시 유치원 교사로 재직하였다. 독학에 의한 학사고시(국어국문)에 합격하고, 외국인을 위한 한국어 강사 자격을 취득하여 외국인 노동자들에게 한국어를 가르치는 봉사활동을 하였다. 결혼정보회사 대표로 있으며, 작가이자 동기부여가, 유튜버라는 꿈을 그리고 있다. 현재 '인생은 기적'이라는 주제로 에세이 형식의 책을 집필 중이다.

베스트셀러 작가 되어 경제적 자유 누리기

나는 잠시 왔다 가는 인생을 보람 있게 살아가고 싶었다. 경제적 능력이 된다면 지인들과 이웃을 따뜻하게 보듬으며 함께하는 삶을 가졌으면 했다.

나의 남편은 사업 부도로 쓰러져 6년간 병마와 싸워야 했다. 은행의 독촉 전화와 채권자들의 빚 독촉에 피 말리는 하루하루를 살아야 했었다. 전업주부였던 나는 그 6년간 결혼 상담, 베이비시터, 상조회사, 부동산 사무 보조원 등 네 가지 일을 했었다. 새벽 5시부터 밤 12시까지 숨 가쁘고 피나는 삶을 살아야 했다.

32년간 살던 주택(8억 원)이 빚(3억 8,000만 원) 때문에 넘어가고, 나는 월세 100만 원에 그 집에서 살고 있다. 남편은 6년간 병석에서 일어나지 못하고 2019년 1월 8일 천국에 갔다. 나는 부동산을 매매해 빚 25억을 갚고, 내가 6년간 벌어 빚 5억을 갚았다. 이제 빚은 다 갚았고, 가진 건 하나 없지만 행복하다.

나는 남은 생을 좀 더 보람되고 알차게 살아가고 싶다. 그런 바람을 갖고 있던 중 김태광 작가의 유튜브(김도사tv)를 보게 되었다. 그러곤 새 희망의 꿈을 가지게 되었다.

나는 김도사·권마담 작가가 지은 《김 대리는 어떻게 1개월 만에 작가가 됐을까》를 읽고 새로운 삶을 시작했다. 이 책에서는 보통 사람들이 빨리 성공할 수 있는 비결은 책을 쓰는 것이라고 한다. 자신의 이름으로 된 책을 내어 코치, 강연가, 1인 창업가로 활동할 수 있다고 한다. 그렇게 해서 경제적 수입을 창출할 수 있다고 한다.

이처럼 책을 쓰면 삶이 백팔십도로 달라진다. 나는 1인 사업가로서 많은 사람들에게 동기부여를 해 주고 희망을 전하고자 한책협에 등록했다.

《김 대리는 어떻게 1개월 만에 작가가 됐을까》를 읽는데 "부모님은 나를 낳았지만 책 쓰기는 나를 구원했다."라는 구절이 나의 눈을 자극했다. 또한 "인생을 즐겁게 살고 싶다면 책을 써라! 책 쓰기로 세상에 자신을 알리는 퍼스널 브랜딩을 하라! 세상에서 가장 행복한 기업가는 잘나가는 1인 기업의 대표들이다. 그들 자체가 공장이자 브랜드이고 자산이자 실적이다. 책을 쓰기에 늦은 나이? 인생에서 늦은 때는 없다! 일본의 할머니 시인 시바타 도요 씨는 92세에 처음 시를 쓰기 시작했다. 그러곤 그녀의 나이 98세에 첫 시집 《약해지지 마》를 출간했다고 한다. 늦었다고 결심하고 행동하는 순간이 가장 빠른 때가 된다."라는 구절이 내 눈길을 사로잡았다.

나는 그동안 죽고 싶을 만큼 어려움을 겪었다. 그리고 그 속에서 많은 교훈과 지혜를 얻었다. 이런 나의 경험을 바탕으로 고통과 절망에 빠진 이웃에게 도움이 되는 일을 하고 싶다.

나는 삶에 지치고 공허감을 느낄 때마다 성경을 필사했었다. 나는 주어진 환경과 여건에서 최선을 다해 살았노라 자부한다.

내가 힘들고 좌절감에 빠질 때면 책은 나의 벗이 되어 주었다. 나에게 용기와 희망을 안겨 준 책들은 다음과 같다.

《100억 부자의 생각의 비밀》김도사 지음,《내가 100억 부자가 된 7가지 비밀》김도사 지음,《나는 워킹홀리데이로 인생의 모든 것을 배웠다》권동희 지음,《퇴근 후 1시간 독서법》정소장 지음,《몸값 높이는 독서의 기술》정소장 지음,《주식투자 이렇게 쉬웠어?》김이슬 지음,《상상의 힘》네빌 고다드 지음,《마흔의 돈 공부》단희 쌤 지음,《엄마의 첫 부동산 공부》이지영 지음,《에이트》이지성 지음,《부의 감각》댄 애리얼리 지음,《10년 후의 미래》대니얼 앨트먼 지음,《청소년 부의 미래》앨빈 토플러 지음,《성경 수업》김태광 지음,《이미 이루어진 것처럼 살아라》김태광 지음,《끝에서 시작하라》김태광·네빌 고다드 지음,《2020 부의 지각변동》박종훈 지음 등.

나는 이런 위대한 작가들의 책을 통해 많은 지식과 영감을 얻는다. 책은 나의 벗이자 희망이요 꿈이다.

베스트셀러 작가가 되기 위해선 어떤 노력을 기울여야 할까? 나의 이야기를 진솔하게 써야 독자들의 공감을 얻을 것이다. 지인들은 나에게 이렇게 질문하곤 한다.

- 어떻게 전업주부가 6년 동안 5억의 빚을 갚을 수 있었는지?
- 부동산 경기 침체 시기에 25억의 자산을 어떤 방법으로 처분할 수 있었는지?
- 6년 동안 남편 병원비와 간호는 어떻게 했는지?
- 5가지의 직업을 어떤 방법으로 소화할 수 있었는지?
- 새벽 5시에서 12시까지 일할 수 있는 체력은 어떻게 관리했는지?

이러한 물음들에 대한 답을 솔직하게 써서 공감을 얻고자 한다.

나는 1년에 1권의 책을 쓰고 싶다. 결혼상담사로서 한 쌍의 인연을 맺어 주기까지의 이야기, 베이비시터로 5년 3개월(5세, 8세 → 10세, 13세)간 일하며 지켜본 두 소녀의 성장 과정, 상조회사에 근무하면서 4년 동안 겪은 희로애락, 공인중개사 보조원으로 근무하면서 경제에 눈을 뜨게 된 일 등을 책에 담고 싶다.

나는 내 경험담을 책으로 쓰고, 유튜브를 통해 좋은 책 읽어 주기를 할 것이다. 베스트셀러 작가가 되어 코치, 강연가, 부자 작가로서 경제적 자유를 누릴 것이다.

내가 작가가 되어 경제적 자유를 누리고 싶은 것들은? 독자들에게 공감과 좋은 영향을 주는 베스트셀러 작가가 되어 경제적으로 안정된다면, 나는 고정 수익이 창출되는 건물을 지을 것이다. 100억 상당의 건물을 지어 임대료의 30%는 소년·소녀 가장 돕기와 불우이웃 돕기에 쓸 것이다. 가족들과 크루즈여행도 가고 싶다. 1년에 한 번 이상 성지순례도 갈 것이다.

이렇게 경제적 자유인이 되기 위해서 나는 베스트셀러 작가가 되려 한다.

베스트셀러 작가가 되어 경제적으로 안정된다면 나는 소녀처럼 행복할 것이다. 어렵고 힘들 때마다 책은 나에게 벗과 등대가 되어 주었다. 그런 만큼 나는 베스트셀러 작가가 되어 어려움에 처한 사람들에게 조금이나마 위로와 희망을 줄 수 있는 메신저가 되고 싶다.

나는 어려움을 긍정적·적극적 노력으로 극복했다. 그러곤 이제 새로운 인생을 꿈꾸고 있다. 앞으로 남은 인생의 하루하루를 참되고 열정적으로 살 것이다. 그 속에는 사회적으로 소외된 자들을 돌보고 싶다는 나의 꿈도 들어 있다. 특히 소년·소녀 가장들을 돕고 싶다.

나는 나의 모든 열정과 사랑을 다해 이웃과 함께하는 좋은 작가가 되리라 믿는다.

좋은 책 읽어 주는
유튜버 되기

　세상에는 무수한 종류의 직업이 있다. 직업사전에 등록된 것만 해도 만여 개가 넘는다. 4차 산업혁명에 대비할 수 있는 유망한 분야도 계속 나올 것이다. 직업은 본인의 개성과 적성에 맞는 것을 선택해야 된다고 본다.

　나는 책 읽기를 좋아한다. 어른, 아이 할 것 없이(대상에 관계없이) 책 읽어 주기를 즐긴다. 내가 베이비시터로서 다섯 살, 여덟 살의 두 아이를 돌보게 되었을 때의 일이다.

　아이들 어머니가 간호사이다 보니, 3교대할 때마다 나의 근무 시간도 달라졌다. 어머니의 출근 시간은 새벽 6시 40분, 오후 2시, 밤 9시였다. 나는 그 시간에 맞춰 일주일에 세 번 아이들을 돌보았다. 아이들의 재롱과 성장하는 모습에 세월 가는 줄 모르고 보람을 느끼며 지냈다. 밤 출근 때는 아이들이 잠들기 전에 10분 동안 책을 읽어 주었다. 그러다 보면 아이들은 어느새 꿈나라로 가 있었다. 그 아이들에게 5년 3개월 동안 밤에도 낮에도 틈틈이 책을 읽어 주곤 했다.

두 아이들은 시간만 나면 나에게 책을 읽어 달라고 했다. 그러던 아이들이 어느덧 초등학교 4학년, 중학교 1학년이 되었다. 뿐만 아니라 둘다 독서광이 되었다. 매우 흐뭇하고 기쁘다.

누군가에게 좋은 책을 선별해 읽어 주고, 작은 도움을 줄 수 있다면 정말 보람된 일일 것이다. 나는 내가 좋아하고, 즐거운 마음으로 남에게 도움을 주는 '좋은 책 읽어 주는 유튜버'가 되고 싶다.

나는 요즈음 유튜브에 푹 빠져 있다. 유튜브는 나에게 힘과 용기를 주고, 꿈과 희망을 준다. 하루의 일과처럼 유튜브를 시청하고, 에너지도 듬뿍 받는다. 나도 이들 유튜버처럼 누군가에게 희망을 주고 행복함을 느끼게 하고 싶다.

내가 즐겨 보고, 감동과 도움을 받는 유튜브로는 〈김도사TV〉, 〈공병호TV〉, 〈단희쌤TV〉, 〈이지성TV〉, 〈청울성TV〉, 〈지식퀸TV〉, 〈책갈피TV〉, 〈푸른숲TV〉, 〈책 읽는 다락방TV〉, 〈책추남TV〉, 〈책데이트TV〉, 〈하우투TV〉, 〈815머니톡〉, 〈박곰희TV〉, 〈신사임당TV〉, 〈돈 파는 가게〉, 〈시그널스탁T〉, 〈달팽이주식TV〉, 〈블랙, 쉽게 배우는 재테크TV〉, 〈주식119TV〉, 〈서우파〉, 〈부동산 읽어주는 남자〉, 〈하우투 : 하루를 우리에게 투자한다면〉, 〈전인구 경제연구소TV〉, 〈재테크와 경제뚝돌TV〉, 〈행복 명상 : 성은쌤의 소행성〉 등이 있다.

나는 가끔 유튜브 〈단희쌤TV〉를 보곤 한다. 단희 쌤이 쓰신 《마흔의 돈 공부》도 감명 깊게 읽었다. 작가님은 30대 후반에 한국전력에서 나와 사업을 시작한다. 하지만 실패를 거듭하며 모든 것을 잃는다. 재산도, 가족도, 삶의 희망도 없는 절망 속에서 두 번이나 극단적인 시도를 했었다고 한다.

그렇게 쪽방촌과 고시원을 전전하던 중, 우연히 책 한 권을 만나게 된다. 그러곤 그 책을 통해 돈과 사업에 대해 큰 깨달음을 얻고 인생이 완전히 달라지는 경험을 한다. 그 뒤 40대 초반부터 치열한 자기계발을 통해 부동산 재테크 전문가, 소형 건축 시행 전문가, 마케팅 전문가, 1인 지식창업 전문가, 유튜브 전문가로 거듭난다. 그리고 지금은 제2의 전성기를 보내고 있다 한다.

내가 아는 유튜버들은 어려운 환경과 역경 속에서도 끈기와 노력, 지혜, 열정을 다해 성공한 분들이 많다. 나는 그들의 삶의 방식에서 많은 감명과 깨달음을 얻는다. 그들은 사회적인 지식과 정보 습득에서도 남다른 듯하다. 나는 유튜버가 많은 사람들에게 긍정의 에너지와 꿈을 심어주고 희망을 주는 좋은 직업이라고 생각한다.

좋은 책 읽어 주는 유튜버가 되려면 어떤 노력을 해야 할까? 먼저 여러 종류의 책들을 읽어 보고, 좋은 책을 선별하는 능력을 키워야 하지 않을까. 목차를 보고 요점을 알아차리고, 제대로 된 독서를 해야 하지 않을까.

유명한 DJ이자 뮤지션인 티머시 라인츠키는 이렇게 말한다.

"다른 이가 가는 길을 너무 바짝 따르지 않도록 하세요. 인터넷상에서 다른 사람들의 성공을 통해 배울 점을 찾되, 그 끝에선 결국 나만의 길을 개척해야 합니다."

나는 나만의 독창적인 길을 찾기 위해 부단히 노력할 것이다.

우리는 하고 싶은 일을 할 때 만족감을 느낀다. 하고 싶은 일을 하면서 자신이 성장할 때 성취감을 느낀다. 타의에 의해 해야 하는 일들에선 느끼기 쉽지 않은 감정이다. 1인 미디어 시대인 요즈음, 내가 좋아하고 즐기면서 기쁘게 할 수 있는 일이 '좋은 책 읽어 주는 유튜버'가 아닌가 싶다.

예전엔 취미로 돈을 벌기 어려웠다. 하지만 지금은 내 취미가 돈이 될 수 있다. 요리에 자신이 있는 주부는 요리하는 장면을 영상으로 올린다. 그것을 사람들이 보면 돈이 된다. 마찬가지로 피아노를 연주하는 장면을 올려도 되고, 노래에 자신이 있는 사람은 노래를 부르는 영상을 올려도 된다. 그렇게 자신의 취미가 돈이 되면 더 뻗어 나갈 기반이 생기게 된다. 이제까지는 취미생활을 하려면 돈을 써야만 했는데, 지금은 취미가 돈이 되는 세상이다.

내가 유능한 유튜버가 된다면 하루하루가 행복할 것이다. 취미가 직업이니 시간 활용도 용이할 것이다. 무엇보다 취미로 돈을 벌 수 있다는 자체가 기쁨이고 즐거움이다.

나는 좋은 책을 선별해 읽어 주는 유튜버가 되고 싶다. 그래서 유튜브 시청자들에게 정서적·시간적 도움을 주고 싶다. 수익금의 일부는 군부대, 재소자들에게 정기적으로 책을 보내는 데 쓰고 싶다. 나의 유튜브 시청자가 많아져서 수입이 늘어나면 좋겠다. 경제적으로 여유가 생긴다면 꼭 하고 싶은 일이 더 있다.

볼리비아(남아메리카 중앙부 브라질의 남서부에 있는 나라) 어린이들에게 깨끗한 식수를 공급해 주는 것이 목표인 '우물 파기 프로젝트'에 적극 참여하고 싶다. 언젠가 이곳 주민들과 아이들이 절대적으로 물이 부족한 환경에서 흙탕물을 마시는 모습을 영상으로 보게 되었다. 이곳 아이들은 '근거리 식수원'의 부족으로 하루 4시간 이상을 걸어서 물을 길어 와야 한다. 그렇지 않으면 더러운 물을 마셔야 한다. 많은 아이들이 콜레라, 이질 등 각종 수인성 질병에 노출되어 있는 게 이곳의 사정이다.

나는 볼리비아 아이들이 깨끗한 물을 마실 수 있도록 돕고 싶다. '질병 감소의 효과'는 물론, 물을 길러 가는 시간을 줄여 주어 이곳 아이들에게 교육을 받을 수 있는 시간을 확보해 주고 싶다. 지구촌의 모든 아이들이 행복한 꿈을 꿀 수 있는 따뜻한 세상이 되었으면 좋겠다.

나는 오늘도 '좋은 책 읽어 주는 유능한 유튜버'가 되리라 다시 한 번 다짐해 본다.

100억 상당의
건물 소유하기

나는 경찰공무원인 아버지와 요리 잘하는 현모양처 어머니의 1남 2녀 중 둘째로 태어났다. 내가 여덟 살 때 아버지는 서울에 사업 자리를 알아보러 가신다고 떠나셨다. 그 뒤 지금까지 소식을 모른 채 지내고 있다. 집안 어른들의 말씀으로는 아버지가 새장가를 갔다고 한다.

나는 어려운 환경 탓에 학교를 중퇴했지만 대학입학자격검정고시에 합격해 중소기업에 취직할 수 있었다. 나는 집안의 가장을 자처하며 오빠와 여동생의 학비를 대주었다. 어머니는 대한방직공장에 다니시며 생활비를 충당하셨다.

나는 삶이 힘들고 지칠 때마다 "난 반드시 성공한다. 성공해 생활비, 학비 걱정 없이 매달 임대료를 받을 수 있는 건물 소유자가 될 것이다!" 라고 되뇌곤 했었다. 내가 아무리 가족과 지인들을 돕고 싶어도 능력이 안 되면 도울 수가 없다. 마음으로만 되는 것이 아니니까. 나는 10년 안에 100억짜리 건물 소유주가 되기 위해 최선의 노력을 다할 것이다.

내 주위에는 자수성가하신 분들이 많이 계신다. 그중 한 분이신 윤 사장님은 아들 하나에 딸 셋, 4남매를 두셨다. 그분은 작은 방 하나에 변변한 부엌도 없는 집에서 사셨다고 한다. 새벽 5시에 기상해 문구점 문을 열고, 각 문구점에 납품할 상자들을 준비했다. 직원도 두지 않고 두 부부가 열심히 일하셨다. 윤 사장님은 전화가 없어서 옆집 전화를 빌려 쓰며 영업을 했었다. 방 하나에 다섯 식구가 바로 잘 수 없어 세로로 누워 잤다 한다. 계절 내내 검은 잠바만 입으셨고, 구멍 난 구두도 수선비가 아까워 그대로 신고 다니셨다 한다. 구두가 숨 쉴 구멍이라 하시면서. 윤 사장님은 성실, 근검, 절약이 몸에 밴 분이시다.

남편 친구이기도 한 윤 사장님. 지금은 자녀들을 모두 출가시키고 부인과 지난 이야기들을 하며 즐거운 나날을 보내고 있다. 매달 받는 건물 임대료로 부부가 함께 여행과 운동을 즐기며 행복한 노년을 보내고 있는 것이다.

그렇게 자수성가하신 주변 분들을 보면, 부자는 그냥 되는 게 아니라는 생각이 든다. 누구보다 부지런하고, 검소하고, 긍정적이고 계획적인 삶을 살아가는 사람들이다. 나도 그들을 거울삼아 반드시 10년 안에 성공한 빌딩 소유주가 될 것이다.

내가 100억 건물주가 되기 위해선 어떤 노력을 해야 할까?

나는 언제나 1년 계획, 1달 계획, 1일 계획을 세운다. 매년 12월에는 다가오는 새해의 밑그림을 그린다. 나의 계획은 첫째, 시간을 최대한 아끼고 활용한다. 둘째, 남에게 되도록 신세(폐)를 지지 않는다. 셋째, 내가 한 말에 대해 책임을 진다(신용). 넷째, 게으름은 최대의 악이다. 다섯째, 하느님께 감사하고, 부모님께 효도한다. 이렇게 다섯 가지다.

나는 새벽 6시에 첫 미사(기도)를 드리고, 하루의 일과를 기록한다. 7시부터 9시까지 아르바이트(초등3, 초등6 등교시키기)를 마치고, 10시에 상조회사에 출근한다. 1시에 결혼상담소에 출근해 업무를 본다. 2~6시에는 공인중개사 보조원으로 근무한다. 각 업무 중간에도 전화 상담을 한다. 그리고 밤 11시까지 상조 상담, 결혼 상담을 한다. 물론 푼돈을 조금씩 모아 주식(우량주)과 달러도 조금씩 사 모은다. 내가 할 수 있는 최대한의 노력을 한다.

그런 내가 100억 건물의 소유주가 된다면 기쁨과 성취감에 눈물을 흘리며 기뻐할 것이다. 하느님께 감사와 찬미의 노래를 바칠 것이다.

나는 100억 건물의 소유주가 되면, 선한 일을 하고 싶다. 건물 수익의 30%는 소년·소녀 가장 돕기, 불우한 독거노인 돕기, 재소자들 돕기, 볼리비아, 아프리카 난민 돕기 등에 쓰고 싶다.

나는 선한 부자로 살고 싶다. 남은여생을 외롭고 힘든 이웃과 함께 서로 사랑하며, 나누며 살고 싶다. 나는 나의 소망이 반드시 이루어지리라 믿는다.

나는 내 꿈을 제대로 펼치며 살아오지 못했다. 어린 시절엔 오빠와 동생에게 양보하며 살았다. 나 자신보다 가족을 먼저 생각하며, 아버지가 안 계신 가정을 돌보며 살아왔다. 성장해 성인이 되었을 때도 결혼도 미룬 채 어머니와 오빠, 동생만 걱정했다.

결혼도 내 의지와 상관없이 어머니와 어머니 친구의 권유에 따랐다. 외출도 제대로 못하고 집에서만 지내기를 바라는 남편을 만나 답답한 신혼을 보냈다. 3남매를 낳아 키우면서도 경제권은 모두 남편이 가졌다. 남편은 나에게 집안일과 세 아이 양육만 하게 했다. 친구를 만나는 것도 교양강좌에 가는 것도 싫어했다. 외모를 가꾸는 것조차도 싫어했다. 그렇게 창살 없는 감옥에 갇혀 15년을 살았다.

그러다 나는 비장한 각오를 하게 된다. 남편과의 나이 차이, 성격 차이를 극복하며 살기 위해선 무언가에 몰두해야 했다. 나는 공부를 하자고 마음먹었다. '모자 밑에 재산'(지식)이 제일이라고 친정어머님이 늘 말씀하셨다. 나는 집에서 남편 몰래 독학하기로 결심했다.

그렇게 해서 나는 1999년 2월 3일 '독학에 의한 학사고시(국어국문)'에 2년 만에 합격했다. 서울 세종문화회관에서 교육부 장관으로부터 학위를 받으며 감격의 눈물을 흘렸다. 2001년 11월 3일에는 '외국인을 위한 한국어 강사' 자격을 취득했다. 그러곤 가정형편이 어려운 외국인 근로자들에게 잠시 한국어를 가르치기도 했다. 이외에도 상담사 자격증을 취득했다.

2003년 2월 22일엔 한국방송통신대학교 유아교육 학사학위(1급 보육교사)를 받았다. 그 외에도 2020년 8월 30일 다문화가정 상담사(1회) 취득(한국심리상담협회), 2010년 9월 24일 직업상담사 취득(한국심리상담협회), 2011년 5월 20일 결혼상담(관리)사 취득(한국심리상담협회), 2012년 7월 18일 노인복지시설 창업과정 수료(대구 계명문화대학), 2013년 7월 25일 다솜결혼정보(상담)회사(대표) 등록(북대구 세무서), 2017년 8월 17일 요양보호사 자격을 취득(대구광역시장)했다.

나는 이렇게 하루하루 최선을 다하며 성취감과 자신감을 갖고 살아왔다. 지난 과거도 중요하지만, 앞으로 남은 여생도 열심히, 기쁘게 살아갈 것이다.

나는 앞으로 선한 부자가 되어 이웃과 함께 서로 사랑하고 나누며 살고 싶다. 나는 나의 소망이 반드시 이루어지리라 믿는다.

4

행복한 부부
300쌍 탄생시키기

나는 나이 30세에 친정어머니와 어머니의 친구분 소개로 사법고시에 여러 번 실패한 40세 노총각을 소개받았다. 열 살이라는 나이 차이는 나지만 남편은 하얀 피부에 동안이었다. 인자하고 온화한 성품을 가졌었다. 나는 두 분의 적극적인 권유에 내 의사와는 상관없이 만난 지한 달 만에 결혼식을 올렸다.

신혼은 대구 중구 남산동의 예쁜 정원이 딸린 단독주택에서 시작했다. 남들은 경제적으로 부족함 없이 산다고 나를 부러워하기도 했다. 하지만 무조건적인 외출 금지에 남편이 경제권을 움켜쥐고 있었기 때문에나는 정서적으로 메말라 갔다. 남편은 내가 친구를 만나는 것, 교양강좌에 가는 것도 싫어했다. 시장에 가는 것도 파출부에게 시키게 했다. 나에겐 오직 요리와 아이들 양육에만 전념하라 했다.

집에는 홀시어머님이 계셨으므로 늘 손님이 많이 오셨다. 시골에서는 손님이 오는 경우 보통 한 달 이상 머물다 가시곤 했다. 우리는 대문을 아예 열어 놓고 살았었다. 다행히도 이웃과는 사이가 좋아서 맛있는 음식을 하면 서로 나눠 먹고, 김장도 같이 했다. 남편이 출근한 후에는 주로 우리 집에 모여 수다도 떨고, 음악도 들으며 차 마시는 시간을 가지곤 했다.

사람들을 좋아하는 나는 잠시라도 여유가 생기면 이웃 아주머니들과 친분을 가지는 시간을 가졌었다. 모임이 잦다 보니 자연스레 자녀들 얘기도 나오고, 처녀, 총각들을 소개받기도 했다. 심지어는 유명 결혼정보업체에 의뢰해 몇 년 동안 소개팅만 하다가 나에게서 상대를 소개받기도 했다. 그중 몇 개월 만에 결혼에 이른 커플도 있다. 나의 소개를 받은 커플들의 결혼이 잘 성사되자 입소문이 나기 시작했다. '중매 잘하는 박 여사'로 소문이 난 것이다. 이것이 계기가 되어 나는 2013년에 결혼정보회사(상담소) 대표가 되었다.

결혼정보업체들은 서울 또는 지방의 상담심리협회에서 시험과 교육을 받는다. 그리고 각 거주지 구청에 신고한다. 결혼정보회사 설립에는 나이, 학력이 상관없다. 거주지 구청에 신고만 하면 쉽게 창업할 수 있다.

나와 친분이 두터운 분들은 대부분 전직 교장, 교감, 교사로 퇴직하신 분들이다. 전업주부들도 있다. 결혼정보회사를 창업하시는 대표들 대부분은 노후에 자식들에게 부담을 주기 싫다고, 경제적으로 독립해 자유롭게 지내고 싶다고 했다.

내가 아는 정보회사 대표들은 각각 다른 개성과 경영방침으로 기업을 운영하고 있다. 첫째, VIP 고객(집안 좋고, 학력 높고, 대기업에 다니고, 연봉이 높은)만 고집하는 분. 둘째, 평범한 직장인, 공무원만 선호하는 분.

셋째, 주로 외국인만 소개하는 분. 넷째, 국제, 국내, VIP, 평범한 고객, 공무원을 다 응대하시는 분 등 경영자의 능력, 취향, 관심에 따라 달랐다. 특히 이분들 중에는 부지런하고, 사교성이 좋고, 외향적이며, 적극적인 성격의 소유자들이 많았다. 매사에 긍정적 사고와 열정을 보이는 분들이 성공하는 것 같다.

그러면 나는 행복한 부부 300쌍을 탄생시키기 위해 어떤 노력을 해야 할까?

먼저 상담하는 과정에서 내방객의 개성과 성격을 파악한다. 그때 선호도, 취미 등도 알면 참고가 된다. 특히 신앙 문제로 갈등을 겪는 경우가 많으므로 이 부분을 필히 알아본다. 여성 고객인 경우엔 어머니와 함께 상담하면 많은 도움이 된다. 시간만 허락한다면 가끔 만나 식사도 하고, 차도 마시면서 저마다의 성향을 파악해 본다. 되도록 전화상담보다는 직접 당사자 또는 부모님을 만나 자세하게 알아보고 기록한다. 기회가 된다면, 함께 집을 방문해 보는 것도 좋다. 늘 메모하고, 기록하는 습관을 들인다.

몇 해 전에 아는 지인(전직 교장)이 찾아오셨다. 그분은 나에게 서울의 대기업에 다니는 딸이 40세가 되었는데도 아직 결혼할 생각을 하지 않으니 좀 도와 달라고 하셨다. 나는 자신 있게 좋은 사윗감을 찾아 주겠노라 약속했으나 무척 고민이 되었다. 남자들은 나이가 좀 들어도 괜찮으나, 여성들은 출산이 문제가 된다. 나는 일주일에 한 번씩 서울로 출장 가서 지인들을 만나고, 총각 10명을 직접 만나 본 후에 47세 노총각을 소개했다.

두 사람은 만난 지 5개월 만에 결혼에 골인했다. 결혼한 지 1년 만에 아들까지 낳았으니, 양쪽 집에선 경사가 났다며 좋아했다. 두 사람을 소개한 나도 내 자식 일처럼 기뻤다. 나는 내 직업에 대한 자부심과 자신감이 충만해졌다. 뿐만 아니라 경제적으로도 도움이 되니 일석이조가 아니겠는가.

남편은 6년 전 사업이 부도나서 그 충격으로 은행에서 쓰러졌다. 그렇게 6년간 병마와 싸우다가 2019년 1월 8일에 천국으로 갔다. 전업주부였던 나는 무얼 해야 빚도 갚고, 병원비, 생활비도 충당할 수 있나 막막했다. 친구들과 지인들은 아는 사람도 많고 중매도 잘하니 그 일을 해 보라 권했다. 그런 지인들의 권유에 힘입어 나는 2013년 7월 25일에 사업자등록을 내고 다솜결혼정보회사를 창업했다. 후배들 7명을 매니저로 고용해 꾸린 이 사업은 예상외로 잘되었다. 빚도 상당히 갚게 되었다.

하필 나는 왜 행복한 부부 300쌍을 탄생시키겠다는 목표를 세우게 되었는가?

나는 원래 3이라는 숫자를 좋아한다. '3'과 '셋'은 성경에 정말 중요한 수로 등장한다. 셋은 시작과 마침을 상징해서 '삼위일체이신 하느님'을 가리키는 수이기도 하다. 성경에서 3은 '하느님의 세계'를 말하는 수인 것이다. 나는 2015년 12월 26일 세례를 받고 하느님이 계심을 안 이후부터 나는 3이라는 숫자가 좋아졌다. 나는 여생 동안 300쌍의 결혼을 성사시킬 자신이 있다. 무엇보다도 중매를 많이 서면 경제적 여유도 갖게 되고, 보람도 찾게 되니 '일석이조'의 기쁨이 아니겠는가? 나는 300쌍의 미혼자들을 반드시 성혼(결혼)시킬 자신이 있다.

행복한 부부 300쌍을 탄생시키기 위해 어떻게 해야 할까?

300쌍의 부부를 탄생시키기 위해선 많은 모임을 갖고, 사람들과 친분도 가져야 한다. 그런 만큼 먼저 동창들과의 모임에 적극 참여하고, 사적인 모임도 자주 가질 것이다. 그리고 각 관공서의 부서별로 미혼 남녀를 파악할 것이다. 또한 다른 정보회사 대표들과 정기적인 모임을 갖고 서로 협력할 것이다. 그 외에도 골프나 탁구, 에어로빅, 라틴댄스 등 스포츠 동우회에 가입할 것이다. 종교 단체의 교우들과도 친목을 돈독히 쌓을 것이다.

처음에 결혼정보회사를 창업하고 나는 고민이 많았었다. 7명의 후배가 매니저로 있었으나 모두 본업(대학 강사, 공인중개사, 상조회사, 보험회사 등)이 있는 만큼 거기에도 충실해야 했다. 그러다 보니 실적이 별로 없었다. 1년 동안 거의 '무실적'이었다.

나는 고객을 만나기 위해 백화점 VIP(백화점 매출은 나와 매니저 7명이 함께 씀)가 될 것이다. 백화점에서는 매년 분기별로 VIP 10명을 한 기수로 정해 모임을 갖는다. 우리 기수 10명 중 8명이 병원장 부인들이었다. 그 모임에서 VIP 고객 20명을 만나게 되었다. 이와 같은 고객을 만나기 위해 나는 시간을 절약하고 계획성 있게 준비했다. 심지어는 '만나는 모든 사람들이 다 내 고객이다'라는 마인드를 가졌다.

행복한 부부 300쌍을 탄생시킨다면, 이보다 더 기쁜 일이 어디에 있겠는가? 이루 말할 수 없는 큰 기쁨과 자긍심에 행복할 것이다. 300쌍의 결혼이 성사되면 경제적으로도 넉넉한 자유를 누리게 될 것이다.

나는 경제적 여유가 주어진다면 외롭고 빈곤한 독거노인들을 돕고 싶다. 우리 집에도 일주일에 한 번 오시는 파지 할머니가 계신다. 연세가 팔순이신데도, 키도 작고 왜소하신데도 리어카를 끌고 다니신다. 나는 그 할머니를 돕기 위해 친구, 형제, 지인들에게 언제든지 헌옷, 파지 등을 우리 집에 가져다 달라고 부탁해 놓았다. 외출 시에는 차고 문을 열어 놓아 쉽게 들어오고 나올 수 있게 한다. 홀로이신 할머니에게 아들, 딸이 있다는 건 근래에 알았다. 나는 할머니가 파지, 헌옷을 가져가시는 날엔 용돈을 조금씩 주곤 한다. 할머니는 고마운 마음에 마당 청소를 깨끗이 해 놓고 가신다. 심성이 곱고 부지런하신 분이다.

결혼정보 사업으로 어느 정도 경제적인 안정을 이룬 후엔 미혼모들을 돕고 싶다. 그들이 자립할 수 있도록 어떤 방법으로든 작은 도움이나마 주고 싶다. 나는 오늘도 300명의 부부를 탄생시키기 위해 부지런히 사람들을 만나고, 대화하고, 기록한다. 그날이 하루빨리 오기를 기도하면서.

5

매년 1회 이상
성지순례 가기

나는 불심이 깊은 집안의 1남 2녀 중 장녀(둘째)로 대구에서 태어났다. 새벽이면 친정어머니께선 〈천수경〉(불교 경전의 하나)을 틀어 놓으셨다. 〈천수경〉은 주술적 요소를 지닌 기도 의식용 밀교 경전이다. 각 사찰에서 불공을 드리며 기도를 시작할 때 필수적으로 독송하는 경전의 하나다.

나는 결혼도 역시 불교 집안과 하게 되었다. 그러나 나는 무교를 고집하며 살았다. 첫아이를 임신한 즈음, 홀시어머니께서 애지중지하시며 다락방에 안치해 두신 '신주 단지'(항아리엔 쌀이 가득하고 초가 꽂혀 있었음)를 허락도 없이 없애 버린 적이 있다. 그때 눈물이 쏙 빠지게 꾸중을 들었다. 그런데 내가 시어머니께 신주 단지는 잡신을 불러들이는 항아리라고 말씀드리자 시어머니께서는 쉽게 내 말을 받아들여 주셨다. 시어머니는 유순하고 인자하신 분이셨다. 정말 나는 시어머니의 사랑을 흠뻑 받았었다.

6년 전, 남편은 사업이 부도나 그 충격으로 쓰러졌다. 그렇게 반신불

수가 되어 6년 동안 병마와 싸우다 작년에 천국으로 갔다. 나는 매일같이 빚 독촉 전화에 시달렸다. 은행 이자, 사채 이자, 압류 등에 따른 고통을 이기지 못해 한 달 동안 식음을 전폐했다. 죽을 생각만 했었다. 수면제를 먹어도 봤으나, 그때마다 누군가에게 발견되어 깨어나곤 했었다. 나는 《삼국지》의 조조가 죽기 직전에 한 "사람의 목숨은 하늘에 달려 있다."라는 말이 실감 났다.

한 달가량 죽음만 생각하고 누워 있을 때 나는 꿈속에서 예수님을 보게 된다. 나무 한 그루, 풀 한 포기 없는 넓은 광야는 불바다였다. 그 불바다 위에 예수님이 서 계셨다. 눈이 부셔 예수님 얼굴은 볼 수 없었다. 나는 말없이 무릎을 꿇고 두 손을 모은 채 경이롭게 예수님을 바라보고만 있었다.

다음 날 나는 다시 꿈을 꾸게 된다. 나는 혼자 성당 문을 열고 성전에 들어갔다. 오른쪽 제대에는 예쁜 꽃이 꽂혀 있었고, 성전은 텅 비어 있었다. 왼쪽으론 빨간 융단이 깔린 2층 계단이 보였다. 나는 계단 쪽으로 가서 2층을 향해 올라갔다. 그때 갑자기 천장에서 우렁찬 목소리가 들려왔다. "회개하라!"라는. 내가 발걸음을 옮길 때마다 "회개하라."라는 목소리가 들렸다. 나는 '회개하라'라는 우렁찬 소리를 세 번이나 듣고 잠에서 깨어났다.

그렇게 두 번의 꿈을 꾼 다음 날, 나는 아무에게도 꿈 이야기를 하지 않았다. 대신 집 근처의 계산성당으로 달려갔다. 그러곤 혼자 가서 교리를 공부했다. 결국 그해의 크리스마스 다음 날 '클라라'라는 세례명을 받고 거듭났다. 세례(클라라)는 받았으나, 남편의 투병 생활로 성지순례를 포기해야 했다.

나는 성지순례를 가는 형제, 자매들이 정말 부러웠다. 그리고 나도 하루빨리 가게 해 달라는 소망의 기도를 올렸다. 내가 가고 싶은 성지 순례지는 다음과 같다. 그중 가장 가고 싶은 곳은 이탈리아의 '아시시(Assisi) 성프란치스코 성당'과 '수비야코 베네딕트 수도원'이다. 그 외 '헤로디온(헬롯의 무덤)', '브엘세바', '여리고', '시험산', '쿰란 동굴', '통곡의 벽', '히스기아 터널', '실로암 연못', '야곱의 우물', '바니아 폭포', '팔복교회', '5병2어교회', '베드로 기념교회', '작은 동굴(갈릴리 호수 북쪽의 작은 언덕)', '욥바 해변 피장시온의 집' 등 무수하다.

순차적으로 1년에 1번 이상은 꼭 이들 순례의 길을 걸을 것이다. 성경에 나오는 장소를 실제로 걸으면 무한한 감동과 기쁨이 넘치고 은혜로운 일이 될 것이다. 나는 내 계획이 이루어지리라는 꿈을 꾼다. 꿈은 반드시 이루어진다.

성지순례를 가기 위해 나는 어떤 노력을 해야 하나?

나는 남편이 병원에 입원한 날(6년 전)부터 새벽 5시에서 밤 12시까지 네 가지 알바를 했다. 그야말로 샛별(새벽별, 밤의 별) 보기 운동을 하며 치열하게 살았다. 매일 무거운 가방(5킬로그램: 성경책, 결혼상담 신청서, 상조 가입 서류 등)을 새벽부터 집에 도착할 때까지 메고 다녔다. 가방에는 언제, 어느 때 만날지도 모르는 고객을 위한 서류와 틈나는 대로 성경을 필사할 펜, 노트가 들어 있었다. 거기에다 텀블러까지 넣고 다녔다. 그 외에도 시간 절약, 돈 절약을 위해 김밥 한 줄까지, '만반의 준비'를 하고 다녔다. 저녁에 집에 도착하면 부은 발을 주무르고 마사지를 해 주어야 잠을 잘 수 있었다.

남편이 입원하기 전에는 가까운 거리도 차를 타고 다녔다. 그랬던 터라 갑작스럽게 무리해서 무릎관절이 안 좋아진 것 같았다. 다리를 절룩거리고 계단도 잘 오르내리지 못했다. 그런데도 6년 동안 그 다리를 끌면서 네 가지 일을 하러 다녔다.

이제는 6년간 병마에 시달리던 남편도 작년에 천국으로 갔고, 그 많던 빚(30억)도 다 갚았다. 여생은 자식들에게 폐가 안 되도록 할 것이다. 그러니 만큼 10년 계획을 알차게 세우자고 다짐하며 기도하는 마음으로 순례의 길을 걷고 싶다. 그렇게 간절하게 염원했던 '산티아고 도보순례'를 갈 기회도 생겼다. 신부님의 인솔 하에 23명의 가톨릭 신자들이 2021년 4월 11박 12일 일정으로 갈 예정이다. 나는 반가운 마음에 얼른 그 기회를 잡았다. 지금은 설레는 마음으로 그때를 기다리고 있다.

나는 요즘 성지순례를 가기 위한 준비운동(warming-up)을 하고 있다. 매일 5킬로그램의 가방을 메고, 1만 보 이상을 걸어 다닌다. 6개월 전에는 양쪽 다리의 하지정맥수술도 했다. 무릎관절도 물리치료를 받으면서 많이 좋아졌다. 나에게는 행운의 여신이 늘 함께하며 미소를 지어 준다.

나는 2015년 12월 26일, 성탄절 다음 날에 대구 계산성당에서 세례를 받았다. 그런데 세례를 받기 3일 전부터 온몸에 두드러기가 났다. 기침을 많이 해 목도 아프고, 가슴도 아팠다. 몸의 기운이 쫙 빠져 있었다. 가족들은 세례 받는 것을 다음으로 미루라 했다. 하지만 나는 기필코 이겨 낼 것이라 다짐하며 참석했다. 그런데 세례를 받은 다음 날, 거짓말처럼 기침도 멎고, 두드러기도 흔적 없이 사라졌다. 정말 신기한 일이 나에게 일어난 것이다.

나의 세례명(클라라)은 대모님(영적 어머니)께서 선택해 주셨다. 대모님은 7년 전 내가 공인중개사 시험을 준비할 때 내 옆에 앉았던 짝꿍이시다. 대모님은 시험에 합격해 공인중개사 사무소 소장이 되었다. 반면 나는 1차만 합격하고 남편 병간호를 위해 2차는 포기했다.

나는 삶에 지치고 공허함을 느낄 때마다 성경 필사에 몰두했었다. 그 시간만큼은 마음에 안정과 평온함을 느꼈다. 나는 성경을 필사하는 순간마다 〈구약〉과 〈신약〉에 기록된 그 땅들을 직접 밟아 보고 싶은 충동이 일곤 했다. 성지의 땅에서 성경 속의 성인들을 기억하며 회상에 잠기고 싶다.

나는 요즘 성지순례를 가기 위해 체중도 줄이고, 하루에 1만 보 이상 열심히 걷는다. 내년의 디데이를 위해 '성지순례 적금'도 꾸준히 넣고 있다. 내가 기다리며 꿈꾸어 오던 '성지순례'를 하면 행복하고 감사한 마음에 눈물이 날 것 같다. 나는 그 감사의 눈물을 기꺼이 흘릴 것이다.

성경에 나오는 장소에 직접 가서 성인들의 숨결을 느끼고 싶다. '성지순례'를 생각만 해도 벌써 내 마음은 '성지순례 길'을 걷고 있다. 앞으로 나는 바쁜 일상 중에도 독거노인을 위한 반찬을 만들고, '치매환자 방문'도 자주 할 것이다. 늘 감사하고 기쁜 마음으로.

PART
3

청년들을 위한
셰어하우스와
환아 부모들을 위한
휴식센터 만들기

· 이남희 ·

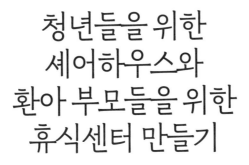

이남희

(주)희스토리 CEO, 콘텐츠 기획자, 희망성공 메신저, 드림메이커, 자기계발 작가, 동기부여가

희귀난치병인 주기성구토증후군과 아토피를 앓는 연년생 남매를 키우고 있다. 희망메신저로 주기성구토증 환아의 부모 커뮤니티를 운영한다. 애니메이션 기획자로 근무했고, 외식 프랜차이즈 업체의 디지털 마케팅 팀장으로 근무했었다. 현재는 기획&마케팅회사 대표로 온라인 콘텐츠 기획을 중심으로 컨설팅하고, 동기부여 강연가와 자기계발 작가로 활동하고 있다.

1

2020년에 공기 좋고 채광 좋고
환경 깨끗한 집으로 이사하기

처음엔 아토피가 있는 둘째 딸아이 때문에 이사를 가고 싶었다. 현재 살고 있는 집은 1980년도에 건설된 집이다. 그런 만큼 리모델링을 해도 아무리 배관 청소를 해도 세월 속에 녹아든 녹물과 곰팡이들로부터 자유롭지 않았다.

생수로 딸아이를 목욕시키면 아이의 아토피가 나아졌다. 뿐만 아니라 우리 집이 아닌 다른 곳에서 하루만 자도 딸아이의 증상이 좋아졌다. 그런 것을 보면서 나는 이 집을 떠나야지만 아이가 낫겠다는 결론을 내렸다.

딸아이는 매일 밤마다 자신도 모르게 온몸을 긁곤 했다. 그렇게 열 손가락이 피범벅이 된 딸아이를 볼 때마다 가슴이 타 들어가듯 아팠다. 나와 남편에게도 아토피가 있었다. 희귀난치병을 앓고 있는 첫째 아들도 이 집에서 산 지 2년이 넘어서자 병세가 점점 심해지기 시작했다. 우리 가족의 건강을 되찾기 위해서라도 이사가 시급했다.

우리가 이사를 가려면 최소 한 달에 150만 원 이상의 추가 수입이 필요했다. 3년 이상 10년 이내에 지어진, 30평대의 채광 좋고 공기 좋고 환경 깨끗한 집은 우리 기준으로는 모두 비쌌다. 두 아이 모두 난치병을 앓는 만큼 누군가의 손길이 필요했다. 때문에 나는 파트타임 일도 하기 힘들었다. 이사를 가고 싶어도 마음뿐이었다. 현실적으로 우리는 지금 사는 곳에 고립되어 있었다.

아이들의 증상이 날로 심해져서 나는 절망하며 몸부림쳤다. 그러던 어느 날, 돈을 벌고 싶다는 간절한 마음으로 네이버 검색창에 글쓰기 알바 등을 쳐 넣었다. 결혼하기 전부터 해 왔던 마케팅은 고도의 집중력을 요하는 특성을 갖고 있다. 아이들을 돌보면서 할 수 있는 일이 아니었다. 내가 할 수 있는 거라곤 그저 글쓰기밖에 없었다. 그런 만큼 돈도 안 되는 댓글 알바라도 구해 볼 요량이었다. 한 건당 1,000원 하는 알바인데 그거라도 하고 싶을 만큼 간절했다. 더 이상 아무것도 하지 않고 아픈 아이들만 바라보고 있을 수는 없었다.

그때 연관검색어에 달린 '작가'라는 키워드가 내 눈길을 사로잡았다. 내 오랜 꿈은 작가가 되는 것이었다. 나는 설렘을 안고 작가라는 검색어를 눌렀다. 그러자 이번에는 '한책협 계약'이라는 키워드가 보였다. '한책협이 뭐지?' 하면서 나는 그 키워드를 눌렀다. 그렇게 나와 한책협의 인연이 시작되었다.

한책협은 '한국책쓰기1인창업코칭협회'의 줄임말이었다. 나는 당장 카페에 가입해서 내용들을 읽어 보았다. 이곳에는 성공해서 책을 쓴 게 아니라 책을 써서 성공한 사람들이 잔뜩 있었다. 나는 막연히 언젠가 책을 써서 작가가 되고 싶다고 생각했었다. 카페에는 그런 내 생각을 완전히 뒤엎는 사례들이 수두룩했다.

그들 중의 일부는 자신의 집을 공개하면서 책을 써서 집도 차도 바꿨다고 자랑했다. 유튜브와 카페에서 그들의 집을 보면서 나는 무척 부러웠다. 그중 카페지기였던 김도사의 집이 내가 그동안 꿈꿔 왔던 집과 가장 유사했다.

거실의 통창으로는 햇살이 가득 들어왔다. 그리고 한쪽에는 크고 넓은 책장에 책이 가득했다. 김도사의 생일날 엿볼 수 있었던 주방에는 긴 식탁 의자와 넓은 조리대가 있었다. 알레르기 비염이 심한 우리 가족들에게 꼭 필요한 암웨이 공기청정기까지. 내가 눈을 감고 상상으로만 느낄 수 있었던 집이 그곳에 있었다.

우리 아이들과 같은 나이의 아이들을 키우는 김도사, 권마담 부부가 이룬 성공에 눈이 부셨다. 작가는 돈을 많이 못 번다고 치부했던 내가 부끄러웠다. 언제까지 남의 행복을 보면서 부러워만 해야 하는가. 더 이상 멀리서 지켜보며 부러워만 하고 있을 수는 없었다. 어떻게든 현실을 바꾸고 싶었다.

그길로 나는 한책협 카페에서 필독서라고 안내했던 책들을 읽어 보기로 했다. 가난하게 태어나서 미치도록 성공하고 싶었던 김도사의 마음과 나의 마음은 별반 다르지 않았다. 아버지의 자살로 빚더미에 앉았음에도 지키고 싶은 것을 지키고자 성공에 대한 열망을 품은 그의 마인드가 존경스러웠다.

나는 현실을 바꿔 달라고 누군가에게 기도만 했다. 하나님이든 부처님이든 제발 도와 달라고 무릎 꿇고 빌었다. 그게 답이라고 세뇌당했다. 그렇게 간절히 기도하면 이루어진다고 배웠다.

하지만 나는 간절하기만 했지 결국은 아무것도 하지 않은 셈이었다. 누군가 '언젠가' 들어줄 거라고 생각하고 안일하게 기다리기만 했다. 아무것도 하지 않으면 아무 일도 일어나지 않는다는 것을 머리로 알고 있었음에도 말이다.

하지만 한책협의 김도사는 달랐다. 그는 내가 오랫동안 목말라했던 세상의 이치, 우주의 법칙을 굉장히 간단하게 설명해 주는 재주가 있었다. 특히나 그의 글은 군더더기 없이 깔끔하면서도 강하게 가슴을 뛰게 하는 마력이 있었다. 엄청난 흡입력으로 금세 그의 책에, 그의 글에, 그가 깨달은 지혜에 빠져들게 만들었다.

그가 쓴 《100억 부자의 생각의 비밀》은 '한국판 시크릿'이라고 불릴 정도다. 그 정도로 읽는 사람들마다 엄청난 찬사를 보내는 역주행 베스트셀러다. 나는 그 책을 읽으면서 '나도 할 수 있다', '나도 이렇게 힘들지 않았나?', '나라고 왜 못하는가?'라고 생각했다. 그 생각 끝에 책을 써서 성공해야겠다. 부자가 되어 내가 원하는 집으로 이사해야겠다는 결론을 내렸다.

이제 결론이 나왔으니 움직이면 그만이었다. 나는 하고 싶고, 갖고 싶은 게 있으면 수단과 방법을 가리지 않고 내 것으로 만드는 사람이었다. 하지만 오랜 시간 아이들만을 바라보고 살아왔던 터라 자존감이 바닥을 치고 있었다. 만약 내가 결혼하지 않은 상태였다면, 아니 아이들이 건강했더라면. 이런 가정이 계속 나를 물고 늘어졌다.

그때 나는 정말 핑계 없는 무덤은 없다는 말을 실감했다. 해야겠다고 결심했음에도 내 마음속엔 안 될 이유가 줄줄이 줄을 섰다. 특히 아이들의 목숨을 담보로 무언가를 해야 한다는 압박감을 강하게 느꼈다. 분명 '아이들을 위해'로 시작된 생각이었는데도 말이다.

한참을 선택도 결정도 내리지 못했다. '아이들을 위해서'인가? 내 욕심을 채우기 위한 것인가? 내 마음인데도 갈피를 못 잡고 헷갈리기 시작했다.

그동안 아픈 아이들을 키우면서 욕심을 가지지 않았던 건 아니었다. '좀 더 나은 미래를 위해!'라는 말로 아이들에게 희생을 강요했던 경험이 있었다. 그 욕심의 결과는 만족스럽지 않았다. 부메랑처럼 아이들의 아픔으로 돌아왔기 때문이다. 나는 하나님께 벌을 받았다고 생각했었다. 그래서 '내 욕심을 채운다'라는 생각을 하자 머리가 복잡해졌다. 또 같은 상황이 반복될까 봐 몹시도 두려웠다.

아무리 머리로 계산하고 생각해도 답이 나오지 않았다. 나는 평소 고민이 많을 때면 책을 읽었다. 나는 눈앞에 보이는 책을 집어 들었다. 앞서 언급했던《100억 부자의 생각의 비밀》이었다.

이상하게도 그날따라 마지막으로 읽던 페이지가 아니라 책의 첫 페이지부터 다시 읽어 보게 되었다. 페이지를 한 장씩 넘기다가 욕망에 대해 언급한 부분을 보며 가슴이 방망이질 치기 시작했다.

"나의 욕망은 하나님의 말씀이다. 내 안에선 끊임없이 욕망이 생겨난다. 하나님께서 느낌과 영감으로 내게 현재에 머물러 있지 말고, 앞으로 나아가라고 자극하신다. 지금 내가 누리고 있는 것들은 하나님의 관점에서 본다면 미미한 것들이다. 하나님은 솔로몬 왕이 가졌던 그 이상의 것들을 내게 가지라고 말씀하신다. 예수께서는 '가난한 자는 복이 있나니, 하나님의 나라가 너희 것이다'라고 말씀하셨다. 나는 현재에 만족하는 배부른 어리석은 자가 되지 않을 것이다. 계속 욕망을 가지고, 그 욕망을 실현하기 위해 하나님께서 주신 달란트를 사용하겠다. 그 과정에서 하나님의 나라, 천국이라는 감정에 임할 것이다."

큰 깨달음이 전신을 감돌았다. 분명 읽었던 페이지의 내용이었다. 그때는 그렇게 감흥이 없었는데, 내가 필요할 때 다시 읽으니 다르게 들리고, 다른 깨달음이 있었다.

내 욕망은 하나님의 말씀이었다. 너무나도 간단명료한 진리에 눈물이 멈추지 않고 줄줄 흘러나왔다. 그런데도 나는 머리로 재고 판단하며 갈팡질팡하고 있었다.

나는 눈을 감고 하나님께 감사기도를 했다. 내가 하나님의 메시지를 놓치지 않도록 김도사의 책을 통해 알려 주심에 감사했다.

기도를 하는 중간에도 수십 번의 고민이 무색하게 계속 김도사를 만나야겠다는 생각뿐이었다. 그를 만나 책을 쓰고, 그가 하라는 대로 하자. 그를 따라가면 2020년에 내가 꿈꾸는 집으로 우리 가족이 이사할 수 있겠다는 기분마저 들었다. 햇살이 드리워진 환하디 환한 주방에서 나는 요리를 하고 있고, 우리 아이들과 남편은 마당에서 뛰어놀고 있다. 아이들뿐만 아니라 나와 남편도 모두 건강이 좋아졌다. 나음을 받았다. 그렇게 이루어졌다고 믿고 눈을 뜨니 그 순간이 너무 행복했다. 불안한 미래도 없었고, 두려움도 사라졌다.

나는 이 놀라운 경험을 책에 담아 전 세계 사람들에게 알리고 싶어졌다. 그동안 타인을 위해서만 사용했던 나의 마케팅 능력을 오롯이 나를 위해, 나의 하나님을 위해 사용하고 싶어졌다. 또한 김도사처럼 하나님의 달란트를 소중히 사용하는 사람이 되어 하나님의 사명대로 희망의 메신저가 되고 싶어졌다.

욕망은 선한 것이다. 그런데도 교회에서도 학교에서도 그 어디에서도 욕망이 선하다고 가르쳐 주지 않았다. 그저 세상에서 가장 극한 직업이라는 아픈 아이들의 엄마로서의 책임감만 나에게 주어져 있었다. 어떤 이들은 내가 꿈을 꾸고 행동할 때마다 비난했다. 아이들이 어린데, 아이들이 아픈데, 욕심이 지나치다는 것이었다. 나는 그들의 시선에 갇혀서 오랫동안 방황했다. 하지만 이제는 방황하지 않겠다. 나는 하나님이 주신 나의 인생을 살겠다.

2

인세 1%를
평생 한책협에 기부하기

내가 일곱 살이 되던 해였다. 엄마가 남동생을 낳았다. 8대 독자가 태어난 것이다. 위로 딸만 셋이어서 할머니에게 매일 구박받던 엄마였다. 남동생의 출생과 동시에 작년에 찍은 가족사진이 내려졌다. 그 후 우리 가족은 다시는 가족사진을 찍지 못했다. 동생이 태어나던 해에 아버지의 사업이 부도났기 때문이다. 부자는 망해도 10년은 간다는 말처럼 어린 나는 우리가 망했는지도 몰랐다. 엄마가 그만큼 애썼던 것이다. 1997년에 IMF가 터지기 전까지 말이다. 나는 당시 중학교 1학년이었다.

내 기억 속 가난은 이랬다. 우리 가족은 이불장과 옷장 하나, 서랍장 하나, TV장 하나만 놓인 5평 남짓한 단칸방에서 살았다. 그 방에서 93세의 할머니와 아빠, 엄마, 언니와 나, 남동생 이렇게 6명이 지그재그로 자던 시절이 생각난다. 방 옆에 딸려 있던 화장실을 개조해서 부엌 겸 세탁실 겸 욕실로 썼다. 그래서 화장실이 가고 싶을 때면 아래층 교회의 화장실을 이용했다. 아니면 학교 화장실을 이용했다. 당시 많이 연로하셨던 할머니는 싱크대 옆의 작은 욕실에서 볼일을 보셨다. 나중에 노환으로 아예 움직이지 못하시기 전까지 말이다.

당시는 누구나 다 힘들었다. 엄마가 다니던 공장은 망했고 우리는 생계수단이 없어졌다. 엄마는 매일 쌀을 조금이라도 구하려고 여기저기 뛰어다니셨다. 무척 힘들어하시면서. 그런 엄마를 보면서 나도 엄마를 돕고 싶어졌다.

큰언니는 나와 열 살 차이로 내가 초등학교 3학년 때쯤 대학을 갔다. 언니는 대학교 근처에서 자취를 하고 있었다. 당시 언니는 교회에 다니고 있었다. 그런데 큰언니가 나에게 교회에서 아이들을 돌봐 주는 베이비시터를 구하는데 해 보겠느냐고 했다. 당시 4시간에 5만 원 정도로 꽤 큰돈이었다. 나는 당연히 하겠다고 했다.

그곳에서 나는 하나님을 만났다. 매주 일요일 집으로부터 2시간 거리의 교회에 가 아이들을 돌보면서 하나님의 말씀을 들었다. 사람들이 헌금과 십일조를 내는 것을 지켜보았다. 자신의 소득의 10%를 하나님에게 감사한 마음으로 드리는 거라고 했다. 어린 마음에 그게 너무 멋있어서 나도 내고 싶었다. 그렇게 마음만 가진 채로 시간이 흘렀다.

우리 집의 형편은 날이 갈수록 어려워졌다. 내가 아르바이트로 받은 돈 모두를 엄마에게 드려도 부족했다. 그도 그럴 것이 큰언니를 빼고도 엄마에겐 먹여 살려야 할 다섯 식구가 있었기 때문이다.

그러던 중 불행 중 다행으로 동사무소에서 우리 가족을 지원해 주시겠다고 했다. 가족 중 누구든 한 달에 한 번씩 동사무소에 밀대를 갖고 와서 라면 1박스를 받아 가라고 했다. 물론 불우이웃 돕기 사진도 한 장씩 찍으면서 말이다. 나는 매달 그 일을 했다. 그렇게 찍힌 사진은 매달 동사무소 입구에 붙여져 있었다.

처음엔 그 사진이 어떤 영향을 줄지 몰랐다. 다 같이 힘든 시기인데도 그 사진을 본 같은 학교 친구들이 나를 놀리거나 괴롭히기 시작했다. 가난한 나에겐 볼펜도 꿈을 위해 노력하는 것도 사치라고 말했다. 당시 나의 꿈은 '만화가'였다. 아이들은 자주 나에게서 노트나 드로잉 북을 뺏어 가곤 했다. 쓰레기통에 처박힌, 너덜너덜하게 찢긴 드로잉 북을 보면서 나는 많이 울었다. 가난은 죄가 아니랬는데, 가난이 죄스러웠다. 그 아이들에게 나는 가난 코스프레를 해야 하는 존재일 뿐이었다.

점심시간에 굶는 일이 자주 생겼다. 가난한 내가 도시락이라니. 말도 안 되었다. 점심시간만 되면 밖으로 나가 학교 건물 뒤편 수도꼭지에서 물을 마셔 댔다. 속쓰림은 그때부터 시작되었다. 한번은 물을 마시던 나를 담임 선생님이 보셨다.

담임 선생님은 그런 나를 안타까워하시면서 '결식아동'으로 등록해 주셨다. 원래 소년소녀 가장에게만 주는 혜택이었다. 그런데 내 사정을 들은 담임 선생님이 특별히 결식아동으로 등록해 주신 것이다. 이는 학교 점심은 물론 3개월에 한 번씩 10만 원짜리 농협 상품권도 주는 혜택이었다. 엄마가 엄청 기뻐하셨다.

그 후 나는 결식아동으로 후원받은 아이들 대상으로 진행된 수기공

모전에서 상을 탔다. 그리고 그 상금을 생활비에 보탰다. 이것이 계기가 되어 우리 집은 빠르게 회복되었다. 엄마도 절망 속에서 힘을 내시고 일자리를 구하셨다. 나 또한 꿈을 포기하지 않을 수 있었다. 여전히 나를 괴롭히는 아이들은 있었지만, 당장 먹고사는 문제가 해결되니 안 될 일이 없었다.

아르바이트하던 교회에서도 나를 도와주려고 애썼다. 그들은 시간이 날 때마다 나에게 하나님 말씀을 가르쳐 줬다. 그리고 십일조를 하면 좋은 점을 알려 줬다. 그러면서 《십일조의 비밀을 안 최고의 부자》라는 책을 나에게 알려 주었다. 그렇다. 록펠러다.

록펠러는 석유회사를 운영했던 미국 사람으로서 역사상 최고의 재산을 가진 부자였다. 그의 재산을 한화로 따지면 약 400조 이상이었다. 현재 세계 최고 부자라는 빌 게이츠도 그에 비하면 20%의 재산을 모은 사람에 불과하다. 록펠러는 그 돈을 평생 기부와 사회사업에 퍼부었다. 엄청난 사람이었다.

그동안 사람들의 후원으로 살아온 만큼 나는 그 책에 깊게 매료되었다. 록펠러 같은 멋진 사람들이 나를 후원해 주었다는 생각이 들었다. 책을 읽은 후부터 나는 그를 롤 모델로 생각했다. 나도 그와 같은 사람으로 성장하겠다고 결심했다. 하지만 현실적으로 십일조를 한다는 건 부담스러운 일이었다.

교회에서는 당시 내 수입인 월 20만 원에서 2만 원이면 큰돈이 아니라고 했다. 자신들은 월급의 10%인 15만 원씩 낸다고 하면서. 그들은 건축헌금도 따로 낸다고 했다. 그러면서 하나님이 그만큼 채워 준다고 했다. 오히려 많이 벌수록 십일조는 더 내기 힘들다고 했다. 미리 구별해서 내는 믿음이 필요하다고도 했다. 머리론 알지만 나는 쉽게 실천하지 못했다. 무려 20년이 넘도록 말이다.

간혹 길을 가다가 혹은 어떤 제품을 구매하거나 식당에서 음식을 먹을 때 "이 수익금의 일부는 결식아동 혹은 불우이웃을 도와주는 데 사용됩니다."라는 문구를 보게 된다. 그럴 때면 가슴이 먹먹했다. 내 어린 시절의 꿈과 다짐이 떠올랐기 때문이었다. 직장을 다니면서부터 나는 월급의 일부를 월드쉐어나 유니세프 같은 자선단체에 기부했다. 그마저도 결혼하고 아이들을 키우면서 모두 중단한 상태였다. 하지만 마음속으로는 늘 내가 가진 것의 10% 후원을 꿈꾸고 있었다. 훗날 내가 작가가 되면 반드시 인세의 10%, 즉 1%의 인세를 기부하겠다고 마음먹었다.

이렇게 막연히 생각만 하다가 최근에 책을 쓰게 되면서 이 막연함이 현실로 이루어질 수 있음을 느꼈다. 바로 한책협을 만나면서였다. 한책협은 책 쓰기 과정 외에도 매년 말에 불우한 이웃에게 1년 동안 모은 후원금을 전달하고 있었다. 나는 후원금을 받아서 컸던 사람으로서 마음이 무척 따뜻해짐을 느꼈다. 처음엔 참 감사하게 느껴졌다. 자신의 것을 내어주는 대단한 일을 하고 있는 사람들이라고 생각했다.

하지만 시간이 지날수록 마음이 크게 동요하기 시작했다. 나는 왜 나의 결심을 실천하지 못하고 있는가를 생각했다. 돈이 없어서가 아니었다. 내 마음이 가난하기 때문이었다. 그들이 하고 있는 것들은 내가 부자가 되면 하겠다고 꿈꿔 왔던 것들이 아닌가? 나는 앞으로 책을 써서 부자가 될 텐데 왜 기부할 마음을 갖지 못하는가? 하는 생각마저 들었다. 그리고 나도 실천해야겠다고 결심했다.

아주 다행스러운 것은 한책협의 대표인 김도사와 위닝북스의 대표인 권마담이 부부 사이라는 것이었다. 나는 위닝북스에서 나의 모든 책을 출판하고 인세의 1%를 기부해야겠다고 마음먹었다. 한책협 활동을 하면서 점점 그 결심은 확신에 가까워지기 시작했다.

내 인세의 1%는 앞으로 얼마가 될지 모른다. 하지만 나는 하나님이 나를 통해 그 일을 하시리라는 것을 안다. 때문에 그 금액은 더욱 커질 것이라 믿는다. 그러하기에 나는 먼저 하나님께 드린다. 받고 드리는 게 아니라 십일조의 비밀을 안 록펠러처럼 믿음으로 내 인세의 1%를 평생 한책협에 기부하겠다. 그리고 반드시 책 한쪽에다 이렇게 적을 것이다.

"당신이 방금 손에 쥔 책 한 권의 인세의 1%가 불우한 이웃에게 기부되었습니다. 구매해 주셔서 감사합니다."

꿈꾸는 타향살이 청년들을 위한
셰어하우스 운영하기

우연히 TV에서 셰어하우스로 리모델링해서 운영하는 서울 신림동의 고시원을 보았다. 신림동은 고시원이 많은 동네로 유명하다. 노량진 고시촌이 공무원을 준비하는 청년들의 집이라면 신림동 고시촌은 꿈꾸는 청년들이 선택하는 집이었다. 청년들은 보증금이 없는 그러한 고시원에 많이 거주했다. 하지만 살기 편한 곳은 아니었다. 대부분이 알다시피 발 뻗고 누울 공간도 좁고 창문이 있고 없고에 따라 비용도 천차만별이었다. 그 방송을 보고 나니 6년 전 여름 남편을 처음 만났던 때가 기억났다.

당시 남편은 분당 정자역 주변 고시원에서 살고 있었다. 처음에는 창문도 있는 넓은 방에서 월 29만 원에 지냈다고 했다. 그렇게 몇 달을 지내다 보니 고시원에서 주로 잠만 자게 되는 만큼 돈이 아까웠다고 한다. 그래서 창문도 없고 비좁은 월 22만 원짜리 방으로 옮겼다고 했다. 한 달에 3개의 직업을 소화하며 생활비를 벌었지만, 남는 것이 없어 모은 것도 없었던 남편.

남편은 지방에서 올라와 스물여덟 살 늦은 나이에 제빵사를 꿈꾸는 청년이었다. 다행히 이직하려는 빵집에서는 기숙사를 운영하고 있었다. 기숙사에 들어가기 전까지 남편은 고시원 이야기를 종종 했다.

나 역시도 회사생활을 할 때 고시텔에서 살았던 기억이 있었다. 그런만큼 남편의 불편한 고시원생활 이야기에 깊이 공감했다. 화장실이 있는 방과 없는 방, 창문이 있음과 없음의 차이에 대해서 말이다. 대부분의 타향살이하는 청년들은 월세와 보증금이 부담되어 고시텔을 찾게 된다. 하지만 그곳은 너무 비좁고 어두웠다. 창문이 없는 방은 들어서자마자 습하고 답답했다. 그런 고시원에서 꿈을 키우는 청년들이 안타까웠다.

방송을 보고 난 후여서 그랬는지 셰어하우스를 운영하고 싶다는 생각이 들기 시작했다. 결말의 관점에서 생각하자 아이디어들이 솟구쳤다. 구옥을 경매로 낙찰 받아 방송에서 나온 것처럼 리모델링해 보고 싶어졌다. 방은 비좁더라도 창문이 모두 있는 구조로 말이다. 창문은 평상시에는 닫아 두고, 필요시에 열 수 있도록 이중창에 여닫이문으로 하면 어떨까 등등. 상상만 해도 그림이 그려지니 미소가 절로 지어졌다. 그렇게 하면 햇빛을 보고 싶을 때는 열어 두고 늦잠을 자고 싶을 땐 닫아 둘 수 있을 것 같았다.

나는 사람에게 햇빛이 무척 중요하다고 생각한다. 햇빛은 비타민D의 생성을 돕고, 우울한 기분을 줄여준다. 돈이 없다는 이유로 이제 막 꿈꾸는 청년들에게 등급을 매겨 창문이 없는 방에서 살게 하고 싶지 않았다. 적어도 내가 운영하는 셰어하우스에서는 말이다.

그리고 셰어하우스의 1층에서는 무인 숍을 운영하고 싶었다. 무인 숍에는 셀프 코인 빨래방과 무인 커피숍, 무인 자판기 등을 설치할 생각이다. 요즘 생기는 셀프 코인 빨래방들은 이용자들의 니즈를 파악해서 세탁 중일 때 사람이 대기할 공간을 만드는 추세다. 그래서 요즘엔 커피숍을 같이 운영하곤 한다. 나는 이러한 트렌드에 맞춰 각종 이색 자판기들도 같이 설치해 두려고 한다.

제일 먼저 생각나는 자판기는 책 자판기다. 코인 세탁기를 사용할 시 세탁과 건조되는 시간은 보통 2시간 남짓이다. 그런 만큼 그 시간에 커피를 마시면서 책을 본다면 딱 좋을 것 같다. 커피숍에서 무료하게 스마트폰을 즐기는 것도 좋겠다. 하지만 책 자판기에서 책을 바로 구매해 볼수 있다면 얼마나 좋을까. 책 자판기는 내 책으로 다 채우리라. 그렇게 생각하니 미소만 지어졌다.

셰어하우스답게 1층 무인 숍의 주 이용객은 셰어하우스 이용객일 거라고 생각한다. 그래서 셰어하우스 이용객을 위한 라면 자판기를 설치하려고 한다. 셰어하우스 이용객에게는 어플로 마일리지를 적립해 줄 것이다. 그리고 QR코드나 쿠폰 등으로 한 달에 10개 정도의 라면을 직접 뽑아 먹을 수 있게 지원할 생각이다.

이는 고시원들이 보통 부엌에 라면이나 김치를 비치해 두는 데서 착안한 것이다. 그런데 일부 고시원 이용객들이 자신만 먹으려고 마구잡이로 라면을 가져가곤 했다. 나나 남편이나 그런 경험을 한 사람들이다. 그런 만큼 어떻게 하면 효율적으로 모든 이용객에게 혜택을 줄지 많이 고민했다. 그 결과 라면 자판기가 답이라는 결론이 나왔다.

그 밖에도 인건비를 최소화한 1층 무인 숍에서 발생하는 수익을 셰어하우스 운영에 보태려고 한다. 2층은 남성 전용, 3층은 여성 전용, 4층은 테라스와 공동주방, 아지트 역할을 하는 5층은 옥상정원과 바비큐 공간으로 꾸밀 계획이다. 그리고 제일 중요한 시설 이용비용은 30만 원대로 잡으려고 한다. 누구나 들어오고 싶은 셰어하우스를 만드는 게 나의 최종 목표다.

이 계획들에서 가장 염두해야 할 게 있다. 바로 구옥을 얼마나 싸게 경매로 낙찰 받느냐다. 그리고 어떻게 리모델링 비용을 최소화하느냐다. 이 고민도 최근 한국경매투자협회(이하 한경협)를 통해 풀 수 있을 것 같다. 이 카페에서는 경매 낙찰 외에도 리모델링 인테리어까지 가르쳐 주고 있었다. 정말 나한테 딱 필요한 정보였다.

나는 당장 한경협의 카페지기가 썼다는 저서 《대한민국 경매 투자》를 사서 읽었다. 그 책 안에는 내가 원하는 정보가 모두 들어 있었다. 소액으로 하는 경매투자 비법과 집값을 1,000만 원 올려 받는 인테리어 비법까지! 정말 읽을수록 내 버킷리스트가 완성되어 가는 느낌을 생생하게 받을 수 있었다.

불모지에서 셰어하우스를 만들어 가는 게 아니다. TV에서 보았던 셰어하우스를 벤치마킹해서 만드는 것이다. 때문에 큰 어려움은 없을 것이라 생각한다. 다만 처음 하는 사업이다 보니 운영에서 시행착오가 발생할 수도 있을 것이다. 그렇게 생각하니 약간의 두려움이 생겼었다. 나름 셰어하우스 관련 책을 섭렵했지만 운영상 시행착오를 줄일 수 있는 방법들은 나와 있지 않았다.

그러던 중 고시원 창업 전문가 황재달 작가를 만나게 되었다. 그는 기존의 고시원들을 최소한의 비용으로 리모델링해서 최고 수익을 내는 비법을 알고 있었다. 그뿐만 아니라 최소한의 인건비로 운영하는 방법들 또한 세세히 알고 있었다. 그의 저서 《억대 연봉 만드는 고시원 창업 비법》에는 모든 고시원의 창업 방법과 노하우가 숨김없이 안내되어 있었다.

그 책을 읽는 동안 나는 하나님께 무척 감사했다. 하나님이 나에게 그를 보내 준 것이라는 생각이 계속 들었다. 내 버킷리스트를 이루어 주고자 세상의 선한 마음이 한데 모이고 있는 느낌이었다. 그러니 안 할 이유도, 못 할 이유도 없었다. 하나님이 나의 선한 마음을 아시고, 더 큰 기회를 주시려고 하시는 것이다. 나는 그저 남들보다 좀 더 생생하게 소망하는 것들을 떠올렸을 뿐인데 말이다.

희귀난치성 아이를 키우는
부모들을 위한 휴식센터 만들기

　나에게는 희귀난치성 질병을 가진 첫째 아이와 난치성질환인 아토피를 앓는 둘째 아이가 있다. 첫째 아이의 질병 이름은 '주기성 구토증'이다. 수 시간 혹은 수일의 일정 기간을 두고 구토하는 병이다. 이 병은 진단을 내린 몇몇 대학병원 외에는 응급실 의사들도 들어 본 적만 있을 정도로 희귀한 병이다.

　일단 일반 소아과에서는 전혀 들어 본 적이 없기 때문에 치료나 처방이 불가능하다. 그래서 나와 남편은 아이의 증상이 발현되면 처음 진단을 내린 대학병원 응급실로 달려간다. 정맥주사로 약물을 투입해 아이를 강제로 재우기 위해서다. 그렇게 해서라도 구토를 멈추게 하고 발현주기를 지나게 해야 한다. 현재 의학으로는 이 병의 원인도 모르고 치료법도 없다.

　첫째 아이를 임신했을 때부터 유산 위험, 조기 진통으로 힘든 시기를 보냈다. 출산하면 다 해결될 거라고 믿었으나 태어난 아이 상태가 이상했다. 하루는 멀쩡하고 하루는 50~60번의 분수토를 하는 것이었다. 초보 엄마였던 나는 예방접종을 다니던 소아과에 물어보았다. 의사 선생님은 아이가 신생아이니 대학병원에 가서 검사해 보는 게 좋겠다고 했다. 놀란 마음에 분당서울대학교병원 응급실로 가서 초음파 검사를 했다. 검사 결과 구조적인 이상은 없다고 해서 돌아왔었다. 나는 내가 더 많이 안아 주고 트림을 잘 시키면 나아질 거라고 믿었다. 하지만 생후 50일, 이번에는 아이의 숨소리가 매우 이상했다.

평소와 다르게 그렁그렁 가래가 끓는 소리가 들렸다. 결혼 전 베이비시터를 하면서 많은 아이들을 돌봐 봤었다. 그렇기 때문에 이 소리가 정상이 아니란 걸 바로 알 수 있었다. 나는 아이를 부둥켜안고 다니던 소아과로 갔다. 의사 선생님은 폐에 청진기를 대더니 폐렴인 거 같다고 했다. 생후 50일에 밖에 나간 적도 없는데 폐렴? 이게 무슨 일인가 싶었다. 의사 선생님은 서둘러 이곳저곳에 전화를 걸어 주셨다. 다행히 분당차병원의 외래가 가능했다. 소견서를 받아 들고 나는 분당차병원으로 달려갔다.

아이가 생후 50일이면 엄마도 출산한 지 50일인 것이다. 산후조리원과 산후도우미의 도움을 받았어도 나 역시 몸이 회복되지 않은 상태였다. 남편이나 다른 사람의 도움 없이 허리를 세울 수 없는 아이를 한 손에 안고 기저귀 가방을 챙겨 병원을 돌아다녔다. 온몸이 욱신욱신 아파 왔다. 그래도 기침 소리가 더욱 심해지는 아이를 나는 부둥켜안아 올렸다. 계속 이를 악물고 병원 여기저기를 돌아다녔다. 외래 진단 결과 역시

나 폐렴이었다. 구토 중 토사물이 기도로 흡입되어 염증을 일으켰다고 한다. 바로 '흡인성 폐렴'이었다.

병원에서 당장 입원해야 한다고 해서 무작정 입원했다. 아이가 태어났을 때는 5월. 아이가 입원했을 때는 한여름이었다. 병실 안의 에어컨 바람이 엄청 차가웠다. 출산한 지 얼마 안 되었던 나는 매일 추위와 씨름했다. 그렇게 10일간 아이의 폐렴을 치료하고 집에 왔다. 집에 와도 폐렴이 좋아진 것이지 구토가 좋아진 건 아니었다. 아이는 여전히 토했고, 흡인성 폐렴은 지속적으로 찾아왔다. 아이의 잦은 입원과 퇴원으로 나뿐만 아니라 남편에게도 버거운 하루가 반복되었다.

아이는 태어나면 최소 1년까지는 참 손이 많이 간다. 혼자 먹고 자고 입고 싸는 것까지 보호자의 도움이 없으면 못 하기 때문이다. 아이는 그저 울음으로 모든 걸 표현한다. 아이의 불편함과 아픔을 알아차리는 것도 모두 보호자인 엄마의 몫이다.

엄마는 열 달 동안 아이를 품고 있었던지라 온몸의 관절이 다 늘어나 있다. 이 상태에서 출산 후 제자리로 돌아가는 데 최소 1년이 걸린다고 한다. 건강한 아이였어도 엄마 혼자 오롯이 육아를 감당한다는 것은 매우 벅차고 힘들다. 그러니 아픈 아이의 엄마들은 오죽하겠는가. 주변에 도와줄 사람이 있다면 그나마 나을 것이다. 그마저도 없는 엄마들은 남편 하나만 바라보거나 의지하게 된다. 나 역시도 그랬다.

5~6년 전 유튜브에서 유행했던 영상 하나가 있었다. '세상에서 가장

극한 직업'이라는 제목의 미국에서 만든 영상이었다. 가짜 구인광고를 내고 구직자들과 인터뷰한 일종의 몰래카메라였다. 구직자들과는 화상채팅으로 면접을 진행했다. 면접관은 해당 직업에 대해 매우 담담하게 설명한다. 일하는 동안 거의 지속적으로 서 있어야 한다. 업무 시간은 일주일에 135시간 혹은 무한정이다. 휴식시간은 없다. 또한 대상에게서 한시도 눈을 뗄 수 없다. 공휴일에는 더 할 일이 많다.

그러자 구직자들은 분노하기 시작한다. 이런 일을 할 수 있는 사람은 아무도 없다고 말이다. 심지어 면접관은 급여도 없다고 한다. 누가 들어도 미친 직업이다 싶을 것이다. 구직자들은 시간만 낭비했다는 표정이었다. 그런데도 면접관은 이 일을 지금도 수천 명이 해내고 있다고 했다. 누가? 바로 엄마들이다.

면접관의 이야기를 들은 구직자들은 모두 격하게 공감한다. 그렇다. 이 미친 짓을 하는 사람들이 엄마들인 것이다. 누가 들어도 미친 짓이다.

그렇다면 아픈 아이들의 엄마는 어떨까?

아무도 갖고 싶지 않은 직업이다. 세상의 많은 엄마들은 아이가 성장함에 따라 쉼을 얻는다. 아이는 점점 혼자 많은 것을 해낼 수 있기 때문이다. 하지만 아픈 아이들의 엄마는 다르다. 쉴 새 없이 움직여야 하고, 모든 걸 희생해야 한다. 교통사고를 당한다든가 크게 아플 때도 아픈 아이의 엄마들은 입원조차 상상할 수 없다. 엄마를 대신할 누군가가 전혀 없기 때문이다.

나는 첫째 아이를 출산하고 1년을 그렇게 오롯이 혼자 견뎌 냈다. 그 시간들 속에서 매일 절망하며 보냈다. 나의 경험상 출산 후 1년은 아이에게도 가족에게도 휴식이 필요한 시기라는 결론을 얻었다. 그리고 이 휴식이 필요한 시기를 보낼 수 있는 센터, 즉 힐링센터를 건립해야겠다는 기도를 하게 되었다.

가까운 나라 일본에서는 중증소아환자의 임시위탁시설인 '단풍의 집'을 운영하고 있었다. 국립성육의료센터(National center for child health and development)에서 2016년 4월에 의료형 장애인복지시설로 인가받아 설립되었다. 물론 이곳은 의료서비스를 지속적으로 받지 않으면 생존의 위협을 받는 아이들을 임시로 보호해 주는 곳이다. 0~18세의 소아청소년들이 대상이다.

우리나라에서도 서울대학교병원과 부산 양산대학교병원 등에서 이와 같은 시설을 마련하고 있다. 하지만 이 모든 게 당장 생명에 위협을 받는 중증소아환자의 경우로만 국한되어 있다. 우리 아이와 같이 희귀난치병으로 고통받지만, 당장 생명에 지장을 받지 않는다면 대상자가 될 수 없다. 희귀난치병이라고 분류되지도 않는 경우는 어떠한가. 분명 원인도 치료법도 없는데 말 그대로 '희귀하다'는 이유 하나로 의료보험 혜택도 받지 못하는 가정이 허다하다.

아픔의 크기가 다를 뿐. 아이가 아플 때 아무것도 해 줄 수 없는 고통은 어느 부모나 동일하다. 불편한 병실에서 아이를 돌보느라 지친 엄마의 마음은 집에 돌아와서도 반은 의사이자 간호사로 살아야 한다. 아빠들은 어떠한가. 아이를 입원시키고 병원비 때문에 더 무거운 책임감을 느끼며 밤낮없이 일한다. 그러다가 과로로 쓰러지거나 부모 중 하나라도 아프면 다른 위험에 노출되는 가정이 부지기수다.

나는 건강한 아이들과 달리 24시간을 쉴 틈 없이 아이를 돌봐야 하는 엄마들의 삶을 경험했다. 때문에 그들에게 현실적인 도움과 희망을 전하고 싶다. 지금 이 순간에도 고통으로 하루하루를 보내고 있을 그 부모들. 그들에게 '돌봄서비스'를 해 주는 휴식센터, 즉 힐링센터의 설립을 통해서 말이다.

그뿐만 아니라 서울의 몇몇 유명병원에만 있는 '병원학교'와 같은 곳을 전국 곳곳에 설립하고 싶다. 병원학교는 장기적인 치료로 학습이 지연되거나 잦은 결석으로 유급 위기에 처한 아이들에게 교육을 제공해 준다. 이 교육을 받음으로써 아이들은 치료 후에 사회로의 안전한 복귀가 가능하다. 지금은 적은 수의 아이들이 병원학교의 학습 혜택을 받고 있을 뿐이다. 이 또한 재정적인 이유에서일 것이다. 나는 향후 더 많은 아이들이 이 혜택을 받기를 바란다. 그러기 위해서라도 재정적인 이유들을 해결하도록 노력할 것이다.

나는 하나님이 왜 우리 가정에 아픈 아이들을 주셨을까 생각했다. 한 아이도 아니고 두 아이 모두 말이다. 한동안은 유전적인 병이라고 스스로를 위로했다. 하지만 내 마음 한구석에서는 건강한 아이들을 부러워했다. 아이들이 건강했더라면 많은 일을 할 수 있을 것 같았다.

그런 나에게 하나님은 계속 메시지를 전해 주셨다. 둘째 아이의 출산 후 만난 산후도우미들이 그랬다. 그녀들은 아이를 돌보면서 계속 하나님의 말씀을 전해 주었다. 포기하지 않도록 시련을 이길 수 있도록 말이다. 그뿐만이 아니었다. 경력단절 여성에게 주어지는 국비훈련으로 학원을 다닐 때도 마찬가지였다. 하나님은 나에게 계속 당신의 말씀을 전할 사자들을 보내 주셨다.

유명한 성공학자 나폴레온 힐의 저서 《결국 당신은 이길 것이다》에는 악마와의 인터뷰 대목이 나온다. 악마는 인간의 마음 중 '두려움'을 이용해 자신의 영역을 늘려갔다. 그 두려움 중 '가난, 질병'에 대한 두려움은 가장 강력한 힘을 발휘한다. 그랬다. 나는 악마에게 오랫동안 지배당하고 있었다. 그래서 아이들이 아플 때마다 두렵고 불안했다.

그러다 이젠 악마가 조종하는 삶이 아닌 내 삶을 살아야겠다고 생각했다. 나의 한계는 스스로 만든 것이다. 이제 나에게 한계란 없다. 시련은 또 다른 나를 만나는 시간이다. 나는 오늘의 한계를 뛰어넘었다.

마흔이 되기 전 양가 부모님을
모두 모시고 크루즈여행 하기

나는 어렸을 때부터 새로운 장소, 새로운 곳에서 새로운 무언가를 하는 것을 좋아했다. 나에게 새로움은 언제나 희열감을 주었다. 눈을 돌려 세상을 바라보면 흥미로운 것들이 가득했다. 나의 흥미를 채울 만한 것들은 정말 무궁무진했다. 그런 흥미로운 것 중 여행은 가장 나를 설레게 하는 재미였다. 같은 곳을 가더라도 갈 때마다 새로웠다. 누군가와 함께 갈 때도 달랐다. 계절에 따라서도 달랐다. 나에게 여행은 단어만 들어도 흥미진진한 설렘을 만들어 주곤 했다. 그래서 아르바이트를 하는 것도 재미있었다. 새로운 곳에서 새로운 여행을 하는 기분이 들었기 때문이었다.

하나님께 사투리를 쓰는, 지방이 고향인 남편을 원한다고 기도한 것도 그 때문이었다. 시부모님 댁에 갈 때마다 여행 가는 기분을 느끼고 싶어서였다. 어떤 이는 고된 여행길이겠다고 말했다. 하지만 고되다 생각하면 더 고된 법. 나는 시부모님 댁을 찾아뵐 때 늘 여행 가는 기분을 느끼고 싶었다.

돈을 스스로 벌기 시작했던 10대 때부터 나는 많은 곳을 여행했다. 나 혼자 게임에서 알게 된 친구를 만나러 부산까지 여행을 다녔다. 나는 여행으로 스트레스를 많이 풀었다. 어머니는 그런 내가 이해되지 않는다고 하셨다. 그도 그럴 것이 그때는 먹고살기도 바쁜 시기였다. 어머니는 평생 돈을 버는 것에만 집중하고 사셨다. 딸린 자식이 넷에 시어머니도 있었으니 당연한 일이었다. 아버지의 사업 부도로 실질적인 가장이 된 어머니에게는 늘 빚을 갚는 것이 1순위였다. 그래서 여행은 어머니에게 아무런 즐거움과 희망도 주지 못했다. 나는 그런 어머니가 같은 여자로서 매우 안쓰러웠다.

여행은 싫다는 어머니를 설득해서 2018년 5월에 아버지와 우리 가족 이렇게 6명이 제주도로 2박 3일 여행을 다녀왔다. 그때 처음 어머니로부터 아버지와 결혼하고 신혼여행도 못 다녀오셨다는 말을 들었다. 당시 아버지는 형편이 어려워 결혼식도 신혼여행도 할 수 없다고 하셨단다. 대신 결혼 40주년 때 구라파로 여행을 가자고 약속하셨다고 했다. 구라파, 생소한 그 이름은 유럽을 뜻하는 말이었다. 그 약속을 믿은 스무 살의 어머니는 여섯 살 연상의 아버지와 할머니를 모시고 살림을 꾸리셨다. 하지만 부지런히 살아온 삶 속에 시간은 속절없이 흘러갔다. 두 분은 벌써 50년에 가까운 시간을 함께하셨다.

시간이 흘렀음에도 결국 약속은 지켜지지 않았다는 어머니의 말에 나는 쓸쓸한 기분이 들었었다. 그런 어머니의 회상에 오히려 아버지는 내 덕에, 셋째 사위 덕에 비행기 한 번 타 보고 죽는다고 좋아하셨다. 나는 그 말에도 속상함이 밀려들었다. 왜 진작 친정 부모님을 모시고 가는 여행을 생각하지 못했나 싶었다. 한편으로는 어머니가 얼마나 서운했으면 이런 자리에서 그런 말씀을 하실까 하는 생각이 들었다. 그래서 유럽 여행, 아버지가 지키지 못한 약속을 내가 대신 지켜 드리겠다고 결심하게 되었다.

반면 우리 시부모님은 우리 부모님과 삶이 달랐다. 자식들을 모두 출가시키고 두 분 다 직장을 다니고 계신다. 시어머니는 연년생 형제를 출산하고 참 열심히 사셨다. 그런 까닭에 현재 퇴행성관절염으로 허리가 아프시다. 그럼에도 불구하고 일을 쉬지 않고 하신다. 하지만 다행인 것은 시부모님은 주말이 되면 산행도 같이 즐기셨다. 그뿐만 아니라 가끔 함께 여행을 떠나곤 하셨다. 해외든 국내든 많은 추억들을 쌓고 계시는 것 같아서 보기 좋았다.

나는 그런 시부모님을 모시고 2019년 여름휴가 때 거제도로 여행을 가기도 했다. 하지만 날씨가 너무 더워서 아무것도 하지 못했다. 겨우 거제 씨월드 구경만 했을 뿐이었다. 여러 가지로 아쉬움이 많이 남았다. 그래서 다음에는 양가 부모님을 모시고 같이 여행을 가고 싶었다. 각각 한 번씩 여행을 다녀왔으니 말이다.

여행 중 관광을 좋아하는 시부모님과 여행을 좋아하지 않는 친정 부모님을 만족시킬 수 있는 여행을 하고 싶었다. 친구들에게 그런 마음을 말하니 왜 고생을 사서 하냐고 했다. 하지만 내 마음은 양가 부모님 모두에게 좋은 기억과 추억을 선물하고 싶은 소망으로 가득했다. 액티비티하게 여행을 즐기는 시부모님을 보면서 친정 부모님의 마음도 바뀌길 소망했다.

물론 챙겨야 할 것도 고려해야 할 것도 너무 많다고 생각한다. 각자 취향이 다르니 불편함이 생길 수도 있겠다 싶었다. 또한 친정어머니가 최근에 무릎을 크게 다친 것이 걱정스러웠다. 그러니 이것저것 고민해야 할 것들이 늘어났다. 그래도 나는 다리와 허리 통증으로 고생하시는 시어머니와 친정어머니가 편하게 여행할 수 있는 곳을 찾기 시작했다. 그러다가 위닝북스의 대표인 권마담의 책《나는 100만 원으로 크루즈 여행 간다》를 읽게 되었다.

처음에는 내 버킷리스트가 전 세계의 유람선, 즉 배를 타고 떠나는 여행이었기 때문에 호감이 갔었다. 그래서 내 꿈을 이루기 위해 어떻게 해야 할지 고민했다. 고민 끝에 나는 권마담의 '크루즈여행 특강'도 들어보았다.

권마담은 특강에서 자신이 크루즈여행을 하게 된 계기를 설명해 주었다. 권마담 역시 나처럼 양가 부모님을 모시고 첫 크루즈여행을 다녀온 사람이었다. 그러다 아는 지인으로부터 저렴하게 크루즈여행을 다녀올 수 있는 방법을 알게 되었다고 했다. 지인의 아버지는 휠체어까지 타고 계신다고 했다. 그런 아버지와 함께할 여행 방법을 찾던 중 크루즈가 가장 편하다는 것 또한 알게 되었다고 했다. 그 이야기는 친정어머니의 무릎 상태가 나빠지면 어떻게 여행을 해야 하나 고민하던 나에게 희소식이었다. 그래! 이런 여행 방법도 있었구나 싶었다.

크루즈에는 다양한 액티비티 활동도 있어서 운동을 즐기시는 시부모님에게도 좋은 여행이 될 것 같았다. 무엇보다도 키즈 프로그램도 잘되어 있다고 하니 어린 아이들을 데려 가야 하는 우리 가족에게도 안성맞춤이 아닌가 싶었다. 그뿐만이 아니었다. 크루즈여행이야말로 배마다 프로그램도 다르고, 여행지도 다르다고 한다. 그러니 매번 탈 때마다 새로울 것이다. 새로움을 좋아하는 나에게 딱 맞는 여행 방법이라는 생각만 들었다.

여행할 때 가장 중요시하게 되는 가격도 권마담의 방법만 따라가면 다른 해외 여행지보다 훨씬 저렴하게 들 것 같았다. 1인당 1박 10만 원대로 마음껏 먹고, 놀고 잘 수 있는 여행이었다. 나는 우리 가족끼리만 갈 수 있을 거라고 생각했던 크루즈여행에 양가 부모님도 모시고 갈 수 있을 거란 생각에 몹시 흥분되었다. 상상만 해도 기분이 너무 좋았다.

나는 권마담의 유튜브 채널인 〈권마담tv〉를 통해 크루즈 선상에서 찍은 야경도 보았다. 눈을 감고 야경을 등지고 서 있는 남편의 모습을 상상해 보았다. 내 입꼬리가 절로 씰룩했다. 선상 레스토랑은 또 어떠한가. 입맛이 까다로운 친정어머니가 이게 다 공짜냐고 하실 모습이 눈에 선했다. 무엇을 상상하든 전부 다 마음에 들었다. 양가 부모님이 사진을 찍어 달라고 하실 모습까지 상상하니 즐거움이 배가 되었다. 제대로 효도 한번 한 기분마저 들었다.

다만 영어가 부족해서 걱정이었다. 회사생활을 할 때나 가끔 메일로 외국인과 소통할 때 영어를 쓴 게 내 영어의 다였다. 그런데 다행히도 권마담이 운영하는 〈탐나는 크루즈여행(이하 탐크루즈)〉 카페에서 크루즈에서 쓰는 용어와 영어 문장을 자세히 알려 주고 있었다. 그러니 이 역시도 크게 걱정하지 않아도 되었다.

이제 걱정할 것은 양가 부모님이 여행을 가실 수 있도록 생활 전반에 걸쳐 변화를 주는 것이었다. 그 변화 중 첫 번째로 우리 가정이 부자가 되어야 한다. 나는 이 모든 것들을 이루기 위해 마흔이 되기 전까지 책을 계속 쓸 것이다. 그렇게 책을 통해 얻는 인세를 월 5,000만 원 이상으로 생각하고 있다. 내 책의 인세 1%는 한책협에 기부하기 때문이다.

앞서 2장에서 언급한 《십일조의 비밀을 안 최고의 부자 록펠러》처럼 나도 엄청난 부를 가질 수 있다고 믿는다. 그러한 부를 가지는 방법 중 하나는 책을 계속 출간하는 것이다. 책은 많은 인세 수입을 나에게 안겨 줄 것이다. 그뿐만이 아니다. 나는 1인 지식창업을 통해서도 부를 창출해 낼 것이다. 내가 배우고 익힌 경험과 지식들을 사람들에게 나눠 주고 그 가치에 적정한 값을 매겨 판매할 것이다. 그렇게 부를 늘리면서 내 꿈을 현실로 만들겠다. 모두가 불가능이라고 생각할지라도 나는 그들에게 책을 통해서 한계는 없다는 것을 알리고 싶다.

두 번째로는 친정 부모님과 시부모님에게 지금과는 다른 직업을 선물해 드릴 것이다. 평생 열심히 일해 온 부모님들에게 직업이란 오늘을 살게 하는 에너지다. 자식이 부자가 되었다고 드리는 용돈을 쓰며 아무것도 안 하는 것보다는 무엇이라도 하는 게 좋을 거라는 생각이 들었다. 그래서 나는 양가 부모님들에게 지금보다 더 쉽게 더 많이 버는 일을 선물로 드리고 싶다.

바로 앞에서 언급했던 셰어하우스의 운영 말이다. 무인 숍으로 운영하는 셰어하우스를 통해 많은 시간을 들이지 않고도 수익을 얻을 수 있도록 도울 것이다. 각각의 셰어하우스의 수익이라면 양가 부모님이 평생 일하시기에도, 수입에도 걱정이 없으실 것 같았다.

세 번째로는 양가 부모님에게 꿈을 만들어 드리고 싶다. 노년에도 꿈을 꿀 수 있다는 것을 알려 주고 싶다. 시대 탓에 환경 때문에 이루지 못한 꿈을 찾아 드리고 싶다. 그리고 노년들의 삶의 희망메신저로 살아가게 돕고 싶다. 나의 친정 부모님의 경우 연세가 많으신 만큼 시간이 얼마 없음을 안다. 그런 만큼 나는 마흔이 되기 전에 이 모든 꿈을 이루어 내겠다.

PART
4

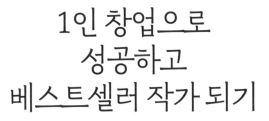

1인 창업으로
성공하고
베스트셀러 작가 되기

· 김유정 ·

김유정

한국부자만들기연구소 대표, 스마트스토어 온라인 판매 전문가,
인스타그램 마케팅 전문가, 온라인 판매 코치, 온라인창업 코치, 육아 상담가,
자기계발 작가, 동기부여 강연가

아이 셋을 키우면서 평범한 직장인과 주부들에게 빚 갚는 방법, 노하우와 '0원으로
시작해서 가장 단순하게 돈 버는 현실적인 방법'을 알려준다. 네이버 스마트스토어 일
반 오픈마켓 온라인 창업·판매, 인스타그램 판매 등을 교육하면서 활발한 활동을 하
고 있다.《아이 셋 키우며 부업으로 월 2,000만 원 버는 법》(가제)이 출간될 예정이다.

2020년 상반기에 베스트셀러 3권 내고 전국 서점에서 사인회 하기

나는 신혼집으로 금천구의 30평대 현대아파트를 매입하면서 결혼생활을 시작했다. 그래서 부동산에 1도 관심이 없었다. 아파트에 사는 것만으로도 매우 만족했고 행복했다. 하지만 신랑이 무리하게 대출을 받아 피자 사업을 하다 부도가 나 하루아침에 길거리에 나앉아야 했다. 나는 어쩔 수 없이 아이 셋과 시댁에서 살게 되었다.

시댁에서 살면서 돈을 벌어 어떻게든 따로 나와 살아야 한다는 강박관념에 사로잡혔다. 그러다 부동산에 점점 관심을 갖게 되었다.

나는 2019년 후반기에 유튜브를 보기 시작했다. 그전에는 유튜브에 관심도 없었다. 유튜브는 아이들의 재미 위주나 장난치는 것 위주로 방송되는 줄 알았다.

나는 내 집이 없는 만큼 앞으로 이사를 어디로 가야 하나. 어디 전세가 좋을까. 그렇게 막막해하며 고민했다. 그러면서 네이버부동산 앱을 깔고 내 동네 주변의 집값을 여기저기 훑어보고 있었다. 그러다가 잘못 누른 유튜브를 쓱 훑어보게 되었다. 그 유튜브에서는 부동산 읽어 주는 남자 정태익 대표가 절대로 전세 살지 말라고 강조하고 있었다. 그렇다. 그 유튜브가 내 새로운 인생의 첫 발걸음이었다.

부동산 읽어 주는 남자의 직업은 경매를 가르쳐 주는 컨설턴트였다. 나는 그 유튜브에 온몸과 마음을 다해 몰입했다. 구글에서 엄청 미는 대박 난 그 유튜브를 나도 본 것이다.

그 유튜브를 시작으로 나의 인생에는 목표가 생겼다. 경매를 해야겠다는. 하지만 정태익 대표님의 경매교육은 3,000만 원이라는 돈이 있어야만 수강이 가능했다. 대표님은 돈이 없으면 빚을 갚고 돈을 모으는 것부터가 시작이라고 했다. 난 그 말에 동의했다. 나에게는 1억 5,000만 원의 빚이 남아 있던 상황이었다. 그런데다 경매수업을 들으려면 3,000만 원의 현금이 필요했다.

유튜브를 보기 전에는 목표 없이 그냥 되는 대로 빚을 갚고 있었다. 그러나 이젠 경매를 배워서 나의 자산을 기하급수적으로 늘려야 했다. 그래야 부자가 될 수 있다는 것을 알게 되었다.

나는 흩어져 있던 여러 대출 목록을 한데 모아 적었다. 그리고 어떤 것부터 청산해야 할지 순서를 정했다. 돈 한 푼도 허투루 쓰지 말자. 나는 빚 청산 계획을 세우면서 이렇게 다짐했다. 나는 기본적으로 나가는 고정비용을 전부 다 검토하고 다시 또 검토했다. 이것이 정말 필요한 것들인가. 그렇게 보는 관점을 바꿨다. 그러면서 불필요한 소비를 다 없앴다. 보험금, 아이들 학습지비, 학원비, 공기청정기 비용을 줄였다. 그러자 희망이 보이기 시작했다. 빚을 갚을 수 있을 것 같았다.

처음에는 부동산 읽어 주는 남자의 유튜브만 보다가 유명한 소사장 소피아, 단희쌤, 김새해, 나와 하는 일이 비슷한 신사임당, 다마고찌, 경매에 관련된 여러 유튜브 얼음공장 그리고 박세니마인드코칭보고까지 보게 되었다. 더불어 부자가 되는 명상도 함께 보며 마음을 다잡았다. 내게 필요한 모든 것들이 유튜브에 나와 있었다. 할렐루야.

유명 유튜버들은 자신들이 감동 있게 읽은 책을 소개하거나 본인 책의 홍보를 많이 했다. 그래서 나도 그런 책들을 사서 읽어 보았다. 책을 읽으면서 나도 성공하면 이렇게 책을 써야겠구나! 라고 나의 버킷리스트에 적어 놨다. 내가 좋아하는 친한 언니에게도 "언니, 나 부자 되면 책 낼 거야."라고 하면서 같이 웃었다.

그러던 중 끌어당김의 법칙에 의해 나는 김도사님을 끌어당겼다. 부자가 되고 싶고 책을 내겠다는 욕망에. 그렇게 유튜브에서 도사님을 처음 뵀었다. 나는 사실 책을 내는 건 성공한 후의 일이라 치부하며 관심을 많이 기울이지 않고 있었다. 내가 〈김도사tv〉에서 처음 본 건 교회와 관련된 영상이었다.

거기에서 김도사님은 본인이 교회에 가지 않는 이유를 들려주며 "꼭 교회에 가야 하나요?"라고 묻고 있었다. 너무 솔직한 영상이었다. 내가 그동안 교회에 가면 마음이 불편했던 이유가 나와 있었다. 앞으로 내가 어떤 마음으로 교회에 가야 하는지도 알게 되었다. 그러면서 도사님을 알게 되었다.

도사님은 성공해서 책을 쓰는 것이 아니라 성공하려면 책을 써야 한다고 하셨다. 이 말에 나는 뒤통수를 얻어맞은 것처럼 큰 깨달음을 얻었다. 그렇구나! 맞네! 맞아! 그렇게 나는 책 쓰기 과정에 등록하게 되었다. 나의 목표는 베스트셀러 작가로 바뀌었다.

나에게도 연예인이 꿈이었던 젊은 시절이 있다. 나는 H.O.T, 젝스키스, 핑클 등이 활동하던 시대의 사람이다. 나는 H.O.T의 장우혁을 정말 좋아했다. TV에 그가 나오면 울고불고 난리쳤다. 각종 잡지를 보며 H.O.T가 하는 건 뭐든지 따라 했다.

나는 장우혁을 만나야겠다는 목표를 세우고 연예인이 되기 위해 연기학원도 다녔다. 그러다 엑스트라로 몇 번 촬영현장을 가 보게 되었다. 거기서 조막만 한 얼굴에 큰 눈, 빼빼하게 말라 뼈밖에 없는 연예인들을 보게 되었다. 그때 나는 이 길이 내가 감당할 수 있는 길이 아니란 것을 깨달았다. 나는 현실과 타협하고 꿈을 접었다.

하지만 베스트셀러 작가가 되면 연예인처럼 독자들에게 사인을 해 주지 않나. 그런 사실을 깨닫게 되었다. 나는 처음부터 베스트셀러 김유정 작가였던 것이다. 나는 사인을 해 주고 사람들이 나를 알아봐 주었으면 한 것이다. 인정받고 싶었던 것이다.

연예인이 되면 큰 부를 얻을 수도 있지만 어려운 길이다. 하지만 작가는 노력만 한다면 누구에게나 가능한 직업이다. 작가로서의 삶은 대단하다. 사인도 해 줄 수 있고, TV 라디오에도 나갈 수 있다. 유명잡지에 한국을 대표하는 주부 CEO로 내 얼굴이 대문짝만 하게 나올 수도 있다. 뿐만 아니라 칼럼도 쓸 수 있다.

나는 육아를 하면서 컴퓨터를 가까이하지 않았었다. 남편의 빚 때문에 휴대전화로 중고나라를 기웃거리다가 눈이 침침하고 답답하고 불편해서 컴퓨터를 구입했다. 네이버 카페, 블로그, 인스타그램 등. 사람들은 이런 매개체를 이용해서 돈을 벌고 있었다. 그런데 나는 독박육아에 육아우울증을 앓으면서 공부하라며 아이들과 씨름만 하고 있었다. 나는 아이들에게 책을 읽으라고 하면서 프뢰벨, 교원, 잉글리쉬에그 등 유명 출판사 책을 무리해서 구입하기도 했다. 정작 나는 책 1권도 읽지 않으면서 말이다.

나는 독서의 중요성은 알지도 못했고 책에 관심도 없었다. 아이들을 세상이 원하는 기준에 맞춰야 한다는 목표만 있었다. 오히려 내 목표는 없었다. 그러면서 아이들한테 많은 것들을 강요하고 있었던 것이다.

내 안의 하나님은 내가 이 모든 착오를 빨리 깨우치기를 원하셨다. 지금은 그 시련을 딛고 일어나서 나만의 목표에 빠르게 다가가고 있다.

나에게는 이제 목표가 생겼다. 나의 버킷리스트는 다 이루어질 것이다. 나아가 엄청난 부와 행복이 나를 기다리고 있다. 나는 내가 꿈꾸는 모든 것들을 이룰 수 있다.

2

2020년 안에
우리 가족, 친정 식구 모두 크루즈 타기

신랑은 피자사업을 하느라고 집에서는 거의 잠만 잤다. 나는 독박육
아를 해야 했다. 때문에 육아우울증과 피곤에 찌들어 있었다. 나는 서울
독산동에서 살고 있었고, 친정은 불광동이다. 나는 친정 부모님에게 놀
러 오시라는 핑계를 대며 육아의 도움을 요청했다. 차가 없는 친정 부모
님은 금요일 저녁마다 바리바리 음식을 싸 들고 한 시간 반 동안 지하철
과 버스를 갈아타며 나를 도와주러 오셨다.

부모님도 평일날 일하시는 만큼 주말에 쉬셔야 하는데…. 그런데도
내가 힘들다고 하니 손자손녀를 봐 주시러 오시는 것이었다. 우리 집에
오시면 친정엄마는 요리를 못하는 나를 위해 일주일 정도 먹을 각종 음
식을 해 놓으셨다. 친정아버지는 집에만 있는 아이들을 데리고 마트나 시
장을 다니시면서 아이들과 시간을 보내 주셨다. 부모님은 처음 몇 번 왔
다 갔다 하면 내가 늘 그랬듯이 알아서 잘 살 줄 아셨나 보다. 그런데
아이가 한 명씩 늘어날 때마다 부모님도 점점 지치시는지 많이 힘들어
하셨다.

나는 아이가 셋이다. 그런데 독박육아를 하다 보니 천진난만한 아이들 셋을 보면 가끔 한숨이 나왔다.

나는 어렸을 때 외동이었다. 내가 친구들과 놀다 싸울 때면 친구의 언니, 오빠들이 와서 나를 야단쳤다. 그러면 너무 속상해서 부모님께 나에게도 동생을 낳아 달라고 졸랐다. 그래서인지 나와 여덟 살 차이가 나는 남동생이 태어났다. 하지만 나이 차이가 있어서 노는 데는 그다지 도움이 안 되었다. 오히려 동생이 누군가와 싸우면 내가 나서서 동생을 챙기곤 했다. 나는 동생을 데리고 교회에도 다녔다. 나는 혼자 많이 외로웠다.

나는 크면서 친구들에게 이런 말을 자주 했었다. 나는 나중에 결혼하면 아이 셋 낳고 오순도순 살 거야. 강남에 큰 빌딩을 지어 월세 받으면서 살 거야!

상상은 현실이 된다고 했던가. 나는 첫아이 육아 때부터 징징거리는 아이와 있는 것이 너무 힘들었다. 그럼에도 불구하고 아이를 셋이나 낳았다. 나는 철이 없다.

지금은 아이들이 좀 컸다. 첫째인 딸이 열 살, 둘째인 아들이 일곱 살, 셋째인 딸이 다섯 살이다. 물론 여전히 육아 고충은 있지만 아이들이 조금 큰 만큼 이젠 좀 살 것 같다.

일하는 남편도 고생이 이만저만이 아니었다. 다른 프랜차이즈 피자가게는 보통 냉동도우를 사서 피자를 만들었다. 그런데 우리 남편은 본인

이름을 딴 마구스피자를 프랜차이즈로 만들겠다는 큰 포부를 가진 사람이었다. 남편은 일반 사람들은 잘 모르지만 피자의 맛은 도우에 따라 달라진다고 했다. 그러면서 직접 만든 도우를 숙성시켜서 피자를 만들었다. 남편의 피자는 냉동도우를 사용하는 피자보다 당연히 맛이 더 깊고 건강에 좋았다.

난 그런 남편을 존중했다. 하지만 나는 마음대로 집 밖으로 나가지도 못했다. 아이 셋을 독박육아 하느라고. 너무 힘들고 미치는 줄 알았다. 혼자서 대화도 안 통하는 아이들과 365일 또는 몇 년이 걸릴지도 모르는 독박육아를 하고 있자니. 안 겪어 본 사람은 모른다. 내가 창문을 보면서 흘린 눈물이 양동이 몇 십 개는 될 것이다.

남편은 마구스피자를 어떻게든 성공시키겠다며 온갖 노력을 다했다. 나도 처음에는 그런 남편을 응원해 주었다. 하지만 내가 당장 죽을 것 같았다. 그래서 피자가게 그만두라고 화도 내 보고 달래도 보고 짜증도 내 보았다. 그런데도 남편은 묵묵히 자기 갈 길을 갔다. 내가 대화를 시도하면 듣기 싫다며 밖으로 나가 버렸다. 나는 싸울 수도 없었다.

그렇게 친정 부모님의 도움을 받으며 나는 그냥 버티고 있었다. 아이들이 얼른 크기만을 기다리면서. 그러던 어느 날 남편이 무리한 대출을 받아 시작한 피자가게가 이자도 못 낼 만큼 힘들다고 말하는 것이었다. 나한테 "유정아, 집을 팔아야 할 것 같아."라고 하면서. 나는 "뭐?!"라고 소리쳤다. 이런 사달이 날 줄 알았다면서. 남편은 그동안 피자가게를 유지하느라 여기저기서 대출을 받았던 것 같다. 그런 사실을 나에게는 자세히 얘기해 주지 않았던 것이다. 우리에게는 서로 대화할 시간도 없었다. 남편은 남편대로 끙끙 앓고, 나는 나대로 친정 부모님의 도움을 받으며 겨우겨우 아이 셋을 육아하고 있었던 것이다.

상황이 이렇게 되자 부모님과 나는 정말 많이 울었다. 부모님의 마음은 갈래갈래 찢어졌다. 더 힘들었던 건 신랑의 고집이었다. 상황이 그런데도 남편은 여전히 피자사업을 계속 하고 싶어 했다. 어떻게든 성공하겠다며 더욱 열심히 일했다. 나는 숨이 막혔다.

상황이 상황인지라 지금 사는 아파트를 팔아야 했다. 그리고 남편의 가게 옆에 집을 얻으면 좀 나아질 것 같았다. 남편의 가게 가까이에 집이 있으면 가게를 운영하면서 육아도 도와주고 나도 덜 우울할 것 같았다.

나는 내가 너무 자랑스러워했던 신혼집을 할 수 없이 팔고 남편의 가게 바로 앞으로 이사했다. 하지만 피자가게는 로또가 되지 않는 한 이미 해결이 안 되는 상태였다. 그럼에도 불구하고 남편은 여전히 피자가게를 고집했다. 상황은 점점 더 안 좋아졌다.

요즘 나는 크루즈여행을 꿈꾼다. 유튜브 〈권마담tv〉에서 신세계를 보았다. 내가 아는 크루즈여행은 노년에 크루즈를 타고 멋있게 세계일주하는 것이었다. 그동안 잘 살았네 하며 인생을 마무리할 때 하는 여행인 줄 알았다. 1인당 몇 백의 비용에 14박 15일쯤 길게 시간을 잡고 가는 여행인 줄 알고 있었다.

그랬던 난데 권마담의 《나는 100만 원으로 크루즈 여행 간다》라는 책에 저렴한 여행 가격이 쓰여 있어 깜짝 놀랐다. 하루에 10만 원 정도면 숙박, 음식, 놀이 등 모든 게 가능하다는 것이었다. 날짜도 1박 2일부터 2박 3일, 3박 4일 등 다양하게 잡을 수 있다고 했다. 그리고 크루즈멤버십에 가입해 5명의 고객을 모아 오면 나는 무료로 갈 수 있다는 것이었다. 할렐루야!

나는 친정 부모님께 항상 죄송한 마음이다. 평일에 일 다니시는 것도 부족해 매주 금요일 날 저녁에 불광동에서 지하철과 버스를 한 시간 반 타고 독산동 우리 집까지 오시곤 했다. 나와 손자손녀에게 먹이겠다고 양손에 바리바리 싼 음식을 드시고. 몇 년을 그렇게 하시면서 정말 부쩍 늙으셨다. 무릎이 아프다고 침을 맞으시고 파스를 붙이시면서 나의 육아를 도와주신 탓이다.

나는 성공해서 그런 부모님을 꼭 호강시켜 드릴 것이다. 항상 마음속으로 그렇게 다짐했다.

그런데 그런 기회가 온 것이다. 크루즈멤버십에 가입하면 매달 100불을 내면 100불을 더 준다고 한다. 뿐만 아니라 내가 5명을 가입시키면 나는 돈을 안 내도 매달 200불씩 쌓인다고 한다. 처음에는 이해가 잘 안 되었다. 왜? 왜?

크루즈멤버십 사장님이 예전에 죽을 뻔했었다고 한다. 그런데 다시 살아나면서 사람들에게 좋은 일을 하고 싶으셨단다. 사람들이 좋아하는 여행을 생각하다가 크루즈를 떠올리게 되었다고 한다. 그러면서 정말 사람들이 쉽게 크루즈여행을 다닐 수 있는 제도를 만드신 거라고 한다.

나는 바로 크루즈멤버십에 가입했다. 부모님께 2020년도 안으로 크루즈여행을 가자고 했더니 코로나 바이러스 이야기를 하며 손사래를 치신다. 나는 바이러스는 조만간 사라질 것이니 올해 안에 무조건 가자고 했더니 은근 좋아하셨다. 몇 번 더 얘기했더니 크루즈에 관심을 가지시며 듣기만 해도 행복해하신다.

또한 디즈니 크루즈도 있단다. 아이들의 즐거움이 나의 기쁨이고 나의 기쁨이 부모님의 행복이다. 그러니 디즈니도 타야 한다.

우리 아이들도 사업하는 아빠 탓에 그동안 여행을 못 다녔다. 부모님을 모시고 우리 아이들과 여행에 목말라 있는 나를 위해 2020년 말쯤에 크루즈를 탈 것이다. 그리고 2021년 새해 종소리를 카운트하면서 2022년 새해를 맞이할 것이다.

말로만 듣던 크루즈여행을 하다니. 너무 행복하다. 아이들은 평소에 타고 싶었던 비행기와 배를 타고 디즈니 캐릭터를 보면서 종알종알 기쁨을 내보인다. 우리 모두 예쁘게 차려입고 몸도 흔들고 바다도 실컷 본다. 크루즈 선박 맨 위에서 수영도 실컷 한다. 사는 게 즐겁고 행복하다. 정말 천국에 온 것 같다. 그런 기분을 만끽하며 부모님과 사랑하는 우리 가족 모두 행복하게 잘 살겠다.

3

흰색 카니발 구매해서 친정 식구들과
전국 방방곡곡 럭셔리여행 하기

우리 친정에는 차가 없다. 나도 운전면허가 없다. 유일하게 운전할 수 있는 사람이 바로 남편이다. 그런데 남편은 피자가게 일로 바쁘다. 우리 집 차량은 17년 된 레조다. 결혼 전 총각시절에 구입한 남편의 애마 레조는 남편과 한 몸이다.

아직은 아이들이 어려서 크게 불편함은 없다. 가끔 친정 부모님이 타실 일도 있다. 그럴 때도 부모님이 아이들을 안으면 아직까지 탈 만하다. 그동안은 고장도 안 나고 잘 타고 다녔는데 작년부터 계속 삐거덕거린다.

아이 셋 독박육아가 힘들어서 매주 금요일 오후에 불광동 친정에 갔다. 그렇게 부모님과 주말 동안 함께 육아를 했다. 그러고 있으면 일요일 밤 12시에 일을 끝낸 남편이 우리를 데리러 왔다. 그 새벽에 독산동 집으로 가고 있는데 차의 시동이 툭 꺼졌다. 아이들이 어리고 해서 항상 조심 또 조심하는데 쌩쌩 달리는 차들 사이에서 갑자기 우리 차가 멈추니 깜짝 놀랐다. 그러고 나서도 몇 번 더 시동이 꺼졌었다. 지금도 고속도로를 탈 때면 레조에게 힘내라고 응원한다.

얼마 전 내 친구 아이들과 우리 아이들이 키즈카페에서 놀다 헤어질 때 친구 남편이 데리러 왔다. 친구 남편의 차는 크고 반짝반짝 고급져 보이는 검정 카니발이다. 맨날 작고 자주 멈추는 데다 먼지를 뿌옇게 뒤집어쓴 레조만 타다가 카니발 차량을 타게 된 것이다. 카니발은 문이 자동으로 열리고 자동으로 닫혔다. 내부에는 뽀로로가 나오는 TV도 설치되어 있었다. 크고 널찍한 게 우리 식구가 타기 딱 좋은 차량이었다. 나는 친구의 검정색 카니발을 연예인 차라고 부른다.

나는 의리를 지키고자 우선은 레조를 타고 다닌다. 그러다 몇 번의 수리로 해결이 안 될 때 흰색 카니발을 구매하러 가서 계약 사인을 한다. 차가 나오면 아이들과 함께 친정 근처에 차를 몰고 간다. 그리고 NC백화점에서 쇼핑을 마친 부모님을 모시고 친정집 앞에 주차한다. 지나가는 사람들이 큰 차가 주차되어 있으니 신기해서 쓱 쳐다본다.

저녁에는 흰색 카니발 차를 타고 우리 식구, 친정 부모님과 함께 외식을 하러 간다. 식당 앞에 멋있게 주차한다. 맛있게 식사한 후 이제 국내여행을 하러 출발한다. 가즈아 고~고~!

우리 집 꼬맹이들 셋은 아직 어려서 잘 울고 징징거린다. 3명 다 목소리가 크고 말이 많다. 이런 아이들을 보고 있자면 항상 학교에서 소풍 온 것 같다. 시끌시끌하다. 그래서 사람이 많은 곳보다는 한산한 곳이 좋고 편하다. 일정도 하루 2~3개 정도로 여유롭게 다녀야 한다.

우리나라에는 '여기가 한국 맞아?'라고 할 만큼 멋있고 럭셔리한 곳이 많다. 나는 내 눈이 호강하는 곳에 가는 것을 좋아한다. 좋은 장소에서 먹는 음식은 맛있고, 좋아하는 사람과 여행을 다니면 마냥 행복하다. 이제부터 나의 국내 여행이 시작된다.

첫 번째 여행, 파주 요나루키.

요나루키는 구약성경의 요나와 럭키의 합성어다. 요나의 행운을 뜻한다. 방문 고객의 행운을 비는 의미를 담고 있단다. 여기의 펜션은 일반 스파와 다르게 히노끼와 화산암 온천 방식을 채택하고 있다. 어른들이 좋아하는 럭셔리 스파 펜션이다.

우리 아이들이 감기에 걸리는 건 일상이기 때문에 나는 가능하면 따뜻한 곳을 좋아한다. 나 또한 몸이 차가운 편이라서 너무 마음에 든다. 그리고 무엇보다 가깝다.

나는 럭셔리 마사지를 매우 좋아한다. 대접받는다는 느낌과 왠지 건강해지는 느낌이기 때문이다. 나의 아픈 곳을 달래 주는 느낌이다. 요나루키 펜션에서는 티 테라피와 아로마 테라피를 무료로 제공한다. 엄마와 내가 나란히 누워 좋은 향을 맡으며 세상 편하게 마사지를 받는다.

파주에 가면 프로방스 마을과 작가인 내가 관심을 가져야 하는 헤이리 출판단지 등 볼거리가 많다. 아이들에게 작가의 꿈을 은근 주입시키기도 한다. 그러곤 파주 롯데 아울렛에 가서 부모님과 아이들이 사고 싶어 하는 거 다 사 주는 쇼핑으로 마무리한다.

두 번째 여행, 포항 네이처 풀빌라.

예전에 엄마가 TV, 냉장고 광고를 보면서 저기가 어디냐고 물으며 가고 싶다고 했다. 좋다. 나는 엄마가 말씀하시던 곳을 알아보았다. 포항 네이처 풀빌라에서 촬영한 광고였다. 자연 속의 풀빌라라는 뜻으로 자연 속에서 휴식을 취한다는 의미다.

여기는 유명한 곳이다. 황홀한 바다 풍경과 수영장이 하나로 이어진 듯한 연출은 마치 펜션이 바다 위에 떠 있는 듯한 느낌을 준다. 빨리 가보고 싶다.

전 객실이 원형 화이트 침대와 모던을 콘셉트로 잡았다. 전면이 바다를 볼 수 있도록 통유리로 되어 있다. 밤에는 별이 수놓인 이가리 해변을 보면서 잠을 잔다. 부모님과 우리 아이들은 우와 좋다, 하며 엄청 들뜨고 신나하고 행복해한다.

또한 바비큐 테이블 아래에는 여행의 피로를 씻겨 줄 히노끼 족욕이 대기하고 있다. 바비큐를 먹으면서 족욕도 하고. 1석 2조다.

흰색 카니발 연예인 차를 끌고 나는 CF가 아닌 유튜브를 찍는다. 흥분되고 들뜬 모습으로 촬영한다.

세 번째 여행, 강원도 홍천 유 리트리트.

건축물이 예술이다. 건축 상도 여러 개 받고 드라마, 예능에도 나오는 매우 핫한 곳이다. 나는 아이들에게 좀 특별한 곳을 많이 보여 주고 싶다. 여기 건물은 정말 예쁘고 특별하다. 새소리, 물소리 등 자연과 어우러져 어른들, 아이들 모두 좋아하는 장소다.

밤에는 야경이 끝내준다. 우리는 모두 감탄하며 들뜬 모습으로 또 유튜브 촬영을 한다.

엄마가 이렇게 애기하신다. "예전에 그 무거운 짐을 들고 독산동을 어떻게 다녔나 모르겠다. 지금은 늙어서 그러라고 해도 못 하겠다."

아빠도 "우리 딸 덕분에 호강하네. 고마워."라고 하신다.

나는 행복하다. 내가 행복하니 우리 부모님도 행복하고 남편도 행복하고 아이들도 행복하다. 내 사업과 남편의 1인 창업이 성공해서 너무 기쁘다고 한다. 모두들 대단하다며 나와 남편을 인정해 준다. 웃음소리가 끊이지 않는다.

맞다. 나는 온라인 판매 여왕이다. 나는 우리나라 주부들에게 아이 키우면서 쉽게 할 수 있는 온라인 판매 방법을 알려 주는 CEO다. 4주 과정으로 매달 110만 원씩 30명씩 받아 사업을 운영한다.

또한 실전 편으로 포토샵 기술, 사진촬영 기술, 상품등록 기술, 마케팅 기술, 유튜브를 가르치는 반을 만들어서 연 매출 50억을 올린다. 또한 아이 상담, 시댁 상담, 남편 상담을 통해 자존감 낮은 주부들에게 힘을 주고 있다. 영향력 있는 일대일 코칭가가 된 것이다.

내 남편은 오프라인 판매 대왕이다. 남편도 피자가게 창업 기술을 초급반 중급반 고급반으로 나누어 알려 주는 1인 창업을 했다. 남편도 연 매출 50억을 올린다.

이렇게 우리 부부는 매년 100억의 매출을 낸다. 끊임없이 새로운 것에 도전하며 돈도 쉽게 잘 번다. 부모님과 전국 방방곡곡을 다니며 좋은거 보고 맛있는 거 먹으며 행복하게 잘 산다.

경매로 상가 낙찰받아서
100평짜리 깨끗한 사무실 만들기

나는 위탁판매 위주로 하기 때문에 지금은 사무실이 없다. 온라인판매를 처음 시작했을 때, 판매 양이 적을 때 업체에 포장을 맡기고 택배비용을 조금 더 위탁업체에게 주었다. 하지만 내 매출이 점점 많아지면서 업체에서 더 이상 위탁이 어려우니 독립하라고 했다. 그러나 이제야 겨우 빚을 갚은 나는 아직 보증금이 없었다.

나는 업체에 사정을 얘기하고 내가 직접 업체에 가서 포장하는 방법으로 조율했다. 나는 더 성장하기 위해 하루라도 빨리 나의 사무실을 차려야 하는 상황이었다.

나는 온라인판매를 하고 있기 때문에 포장하는 장소와 500가지 정도의 물건을 놓아야 하는 창고가 필요하다. 판매할 상품들을 쌓아 놓아야 하기 때문에 곰팡이가 슬지 않는 깨끗한 장소가 좋다. 또한 햇빛이 너무 잘 들어도 안 된다. 조금 어두운 곳이 좋다. 흰색 옷과 흰색 신발들은 색깔이 금방 변질되기 때문이다. 그리고 제일 중요한 것으로 엘리베이터가 없으면 안 된다. 택배아저씨가 힘들고 불편해하시기 때문이다.

나의 친정아빠는 종로 3가에서 상패 일을 하신다. 어렸을 때 아빠 가게 주변에서 많이 놀았다. 종로 3가 상패 먹자골목은 좁고 여러 가게가 다닥다닥 붙어 있어 미로 같다. 나는 그 골목길을 왔다 갔다 뛰어다니곤 했다. 마녀를 피해 도망 다니는 백설공주라고 생각하며 재미있게 놀았던 추억 깊은 장소다.

아빠는 지금도 여전히 종로에서 일하고 계신다. 일하느라 고생이 많으시다. 나는 아빠의 상패를 온라인으로 팔아서 대박을 터뜨리고 싶다. 나는 아빠와 항상 같은 공간에 있고 싶다. 아빠가 늘 안쓰럽다.

나는 온라인판매 여왕답게 강의실을 3개 둔다. 소강의실, 컴퓨터 강의실, 대강의실이다. 그리고 그곳에서 여러 가지 교육과정을 진행하고 일대일 코치를 한다. 또한 사진을 촬영하는 장소도 만든다.

내 물건 창고 30평, 포장대 10평, 아빠가 상패 만드는 곳 20평, 나머지는 강의하는 곳, 사진을 촬영하는 곳으로 한다. 위치는 아빠가 상패를 편하게 만들 수 있는 곳이어야 한다. 때문에 종로 3가 지하철역 근처 건물을 낙찰 받는다. 그리고 요즘 트렌드를 좇아 깨끗하고 센스 있게 리모델링한다.

처음에는 막연히 100평짜리 사무실이 있었으면 했다. 그런데 구체적으로 계획을 적어 보아도 나에게는 100평이 적당하다. 이래서 사람들이 직접 손으로 목표를 적어 보라고 하는 것 같다.

내가 아는 경매는 깡패 같은 남자들이 우르르 쳐들어와 집에다가 빨간딱지를 마구 붙이는 것이었다. 그러면 그 집 사람들은 울며불며 그들을 쫓아내는 것이었다. 드라마에서처럼 그렇게 나쁜 것이라고 생각했다.

그런데 유튜브 〈부동산 읽어 주는 남자〉 정태익 대표는 경매는 아주 좋은 것이라고 했다. 부동산을 구입하는 방법에는 일반매매, 급매, 분양 등 여러 가지가 있다. 그런데 그중 저렴하게 구입하는 방법으로 경매를 추천한다면서.

경매는 돈을 빌려 간 사람이 돈을 갚지 못하는 경우, 채무자의 재산을 처분해 채권자에게 나눠 주는 절차다. 채권자가 법원에 경매를 신청하면 법원이 채무자의 재산을 제일 높은 값에 기재한 사람에게 팔아 채권자들에게 나눠 주는 것이다. 사회 평화제도다. 그런 경매를 잘 이용해 시세차익을 보거나 월세나 전세를 놓아 이득을 보는 것이다.

누구나 알고 있듯이 현금은 물가상승으로 인해 자체의 가치가 하락한다. 최소한 물가상승률만큼의 이자는 얻을 수 있어야 하지 않나. 따라서 현금을 그대로 가지고 있는 사람은 바보다. 그래서 나는 부동산투자를 한다. 부동산투자를 위해서는 종잣돈이 필요하고 공부를 해야 한다.

〈부동산 읽어 주는 남자〉 정태익 대표의 수업은 온라인 수업이며 투자금 3,000만 원이 있어야 한다. 그런 만큼 부동산을 천천히 제대로 배울 수 있을 것 같은 느낌이 든다.

경매 관련 유튜브를 보니 경매를 가르쳐 주는 곳이 많다. 나는 아이

셋을 키우는 주부인 만큼 〈월세모닝콜〉로 일어나는 여자 주부 김세연 씨가 마음에 든다. 유튜브 〈경매주부〉의 경매하는 애기엄마 김영 씨도 마음에 쏙 든다. 1+1이어서 남편과 같이 수업을 들을 수 있다.

나에게는 시간이 금이다. 나는 빨리 성과를 내는 것을 좋아한다. 그래서 7주 과정 〈월세모닝콜〉이나 〈경매주부〉 수업을 듣고 레버리지(빚)를 최대한 활용해 종로 3가 지하철 인근의 100평대 상가를 낙찰 받는다. 나는 적은 이자를 내면서 안정적으로 사업한다.

경매 낙찰을 받으러 법원에서 입찰할 때 매우 주의해야 할 것이 있다. 경매장에서 종종 일어나는 슬픈 에피소드다.

서울 홍제동 서강아파트 12층이 경매 물건으로 나왔다. 감정가가 5억 6,000만 원에서 두 번 유찰로 3억 6,000만 원으로 떨어져 있었다. 보증금은 그것의 10%인 3,600만 원이었다. 방 5개에 화장실이 2개인데 거실 주방 창고 구조가 다양했다. 다섯 식구인 우리 가족이 살기 딱 좋은 아파트여서 눈여겨보고 있었다. 실제 시세는 그 당시 네이버로만 확인했을 때 4억 9,000만 원에서 4억 2,000만 원으로 평균이 4억 5,000만 원이었다.

입찰에는 3명이 참여했다. 차순위는 4억 2,100만 원인데, 낙찰자의 낙찰 가격이 무려 41억 3,990만 원이었다! 그렇다. 낙찰자가 0 하나를 더 쓴 것이다. 낙찰자는 원래 4억 1,399만 원을 쓰려던 것이었다.

차순위도 조금 억울하게 된 상황이었다. 원래는 낙찰자가 차순위가 되어야 하는데 바뀐 것이다. 낙찰자는 보증금 3,600만 원을 이미 법원에 낸 상황이므로 기재한 돈을 돌려받을 수 없게 된다. 날린 것이다. 그리고 낙찰자가 41억 원을 미납하면 다시 경매에 나올 것이다.

이런 실수가 벌어지기도 하는 것이 경매다. 입찰할 때 0을 하나 더 붙여 써서 돈을 벌려고 경매를 했다가 돈을 날리는 경우가 있는 것이다. 그런 만큼 경매 입찰 시에는 입찰 가격을 계속 확인하고 신중히 적어야 한다. 조사분석도 잘해야 한다.

나는 아이가 셋으로 다섯 식구다. 그래서 방 5개, 화장실 2개 정도의 큰 집을 원한다. 그런 집을 얻으면 우리 아이들에게 각자의 방을 만들어 주겠다. 첫째인 딸은 공주방, 둘째인 아들은 로봇이나 공룡 방, 셋째인 딸은 뽀로로 캐릭터로 방을 꾸며 주겠다.

또한 방마다 TV를 놓겠다. 초등학생인 첫째인 딸은 〈흔한남매〉 보는 것을 좋아한다. 둘째인 아들은 로봇이나 공룡을 보는 것을 좋아한다. 다섯 살로 셋째인 딸은 뽀로로나 귀여운 캐릭터를 좋아한다. 이렇게 성별도 취향도 각각 다르다 보니 항상 집이 시끌시끌하다. 다복하고 재미는 있지만 가끔은 조용히 나만의 공간에서 쉬고 싶다. 그러기 위해 방 1개는 럭셔리 부부 방, 또 1개는 명품 옷방으로 꾸미겠다.

나는 흰색 카니발 연예인 차량을 타고 사무실 건물 지하 주차장에 주차한다. 종로에 위치한 나의 사무실에는 "지금은 온라인 판매가 답이다!"라는 문구를 크게 적어 걸어 놓는다. 내 이름으로 낸 책들을 쫙 나열하고, 온라인판매 포토샵 사진촬영 관련 책도 여러 권 나열한다. 입구의 화려한 조명이 사무실에 들어오는 사람들을 환하게 비추며 희망을 준다.

벽에는 롯데캐슬 100평 펜트하우스에서 내가 밝게 웃는 사진, 내가 가지고 싶은 것들을 시각화해 걸어 둔다. 나는 사진을 볼 때마다 이미 가졌다고 생각하며 흐뭇해한다. 기분이 좋다. 다른 사람들에게도 동기부여를 제대로 한다.

나는 명품 옷을 예쁘고 입고 내 강연을 들으러 온 사람들에게 유쾌하고 감동적인 이야기를 들려주며 행복해한다. 내 책에 사인을 해 주며 사람들과 밝게 사진도 찍는다. 내 네이버카페는 굉장한 후기들로 도배된다. 나는 마냥 행복하고 뿌듯하다. 돈이 계속 나를 따라온다. 나는 돈이 좋다.

1인 창업으로 성공해
45세 안에 자산 50억,
50세 안에 150억 만들기

나는 온라인판매를 하는 사람이다. 그런 내게 주변의 지인분들이 이렇게 물어본다.

"유정 씨. 온라인판매 한다면서요? 어떤 거 팔아요? 그거 어떻게 해요? 좀 애기해 줘요."

요즘 정말 핫한 게 온라인판매다. 사람들이 필요한 것들을 온라인으로 구입만 하다가 내가 판매하는 사람인 것을 알고는 신기해하고 궁금해한다. 그래서 나는 막연하게 생각했다. 여러 사람을 모아 놓고 내 경험과 노하우를 알려 줘야겠다고.

1인 창업이라는 것이 어떤 것인지 정확히 몰랐다. 유튜브 〈김도사tv〉를 보고 알게 되었다. 책을 내서 나를 브랜딩 한다. 나의 네이버카페를 만들고 이미지메이킹을 통해서 성공자의 모습을 갖춘다. 내가 낸 책으로 강연과 상담을 하고 카페에 4주 과정의 프로그램을 만든다. 책을 계속 써서 이런 과정을 반복한다.

나는 두 가지 방향으로 나아간다.

첫 번째, 빚 갚는 재테크 방법, 두 번째, 온라인판매 실전 방법. 그렇게 빚 갚는 방법 4주 과정을 만든다. 그 과정은 다음과 같다.

① 빚은 무엇인가? 나의 빚은 정확히 얼마인가? 인생 목표가 무엇인가?

② 개인이 빚 갚는 방법을 알아본다. 토론과 의논의 시간을 갖는다.

③ 한 주 동안 실천한 방법을 얘기해 보고 서로 도움을 주는 시간을 갖는다.

④ 수입 증가를 위해서 어떤 부업을 해야 하는지 찾아보고 실천한다.

이런 내용으로 110만 원 과정을 만든다. 처음에는 55만 원으로 시작한다. 좋은 후기가 카페를 도배한다.

온라인판매 실전 방법에도 여러 교육과정을 만든다. 온라인판매 실전편은 다음과 같다.

① 온라인 상품등록에 필요한 포토샵 4주

② 휴대전화로 상품을 촬영하는 방법

③ 네이버, 이베이(옥션 지마켓), 11번가, 쿠팡 등에 노출이 잘되는 상품등록 기술 4주

④ 카페, 블로그, 유튜브 마케팅 활용 방법 4주

나보다 여덟 살 어린 내 남동생은 컴퓨터를 잘 다루고 게임을 잘한다. 게임대회에 나가서 100만 원의 상금을 타 오기도 한다.

온라인판매는 상품등록을 계속 반복해서 해야 한다. 조금 큰 회사는 사무실에 웹디자이너를 몇 명 두고 상품등록만 시킨다. 물론 프로그램으로 한번 상품등록해서 여러 사이트에 올리는 방법도 있다. 하지만 노출이 잘 안 된다. 그래서 나는 직접 올리는 방법을 권장한다.

아이 셋을 육아하면서 이런 일을 하려다 보니 버거울 때가 많다. 그래서 남동생한테 온라인판매 방법을 한번 가르쳐 줬다. 나도 손이 빠른 편인데 동생은 나보다 더 빨라 놀랐다. 요즘 애들은 정말 컴퓨터를 잘한다. 나는 용돈을 주고 남동생한테 내 일을 부탁했다.

내 동생은 직장인 마인드라서 아직은 사업이 얼마나 좋은지 모른다. 하지만 나를 통해서 점점 사업가 마인드로 바뀌고 있다. 내 동생은 게임 카페 유튜브도 하고 있다. 나름 게임세상에서는 유명하다고 한다.

나는 남동생에게 노출이 잘되는 상품등록 방법, 카페, 블로그, 유튜브 과정을 사람들에게 가르치게 한다.

남동생에게는 결혼을 약속한 여자친구가 있다. 그 여자친구가 휴대전화로 사진을 기가 막히게 잘 찍는다. 블로그나 인스타그램에 올린 사진을 보고 사진을 사용해도 되는지 해당 업체에서 연락이 온다고 한다. 남동생에게 그 여자친구에게 휴대전화로 상품을 촬영하는 방법을 가르치게 한다.

나는 빚 갚는 재테크 수업과 상품등록에 필요한 포토샵을 사람들에게 가르친다.

막연히 상상만 했었는데. 막상 적어 보니 가슴이 벅차오르면서 흥분된다. 해야 할 일들이 많아졌다. 나는 내 동생에게 1인 창업에 대해서 얘기했다. 평소에는 듣는 둥 마는 둥 하던 동생이 눈을 반짝이면서 알겠단다. 준비하겠다고 한다. 고맙다.

내 남편은 조금 고지식하다. 그래도 나는 남편을 존경한다. 내가 남편을 선택했던 이유가 있다. 미스터피자 코엑스점에서 15년간 근무한 남편이 본인 이름으로 된 피자가게를 프랜차이즈화 하겠다는 큰 꿈을 갖고 있었기 때문이다.

나는 직장생활에 넌더리가 났고, 직장생활로는 부자가 될 수 없다는 것을 알고 있었다. 그럴 때 친구가 소개팅을 주선했다. "이 오빠 진짜 성실해. 밥은 안 굶길 거야."라며. 나는 그 말을 철석같이 믿고 남편과 결혼했다.

남편은 진짜 보통 성실한 사람이 아니다. 성실을 넘어 고집불통이다. 본인의 마구스피자 장사는 그럭저럭 되었다. 하지만 프랜차이즈화할 자본금이 부족한 상태였다. 남편은 돈을 여기저기서 끌어다 썼다. 그 바람에 생긴 빚이 계속 늘어났다.

우리 가족은 아파트를 팔고 전세를 살다가 길거리에 나앉아야 하는 상황이 되었다. 나는 어쩔 수 없이 아이 셋을 데리고 시댁에서 살게 되었다.

남편은 이런 상황에서도 계속 피자가게를 운영했다. 나는 남편에게 이제 같이 못 살겠다 했다. 남편은 그때서야 가게를 내놓겠다고 했다. 하지만 거짓말이었다. 가게가 안 나간다고 핑계만 늘어놓으며 계속 가게를 운영했다. 나중에 내가 부동산에 물어보니 가게를 안 내놓았단다. 결국 계약기간 끝까지 장사를 하고 가게를 접었다.

지금도 여전히 나의 남편은 꿈을 접지 않는다. 프랜차이즈에 대해서 공부해야 한다고 한다. 본인의 마구스피자가 왜 프랜차이즈가 안 된 것인지 알아야 한다며 평일 저녁과 주말마다 피자샵에서 아르바이트를 한다. 남편이 돈을 벌어 와서 좋기는 하지만 나는 여전히 독박육아를 면하지 못하고 있다.

이런 남편이 요즘 책 쓰는 나를 보면서 본인도 써야겠다고 한다. 나를 통해서 남편이 점점 달라지고 있다. 본인의 이야기를 쓰고 싶어 한다. 1인 창업에도 적극 관심을 보이며 일대일 코칭 상담을 해야겠단다. 얼마나 기쁜지 모르겠다. 하나님 감사합니다.

내 남편은 나한테서 자극받기 때문에 당연히 성공한다. 미스터피자 근무 15년, 본인 마구스피자 4년, 피자 알바 2년이니 피자 달인이라 할 만하다. 하고 싶은 얘기가 줄줄 나오는 사람이다. 진지하면서 유쾌하고 착하고 좋은 사람이다. 진국이다. 피자가게를 창업하는 사람에게 분명 좋은 영향력을 끼칠 것이다. 우리 부부는 연 100억 매출을 목표로 한다.

지금은 그런 과정 중이지만 분명 달성할 것이다. 그러면 그동안 고생 많았다고 나를 위로해 줄 것이다.

우리 이야기가 웹툰, 드라마, 영화로도 제작된다. 행복하다.

PART

5

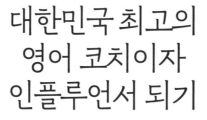

대한민국 최고의
영어 코치이자
인플루언서 되기

· 주연아 ·

주연아

영어코칭 전문가, 직장인 영어공부 멘토, 자기계발 작가, 동기부여가

경영학을 전공 후 현재 강남 소재 금융권 회사에 재직 중이다. 외국 유학 경험이 전혀 없지만 고양외국어고등학교와 한양대학교를 모두 영어특기 전형으로 합격했다. 베스트셀러 작가이자 직장인 대상 영어코칭 전문가로서 직장인들이 바쁜 일상 중에 쉽고 재미있게 영어를 공부할 수 있는 방법을 알려주고 있다. 저서로《혼자 영어공부법》(가제)이 출간될 예정이다.

반려견을 키우는 나의 취미 중 하나는 귀여운 강아지 사진을 찾아보는 것이다. 몰티즈, 요크셔테리어, 푸들, 비숑 등 다양한 종자의 강아지들은 그 매력도 각양각색이다. 그렇게 이런저런 글들을 클릭하다 보면 그냥 지나칠 수 없는 글이 눈에 띈다. 바로 '유기견'에 관한 블로그 포스팅과 뉴스 기사들이다.

한국에서 연간 버림받는 유기견의 수는 1만 마리를 훌쩍 넘는다. 통계에 의하면 국내 유기견의 수는 2017년 1만 7,031마리, 2018년 2만 87마리라고 한다. 일반적으로 유기견 보호센터에 가는 유기견들은 끝내 새로운 주인을 만나지 못해 안락사당하는 것으로 알고 있는 경우가 많다. 하지만 그렇지 않다. 이렇게 보호센터에 들어오는 유기견들은 위생적이지 못한 환경에 놓이게 된다. 또한 이미 질병에 걸린 채로 들어오는 개들과 같은 공간에 있게 된다. 그로 인해 각종 질병에 노출되어 자연사하는 유기견들이 더 많다고 한다. 유기견에 관한 이런 글들을 지나칠 수 없는 것은 나 역시 끝까지 함께해 주지 못한 반려견들이 있기 때문이다.

초등학교 4학년 잠깐 대구에서 살던 때 아버지가 회사 동료로부터 강아지를 얻어 왔다. 회사 동료분이 사는 회사 사택 마당에 어떤 개가 와서 새끼를 낳았다는 것이었다. 어미 개가 잠깐 사이를 비운 사이 데려온 새끼 강아지를 아버지에게 준 것이었다. '몰티즈, 요크셔테리어, 치와와' 같은 족보 있는 강아지는 아니었다. 일명 '똥개'였던 것이다. 그동안 나는 강아지를 키우고 싶다고 노래를 불렀다. 그런 만큼 한 가족이 된 강아지 '아름이'를 품에 안았을 때 세상을 다 가진 듯한 행복을 느꼈다.

그러다 아버지의 근무지 변경으로 대구를 떠나 경기도로 이사하게 되었다. 부모님은 하루가 다르게 몸집이 커지는 아름이를 아파트에서 키우는 것은 무리라고 생각하셨다. 결국 이사하는 당일 아름이를 아버지 지인의 품에 넘겨주었다. 강아지이지만 그런 상황을 이해하고 불안해한다는 걸 그때 알았다. 아름이가 깊은 슬픔에 잠긴 촉촉한 눈망울로 자동차 차창 밖의 우리 가족을 끝까지 바라보고 있었기 때문이다.

내 인생 두 번째의 강아지를 만난 것은 내가 스물두 살이었을 때다. 이름이 '로벤'이었다. 대학교 1학년을 마치고 2학년을 준비하던 2013년 1월 내 인생에 최대 위기가 찾아왔다. 배가 고프지 않았고 밥을 조금만 먹어도 체했다. 신경은 극도로 날카로워졌다. 가족들에게도 부쩍 짜증을 내곤 했다. 밥을 먹지 않으니 그 어떤 것도 해낼 힘이 나지 않았다. 매일 불도 켜지 않은 방 안에서 종일 드라마를 보며 무기력하게 지냈다. 사람도 만나기 싫고 몸을 숙여 신발 끈을 묶는 일조차 힘겨웠다. 때문에 학교도 당연히 다닐 수 없었다. 매일 잠들기 전 '가족에게 짐만 되고 무의미한 나날을 보내느니 차라리 내일 깨어나지 않았으면 좋겠다'라고 생각했다. 그러나 매일 아침 눈을 뜨면서 나의 바람은 보기 좋게 무너졌다. 죽기도 어렵다는 걸 그때 알았다.

부모님은 매일 무기력하게 우울감에 젖어 지내는 나를 걱정하셨다. 그러면서 나를 위해 강아지를 데려오기로 했다. 어렸을 적부터 내가 강아지를 유독 좋아했다는 것을 알고 계셨기 때문이다.

정신없이 나를 쫓아다니면서 재롱을 피우는 강아지를 보면 내가 다시 밥도 잘 먹고 호탕하게 웃으리라 기대하셨던 것 같다. 그리하여 두 번째 강아지 '로벤'을 키우게 되었다. 애견 숍의 많은 강아지 중에서 로벤을 택한 이유가 있다. 개성 있는 '까만 털'에다 줄곧 꼬리를 치며 '날 데려가 주오'라고 강력하게 어필하는 모습 때문이었다. 과연 로벤은 항상 정신없이 뛰어다니길 좋아했다. 마음에 들지 않는 것이 있으면 끝없이 짖어 댈 정도로 에너지가 넘치는 친구였다.

고통스러운 시간을 보내고 있는 내게 로벤의 존재가 위로와 기쁨이 되었던 것은 사실이다. 그러나 나는 여전히 아팠고 163센티미터의 키에 37킬로그램밖에 나가지 않을 정도였다. 몸에는 살이 겨우 붙어 있는 정도였다. 짜증과 화가 마음속에 가득했다. 그런 내게 항상 에너지가 넘치는 로벤의 모습이 언젠가부터 견디기 힘들었다.

결국 부모님 두 분이서 여행을 떠나는 어느 날, 로벤을 인근 애견 숍에 주기로 했다. 사정상 더 이상 키우지 못하는 강아지가 있는데 데려가도 괜찮겠냐는 문의에 '그렇게 해도 좋다'는 답을 들은 것이다. 부모님과 나는 애견 숍에 벤이를 맡기고 작별인사를 했다. 로벤은 우리가 애견 숍 문을 나가는 그 순간부터 큰 소리로 짖어 댔다.

그렇게 1시간쯤 지났을까. 애견 숍에서 벤이를 다시 데려가 달라고 전화해 왔다. 계속 너무 시끄럽게 짖어 대서 데리고 있기 힘들다며. 당시 남동생은 군복무 중이었고 만약 로벤을 다시 데려온다면 나와 강아지 둘이서만 함께 있어야 할 처지였다. 그러나 내게는 로벤과의 동거를 감당해 낼 만큼의 에너지와 여유가 없었다. 결국 로벤을 키우기 시작한 지 4개월쯤 지난 어느 날 나는 두 번째 인연이었던 로벤과 이별했다.

지금 스물아홉 살인 나는 내 인생 세 번째 강아지를 만나 같이 살고 있다. 이름은 해피다. 2018년 2월 14일 밸런타인데이에 태어난 특별한 아이다. 임금피크제에 들어간 후 삶에 활력소가 필요함을 느낀 아버지가 데려온 몰티즈다. 해피는 그 이름에 어울리게 매일 우리 가족에게 크고 작은 삶의 낙을 선물해 주는 막내다. 이제 함께 산 지 2년이 되어 가는 해피에게 남동생은 '최장 기간 같이 살고 있는 축복받은 강아지'라는 수식어를 붙여 주었다.

이제 해피가 없는 하루는 상상할 수도 없을 정도다. 그만큼 이 강아지를 사랑한다. 내가 평소보다 늦게 퇴근하면 현관문 쪽을 바라보며 하염없이 엎드려 기다려 주는 그 마음이 고맙다. 밖에 다녀올라치면 잽싸게 달려 나와 잘 다녀온 거 맞느냐고 짖으며 맞이하는 모습이 사랑스럽다. 부드럽게 쓰다듬어 주면 내 기분이 좋다는 것을 알아채곤 장난감을 물고 와 놀자며 꼬리를 살랑살랑 흔든다. 그럴 때마다 참 영혼이 순수한 존재임을 느낀다.

해피를 무릎에 앉히고 글을 쓰는 지금 짧은 시간이지만 함께했던 '아름이'와 '로벤'을 생각한다. 남은 밥을 국에 말아 줘도 잘 먹던 아름이는 더 좋은 사료를 주는 좋은 주인을 만났을까? 정신없이 온 집 안을 휘젓고 다닐 정도로 발랄했던 벤이는? 마음에 들지 않는 것이 있으면 이빨로 콱 물어서 상처를 낼 정도로 고집이 셌었는데… 우렁차게 짖어 대는 벤이의 에너지에 반한 그 누군가와 넘치는 활력을 나누고 있을까?

우리는 이 지구별에 사랑받으면서 행복을 누리기 위해 왔다. 강아지들의 영혼도 마찬가지다. 스스로 보살필 힘이 없는 그들을 보살피라고, 가족이 아니면 받을 수 없는 무조건적인 사랑을 받으라고 신은 그들을 인간에게 보냈다. 그럼에도 불구하고 무책임한 주인을 만나 버려지는 강아지가 너무나 많다. 나의 꿈은 유기견들에게 진정 오래 사랑받으며 살 수 있는 새로운 가족을 찾아 주는 것이다. 그렇게 그들의 영혼이 치유되도록 도울 것이다. 만약 새로운 가족을 만나는 것이 여의치 않다면 평생 건강하고 즐겁게 뛰놀 수 있는 환경을 만들어 줄 것이다. 그렇게라도 끝까지 책임져 주지 못한 아름이와 로벤의 마음을 편하게 해 주고 싶다.

오늘 밤 나는 꿈을 꾼다. 아름이, 로벤, 해피 그리고 유기견 보호센터에서 함께했던 강아지들이 나를 보며 열렬히 꼬리를 흔들고 있다. 손을 내밀고 다가가자 내게 재빠르게 달려와 짖는다. 왜 이제 왔느냐며.

나는 팔을 최대한 크게 벌려 그들을 모두 안는다. 늦게 와서 미안하다고, 다시 만나게 되어서 정말 다행이라고 말하면서. 눈에서는 눈물이 쉴 새 없이 흐르지만 내 입가엔 미소가 가득하다. 빛나는 존재들이여 함께해 줘서 고마웠다. 다시 만나서 기쁘다. 이제 우리는 다시는 헤어지지 않을 것이다.

2

잠자는 동안에도
돈이 쌓이는 100억 부자 되기

아는 것보다 궁금한 것이 더 많을 초등학교 때부터 나는 돈에 관심이 많았다. 어른이 되면 무조건 돈을 많이 벌어야 한다고 생각했다. 돌이켜 보면 그건 유년시절의 결핍 때문이었다. 풍족했다면 경험하지 않아도 되었을 가족의 불행을 지켜보면서 나는 반드시 우리 가족을 행복하게 해 주겠다고 결심했다.

나는 초등학생 때부터 중학생 때까지 10년 동안 친할머니, 친할아버지와 같이 살았다. 긴 시간을 3세대가 함께하다 보니 갈등을 겪는 것은 당연했다. 특히나 큰아버지를 편애했던 할아버지와 함께 살다 보니 종종 부모님과 조부모님 간에 일어나는 갈등을 지켜봐야 했다.

첫째인 큰아버지를 애지중지하던 할아버지는 우리 집에 사는 걸 탐탁지 않게 여겼다. 큰 아버지는 공부도 잘해서 대한민국의 최고 대학교를 졸업했다. 하지만 셋째였던 우리 아버지는 학창시절 공부보다 노는 걸 더 좋아했다. 그러다 결국 재수를 하게 되었다. 첫 직장에 입사하고도 계획 없이 사표를 내고 6개월을 헤매다 재취업에 성공했다. 눈에 넣어도 안 아플 장남이 아닌 엉뚱한 셋째와 살게 된 할아버지의 불만을 이제야 조금 이해할 것도 같다.

초등학교 1학년 때 거실에서 나는 큰 소리에 잠에서 깼다. 졸린 눈을 비비며 거실에 나갔을 때 내가 처음 들은 말은 이랬다.

"3,000만 원만 주면 내 나가 살겠다. 그럼 다 행복한 거 아니냐?"

할아버지의 야멸찬 말이었다. 영문도 모르고 얼음이 된 집안 분위기에 어린 나는 공포감을 느꼈다. 구석에 서서 덜덜 떨고 있는 나를 보며 엄마는 "아무것도 아니니까 얼른 들어가서 자."라고 했다. 사태가 좀 진정된 후, 내 방 창문을 통해 베란다에서 담배를 피우고 있는 아버지가 보였다. 나는 창문을 열고 "아빠 힘내!"라고 소심한 응원을 건넸다. 그때 희미하게 웃어 주던 아버지의 얼굴이 연기처럼 지나간다.

아직 이때의 상황을 온전히 이해하는 것은 아니다. 하지만 그 누구의 잘못도 아니었다고 생각한다. 한집에 3세대가 같이 살다 보니 어쩔 수 없이 쌓인 갈등이 폭발했던 것뿐이라고. 경제사정이 좀 더 풍족했더라면 모두가 행복할 수 있는 대안이 있지 않았을까 하는 아쉬움이 남는다.

중풍에 걸린 할머니는 어느 날 화장실을 다녀오는 길에 넘어지시면서 하루 종일 누워 계시게 되었다. 그런 할머니를 씻기고, 식사를 챙기고, 빨래를 챙기는 것은 모두 엄마의 몫이었다. 종일 하릴없이 누워 계시거나 TV만 보고 계시는 할머니를 보는 어린 내 마음도 편치 않았다. 할머니는 "내가 빨리 죽어야지. 그래야 다들 고생 안 하지."라고 입버릇처럼 말하곤 했다. 그러면 초등학생인 나는 "할머니 왜 그래! 그럼 나 슬프단 말이야. 오래 살아야 좋은 거라니까! 다시는 그런 말 하지 마."라고 쏘아붙였다.

돈이 더 많았더라면 할머니의 중풍도 더 효과적으로 치료해 드릴 수 있지 않았을까. 온 가족이 같이 여행도 자주 가서 소중한 추억을 많이 만들 수 있지 않았을까 생각한다.

엄마는 평생 하루 종일 집안일을 했다. 조부모님과 함께 사는 10년 동안은 있는 힘을 다해 시어머니, 시아버지를 돌봤다. 삼시세끼 밥시간을 맞추지 않으면 노발대발하는 할아버지를 위해 정성껏 식사를 준비했다. 거동이 불편한 할머니를 '끄응' 소리로 힘을 내며 혼자서 씻겼다. 좀 한가할라치면 청소를 하거나 나와 남동생의 공부를 봐 주었다. 철없던 나는 하도 일을 많이 하는 엄마를 보고 엄마가 일하는 걸 좋아하는 줄 알았다.

하루는 고구마 줄기를 까고 있는 엄마에게 물었다.

"엄마는 일하는 게 좋아? 왜 볼 때마다 일만 해?"

내 바보 같은 질문에 이렇게 대답하던 엄마를 생각하면 가슴이 미어진다.

"나는 뭐 이게 좋아서 하는 줄 아니? 고구마 줄기를 까는 것도 반찬을 만들어야 하니까 그러는 거지. 이 시간이면 책 한 줄이라도 더 읽을 수 있는데 얼마나 속상한 줄 알아?"

엄마는 최우수 등급의 성적으로 상고를 졸업했다. 그 정도로 머리가 좋았다. 전교 순위권 학생들만 갈 수 있다는 외환은행에 '칼취업'하기도 했다. 그러다 결혼하면서 나와 남동생을 낳고 직장을 그만둔 후 지금까지 열심히 일을 해 왔던 것이다.

아버지는 '교육은 우회투자'라고 했다. 대학교를 졸업할 때까지 열심히 교육에 투자하면 좋은 직장에 들어가서 평생 투자한 원금을 단기간 내에 회수한다는 논리였다. 어렸을 때부터 아버지를 따랐던 나는 그 말을 진리로 여기며 공부했다. 대학교 때 매 학기 평균 A평점을 놓치지 않았다. 그 결과 졸업할 때는 '숨마쿰라우데', 즉 학업 우수상을 받았다. 그러곤 120번 고배를 마신 끝에 지금의 직장에 취업했다.

'취준생'의 신분을 벗어나 '직장인'이 되었을 때는 엄청난 신분상승을 이뤄 낸 것만 같았다. 하지만 그 희열의 유효기간은 딱 3개월이었다. 오랫동안 안정적인 직장을 다니면 퇴직할 때쯤 경제적 자유를 이룰 수 있을 거라 생각했다. 하지만 경기도 예측하지 못한 오산이었다. 곧 임금피크제에 들어가는 1급 실장님들은 퇴직하고 다닐 곳이 없는지 걱정한다. 몇십 년 동안 아침 일찍 출근해서 하루 최소 8시간 일한 결과가 고작 이 정도라니. 허무했다. 그러다 아버지의 '우회투자'대로 직장보다 훨씬 수익률이 좋은 대안이 분명 있으리라는 데 생각이 미쳤다.

2020년 스물아홉 살의 나는 새로운 도약을 준비하고 있다. '1인 창업가'가 되려는 것이다. 책을 써서 나를 마케팅하고 '강연가'로 '진짜 업그레이드'하는 것이다. 지금도 강연가가 되어 청중과 교감하는 나의 미래를 상상하면 심장이 터질 듯한 흥분을 느낀다.

사내교육이 있어 외부 초청강사의 강연을 들을 때면 나도 저렇게 되고 싶다고 희망했다. 쉬는 시간에는 강사를 쪼르르 따라가 명함을 받고 강연가가 되려면 어떤 준비를 해야 하느냐고 물어보곤 했다. 그들의 일관된 대답은 '일단 팔릴 만한 나만의 경험'을 준비해야 한다는 것이었다.

나는 '책 쓰기'에서 그 답을 찾았다. 영어공부 비결에 대한 책을 써서 나만의 노하우를 전해 줄 것이다. 그 후 '강연가, 코치, 저자'의 타이틀을 달고 시간이 갈수록 내 가치를 높여 가는 사업가가 될 것이다.

세계적인 거부 워런 버핏의 이런 명언이 있다.

"잠자는 동안에도 돈이 들어오는 방법을 찾아내지 못한다면 당신은 죽을 때까지 일을 해야만 할 것이다."

1인 창업해 날이 갈수록 나의 가치를 높여 갈 것이다. 단기간에 기하급수적으로 돈을 벌어들일 것이다. 뿐만 아니라 가만히 앉아 있는 순간에도 돈이 들어오는 파이프라인을 마련할 것이다. 이렇게 만든 파이프라인과 나의 사업을 통해 10년 안에 100억 부자의 꿈을 실현시키겠다.

100억 부자로 살고 있는 우리 가족의 주말을 소개한다.

10년 전에는 수시로 근육 결림에 시달렸던 아버지는 거실에 있는 '바디프렌드'로 등과 어깨를 마사지한다. 얼마나 애지중지하는지 아침에 일어나면 제일 먼저 바디프렌드의 팔걸이와 가죽을 여기저기 닦는다.

똑순이 엄마는 강연 준비에 여념이 없다. '왜 그 좋은 1인 창업을 너 혼자 시작했냐'라고 나를 타박했던 엄마. 이젠 엄마의 책을 쓰고 한 달에도 최소 5군데 강연을 나간다. 더 이상 엄마의 집밥을 먹지는 못하지만 훨씬 활기차게 사는 엄마를 보면 흐뭇하다.

남동생은 새벽부터 벤츠를 타고 쇼핑을 갔다. 루이비통 신상 클러치 백을 사 달라는 내 부탁 때문이다. 동생은 대학교 때부터 각종 할인과 이벤트를 귀신같이 챙겼다. 그래서 같은 명품 백을 사도 동생을 통하면 훨씬 싸게 살 수 있다. 내가 선물한 벤츠의 효과가 아직까지는 지속되는지 아침 일찍 군말 없이 나갔다.

돈이 행복의 전부는 아니다. 하지만 돈이 있으면 훨씬 더 행복할 수 있다는 것도 맞는 말이다. 풍요로운 지금 나는 살아 있음에 너무나 감사한다.

3

대한민국 1타 성공학,
영어 코치 되기

오전 5시 45분. 출근 준비를 하면서 영어공부를 위해 TED 강의를 듣고 영자신문을 읽는다. 영어의 감을 유지하기 위함이다.

먼저 화장을 하면서 스마트폰을 켜고 TED 영어 강의를 틀어 놓는다. 오늘의 강의 주제는 팀 어번의 '할 일을 미루는 사람의 심리'다. 학부 시절 90페이지에 달하는 졸업 논문을 미루고 미루다 결국 '하루' 만에 썼다는 내용이다. 물론 번갯불에 콩 구워 먹듯이 완성한 논문은 '졸작'이 되고 말았다고. 이렇게 매일 아침 새로운 내용의 강의를 들으며 보람차게 하루를 시작한다.

출근길에 버스를 기다리면서는 인터넷 영자신문을 읽는다. 정치면을 읽다 보니 오래간만에 '상호간에'를 의미하는 형용사 'reciprocal'이 눈에 띈다. 한동안 만나지 못했던 친구를 본 것처럼 반가운 느낌이다.

이렇게 아침부터 영어를 제일 먼저 챙기는 이유가 있다. 바로 영어가 나를 성공시켜 준 열쇠이기 때문이다. 애플의 창업자 스티브 잡스는 이런 명언을 남겼다.

"인생의 각 사건들이 미래의 어떤 지점에서든 연결될 것이라 믿어야
한다."

돌이켜 보면 영어는 내 인생의 중요한 고비를 수월하게 넘게 해 주었
다. 그런 순간들을 이어 보면 결국 영어가 그 중심에 있었던 것이다.

나의 본격적인 영어 사랑은 중학교 2학년 때 시작되었다. 누가 시키
지도 않았는데 나는 새벽 4시 반에 일어나서 영단어를 외웠다. 조용한
새벽에 영어문장을 반복해 읽으면 그렇게 집중이 잘될 수가 없었다.

나는 인터넷 영어사전으로 그날 외워야 하는 단어들을 검색했다. 단
어 뜻과 함께 나오는 예문을 복사해서 하나의 파일로 정리해 저장했다.
이 파일을 인쇄해서 한 문장당 열 번씩 따라 읽으며 단어를 암기했다. 그
러면 단어도 자연스럽게 외워지고 그 쓰임새도 알 수 있었다. 일석이조
인 셈이었다. 이렇게 잠을 아껴 가며 공부한 덕분에 중학교 시절 이미 나
는 대학생 수준의 영어를 구사하고 있었다. 준비를 따로 하지 않아도 학
교 영어시험에서 거의 만점을 받곤 했다.

중학교 때 나는 학구열이 높기로 유명한 '경기도 일산'에서 살았다.
엄마는 외국어 고등학교에 가야 좋은 면학 분위기에서 공부할 수 있다
고 했다. 그렇게 엄마의 권유로 외국어 고등학교 진학은 내 목표가 되
었다.

외국어 고등학교, 일명 '외고'에 진학하려면 시험을 봐야 했다. 중학교 3년의 내신 성적이 좋아야 했고 입학시험 과목인 국어, 영어, 수학에서 우수한 점수를 받아야 했다. 그러나 외고 진학이 목표이긴 했지만 나는 영어 말고 다른 과목에는 큰 흥미가 없었다. 그런 만큼 나의 내신은 형편없었다. 입학시험 준비를 위해 국어, 수학 학원도 다녔지만 크게 성적 향상의 결과는 거두지 못했다.

외고 입학시험을 한 달 정도 앞둔 어느 날, 나는 중대 결정을 내렸다. 일반전형이 아닌 '영어특기자 전형'에 지원하기로 전략을 바꾼 것이다. 그 당시대로라면 내신 성적도 좋지 않고 국, 영, 수 시험에서도 큰 두각을 나타내지 못할 게 뻔했다. 대신 자신 있는 영어로 승부를 보기로 한 것이다.

한 달 동안 전형 과목인 '영작문'과 '독해'를 집중 공략했다. 문제가 어떻게 출제될지 모르기 때문에 최고 수준으로 준비하기로 했다. 바로 토플(TOEFL) 시험 작문 영역과 독해 수준으로 공부한 것이다. 토플은 영어권 대학에서 외국인 유학생의 영어능력을 측정하기 위해 만든 시험이다. 그렇기 때문에 중학생이 공부할 수 있는 최고의 수준으로 이보다 적합한 선택이 없다고 생각했다.

막판에 내린 결정이었지만 그동안 열심히 쌓은 실력 덕분이었을까. 2007년 겨울 고양외국어고등학교에 영어특기자 전형으로 합격했다. 나중에 알고 보니 어학 특기자 전형으로 합격한 친구들은 하나도 빠짐없이 영어권 국가에서 짧게는 1년, 길게는 10년 동안 살다 온 경험이 있었다.

순수 한국 토박이인 나는 이 사실을 알고 신기하기만 했다.

나는 고등학교 1학년 때부터 대학교도 영어특기자 전형으로 준비하
겠다는 전략을 세웠다. 국, 영, 수 중에서 국어, 수학의 기본기가 부족한
상태였기 때문이다. 수능을 준비하기보다 나의 강점인 영어에 좀 더 집
중하는 것이 승산이 더 있을 것 같았다.

대학의 영어특기자전형에 합격하기 위해서는 내신과 토플 점수를 잘
받는 것이 중요했다. 그래서 고등학교 3년 동안 교과 수업을 듣는 시간
을 빼고 10분 쉬는 시간, 식사 후 자투리 시간, 야간자율학습 시간에 토
플 공부를 했다. 좋아하고 자신 있는 영어였지만 토플시험을 여러 번 치
르는 동안 잦은 좌절감도 견뎌 내야 했다.

고등학교 때 나는 영어특기자 전형 입학생들과 3년간 같은 반이었다.
외국에서 공부한 친구들은 나와는 달리 금세 토플 점수를 높여 갔다. 심
지어 토플시험을 나보다 1년 늦게 준비한 친구가 두 번 만에 나보다 더
높은 점수를 따는 것을 보았다. 나는 크게 좌절했다. '역시 외국에서 공
부한 사람과 한국에서만 공부한 사람은 차이가 날 수밖에 없는 건가?'
라는 생각도 들었다.

나는 우여곡절 끝에 영어특기자 전형으로 한양대학교 경영학부에 합
격했다. 합격통지를 받던 날 내 수능성적으로는 엄두도 못 낼 대학에 합
격했다는 감격에 젖었다. 대학시절 내내 한양대학교역에 내릴 때면 '맞

아. 내가 이 학교 학생이지!'라는 생각에 감사하는 마음이 들었다.

돌이켜 보면 결코 낮은 점수가 아니었음에도 영어에 대한 자신감이 바닥을 쳤던 것은 고집 때문이었다. '무조건 오래, 열심히' 공부하면 점수는 당연히 오를 것이라 기대한 것이다. 이러한 나의 공부 방법을 고수하기보다 높은 점수를 받는 사람들의 노하우를 배워야 했음에도 말이다. 다른 친구들은 어떻게 공부하는지 물어보거나 책과 인터넷을 뒤져서 점수를 높이는 비결을 배우고 내 것으로 만들어야 했던 것이다.

영어 덕분에 인생의 기회를 열어 갔던 것처럼 이제는 다른 이들이 좀더 쉽게 영어를 정복할 수 있도록 돕고 싶다. 많은 사람들이 '영어를 잘하고 싶다'고 한다. 하지만 왜 그들의 영어공부는 늘 작심삼일에 그칠까? 수많은 영어책이 먼지 속에 쌓여 있는 것일까?

바로 '정확한 목표' 없이 공부하기 때문이다. 실제로는 '영어회화'를 잘하고 싶으면서 엉뚱하게 '영문법'을 공부하는 식이다. 정작 잘하고 싶은 것은 '리스닝'인데 영단어를 하나 더 외우겠다고 연습장을 온통 깜지로 만드는 식이다.

내가 원하는 수준을 정확히 알고 맞는 방법으로 공부하면 금방 원하는 수준에 도달할 수 있다. 게다가 요즘은 원하면 영어공부를 할 수 있는 방법이 도처에 널렸다. 스마트폰 하나만 있으면 TED앱으로 영어 강의도 들을 수 있고 인터넷으로 공짜 영어신문 기사도 읽을 수 있다. 마음만 먹으면 목표하는 수준으로 데려다줄 모든 자원이 준비되어 있는 것이다.

나의 꿈은 책을 써서 대한민국의 많은 사람들이 가장 효과적인 방법으로 영어를 공부하도록 돕는 것이다. 전국 1타 영어 강사가 되어 하루에도 몇 십 건의 '문자, 카톡, 이메일'로 영어 강의 요청을 받는 미래를 꿈꾼다. 특히 나의 카페에 가입한 수강생들을 대상으로 월 1회 전국 단위의 대규모 강연을 진행할 것이다. 최고의 진보를 이룬 사람에게 상장도 수여할 것이다. 또한 내가 연구한 최신 영어공부법을 공유할 것이다. 그러고는 회원 모두가 다음 강연 때까지 목표를 달성하리라 다짐하며 돌아가게 할 것이다. 영어가 나에게 많은 기회를 열어 준 것처럼 나 또한 내 수강생들에게 새로운 미래를 열어 줄 것이다.

"I bet you can speak English!"

4

옆구리에 'I am that I am'이란 성공확언을 예쁘게 문신하기

요즘은 너도나도 자신의 개성을 뽐내고 싶어 하는 시대다. 그래서인지 문신한 사람들을 흔히 볼 수 있다. 영화에서 나오는 것처럼 조폭만 문신하는 것이 아니다. 무섭게 온 등짝에 문신하는 것 말고도 다양한 문양과 크기로 문신을 즐길 수 있다. 국내 연예인뿐만 아니라 타투하고 찍은 해외 셀러브리티들의 사진을 쉽게 발견할 수 있다. 그러고 보면 문신은 이제 일종의 트렌드가 된 듯하다.

사람들은 언제부터 그리고 왜 문신을 했을까? 문신은 기원전 2160년에도 행해졌다. 이집트의 미라, 시베리아 알타이 산맥에서 발견된 족장의 미라에서도 문신이 발견된 바 있다. 이로써 문신이 특정 지역에서만이 아니라 세계 곳곳에서 행해졌던 행위임을 알 수 있다.

학자들은 고대인들이 '주술적 효과'를 기대하며 문신을 했다고 여긴다. 실제로 1884년 아이누족의 문신을 조사한 바에 따르면 사람들은 전염병을 이겨 내는 데 문신을 이용했다고 한다. 전염병이 악귀의 소행이라

여긴 마을의 모든 여성이 악귀를 내쫓기 위해 문신을 한 것이다. 또한 북 아메리카에서는 두통이나 치통을 견디기 위해 신당 형상을 몸에 새긴다. 이를 통해 통증을 유발한 악령을 이겨 낼 수 있다고 믿는 것이다.

현대인들은 어떤 이유로 문신을 하는 것일까? 미국의 전설적인 팝 스타 비욘세는 자신의 세 자녀를 의미하는 손가락 점문신을 했다. 그녀의 손가락에 새긴 3개의 문양은 각각 1남 2녀의 아이들 '서, 블루아이비, 루미'를 뜻한다고 한다. 비욘세는 언제나 자녀와 함께하고 있다는 느낌을 간직하고 싶어서 문신을 했나 보다.

영화배우 안젤리나 졸리의 등과 왼쪽 어깨에는 상형문자처럼 생긴 문신이 가득하다. 이는 태국 방콕의 누 칸파이라는 문신 예술가의 작품이다. 특히 왼쪽 어깨 밑에 새긴 다섯 줄의 문자열은 각각 독특한 의미를 지닌다. 자비, 친절, 행운, 성공, 문신한 사람의 별자리, 매력을 의미한다. 이 능력들을 증거해 주는 것이 바로 문신의 효과다. 안젤리나 졸리는 고대 사람들처럼 문신의 신비한 힘을 기대했던 셈이다.

고등학교 때부터 10년째 친구인 M은 귀에 타투를 했다. 일반적으로 사람들은 등, 어깨, 팔과 같이 넓은 부위에 문신을 한다. 그런 만큼 귀는 독특한 부위였다.

3년 전쯤 고등학교 친구들과 오래간만에 만나는 자리에서 그녀는 빅뉴스가 있다고 했다. 귓바퀴에 문신을 했다는 것. 그러면서 풀고 있던 머리카락에 가려 보이지 않던 문신을 자랑해 보였다. 그때 친구들이 던진 첫 질문은 '아프지 않았느냐'라는 것이었다. 이에 M은 생각보다 무지 아 팠는데 결국 참아 냈다고 했다. 고통을 견디고 얻은 전리품이서인지 더 예뻐 보였다.

다음으로 '어떤 계기로 하게 되었는지' 물었다. M의 대답은 간단했다. "그냥. 예쁘잖아!" 그 말을 듣고 보니 날아가는 박쥐 문양의 문신이 더 돋보였다. 어쩌면 그날부터 나도 문신에 도전하겠다고 다짐했는지도 모 르겠다.

대학시절을 비교적 조용히 지내긴 했지만 나는 나름 그 안에서 다양 한 도전을 했다. 가장 기억에 남는 것은 '피어싱'이다. 하나에 꽂히면 끝 장을 보는 나는 피어싱도 끝장을 보고 싶었다. 이왕 내 개성을 보여 주 는 거 하나만 하면 임팩트가 없을 것 같았다. 그런데다 친구와 함께 가 서 한번 뚫어 보니 할 만했다. 통증보다는 바늘이 연골을 뚫는 소리에 더 놀랐다. 다음번에는 놀라지 않고 태연하게 잘해내리라 다짐했다.

이왕 피어싱으로 개성을 어필하는 거 나는 화끈하게 두 군데를 더 뚫었다. 총 세 군데에 피어싱을 한 것이다. 파격적인 내 모습에 부모님은 다소 충격을 받으신 듯했다. 아버지는 나의 피어싱을 보자마자 빠른 시 일 내에 다 뺐으면 좋겠다고 하셨다.

나는 항상 남들과 조금 다른 매력을 갖고 싶어 하는 편이다. 그런 내 가 이제 문신으로 개성을 드러낼 꿈을 꾼다.

내가 새기고자 하는 문장은 'I am that I am.'이다. 나는 의식이라는 의미다. 세계적인 형이상학자인 네빌 고다드의 저서 《믿음으로 걸어라》를 통해 알게 된 문장이다. 꿈을 상상하고 선포하면 모두 실현할 수 있다는 의미. 성공으로 통하는 이 진리를 잊지 않고 싶어서, 간절히 성공하고 싶어서 문신으로 새겨 간직하려 한다.

28년간 간절히 성공하고 싶었고 부자가 되고 싶었다. 그러나 지금까지 내가 걸어온 길은 부자가 되는 것과는 거리가 멀어 보인다. 정년이 보장되고 연봉도 높은 좋은 직장에 다녀도 어두운 터널 속에 갇혀 있는 것처럼 느껴졌다.

직장생활이 답답하게 느껴진 이유는 두 가지였다. '동기부여'가 되지 않는다는 것, 그리고 퇴직할 나이가 되어야 비로소 경제적 자유를 얻게 된다는 사실 때문이다.

직장에서 일한 '시간' 만큼 돈을 버는 것이 아니라 내가 제공한 '가치'에 상응하는 만큼 벌 수는 없을까? 어차피 자리에 앉아서 시간만 채우면 월급이 나오니 눈에 띄게 열심히 일할 이유가 없다. 대신 내가 창출한 성과만큼 더 많은 돈을 받을 수는 없을까? 그럼 누가 시키지 않아도 사력을 다해 일할 것이다.

현직에 있는 동안 열심히 아껴 써도 몇십 년은 기다려야 경제적 자유를 누릴 수 있다. 젊은 나이에 부자가 될 수는 없을까? 아버지를 위해 800만 원 하는 바디프렌드 안마의자는 언제쯤 사 드릴 수 있을까? 30대에 벤츠, 아우디, 포르쉐를 몰고 다니는 건 그저 꿈같은 이야기일까? 휴가와 상관없이 내가 원할 때면 언제든지 훌쩍 해외로 떠나는 건 영화 주인공에게만 가능한 얘기인 것처럼 보인다.

지금에 와서야 비로소 나는 나 자신을 똑바로 보게 되었다. 지금까지 나의 생각들은 세상으로부터 주입된 것들이었다. 으레 직장인은 조금만 쓰고 많이 아껴야 부자가 된다고 생각했다. 한 직장에서 열심히 일하고 안정적으로 살아가는 게 최선의 선택이라고 여겼다.

한 번도 엄청난 부자들처럼 살겠다는 꿈을 꾸지 않았다. 현실성이 없다고 생각했기 때문이다.

성경의 요한복음 1장 1절은 이 세계가 어떻게 창조되었는지 잘 보여 준다.

"태초에 말씀이 계셨다."

신은 열심히 몸을 움직여 해와 달, 꽃과 나무 그 모든 것을 만들지 않았다. 오직 의식으로 '선포'함으로써 이 귀한 것들을 만들어 낸 것이다. 신의 자녀인 나도 그리하지 못할 이유가 없다. 진정 깨어 있는 이 순간 나는 나의 의식을 온전히 인식한다. 나는 직장인도 아니요, 누군가의 딸도 아니다. 나는 여성도 아니요, 인간도 아니다. 나는 자유로운 '의식'이다. 내가 선포하면 모든 것이 현실이 된다.

언제고 맑은 정신으로 깨어 있자는 다짐으로 옆구리에 문신을 한다.

운동을 마치면 거울 앞에 서서 상의를 살짝 들추고 이 성공 명언을 큰 소리로 읽는다. 'I am that I am'. 내가 선포하면 기적도 현실이 된다. 나는 이미 성공자다.

1년 안에 1인 창업에 성공해
연봉 10억을 버는
세계적인 인플루언서 되기

요즘 초등학생들의 꿈은 '유튜버'가 되는 것이라 한다. 장래희망 1위가 운동선수, 2위가 교사, 3위가 유튜버라는 것이다. 내가 초등학생일 때만 해도 유튜버가 되고 싶다는 또래는 아무도 없었다. 다들 연예인, 대통령, 의사처럼 멋지거나 돈을 많이 버는 사람이 되고 싶다고 했다. 유튜버가 뭐라고 초등학생들까지 미래를 걸고 달려드는 것일까?

유명 유튜버처럼 많은 수의 구독자를 거느리는 인기인들을 '인플루언서'라고 한다. 인플루언서라고 해서 특별한 사람이 아니다. 어쩌면 길 가다가 한 번쯤 마주쳤을 수도 있는 평범한 사람들이다.

이들은 다양한 방법으로 사람들의 주목을 받는다. 유튜브뿐만 아니라 인스타그램, 블로그, 페이스북 등 다양한 소셜미디어를 활용한다. 자신이 직접 제작한 콘텐츠를 올려 사람들의 호응을 얻고 팬을 만든다. 그러다 보면 처음에는 적은 수였던 자신의 팬들이 어느새인가 몇천, 몇백만 명이 되어 있곤 한다. 이런 엄청난 수의 추종자를 확보했을 때 비로소 인플루언서가 되는 것이다.

나도 나의 콘텐츠로 팬들의 주목을 받는 인플루언서가 되고 싶다. 나의 영향력을 알고 있는 사람들이 스스로 나를 찾아오게 하고 싶다.

대학교 때 스펙을 쌓기 위해 '제품 홍보단' 대외활동에 참여하곤 했다. 홍보단의 일은 대부분 회사를 대신해 그 회사의 상품을 홍보해 주는 것이었다. 제품 홍보는 자신의 소셜미디어 계정에 정기적으로 사용후기를 올리는 것으로 진행되었다. 이런 대외활동 발대식 행사에는 늘 '파워블로거'가 참석했다. 이들은 회사가 자신들의 제품을 좀 더 잘 홍보해 달라고 돈을 주고 계약을 맺은 사람들이었다.

파워블로거들의 임무 역시 제품 사진을 찍고 그 후기를 자신의 블로그에 올리는 것이었다. 제품도 공짜로 써 볼뿐더러 돈도 받고 자신의 영향력까지 크게 높일 수 있다니! 나는 힘들게 일하지 않고도 놀면서 돈을 버는 이들이 너무나 부러웠다.

어디 파워블로거뿐인가? 유트브, 인스타그램에도 인플루언서들이 넘쳐 난다. 이들은 보통 단일 매체만을 활용하지 않는다. 소셜미디어를 모두 활용해 전략적으로 시너지를 낸다. 이들은 마음에 드는 인스타그램 사진을 클릭한 사람들이 유튜브에 들어오도록 유튜브 채널 주소를 남긴다. 그리고 그 주소를 클릭하고 들어온 유튜브 시청자들에게 블로그 주소를 홍보하는 것이다. 블로그에서도 역시 자신이 가진 각종 소셜미디어 계정을 홍보한다.

여러 단계를 넘어 나의 블로그까지 보러 올 정도면 말 다했다. 더 알아보고 싶어서 스스로 노력해 찾아온 것이기 때문이다.

인플루언서가 되고 싶은 이유는 두 가지다. 첫 번째는 관심 받는 대상이 되고 싶어서다. 두 번째 이유는 1인 창업해 사업가가 되고 싶기 때문이다.

친구들 사이에서 나의 별명은 '관종'이다. 관종이란 관심 받고 싶어 하는 사람을 농담조로 일컫는 말이다. 생각해 보면 관심 받기 좋아하는 나의 기질은 어렸을 때부터 발현되었던 것 같다.

중학교 2학년 때 국어 수행평가 과제로 일주일에 세 번 일기를 써야 했다. 이렇게 쓴 일기를 국어 선생님이 일주일에 한 번씩 거두어 가 검사를 했다. 국어 선생님을 좋아했던 나는 잘 보이고 싶은 마음에 항상 일기를 공들여 썼다.

그러던 어느 날 선생님이 나의 일기장에 "너를 항상 긍정적인 시선으로 바라보고 있다. 너의 글에는 다른 학생들에게서 볼 수 없는 진정성이 엿보인다."라는 격려의 글을 적어 주셨다. 나는 큰 감동을 받았다. 계속 선생님의 관심을 받고 싶어서 언제나 장문의 일기를 썼다. 그전보다 국어 공부도 열심히 했다.

그렇게 꾸준하게 열심히 글을 쓴 성과였을까. 그 이후 중학교, 고등학교 때 1년에 꼭 한 번은 글쓰기로 상을 받았다. 관심 받고 싶은 욕망이 나를 성장시킨 것이다.

지금도 다른 사람의 시선을 받고 싶어 하는 기질은 이어지고 있다. 스물다섯 살 때 금융기관 인턴으로 재직하는 동안 식물을 키우기 시작했다. 고객과 통화하다 보면 마음에 상처가 되는 공격을 많이 받았다. 이런 스트레스를 어떻게 해소할 수 있을까 고민하다가 식물을 키워 보기로 했던 것이다.

하루는 일상을 공유하고 싶어서 페이스북에 내가 키우는 화분 사진을 올렸다. 그러자 친구들은 '가드닝 전문가'라며 신기해했다. 친구들의 뜨거운 호응에 나는 더 열심히 식물을 돌보기 시작했다. 더 많은 반응을 얻고 싶어서 정성을 다한 결과 지금은 50여 개에 이르는 식물을 돌보고 있다.

인플루언서가 되고 싶은 두 번째 이유는 '사업가'의 꿈을 이루기 위해서다. 나는 이 목표를 2020년 안에 반드시 이룰 것이다. 20대의 막차를 탄 지금 직장인에서 사업가로 신분상승 할 것이다.

대학생 때부터 '성공한 사업가'를 꿈꿔 왔다. 남들은 '대기업', '신의 직장 공기업'에 들어가기 위해 치열하게 공부할 때 나는 사장님이 되어야겠다고 생각했던 것이다.

대학교 입학 후 읽은 로버트 기요사키의 《부자아빠 가난한 아빠》는 부자에 대한 나의 생각을 완전히 바꿔 놓았다. "부자들은 자신을 위해 사업을 한다."라는 대목이 가장 인상적이었다. 월급을 잘 관리해서 부자가 될 수 있다는 말은 책 어디에도 없었다. 오직 자산에 투자하고, 사업을 키워 나가야 부자가 될 수 있다는 조언뿐이었다.

그다음으로 읽은 엠제이 드마코의 《부의 추월차선》은 사업을 해야겠다는 나의 다짐을 굳혀 주었다. 책 속에 소개된 "하루에 여덟 시간씩 일하다가 사장으로 승진하여 하루에 열두 시간씩 일하게 될 것"이라는 프로스트의 말 때문이었다. 직장인으로 열심히 일하면 일할수록 미래가 암담해지는 게 보였다.

사업가가 되기 위해 나는 나의 영어공부 콘텐츠로 수만 명의 팬을 확보할 것이다. 효과적으로 영어를 공부하고 싶어 나를 찾아오는 이들에게 대가를 받고 노하우를 전수해 줄 것이다. 소셜미디어의 영향력은 시간이 갈수록 나에게 더 많은 고객을 만들어 줄 것이다.

내가 좋아서 만들기 시작한 영어공부 콘텐츠는 빠르게 나의 팬들을 증가시킨다. 전 세계 수백만 명에 이르는 이들이 나의 일거수일투족에 집중한다. 따로 홍보하지 않아도 나의 저서는 실시간 검색어에 오른다. 내가 주최하는 강의는 유튜브에 게시한 지 5분 만에 매진된다. 심지어는 그때 입고 나온 나의 원피스를 어디서 샀느냐고 물어온다.

진정 즐기는 일을 하며 세상에 긍정적인 영향력을 행사하는 지금. 나는 우주라는 거대한 강물에 아름다운 파동을 만들어 간다.

PART
6

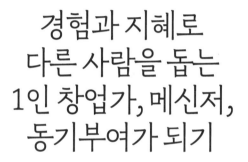

경험과 지혜로
다른 사람을 돕는
1인 창업가, 메신저,
동기부여가 되기

· 우경화 ·

우경화

뷰티 디렉터, 청소년 멘토, 메신저, 자기계발 작가, 동기부여가

20년간 이가자헤어비스 부산금정점 원장으로 매장을 운영 중이다. 작가이자 동기부여가로 인생의 황금기를 맞이하여 새로운 큰 꿈을 품고 영혼이 충만한 삶을 살아가고 있다. 모든 이가 의식 확장을 통한 가슴 설레는 큰 꿈을 이루어가는 삶, 진정한 삶의 진리를 알고 성공한 삶을 살기를 바라는 마음으로 강연과 멘토링, 코칭 활동을 통해 행복한 삶을 사는 법을 전한다. 저서로《하마터면 불행할 뻔했다》(가제)가 출간 준비 중이다.

베스트셀러 작가로서
메신저, 동기부여가 되기

나는 지금 직원을 두고 프랜차이즈 미용실을 운영하고 있다. 내가 이 일을 한 지는 벌써 27년 정도 되었다. 그리고 프랜차이즈 미용실을 직접 운영한 지는 20년 정도가 되었다.

나는 어린 나이에 미용을 나의 평생 직업으로 삼아야겠다고 생각했다. 지금의 매장은 부모님을 비롯한 가족을 부양하기 위해서 그리고 소박한 내 꿈을 위해서 운영하게 되었다.

나는 어릴 때 가족과 선생님, 친구들로부터 그림도 잘 그리고 손재주가 있다는 칭찬을 많이 들은 편이다. 그래서 그런지 누군가를 예쁘게 해주는 미용사가 내게 잘 맞는 면도 많았다. 그리고 이 일이 열심히만 하면 내 매장을 차려서 직원이 아닌 사장으로도 살아갈 수 있겠다 싶어서 결정하게 되었다. 그렇게 해서 나는 나의 짧은 직장생활을 끝내게 되었다.

나는 이렇게 미용으로 먹고살아야겠다고 각오하며 미용에 나의 20대를 바쳤다. 그리고 지금의 20대 친구들은 상상하기 힘든 긴 기간을 들여 기술을 익혔다. 거의 일에 미쳐 정신없이 보냈던 20대였다. 지금 생각해 보면 도대체 나의 20대 청춘은 어디로 갔는지, 왜 그렇게밖에 보내지 못했는지, 그 좋은 시절을 너무 허무하게 낭비한 게 아닌가 하는 생각이 든다.

내가 20대를 보냈던 1990년대는 지난 TV 드라마 〈응답하라 1994〉의 바로 그 시대다. 그런데 나는 배우며 일하느라 즐겁거나 재미났던 그 시기의 기억과 추억이 없다.

곰곰이 생각해 보니 내가 즐겁고 신나는 20대를 보내지 못했던 것은 나의 성격과도 연관이 많은 거 같다. 그리고 나의 성격은 부모님의 영향을 많이 받은 것 같다.

우리 부모님은 생계를 위해 첩첩산골인 경남 함양에서 부산으로 오셨다. 그리고 아버지 혼자 회사에 다니시며 어렵게 번 얼마 안 되는 돈으로 일곱 자녀를 먹이고 입히고 가르쳐야 했다. 그러니 항상 돈이 부족했다. 어머니는 그 많은 자녀를 돌보며 살림하고, 생활비에 보태려고 부업까지 하시면서 어렵고 힘들게 사셨다. 어머니는 너무 부지런하시고 알뜰하셨다. 반면 얼굴에는 항상 수심이 가득하셨다.

아마도 어머니의 그런 모습이 나의 성격에 영향을 많이 준 것 같다. 어릴 때부터 부모님이 힘들게 고생하시는 모습을 보다 보니 나는 철이 일찍 들었다. 항상 진지하고 차분한 편이었다. 그러면서 묵묵히 열심히 살려고 노력했던 것 같다.

왜 그렇게 열심히만 살았던 건지. 지난날에 좀 더 현명하게 큰 꿈을 그리고 살았다면 하는 아쉬움이 많이 남는다. 요즘은 청춘을 다해 해 온 나의 일이, 미용실이 너무 많이 생겨나고 그로 인해 가격경쟁이 심해지면서 보람을 많이 못 느낀다. 그리고 타 업종도 그렇지만 미용업도 사회초년생과 경력자 간의 수입에 차이가 별로 없다. 오히려 직원의 4대 보험을 영세자영업자인 사장이 부담해야 한다. 그러다 보니 경력자로서 사장으로서의 보람은 찾기 힘들어졌다.

그렇게 몇 년 사이 나는 뭔가 새로운 꿈을 꾸고 많은 생각을 하게 되었다. 요즘 나는 과거를 돌아보면서 그때 좀 더 큰 꿈을 가지고 살았어야 했는데… 하며 안타까워한다. 아마 미래를 보는 혜안이 부족하고 보이지 않는 것을 보는 법을 몰랐기 때문인 것 같다.

어릴 때 많은 책을 읽고 책을 통해 얻을 수 있는 지혜를 가졌더라면, 큰 꿈과 희망을 품고 더 많은 것을 해 보고 가져 보고 누리는 기회를 가졌을 것이다. 지금은 이런 나의 경험을 책으로 써서 나누고 싶다.

결코 열심히만 해서는 안 된다는 것을 누구나 알고 있지만, 지금도 그저 열심히만 하고 있는 이들이 상당수다. 돌이켜 보면 나는 다른 친구들보다 좀 더 열심히 했다고 자부한다. 그리고 그렇기 때문에 다를 줄 알았다. 아니면 더 멋진 인생을 살 줄 알았다. 하지만 나의 착각이었다. 나는 열심히는 살았는데 큰 비전을 품고 남들과 다르게 살지는 못했기 때문이다. 더 현명하게 사는 방법을 알았어야 했는데 말이다.

최근에 나는 열정과 영적 에너지가 넘치는 한책협의 대표 김도사님을 통해 형이상학자인 '네빌 고다드'를 알게 되었다. 네빌 고다드의 책을 읽고 잠들었던 영혼이 깨어남을 느꼈다. 네빌 고다드는 론다 번, 마크 빅터 한센, 조 바이틀리와 같은 유명한 자기계발 강사들에게 많은 영향을 끼친 인물이다.

네빌 고다드는 압둘라의 제자였다. '머피의 법칙'으로 유명한 조셉 머피도 압둘라의 또 다른 제자다. 그는 사람들이 세상에서 가장 위대한 형이상학자로 '네빌'을 기억할 것이라고 했다. 네빌의 저서로는 《5일간의 강의》, 《상상의 힘》, 《네빌 고다드의 부활》 등 다양하게 있다. 이 책들은 의식을 바꿈으로써 원하는 삶을 살 수 있다고 들려준다. 또한 네빌은 많은 강연을 통해 사람들의 의식이 유일한 실체이고, 우리가 상상하는 것이 그대로 현실이 된다고 말해 준다.

나는 네빌 고다드만큼 영적으로 나를 일깨워 주는 김도사님의 이 추천도서들을 읽고 많은 영감과 감동을 받았다. 그의 말이 진리임을 영혼을 다해 느꼈다.

네빌 고다드는 '나에 대한 관념이 나의 모든 것을 결정한다'라고 한다. 사람은 생각하는 대로 된다는 것이고 잠재의식에 각인된 대로 이루어진다는 것이다. 또한 나는 내가 상상한 대로 이루어진다는 것이다.

나는 이 말이 너무 맞는다고 생각한다. 여태껏 내가 걸어온 길은 내가 딱 꿈꾼 만큼인 것이다. 나는 평생의 내 직업으로 미용 일을 택했다. 그리고 큰 욕심 없이 가족 모두의 편안하고 안정된 생활을 추구했던 것이다. 나 또한 40대 이후에는 여태 내가 잘해 온 만큼 그대로 잘해 나가리라 생각했다. 큰 포부나 꿈을 꾸지 않았던 것이다.

네빌 고다드는 이렇게 말한다. "상상은 현실을 창조한다."라고. 그러니 단지 원하는 것이 있다면 이미 원하는 모습이 되었다는 것을 사실로 받아들이라고. 상상의 이미지에 실제의 감각이 느껴질 때 그 상상은 현실로 나타난다고.

이제 나는 잠재의식의 법칙, 상상의 힘, 믿음의 법칙을 확신하며 이를 실천하려고 노력하고 있다. 단지 현실로 나타나려면 버퍼링 시간이 필요할 뿐이다. 하지만 이 놀라운 법칙을 알게 된 이 시점에선 문제될 게 없다. 나는 이 법칙을 믿고 따를 것이기 때문이다. 그리고 "꿈꾸는 데 늦은 나이는 없다."라는 말처럼 지금 나는 새로운 큰 꿈을 꾼다. 20대 때 큰 야망을 가지지 못해 꾸지 못한 꿈, 30대 때 일상에 젖어 시도해 보지 못한 꿈을 이제 나의 버킷리스트로 설정한다.

나의 첫 번째 버킷리스트는 '베스트셀러 작가가 되어 동기부여가로 살기'다. 나의 경험과 지혜를, 내가 어릴 때 누군가 나에게 알려 주고 가르쳐 줬다면 정말 좋았을 것 같아서다. '왜 큰 꿈을 꾸어야 하는지', 또 몰라서 놓치고 시간을 허비할 인생 후배들과 청춘들에게 책을 쓴 작가로서 나의 경험과 지혜를 나누어 주고 싶다. 그렇게 선한 영향을 주고 싶다.

또한 꿈을 잃고 헤매거나 주어진 여건에 낙담해 꿈꾸지 못하는 이에게 꿈을 이루어 내는 법을 전하고자 한다. 지난날의 나처럼 청춘을 그냥 열심히, 아니면 꿈 없이 살아가지 않기를 바라기 때문이다.

이루고자 하는 큰 꿈을 그리고 그 꿈이 이루어짐을 생생히 느낄 때 그 꿈은 더 빠르게 이루어질 것이다. 그만큼 여러분의 인생은 즐겁고 신나는 신념을 갖고 살아가는 삶이 될 것이다. 우리 함께 풍요로운 삶을 경험하기를 바란다.

누구든 망설임 없이 배움에 투자하기를 바란다. 요즘 나는 한책협에서 책 쓰기를 공부하고 있다. 지금의 경험 또한 대단히 새롭고 멋지다. 책 쓰기 공부를 하면서 느끼는 것은 이러한 열정으로 청춘을 보냈더라면 모든 걸 다 이루어 냈을 것 같다는 것이다.

내가 작가가 되는 과정은 경험과 지혜를 나누는, 꿈과 열정이 가득한 길이다. 나는 성공한 120억 자산가인 김도사님과 함께 '눈은 반짝, 귀는 쫑긋' 세우고 이 길을 걸어갈 것이다.

2

1인 창업가 되어
시간적, 경제적 자유 갖기

몇 년 전부터 나는 1인 창업을 생각했다. 나도 이제는 1인 창업가가 되어야겠다고 생각했다.

나는 수십 년째 나름 남들이 부러워하는 프로페셔널한 직업을 갖고 있다. 나의 직업은 나도 예쁘게 할뿐더러 남도 멋지고 아름답게 만들어 주는 미용사이자 경영자다. 나는 이 마법의 손기술로 충분히 한 사람을 변신시켜 줄 수 있다. 오랫동안 미용실을 운영하다 보니 재미난 에피소드가 넘쳐 난다. 반면 어렵고 힘든 일도 참 많았다.

제법 규모를 갖춘 미용 매장을 한곳에서 긴 시간 운영하다 보니 방문해 준 고객이 많다. 나는 그분들의 사랑을 받으며 일했다. 그뿐인가. 우리 매장을 거쳐 간 디자이너와 인턴만 해도 셀 수 없이 많다. 그로 인해 생겨난 많은 일들이 있었다. 그리고 보람된 일도 넘쳐 났다.

그중 가장 보람된 것은 20~25년 이상의 단골고객이 많다는 것이다. 그분들은 그들의 대학시절 또는 20대 때 첫 방문한 고객들이다. 그러다 지금은 20대가 된 그들의 자녀와 함께 오신다. 그런 분들이 상당히 많다.

그분들과 나는 인생의 희로애락, 젊은 시절과 나이 들어가는 시절을 함께 나누는 기회를 가졌다. 그런 만큼 그분들께 가족 같은 사랑과 애틋한 감사함을 항상 갖고 있다. 그들에게 "고객님, 축복합니다. 사랑합니다. 감사합니다."라고 말해 주고 싶다.

그리고 함께한 직원들 중에도 나의 입가에 미소를 머물게 하는 친구들이 참 많다. 반면 나를 애먹였던 후배들도 있다. 그럼에도 불구하고 그들 또한 다 사랑했다고 말하고 싶다. 진심으로 사랑했으니까. 꽃다운 청춘의 꿈과 열정을 함께했다는 것만으로도 축복이었음을 나는 안다. 그들에게 "함께한 후배들, 축복합니다. 사랑합니다. 응원합니다. 감사합니다."라고 말해 주고 싶다.

한마디로 나는 복 받은 사람이었다. 나름 멋진 직업을 가진 일복 많은 복녀. 그렇게 복 많은 나도 자영업이 만만치 않게 느껴지는 나이가 되었다.

최근 몇 년 사이 내가 하는 일에 많은 변화가 있었다. 오랫동안 함께했던 후배 동료들이 결혼과 임신, 출산 등으로 휴직하거나 숍을 오픈하며 독립해 나갔다. 다들 축하와 축복 가득한 일들이다.

한편 주위에는 1인 숍을 비롯해 동종 업종의 숍들이 너무 많이 생겼다. 그러다 보니 매장 관리에 더 많은 노력을 기울여야 한다. 지금은 과거처럼 열심히, 친절히, 성실히만 해서는 안 된다. 좀 더 지혜롭기를 바라면서 사회초년생이나 매장 오픈으로 성공을 꿈꾸는 이들이 마음에 새겼으면 하는 6가지가 있다.

1. 남을 위해 일하지 말고, 자신을 위해 일하라.
2. 돈을 하나의 인격체로 생각하라. 귀하게 대할 때 돈은 따른다.
3. 미친 듯이 책을 읽고 또 읽어라. 가난의 관념을 벗어난 성공자의 관념을 가져라.
4. 배움과 자신의 가치를 높이는 데 투자하라.
5. 자신의 가치를 높게 부여하라.
6. 자신이 바라는 것에 온 마음을 쏟고 믿어라.

성공철학의 거장 '나폴레온 힐'은 인간의 삶에서 영적, 정신적, 육체적 자유를 얻을 수 있는 7가지 원칙을 들려준다.

1. 명확한 목표를 세워라.
2. 자제심을 길러라.
3. 역경에서 배우라.
4. 환경의 영향을 지배하라(다른 사람과 연합하기).
5. 시간을 잘 활용하라(긍정적 사고방식으로 지혜로워지기).
6. 조화를 꾀하라(자신을 둘러싼 정신적, 영적, 물리적 환경 속에서 지배적인 세력이 되기 위해 명확한 목표를 가지고 행동하기).

7. 신중하게 행동하라(행동에 앞서 전체적인 계획을 꼼꼼히 살펴보기).

또한 나폴레온 힐은 명확한 계획과 목표를 세우면 상상과 믿음의 법칙과 시간의 도움으로 현실화할 수 있다고 알려 준다. 나도 알지 못해 실천하지 못한 부분, 알고도 실천하지 않아 놓친 부분도 있다. 실천해서 일궈 낸 부분도 있긴 하다. 나폴레온 힐의 법칙은 그런 나에게 시련과 실패를 줄이고 빠르게 목표를 이루게 해 주었다. 성공까지 가는 시간을 줄여 빠르게 성공하고 더 이루면 더 좋지 않겠는가. 그러면 재도전할 기회도 더 많이 생길 것이다.

그러기 위해서는 SNS(인스타그램, 페이스북, 블로그 등) 마케팅 등으로 남과는 다른 나만의 전략을 확실히 세워야 할 것이다. 그냥 열심히만 해서는 안 된다는 것이다. 열심히 하지 않는 사람은 없기 때문이다. 다른 이들과 차별화를 이루는 것이 관건이다.

브렌든 버처드의 저서 《백만장자 메신저》에는 그의 아버지가 자신에게 해 줬던 말이 있다. 바로 '진정한 네가 되어라. 정직하라. 최선을 다하라. 가족을 돌보라. 사람들을 존경하라. 그리고 너의 꿈을 좇아라' 다. 이는 지금 내가 어떤 자리에 있든지 일생을 통해 우리가 어떤 존재가 되어야 하는지 알려 준다.

요즘 나는 여유시간에 책도 읽고 생각하는 시간을 많이 가진다. 그러면서 나에게 스멀스멀 새로운 꿈이 생겨났다. 나는 이제 인생의 절반을 산 셈이다. 그러다 보니 좀 더 즐겁고 신나는 일에 관심이 간다. 그리고 내가 주도적으로 하는 일에 도전해 보고 싶다. 1인 창업해 메신저, 동기부여가에 도전하고 싶다.

20대 때 나는 누구보다 열심히 배우며, 일했다. 그 시절 나는 친구와 어울려 본 기억이 거의 없다. 오전 9시부터 저녁 10시까지 일하고 평일 중 하루만 쉬었다. 일에 미쳤던 것 같다.

30대 때는 새로운 위치에서, 직장인 마인드에서 20명 이상의 직원을 둔 경영자로 살았다. 연애결혼을 반대하는 집안의 가풍에 선을 보고 3개월 만에 결혼했다. 하지만 그 결혼은 사기결혼이었다. 그렇게 3개월 만에 이혼도 경험했다. 나는 결혼은 나와 인연이 없는 것 같다며 열심히 일에 빠져 살았다. 그러다 보니 일에 성과가 나타나고 매장 3개 확장의 꿈도 이루었다.

40대 초에는 일을 무리하게 해서인지 내게 느닷없이 암이 찾아왔다. 다행히 가족과 지인들의 도움으로 서울 아산병원에서 암덩이를 줄여 그 부분만 제거하는 수술을 성공적으로 받았다. 그러곤 세 차례의 항암치료까지 마치고 6개월간의 투병을 끝냈다. 그 후 5년간의 회복기간을 거쳐 완치판정을 받았다.

그러던 중 한 매장은 관리가 안 되어서 접게 되었다. 금전적으로도 많은 손해를 입으며 실패를 경험한 것이다. 그렇게 나는 40대에 큰 아픔과 실패라는 시련에 맞닥뜨렸었다. 나는 평소 내가 아주 평범하고 무난하게 살았다고 생각했었다. 그런데 이렇게 내 삶을 펼쳐 보니 결코 그렇지만도 않다는 것을 느낀다. 나는 나의 40대 중·후반을 나 자신을 다독거리며 쉬어 가는 인생의 브레이크 타임으로 보낸 것 같다.

이제 나는 지금 하는 일과는 다른 일에 많은 호기심을 갖는다. 하고자 하는 욕망과 열정이 들끓는다. 그 길은 지금의 내가 안 가 본 길이라 완전 다른 도전이 될 것이다. 지금부터 준비해서 나의 인생 2막에 나는 1인 창업가로, 메신저로, 동기부여가로 살기로 했다. 나의 인생 경험과 그 과정에서 얻은 지식으로 남을 돕는, 선한 영향력을 주는 사람으로 남고 싶다.

나는 이제 또 다른 의미 있는 삶을 살고 싶다. 나는 내가 세상을 변화시키기 위해 태어났음을 확신한다. 나의 소명은 나의 경험과 지혜로 다른 사람의 성공을 돕는 것이다. 물론 그 대가로 스스로 성장하는 의미 있는 삶과 물질적으로도 만족할 만한 결과를 얻을 것이다. 그리고 시간적, 경제적 자유를 누리며 살 것이다. 멋지지 않은가?

나는 다양한 자기계발서와 영성의 메시지 그리고 나의 경험과 지혜를 나만의 방식으로 간절히 나누고 싶다.

3

유튜버 되어 선한 영향력을 주는 메신저, 동기부여가 되기

나는 지금 프랜차이즈 매장을 운영하고 있다. 최근에는 구인문제, 동종업의 과다로 인한 수익문제, 많은 고정비용의 지출, 관리 문제로 예전보다 더 많은 고민을 한다. 주위에는 1인 숍을 비롯해 동종 업종의 숍들이 너무 많다. 우리뿐만이 아니라 모든 업종의 자영업이 넘쳐 난다. 지금은 자영업을 포함해 모든 사업이 포화상태다. 때문에 과거처럼 열심히, 친절히, 성실히만 해서는 안 된다. SNS 마케팅부터 남들과 다른 콘텐츠가 있어야만 성공할 수 있다. 그래서 누군가 오프라인 매장을 오픈하고 싶다고 한다면 말리고 싶다.

지금은 인테리어 비용 외에도 임대료, 관리비, 각종 공과금, 직원 월급 등 고정비용이 많이 들어가는 매장 오픈은 피하라고 하고 싶다.

그런데 2020년 2월부터는 문제가 더 심각해졌다. 우리나라뿐만 아니라 세계적으로 번져 가고 있는 전염병 때문이다. 세상이 신종 코로나바이러스 감염증으로 온통 혼돈과 공포에 빠져 있다. 내 생애에 영화에

나 나올 법한 공포스러운 병이 이렇게 세계적으로 발생할지 전혀 생각하지 못했다. 도대체 우리나라뿐만 아니라 세계를 뒤흔들고 있는 이 바이러스의 정체는 무엇일까? 이 공포의 신종 코로나 바이러스가 느닷없이 온 도시를 점령하고 우리들의 마음까지 점령하려 들고 있다. 왜 우리에겐 신종 바이러스가 공포로 다가오는 것일까?

이 새로운 바이러스가 특별할 것 없는 우리의 일상을 뒤흔들어 놓고 있다. 도대체 앞으로 이 세상은 어떻게 변할까? 많은 생각에 잠기게 한다. 사실 이 신종 바이러스가 퍼지기 시작한 지 벌써 한 달이 넘었다. 그런데 문제는 언제까지 이 병이 이어지고 언제쯤 끝날지 정확한 예측이 불가능하다는 거다. 그런 만큼 그 피해는 어마어마할 것이다.

정말이지 누구도 생각하지 못한 환난이다. 앞으로는 이와 같은 바이러스가 자주 유행할 것이라 한다. 지금 우리에게 이 사태가 공포로 다가오는 이유는 평범한 일상을 영위할 수 없기 때문이다. 바이러스 확진자가 한 명이라도 다녀간 곳은 폐쇄될뿐더러 소독과 방역을 해야 한다. 뿐만 아니라 확진자가 다녀간 곳에 함께 있었던 사람들은 다 감염 여부를 검사받고 자택에 격리된다. 일상이 차단되는 것이다. 이러니 누구든 집 밖으로 나서는 걸 두려워하는 것이다.

이런 상황은 우리의 먹고사는 문제와 직결된다. 이 상태라면 생계를 어떻게 이어 갈지 심각하게 고민하지 않을 수 없다. 코로나 바이러스가 이중 삼중의 문제를 야기하고 있는 것이다.

언제쯤 우리는 따뜻한 햇살과 새싹이 파릇하게 돋아나는 봄을 만끽

할 수 있을까. 사람들로 붐비던 도시의 거리는 낮인데도 휑하다 못해 적막감이 돈다. 간간이 길거리를 지나는 사람들도 다른 사람과의 접촉을 피하며 마스크를 쓴 채 빠르게 걸음을 재촉한다.

몇 년 전부터 여러 가지 문제로 지금 하는 일에 대한 만족감이 많이 떨어졌다. 그러다 자연스럽게 1인 창업을 생각하게 되었다. 진정 내가 원하는 게 무엇인지, 무엇을 했을 때 온전한 내가 될지 고민했다. 그래서 나는 여유시간에 책을 읽거나 생각하는 시간을 많이 가지려고 노력한다.

형이상학자인 네빌 고다드는 그의 저서를 통해 "의식을 확장시켜라, 목표를 명확히 하라, 내가 꿈꾸는 것을 잠재의식에 각인시켜라, 꿈이 이루어진 결말에서부터 믿음으로 걸어라."라는 진리를 알려 준다. 이것은 내게 내 안의 거인을 깨우라는 메시지로 다가왔다.

인생의 절반을 살아온 지금 나는 좀 더 즐겁고 신나는 일에 관심이 간다. 그리고 내가 혼자 주도적으로 이끌어가는 일에 도전해 보고 싶다. 지금 하는 일과는 좀 다른 일에 욕망과 열정이 생긴다. 바로 1인 창업가로, 메신저로, 동기부여가로 살고 싶다는 꿈이다. 그 꿈을 이루어 나의 인생 경험과 지혜를 나누어 주는 영향력 있는 사람이 될 것이다.

그러려면 꼭 해야 할 도전이 또 있다. 바로 많은 사람들에게 영향을 끼치는 유튜버가 되는 것이다.

《백만장자 메신저》로 유명한 브렌든 버처드는 나의 갈 길을 더욱 명확하게 알려 주는 메시지를 책으로 전한다.

브렌든 버처드는 교통사고 이후 메신저가 되어야겠다는 명확한 비전을 갖게 되었다고 한다. 그리고 그는 그 목표를 실현한 삶을 살고 있다. 그는 말한다. 도전을 두려워할 필요가 없다고. 먼저 성공한 사람의 메시지다.

브렌든 버처드는 《백만장자 메신저》를 통해 나를 '의미 있는 삶'과 '물질적인 만족'을 모두 누릴 수 있는 메신저의 세계로 초대했다. 내가 꿈꾸는 세계로의 초대에 응한 나는 바로 브렌든 버처드의 세계로 빠져들었다. 그가 알려 주는 엄청난 감동의 메시지를 내 책을 읽는 당신과도 공유하고 싶다. 그의 메시지는 내가 계속적으로 생각하고 찾고자 한 삶의 방향에 확신을 더해 준다.

나는 나 자신으로서의 인생을 살았는가. 큰 꿈을 품고 잠재력을 마음껏 발휘하기 위해 애썼는가. 무엇보다 부모님이나 가족의 바람대로 살았던 것은 아닌가. 또한 수많은 만남과 헤어짐 속에서 소중히 간직해야 했던 인연에 최선을 다했는가. 그리고 그들에게 내 감정을 솔직하게 그리고 충분히 드러냈다고 말할 수 있는가. 마지막으로 내 마음 깊은 곳에 간직한 내 삶의 목적은 무엇인가.

브렌든 버처드는 나에게 생을 마감할 때 만족스러운 답을 할 수 있는 인생을 살라고 한다. 나 자신을 위한 삶인 동시에 다른 사람을 위한 삶, 즉 다른 사람의 인생을 변화시킬 수 있는 삶을 살라 한다. 그러려면 나의 성공과 실패의 경험과 지혜를 필요로 하는 이들과 나누어야 한다.

그렇게 선한 영향력을 주는 사람으로 사는 삶이 인생 후반의 나의 사명임을 강하게 느낀다.

이 글을 쓰는 늦은 밤 내가 꿈꾸는 유튜버의 삶을 한번 상상해 보았다.

"안녕하세요, 여러분. 반갑습니다. 오늘 하루는 어떠셨어요? 요즘 세상이 많이 어수선합니다. 2020년 2월 어느 날부터 우리에게 어떤 일이 서서히 나타나기 시작했습니다. 우리를 두렵고 불안하게 만드는 어떤 일 말입니다. 그러나 그것은 우리에게 아무런 문제가 되지 않습니다. 우리는 지금 이 상태를 멈추기로 합니다. 오로지 기쁨과 행복, 사랑과 충만함만을 느끼시기 바랍니다.

오늘은 네빌 고다드가 소망을 성취하는 방법으로 가르쳐 준 일명 '네빌링'에 대해 말하려 합니다. 이 네빌링에는 기본적으로 두 가지 방법이 있습니다. 하나는 상상력을 이용해서 지금 내 소망이 이루어졌다고 상상하는 것입니다. 이것이 현실이라고 속을 때까지 생생하게 상상하라고 말합니다.

그리고 또 한 가지의 방법은 잠들기 전에 소망이 이루어진 느낌을 갖는 것입니다. 그 이루어짐에 놀라며 '감사합니다' 혹은 '굉장해!'를 속으로 말하는 것입니다. 혹은 소망이 이루어졌을 때 마치 신에게 감사를 전하듯 '감사합니다!'라고 말하는 방법입니다. 우리의 내면을 채워 주는 영성의 메시지를 잘 기억해 모든 소망을 이루어 내는 것입니다. 감사합니다. 사랑합니다.

우리에게 꿈과 희망의 긍정에너지가 넘치도록 해야 합니다. 더 많은 마음의 평안과 잠재력을 고양시키고 믿음과 확신을 주는, 삶의 지혜가 가득한 책들을 소개하겠습니다. 오늘 소개해 드릴 책은 김도사님의 《100억 부자의 생각의 비밀》입니다. 저는 김도사님의 메시지와 여러 권의 책을 읽고 어떤 자세로 어떻게 살아가야 하는지 깨달음을 얻었습니다.

여러분도 메신저 김도사님의 얘기에 귀 기울여 보시기 바랍니다. 함께 편안하게 독서를 감상하시면서 영혼을 힐링하시고, 동기부여 받으세요. 감사합니다. 축복합니다.

이상은 1인 창업가로 유튜버로 활동하며 경험과 지혜를 나누는 메신저, 동기부여가이자 '상상으로 이루어 낸 복녀' 우경화 작가였습니다. 하느님과 함께하는 깊은 잠으로의 여행 되세요."

나도 오늘 밤 나의 하느님과 유튜버로서의 계획과 목표를 의논해 볼 것이다.

이뤄 냈습니다. 감사합니다. 사랑합니다.

4

바다가 보이는
60평 아파트에 입주하기

지금 나는 출퇴근시간을 줄이기 위해 직장 근처에서 살고 있다. 직장 근처에 사니 장점도 많다. 통근 시간이 줄어드니 여유 시간이 많아져 퇴근 후 수영도 한다. 그리고 조만간 캘리그래피도 배울 것이다.

요즘은 책을 많이 읽고 있다. 그중에 조셉 머피의 《인생을 마음대로 바꾼다》를 소개하고 싶다. 인생을 바꾸고 싶어 하는 이에게 조셉 머피가 해 주는 의미 있는 조언이다. 네빌 고다드의 다양한 저서들과 함께 의식을 깨워 주는 이 책을 읽고 나는 영혼의 울림을 느꼈다.

그들은 말한다. 우리 내면에는 기적과도 같은 일을 일으킬 수 있는 놀라운 힘이 있다고. 우리의 마음속에는 마법과도 같은 잠재의식이 있다고. 이것을 어떻게 사용해야 성공할 수 있는지 실제 예를 통해 얘기해 준다. 잠재의식을 이용해서 사형을 면하게 된 사람, 고질병을 고친 사람, 그리고 엄청난 부자가 된 사람들까지 많은 사례들이 나에게 흥미진진하게 다가왔다.

앞으로는 긍정적인 마음으로 읽은 대로 실천에 옮기며 점점 더 변화된 나를 느끼고 싶다. 나는 살아오면서 다양한 경험을 했다. 그중에는 내가 원하는 대로 잘된 것도 있고 생각처럼 잘 안 된 것도 있는 것 같다. 내가 바라는 것은 모두 나의 정신 속에서 나오는 것이다.

그렇게 눈에는 보이지 않는 정신이 이 세상의 모든 것을 창조한다. 그러므로 원하는 삶과 큰 꿈을 생생하게 상상하며 이루어진 결말에서 믿음으로 걸어가야 한다. 정신의 힘은 이 세상에서 가장 위대한 것이다. 내가 소망하는 모든 것을 이루어 줄 모든 것이다. 확신과 믿음을 갖고 삶을 살아간다면 기쁨에 넘치는 날들이 찾아올 것이다.

12~13년 전에 나는 해운대에서 매장을 운영했다. 지금 사는 곳에서 차로 20킬로미터 되는 거리다. 그때는 두 군데 매장을 관리하면서 매장에서 직접 작업도 하느라 바빴다. 그렇게 20~30분의 시간을 들여 출퇴근하면서 차창 밖의 풍경을 감상하는 여유도 가졌다. 매장 안에서 고객을 맞이하고 작업하는 일이다 보니 갑갑한 부분도 있었다. 그래서인지 운전을 하며 하늘을 보고 달리는 기분이 참 좋았었다.

그렇게 몇 년을 다니다 보니 해운대의 멋진 풍경과 우뚝 솟은 빌딩, 아파트들이 눈에 들어오기 시작했다. 나는 해운대에서 살아야겠다고 마음먹었다. 그리고 실행에 옮겼다. 운 좋게 여러 가지 여건이 잘 맞아 빠르게 이사할 수 있었다. 요트경기장 근처 주상복합아파트를 대출을 끼고 매매했다.

그곳은 여름이면 자연통풍이 거의 안 되었다. 높은 건물 탓에 안전을 위해 창이 평수 대비 너무 작았다. 그러다 보니 에어컨 없이 여름을 보내는 건 불가능했다. 그래도 스마트한 인테리어와 수영요트경기장, 멋진 광안대교가 보이는 뷰는 큰 만족감을 줬다.

나는 동생과 30대 후반부터 지금까지 함께 살고 있다. 나는 30대 초 3개월의 짧은 결혼생활을 끝으로 혼자 살았다. 그런데 어느 날 다섯 살 어린 여동생도 나처럼 싱글이 되었다. 동생은 워낙 성격이 밝고 낙천적이라 친구들이 많았다. 친구들은 동생 집에 자주 놀러왔고, 나중에는 오랜 기간 머물렀다. 동생은 친구들과 어울리는 즐거움에 빠져 무의미하게 시간을 보내는 느낌이 들었다. 그래서 나는 동생에게 나와 함께 살자고 제안했다. 우리는 둘 다 30대의 꽃다운 청춘이었다. 그런 만큼 잠시 동안만 함께 지낼 줄 알았다. 이렇게 긴 시간을 둘이서만 함께할 줄 몰랐다. 각자 가정을 꾸릴 줄 알았으니까. 그렇게 4년 정도 살다 보니 새로운 곳으로 이사를 가고 싶었다.

이번에는 동생과 내가 각자 독립된 공간을 가져야 할 것 같았다. 그러다 나의 40대도 다 지나갈 것 같았다. 하지만 외부 환경에 변화가 없다 보니 좀처럼 각자 살기로 한 계획은 실행되지 않았다. 다음엔 꼭 각자 살자, 동생아. 너랑 나는 좀 많이 안 맞는 것 같아. 하하.

그렇게 해운대에서 두 번째 이사를 하게 되었다. 이번에는 경기침체로 인해 미분양된 아파트에 운 좋게 입주하게 되었다. 거실에서 해운대

청사포의 바다 풍경이 그대로 내려다보였다. 완전 내 마음에 들었다. 거기에다 큰 거실 창으로 여름에는 시원한 바람이 집 안으로 불어왔다. 남동향 아파트인 만큼 겨울에는 따뜻했다.

아침에 거실에 음악을 틀어 놓고 소파나 식탁에서 차 한 잔의 여유를 가지다 보면 집이 멋진 카페가 된 느낌이었다. 혼자 누리기는 아까운, 분위기가 있는 집이었다. 날씨가 맑고 바람이 잔잔할 때는 저 멀리 대마도가 한눈에 들어왔다. 그야말로 환상적인 조망의 집이었다.

나는 그곳에서 2년 동안 새해를 맞이했다. 이글거리며 떠오르는 진한 오렌지 빛의 태양은 내겐 벅찬 감동이었다. 우리나라서 가장 먼저 떠오르는 해를 바라보며 소원을 빌었다. 당시 가족과 함께 거실에서 새해를 맞이하고 떡국을 해 먹고 덕담을 나눴던 좋은 기억이 많다. 그 집서 좀 더 살고 싶었지만 함께 살고 있던 동생이 직장 근처로 이사하기를 원했다. 그래서 좀 더 살고 싶었음에도 그 집을 전세 놓고 지금의 집으로 이사한 것이다.

그렇게 나는 내 마음을 사로잡은 집과는 잠시 이별 중이다. 푸르고 잔잔한 바다가 한눈에 펼쳐지는 그 집에 꼭 다시 들어가고 싶다. 물론 은행 대출 없는 온전한 내 집으로 말이다.

해운대를 떠나온 지도 몇 년이 지났다. 시간은 참 빨리도 흐른다. 내가 어릴 때 어른들이 하던 말이 이제 나한테서 익숙하게 튀어나온다. '세월이 유수와 같다'는 그 말이.

동생과 함께한 시간 동안 단점도 있었지만 장점도 많았다. 동생은 몇 년 동안이나 캣맘으로 활동하고 있다. 자매 중 막내로 자란 동생은 외모에서 풍기는 분위기와 달리 마음이 여리다. 온 동네 길냥이에게 밥을 다 주고 다닌다. 그렇지 않아도 우리 집에는 세 마리의 냥이가 있다. 동생과 나 둘 다 냥이를 사랑하고, 냥이로 인해 힐링을 받는다. 그럼에도 불구하고 때로는 서로 추구하는 것이 다르다 보니 불편함도 많다.

이제 함께했던 좋은 시간을 뒤로하고 1~2년 안에 동생과 각자의 의미 있는 공간을 가지고 싶다. 따로 살면서 자주 만나게 되면 더 애틋한 자매애를 느낄 것이다. 싱글의 장점이 무엇이겠나. 각자 온전한 나만의 공간에서 내 멋대로 살 수 있다는 것 아니겠는가. 이제 그럴 시간이 다가오는 것 같다.

나는 내가 좋아했던 전망이 확 트인 그 집으로 들어가고 싶다. 거실에서 푸른 바다를 볼 수 있는 그 집으로 들어가기를 희망한다. 은행 대출 없는 온전한 내 집으로서 말이다. 이제부터 또 하나의 꿈을 향해 매일 해운대서 생활하는 느낌을 생생하게 가질 것이다. 기쁘고 행복한 믿음을 갖고 걸어갈 것이다.

아마 몇 년 후엔 찬란한 새해 일출을 또다시 가족과 함께 집 안에서 즐기겠지. 그땐 이 책을 읽는 당신을 우리 집에 초대하고 싶다. 당신이 원한다면.

모두 사랑합니다. 축복합니다. 감사합니다.

5

의식이 확장된 지혜롭고
능력 있는 신랑 만나기

나는 왜 여태 인생의 동반자를 만나지 못했나? 이 나이에 버킷리스트에 신랑 만나기를 올리다니, 참 부끄럽다.

20대 때 나는 친구 같은 인생의 동반자를 만났으면 했다. 사실 크면서 나는 이성에는 별 관심이 없었다. 먼저 집안 분위기가 그랬다. 내 위로 터울이 지는 언니도, 연년생 언니도, 다들 어려운 형편에 학창시절을 고생하며 보냈다. 아래로 줄줄이 동생들을 둔 언니들은 고등학교를 졸업하고 집안 살림에 보탬이 되겠다고 일찌감치 직장생활을 했었다. 부유한 집 자녀들이라면 대학도 다니면서 연애도 하고 좀 더 여유롭게 20대를 보냈을 텐데 언니들은 그렇지 못했다.

언니들은 참 예뻤다. 그중 둘째 언니는 내가 볼 때 미스코리아처럼 예뻤다. 그렇게 예쁜 언니들도 집안 사정상 일하느라 집과 직장만 오가다 보니 연애도 제대로 한번 못했던 것 같다. 그렇게 언니들은 선을 보고 결혼하거나 소개를 받아 결혼했다.

그 시절에도 경제적으로 여유가 있는 집과 가족은 많고 생계가 어려운 우리 집은 모든 면에서 차이가 났던 것 같다. 우리 가족의 삶은 의식주 해결에 초점이 맞춰졌다. 그러다 보니 삶의 정신적인 부분까지 채우는 것은 사치였다. 우리 자매들은 나이를 먹도록 부지런히 일한 덕분에 모두 차츰 삶의 여유를 갖게 되었다.

나는 20대 때 미래에 안정적으로 살기 위해서 열심히 일하며 기술을 익혔다. 그땐 친구들도 별로 만나지 않았다. 그러니만큼 이성 친구는 더 못 만났던 것 같다. 시간이 지나고 30대가 되면서 나는 결혼 상대자가 친구처럼 편하게 일상을 공유할 수 있었음 했다. 서로 의지하고 발전해 나갈 사람이 결혼 상대자로 좋을 거라 생각했다.

그렇게 친구 같은 남자친구가 생겨서 연애를 하게 되었다. 그리고 결혼까지 꿈꾸게 되었다. 그렇지만 인생이 뜻대로 되지 않는다는 것을 그때 알았다. 집에서 반대를 한 것이다. 뭔가 못마땅했던 것 같다. 한 2년 연애하다 보니 결혼을 생각하게 되었다. 그런데 연애 당사자의 의견이 무시된 것이다. 막무가내인 집안의 반대에 속이 많이 상했었다. 나는 내 주장을 끝까지 강하게 내세우지 못했다. 그렇게 결혼까지 골인하지 못하고 연애는 슬픈 이야기로 끝났다.

그러다 얼마 후 나는 우여곡절 끝에 결혼했다. 그러곤 3개월 만에 이혼하는 아픔까지 겪었다. 그렇게 내 인생은 내가 원하지 않는 방향으로 꼬여 갔다.

내가 30대 때만 해도 주변에 이혼하고 싱글인 사람은 거의 없었다. 있어도 쉬쉬하는 분위기였다. 지금은 싱글인 중년이 얼마나 많은가. 지금 이혼과 싱글 인구가 엄청 늘어나고 있는 것을 보면 내가 앞서갔다는 웃픈 생각마저 든다. 나의 이혼은 예전의 틀에서 벗어난 것일 뿐이다. 그런 만큼 나는 시대 흐름에 맞춰 잘 살아가고 있다는 생각마저 든다.

그렇게 마음에 큰 상처를 입고 나는 나에겐 결혼 인연이 없다고 체념했다. 그리고 일에만 전념했다. 그런 마음 탓인지 나는 오랫동안 진정한 나의 인연은 만나지 못했다. 어릴 때부터 항상 혼자이기보다는 둘이 함께하는 인생을 살고 싶었는데도.

나는 많은 친구들과 어울리는 성격이 아니었다. 집과 직장만 오가는 단조로운 생활을 했다. 또한 나는 한 가지에 집중하면 다른 것은 못하는 성격이었다. 이것저것 다 잘하는 멀티플레이어가 아니었다. 그러다 보니 나에겐 친구가 많지 않았다. 그래서인지 항상 내 편이 되어 주고 나와 같이할 인생의 동반자를 바랐다. 친구 같은 신랑이 필요하다고 느꼈던 것이다. 지금도 그 마음은 그대로다.

인생에서 내 마음같이 잘 통하는 사람을 만나기가 어렵다는 것은 안다. 그럼에도 불구하고 나이가 있다 보니 내 편인 남자를 고르는 조건이 더 까다로워졌다. 내 나이쯤에 갖추고 있어야 할 것까지 추가되다 보니 그런 것이다. 물론 상대방도 그럴 것이다. 여러 가지 경제적인 조건과 지금의 가정환경, 거기에다 자녀가 있는 사람들은 자녀의 마음까지 헤아려야 하니 더 많이 조건을 따지게 되는 것 같다.

얼마 전 TV 예능프로에 두 번 이혼한 배우가 나왔다. 거기에 외국에서 사시는 그녀의 어머니가 오셨다. 그녀와 그녀의 어머니는 이런저런 이야기를 주고받았다. 그러던 중 여배우의 어머니가 딸에게 더 이상 결혼은 하지 말라고 몇 번을 얘기하는 것이었다. 나이 드신 어머니의 조언이 예사롭게 들리지 않았다. 하지만 결국 자신의 인생은 자신이 원하는 방향으로 흐르게 되어 있다. 누구도 남들과 같은 인생은 살 수는 없다. 각자의 삶의 목적이 따로 있기 때문이다.

요즘 나는 일하면서 여유시간이 날 때마다 틈틈이 책을 읽고 생각하는 시간을 많이 가지려고 노력한다. 그렇게 책을 읽다 보면 책에서 얻는 경험과 지혜를 예전에 알았더라면 하는 생각이 든다. 사람들은 누구나 꿈을 먹고 산다. 그런데 누구는 꿈을 이루고 누구는 그렇지 못하다. 이것이 굴곡진 내 삶의 이유가 될 수 있을까.

사람들은 누구나 나름의 신념을 갖고 있다. 잘 생각해 보면 나도 살아오면서 내 나름의 신념이 있었다고 깨닫는다. 그러곤 내가 나의 신념을 어떻게 건설적으로 지켜 왔는지, 아니면 부정하고 포기했는지 생각해 보게 된다. 나의 신념에서 비롯된 정신적 자세나 사고가 현실을 긍정적이고 행복하게 만들 수도 있을 것이다. 물론 뜻하지 않은 방향으로 흘러가게도 만들 수 있을 것이다. 그런 만큼 더 명확한 계획과 목표를 향해 상상의 힘을 발휘하며 소망이 성취된 느낌 안에서 살아야 할 것이다. 우리의 삶은 자신이 만들어 낸 상상에 기반을 두고 있기 때문이다.

깨어난 상상력이 원하는 것을 창조하고, 강렬한 상상의 힘이 객관적 형태를 띠게 된다고 한다. 우리는 의식적으로 상상력을 발휘할 때 현실을 창조할 힘을 얻는다. 뿐만 아니라 상상력을 이용해 지혜로운 삶을 살아갈 수 있다.

이처럼 의식이 확장되면 상상력을 움직일 수 있게 된다. 그렇게 상상력을 불러내어 현실로 만드는 사람은 운명의 지배자가 된다. 또한 해결해야 할 힘든 문제가 있다면 이미 문제가 해결되었다고 상상하는 태도가 중요하다. 가치 있고 희망적인 상상을 하면 그만큼이 현실로 이루어진다.

나는 블레이크와 네빌 고다드, 조셉 머피 등 인간의 상상력을 중요하게 생각하는 그들의 책을 읽고 의식의 중요성을 인식하게 되었다. 얼마만큼 의식을 확장했는지, 얼마만큼 상상의 힘, 믿음의 법칙을 실천했는지에 따라 인생의 진리에 다가갈 수 있다고 확신한다.

한책협의 김도사님도 많은 저서에서 자신의 어린 시절 이야기를 한다. 김도사님은 20대 시절부터 작가가 되기 위해 밤낮으로 많은 고생과 노력을 했다고 한다. 그러곤 결국 7~8년 만에 꿈을 이루었다고 한다. 바로 24년 동안 250권의 책을 출간하고 120억 원의 재산을 모은 것이다.

김도사님은 말한다. 여태껏 만 권이 넘는 다양한 책을 읽었지만 가장 중요한 책은 의식을 바꿔 주는 책이라고. 그리고 김도사님 본인도 불과 8년 전쯤부터 의식을 바꿔 주는 책을 읽고 급속하게 많은 것을 이루었다고 한다.

나는 그런 김도사님과 네빌 고다드 등의 책을 읽으며 의식을 확장시키고 잠재력을 일깨우게 되었다. 그렇게 영혼의 깨어남을 느끼면서 가야할 삶의 방향을 알게 되었다. 우리의 삶에 이 법칙을 적용하면 못 이룰게 없다.

인생은 혼자보다는 둘이 함께하면 더 즐겁고 행복할 것이다. 나는 이 멋진 진리를 함께 삶에 적용해 나갈 동반자를 만나고 싶다. 현재 이 진리를 깨우치고 행복한 삶을 누리고 있는 김도사님 같은 배우자를 만난다면 금상첨화가 아닐까.

기다리시오, 의식이 확장된 지혜로운 신랑이시여.

PART
7

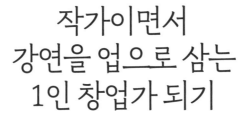

작가이면서
강연을 업으로 삼는
1인 창업가 되기

· 이순복 ·

이순복

방송통신대학교 재학 중, 자기계발 작가, 동기부여가, 강연가

25년간 음식점 관련 자영업을 운영하고 주방이모로 근무하였다. 최근 코로나로 인하여 퇴직 후 '인생 2막에도 가슴 뛰는 꿈을 갖고 도전하며 살자'는 이야기로 강연하는 꿈을 갖고 준비하는 과정 중이다. 현재 '54세, 투잡으로 3년 만에 1억 번 비결'을 주제로 개인저서를 집필 중이다.

2021년에 가족이 같이 사는
친환경 2층 주택 짓기

　내게 집이란 너무 어려운 수학이나 경제 문제 같다. 집 마련을 위해 계획을 세우고 열심히 노력해도 풀지 못하고 있다. 집 가격은 최저임금을 받는 사람에게는 천문학적인 금액이다. 그런데다 고정적이지 않고 계속 올라만 간다. 소득의 증가가 집값의 상승폭을 따라가지 못하는 것이다. 한동안 나는 내 집 마련에 대한 계획 없이 버는 대로 무조건 모으기만 했다. 그렇게 돈이 어느 정도 모인 시점에 나는 가장 먼저 집을 생각하게 되었다.

　나는 수도권에서 산다. 계속해서 아파트가 분양되는 지역이다. 나는 어느 정도 모인 돈으로 희망을 갖고 분양 사무실을 기웃거렸다. 그러나 내가 가진 돈으로는 어림도 없었다. 내가 감당하기에는 대출 비율이 너무 높았다.

　나는 좀 더 알아보기로 했다. 그러던 중에 시골 삼촌으로부터 집을 지을 수 있는 땅이 있는데 살 생각이 있느냐는 전화를 받았다. 시골에서 살고 싶다는 소망은 있었지만 핑계를 대며 계속해서 도시에서만 살려고 했다. 시골집은 어머니께서 혼자 사시는데 많이 낡았다. 근처에 여동생 가족이 살고는 있지만, 가족 수에 비해 좁고 오래된 구옥이다. 그러던 참에 삼촌의 전화를 받은 것이다. 이는 나에게 가족이 함께 모여 사는 꿈을 갖게 해 주었다.

나의 가족은 아주 특별하다. 부모님과 2남 3녀가 가족 구성원이다. 지금은 아버지께서 돌아가셔서 결혼한 동생들과 조카들까지 14명이다. 그중 5명이 장애 아닌 장애를 가지고 있다. 지적 장애와 언어 장애가 그 것이다. 장애인 등급이 나오는 장애는 아니지만(장애와 비장애 사이) 사회 생활을 하는 데 약간의 어려움을 겪는다.

나의 아들의 경우, 언어에 약간의 어려움이 있어 학교에서 왕따를 당하곤 했다. 그래도 중학교 때는 일반 학교를 다녔다. 그러나 아이들이 많이 괴롭힐 때는 학교 내의 장애인 교실에서 공부하기도 했다. 결국 고등학교는 방송고등학교를 다녔다. 그러고 난 후 기술학교를 다니며 컴퓨터 관련 자격증을 따서 군에 자원입대했다. 하지만 일주일 만에 집으로 돌아오고 말았다.

학교생활이 원만하지 못하다 보니 친구도 없어 아들의 자존감은 더욱더 낮아졌다. 군에 있을 때 공황장애가 왔는데, 상사와 의사소통까지 잘되지 않자 군에서 아들을 집으로 보냈다. 그냥 나온 것은 아니다. 그동안 언어치료와 왕따로 인한 정신과 치료를 받은 기록이 있어서 군대에 가지 않게 된 것이다. 그 아이 밑의 남동생도 학교생활이 원만하지 못하다 보니 중학교를 중퇴하게 되었다. 그러곤 지금은 사회의 가장 밑바닥에서 노동일을 하고 있다. 결혼한 여동생과 조카 2명은 심하지 않은 지적 장애가 있다. 우리 가족은 학교에서 당하는 괴롭힘이 어떤 건지 알기 때문에 조카를 일부러 장애인 학교에 보냈다.

우리 가족은 서로를 사랑한다. 부모님은 온순하고 성실한 분들이시다. 그런 만큼 자식들에게도 따뜻했다. 학교를 가 본 적도 없는 분들이지만, 자식들을 위해 최선을 다하셨다. 아버지는 약간의 지적 장애가 있으신 분이다. 하지만 동네에서 가장 성실한 일꾼이셨다. 남들은 다 쉬는 농번기에도 꾸준히 일을 하셨다. 가난했지만, 부지런한 부모님 덕에 끼니를 거르는 일은 없었다.

내가 시골에서 고등학교를 다닌 것을 두고 친척들은 지금도 기적이라고 한다. 아버지께서는 농약을 뿌리는 일을 너무 많이 하셔서 일찍 콩팥에 병이 왔다. 신부전증으로 인해 돌아가실 때까지 투석을 해야 하셨다. 우리 가족은 아버지를 많이 그리워한다. 자랄 때는 아버지가 창피해서 모르는 척하기도 했다. 어른이 되고 나니 아버지께서 가족을 위해 얼마나 열심히 사셨는지 깨닫게 되었다.

장애와 가난은 우리 가족을 흩어 놓았다. 나는 맏딸이다 보니 고등학교 졸업 후에 가족의 생계를 책임지게 되었다. 월급은 10원도 남기지 않고 몽땅 시골집으로 보냈다. 아버지의 병원비, 동생들 학비, 가족들의 생계비를 감당하느라 나는 정신없이 일해야만 했다. 명절 때도 돈을 아끼느라 귀성하지 못했다. 객지 생활을 하면서 가족들이 너무 보고 싶어서 항상 가슴이 먹먹했다. 지금처럼 휴대전화가 흔한 시대가 아니다 보니 가족의 목소리도 들을 수 없었다.

결혼 이후 명절 때도 먹고살기 힘들다는 핑계로 집에 가지 못했다. 사실은 시골집이 좁고 낡아서 불편하기 때문이었다. 어릴 때는 좁은 방에서 일곱 식구가 이불 하나를 이리 당기고 저리 당겨 덮고 잤지만, 다들 성인이 되고 나니 잠자리가 많이 불편했다. 집에 가도 당일치기로 잠깐 머물다가 다음 날 출근해야 한다면서 떠나오곤 했다. 밥을 한술 뜨는 둥 마는 둥 하면서. 아버지께서 섭섭하고 미안해하시며 배웅하시던 모습이 지금도 생생하다.

그런 날이면 나는 속으로 엄청 울었다. 그러고는 이를 악물고 더 열심히 일했다. 꼭 돈을 모아서 부모님께 좋은 집을 지어 드려야지 다짐하면서. 그러나 돈을 모아도 부모님보다는 나의 생계가 우선이었다. 남편과 나는 열심히 일해 우리의 가게를 갖고 장사를 하게 되었다.

그런데 장사라는 게 일만 열심히 한다고 되는 게 아니었다. 마인드는 종업원인 채 사장이 되어 돈을 벌려고 하니 여러 시행착오를 겪으면서 두 번이나 실패하게 되었다. 그 와중에 남편은 위암으로 1년 투병하고 무지개다리를 건너갔다. 나는 또다시 이를 악물고 아들과 살고 있다.

여차여차하다 보니 시골에 땅을 사게 되었다. 땅을 구입하고 나니 여러 가지 새로운 소망들이 생겨났다. 먼저 객지에서 계속 노동자로 살고 있는 남동생을 불러들여 삼촌과 함께 농사를 짓게 했다. 고단하게 살아온 육신을 좀 쉬게 해 주고 싶었기 때문이다. 농작물에서 나오는 소득은 적지만 뼈 빠지게 일하지 않고 쉬고 싶을 때 쉬면서 일할 수 있어서 괜찮다.

그리고 우리 집을 짓자는 꿈을 갖게 되었다. 경제적으로 따지면 손해를 보는 재테크일 수도 있겠다. 하지만 가족이 모여서 함께 사는 것이 나와 내 가족에게는 따뜻한 소망이다. 내 아들도 혼자 지내기보다 가족과 함께 모여 살아야 정신적으로 나아지고 언어치료에도 도움이 될 것이다.

나는 매일 상상한다. 집터에 집이 지어지는 과정을 상상한다. 가족 중에 암환자가 있는 만큼 친환경 주택을 지을 것이다. 온종일 해가 드는 집과 마당에서 편안하게 숨 쉬며 살 것이다. 힐링이 필요한 지인들에게 우리 집은 편안한 쉼터가 될 것이다. 하늘에 계신 아버지도 남편도 쉬러 왔으면 좋겠다.

2

2023년까지 베스트셀러 작가로 책 10권 출간하기

나는 책을 좋아한다. 책 읽기가 아니라 물건인 책을 좋아한다. 책을 만졌을 때의 매끌매끌한 느낌과 종이 냄새가 좋다. 아마도 교과서 외에는 책이 없었던 학생시절에 만들어진 콤플렉스인가 보다. 어쨌든 이달의 베스트셀러, 추천도서, 표지가 예쁜 책 등 책을 사는 돈은 아깝지 않다. 책꽂이에 나란히 꽂혀 있는 책들은 예쁜 꽃다발처럼 사랑스런 향기로 나를 행복하게 한다. 이사를 다닐 때마다 책 박스는 이삿짐센터 아저씨들을 힘들게 하는 1호다.

어릴 적 친구 집에서 놀다가 그 집 변소에 간 적이 있었다. 지금이야 하얗고 부드러운 휴지가 있지만, 나 어릴 적엔 달력이나 헌책, 신문 같은 종이를 밑닦개로 사용했었다. 나는 그날 그곳에서 책이 무엇인지 처음 알게 되었다. 나는 책이란 것을 학교에 갈 때 가지고 다니는 무겁고 소중한 물건으로만 알고 있었다. 그런데 간장 같은 음식물에 젖어 쓸모없어진 책을 밑닦개로 사용하기 위해 그곳에 갖다 놓았던 것이다.

나는 액체에 젖었다가 말라서 서로 붙어 있는 종이를 살살 떼어 내면서 글을 읽었다. 시간 가는 줄도 모른 채. 그러다 다음 장을 읽어야겠는데 잘못하면 책이 찢어질 것 같았다. 물에 살살 씻으면 붙은 종이가 떨어질 수도 있겠다 싶었다. 그렇게 책을 엄지와 검지로 집어 들고 밖으로 나오다 친구와 마주쳤다. 그 순간 소 눈망울만 해졌던 친구의 눈을 나는 아직도 잊지 못한다.

친구는 얼른 마당 한쪽에 있던 빗자루로 내 손에 들려 있던 책을 탁 쳐서 떨어뜨렸다. 이렇게 외치면서. "야! 그거 똥통에 빠졌던 거야!!" 아뿔싸. 나는 손을 씻고 또 씻었다. 친구 언니가 볼일을 보며 읽다가 똥통에 빠뜨린 책이라고 했다. 부모님께 혼날까 봐 어렵게 건져 내서 씻어 놓았는데 결국은 다시 그곳으로 간 것이었다.

내게는 가난에 대한 콤플렉스도 있다. 친구는 위로 언니가 3명이나 있고, 우리 동네에서 부잣집에 속했다. 그 당시에 TV도 있고, 피아노도 있었다. 그리고 책도 많았다. 나는 결말이 너무 궁금해서 몰래 친구 집 변소에 가서 그 책을 훔쳐 오는 상상을 해 보기도 했다. 그런데 친구 집은 대문이 있는 데다 벨이 달려 있어 아무 때나 갈 수 없었다. 나는 친구 집에 가서 놀 때만을 기다렸다. 하지만 계속 집 밖에서만 놀게 되었다. 그러다 드디어 집 안으로 들어가서 놀게 되었다. 나는 급한 척하며 얼른 변소로 달려갔다. 그런데 그 좁은 곳을 아무리 둘러봐도 그 책은 없었다. 힘이 쭉 빠졌다.

그날 이후로 나는 교과서가 아닌 책이 갖고 싶어졌다. 친구의 언니 방에는 책이 많이 있었다. 그런데 친구 언니가 무서워서 나는 책 얘기를 꺼내지 못했다. 왜냐하면 우리 또래들이 그 집에서 TV를 보려면 절차를 지켜야 했기 때문이다. 친구 언니는 우리의 손과 발을 검사해서 깨끗해 야만 TV 시청을 허락했던 것이다.

상황은 그랬지만 나는 용기를 내어 친구에게 책 좀 빌릴 수 있느냐 고 물어보았다. 친구는 흔쾌히 승낙하고 자기 언니한테 가서 책 이야 기를 했다. 그런데 창문 안에서 이런 소리가 들려 왔다. "거지 바보한테 무슨 책을 빌려 줘? 이게 얼마짜린데." 나는 집으로 뛰어올 수밖에 없 었다.

나에게는 글짓기에 대한 쏠쏠한 추억이 있다. 나는 중학교 때 글짓기 대회에 나간 적이 있다. 그런데 대회에 나가기 전, 문예반 학생들의 글을 선생님들께서 먼저 심사하시는 것이었다. 그때 문예반을 지도하던 국어 선생님께서 내 글을 다른 친구에게 베끼도록 하셨다. 그래서 그 친구와 내가 글짓기 대회에 나가게 되었다. 그리고 나만 입상해 상품을 받았다. 뿐만 아니라 조회시간에 전교생 앞에서 교장 선생님으로부터도 상을 받 았다.

그렇게 상장과 묵직한 상품을 받아 들고 나는 뿌듯한 마음으로 내 자리로 돌아왔다. 그때 국어 선생님께서 나에게 이렇게 귓속말을 하셨 다. 같이 대회에 나갔던 친구가 상을 못 받았으니 사이좋게 상품은 친구에게 주는 게 어떻겠냐고. 학생인 내가 뭐라고 하겠는가.

고등학생 때 책 할부 알바를 한 적이 있었다. 책은 사지 않으면서 자주 어정대니까 서점 아저씨가 (훔쳐 갈까 봐) 불안한 마음이 들었는가 보았다. 그러다 어느 날 내게 책 할부 장사를 한번 해 보겠느냐고 권유해 왔다. 팸플릿을 들고 다니면서 사람들에게 책 할부에 대해 설명하고 전화번호를 받아 오는 일이었다.

마침 방학 중이어서 나는 책 홍보를 위해 며칠 동안 시내를 돌아다녔다. 그러다가 눈이 마주치는 사람이 있으면 다가가서 책을 홍보했다. 지금은 팸플릿이 흔하지만 그때는 귀한 편이었다. 나는 팸플릿 딱 한 장만 가지고 다녔다. 크고 넓고 빳빳한 종이에 고가의 전집류가 황홀하게 그려져 있는 팸플릿이었다.

나는 서점 아저씨가 가르쳐 준 대로 지나가는 사람들에게 책에 대해 설명했다. 그런 후에 구입 의사가 없다고 하면 팸플릿을 조심스럽게 다시 집어 들고 다음 장소로 이동했다. 초등학생쯤으로 보이는 작은 체구의 여자애가 비싼 책을 사라고 하는데 선뜻 사 줄 어른이 어디 있겠는가. 나는 여름 땡볕 아래에서 돌아다니느라 목도 마르고 배도 고팠다. 그래서 근처 학교 운동장에서 수돗물을 실컷 마시고 나무 그늘 아래에서 하늘을 쳐다보았다. 눈이 부시게 푸르른 날이었다.

처음으로 버킷리스트라는 걸 쓰자니 난감했다. 먹고사는 일에만 정신을 쏟으며 살아온 삶이었다. 죽기 전에 내가 되고 싶고, 하고 싶고, 갖고 싶은 게 뭔지 도통 감을 잡을 수 없었다. 나 자신이 너무 불쌍해서 하루 종일 "미안하다 순복아, 미안하다 순복아." 하며 머리도 쓰다듬고 가슴도 쓸어내리고 했다. 나의 꿈이 무엇인지 이제라도 깨달아서 다행이다.

마르그리트 뒤라스는 "잃을 것이 아무것도 없을 때 우리는 글을 쓴다."라고 말했다. 나이 쉰 중반에 나는 글을 쓰기로 했다. 그동안 쓰지 못했던 건 핑계였다. 이제 나의 내면에 갇혀 있는 수많은 이야기들을 끄집어내려고 한다. 가난하고 힘든 과거가 있었기 때문에 글을 쓸 수 있는 건지도 모르겠다. 내가 살아오면서 겪었던 수많은 실수와 실패, 아픔들, 작은 성취들이 누군가에게는 살아가는 이유가 될 수도 있을 것이다.

글을 쓰려니까 내려놓아야 할 것들이 자꾸 늘어난다. 하나씩 내려놓을 때마다 가슴속의 납덩이도 하나씩 이사를 간다. 글재주를 타고나지는 않았지만, 목표가 생겼다. 목표가 있으면 실패는 없다. 베스트셀러 작가가 되어 인생 2막은 멋지게 살 것이다.

3

월 1억 수입의
강연가, 1인 창업가 되기

나는 월 1억을 벌겠다는 목표를 세웠다. 꿈의 액수가 너무 적은가? 시작이 그렇다는 말이다. 내 수입은 기하급수적으로 늘어나게 될 테니까. 목표가 있는 사람에게 실패는 없으니까. 아니면 내 나이가 많다는 건가? 이제 인생의 반을 걸어왔을 뿐이다. 갈 길이 아직도 멀다는 뜻이다. 좋은 세상이 아닌가. 이 나이에도 꿈을 꾸고 얼마든지 그 꿈을 실현시킬 수 있으니까. 내가 어떻게 이런 꿈을 갖게 되었으며 진짜 실현 가능한 일인지 궁금한가? 그런 분이 있다면 내 글을 계속 읽어 주기 바란다.

나는 올해 55세다. 음식 관련 일만 55년을 한 셈이다. 먹는 것도 일이니까. 본격적으로 식당 관련 일을 한 지는 25년이 되었다. 지금도 조리사로 근무하고 있다. 내게 일은 공기와도 같다. 왜냐하면 난 가난하고 장애 가족이 있는 집의 맏딸이기 때문이다. 그것도 지금의 대한민국에서. 나는 죽기 전에는 아플 수도 없다.

나는 작가이면서 강연을 업으로 삼는 1인 창업가이기도 하다. 이 나이에 어떻게 1인 창업을 하고 강연을 다닐 수 있을까? 1인 창업이란 무엇이며 어떻게 하는 걸까?

"지난 해 40·50대 비자발적 퇴직자 49만 명… 5년 만에 최고"라는 기사를 봤다. 그러면 이분들은 다 어디로 갔을까. 연금 받으며 집에서 편하게 살고 있을까. 이분들 중에 장사나 해 볼까, 음식 장사를 하면 밥은 먹고 살겠지 생각하는 분도 있었을 것이다. 그래서 그동안 모아 놓은 돈과 대출을 받아서 진짜 식당을 차리는 분들도 있다. 아니, 많다.

지금 코로나 때문에 음식점들 다 망하게 생겼다. 그런데 문을 닫을까 고민하고 있는 가게 옆 가게에서 아침부터 뚝딱뚝딱 일하고 있다. 가게가 싸게 나왔기 때문이다. 권리금이 적거나 없기 때문이다. 코로나는 길어야 한 달 갈 거야. 코로나는 내게 기회를 주었어. 싸게 가게를 얻을 수 있었으니까. 그동안 인테리어를 다시 하고 영업을 준비하다 보면 코로나도 끝나겠지. 그러면 장사를 시작할 수 있겠지. 손님도 오고. 그렇게 치킨집, 김밥집, 국숫집을 운영하는 소소상공인이 되는 거다. 소상공인이 아니라 소소상공인이 되는 거다.

그런데 소소상공인이 은행에 가서 대출받으려고 해 보라. 담보를 요구할뿐더러 금융기관 평가서도 제출해야 된다. 이렇게 엄청 까다로운 절차를 밟아야 한다. 그런데 담보할 만한 물건이 있고, 신용이 좋다면 뭐하러 대출받으려고 할까? 그러니 음식점을 하려면 백종원이나 이연복처럼 실력이 있거나 돈이 많거나 해야 한다. 그것도 아니면서 막연하게 음식점을 시작했다가는 3대가 망한다.

내 첫 번째 책이 《54세, 3년 만에 투잡으로 3억 번 비결》이다. 한 식당의 주방에서 일하는 3년 동안 사장이 두 번 바뀌었다. 결론적으로 말하면 그 가게에서 돈을 번 사람은 나뿐이다. 음식점을 할 생각이 있다면 정말 신중히 접근해야 한다.

"그럼 어떡하죠? 뭘 해야 하죠? 이 나이에 할 수 있는 게 없잖아요. 아는 것도 없을뿐더러 특별한 기술도 없고요."

이런 사람들이 꼭 있다. 하지만 사십, 오십, 육십인 그들에게도 치열하게 살아온 삶의 경험이 있지 않은가.

1인 창업에는 기술창업과 지식창업이 있다. 예전에 청년 정주영 한 명이 만 명을 먹여 살린다면서 젊은 학생들의 기술창업을 나라에서 많이 장려했다. 하지만 우리같이 나이 들고 평범한 사람은 기술창업이 아닌 지식창업을 해야 한다. 지식창업은 석·박사들만 하는 게 아니다. 나의 경험이 나의 지식이다. 내가 살아온 시간이 나의 지식이다.

그렇게 나의 자서전이 나의 지식창업의 콘텐츠가 된다. 나의 지식은 나의 기술이다. 눈에 보이지 않는 기술이다. 뿐만 아니라 실패도 경험이다. 이러이러해서 성공한 경험이 있다면 이러이러해서 실패한 경험도 있을 것이다. 또한 이혼도 경험이고 사별도 경험이다. 그런 경험들이 나의 지식이 된다.

자신의 삶의 경험이나 콤플렉스를 책에 담을 수도 있다. 그런데도

"아~ 나는 글을 못 써요." 하면서 지레 포기하는 사람들이 많다. 그런 사람들은 이렇게 하면 글쓰기가 쉽다. 글은 이야기다. 그러니 나의 이야기를 쓰면 된다. 이미 겪은 자신의 이야기를 쓰는 것이다. 그러면 세상에서 단 하나뿐인 나만의 책이 탄생하는 것이다.

1인 지식창업의 좋은 점은 특정한 장소가 필요 없다는 것이다. 직원도 필요 없다. 단지 자신의 이야기를 책으로 만들면 된다. "성공해서 책을 쓰는 게 아니라 책을 써야 성공한다."라는 말이 있다. 그런 만큼 책을 쓰면 자신을 퍼스널 브랜딩 할 수 있다. 그러면 책이 나를 다른 사람들에게 알리고 다닐 것이다. 나는 누구누구의 엄마, 아빠이기도 하지만 작가 이순복도 되는 것처럼. 수십 년 동안 노예와 같은 삶을 살았다면 이제는 그 이야기를 책으로 펴내어 인생 2막을 준비할 것이다.

여덟 살 때 나는 조개를 까서 처음으로 50원을 벌었다. 그때는 삯을 돈으로 주지 않고 전표로 주었다. 그것을 가져가 가게에서 물건으로 바꿀 수 있었다. 나는 전표를 과자와 사탕으로 바꿔서 동생들과 나눠 먹었다. 과자를 사 먹는 다른 애들이 엄청 부러웠었기 때문이다. 눈깔사탕을 입 안에 터질듯이 물고 다른 애들 앞에서 자랑스럽게 빨아 먹는 동생의 모습에 나는 말할 수 없는 행복을 느꼈었다. 그때부터 나는 돈 맛을 안 셈이다.

돈은 우리에게 많은 행복을 가져다준다. 돈이 없을 때를 상상해 보면 금세 알 수 있는 일이다. 그동안 우리는 행복을 가져다주는 이 돈을 쫓는 삶을 살았다. 하지만 이제는 돈이 우리를 쫓아오도록 해야 한다. 바로 부의 추월차선을 타는 것이다. 지극히 평범한 우리가 '부의 추월차선'을 타기 위해서 가장 쉽게 할 수 있는 방법 중 하나가 바로 책을 쓰는 것이다. 만약 혼자서 책을 쓰는 게 버겁게 느껴진다면 인터넷을 검색해 보는 것도 좋은 방법이다. 거기에서 책을 가장 많이 쓰고 다른 사람들을 코칭해 주는 사람, 책을 써서 부를 이룬 사람을 찾아서 도움을 받으면 된다.

나도 뼈 빠지게 일만 하느라 연필을 잡아 본 지가 언제인지 모르는 사람이다. 이런 나도 나의 이야기를 책으로 펴냈다. 그리고 직접 내 말을 들어 보고 싶어 하시는 분들 앞에서 강연도 하게 되었다. 나이는 숫자일 뿐이다. 여러분도 힘내시고 도전하시라. 여러분도 가슴이 시키는 삶, 가슴이 행복해지는 삶을 살기를 바란다.

4

2020년 유튜브 채널을 개설하고
유명 유튜버 되기

지금 우리 사회는 유튜브 전성시대를 맞고 있다. 세상에 존재하는 모든 것들이 유튜브에 올라오고 있다. 이제 유튜브는 남녀노소 할 것 없이 시청하는 가장 핫한 플랫폼이다. 장래희망으로 '유튜버'를 꿈는 아이들도 많아졌다. 유튜브는 한국인이 가장 오래 사용하는 소셜네트워크 서비스(SNS) 1위에도 올랐다.

유튜브가 TV 시청률을 능가하고 마케팅에도 활용되는 시대다. 젊은 층의 전유물 같았던 유튜브를 이제 50~60대도 소통의 도구로 활용하고 있다. 우리는 일상을 유튜브의 정보 검색으로 시작한다. 또한 유튜브의 영상을 보고 제품을 구매하는 사람들이 점차 늘어나고 있다.

왜 그럴까? 획일적이고 창의적이지 않은 기존 TV보다 더 신선하고, 신뢰와 진정성이 느껴지기 때문이 아닐까. 감정이입이 빨리 되기 때문이 아닐까. 유튜브를 시청하다 보면 마치 옆 동네의 아무개가 소식을 알리는 듯한 느낌을 받는다. 물론 가짜 동영상을 올려 물의를 빚기도 한다. 그럼에도 불구하고 유튜브는 아주 다양한 사람들을 다양한 동영상에 빠겨들게 만든다.

나는 최근에 구충제 복용과 관련한 동영상에 빠져든 적이 있다. 구충제가 암환자의 치료제로 이용되고 있다는 동영상이다. 미국의 한 말기 암환자가 구충제 복용 후 완치되었다는 후기를 유튜브에 올린 것이 도화선이 되었다. 이후 구충제를 국내의 한 암환자 연예인이 복용해 좋은 결과를 보였다고 한다. 그러자 다른 암환자들도 따라 하게 되었다. 그렇게 다양한 완치 사례가 유튜브에 올라오면서 급기야 사회적 이슈가 되었다.

내가 구충제 관련 동영상을 계속해서 본 이유가 있다. 미국 의사와 프랑스 사람이 일반인이 잘 접하지 못하는 논문(구충제와 암 치료 관련 여부)을 찾아서 읽어 주고 있었기 때문이다. 게다가 해외의 반응과 국내의 반응이 정반대여서 더 관심을 갖게 되었다. 나로서는 유튜브가 아니었다면 쉽게 알 수 없는 시사 상식이었다. 태어나서 나 스스로 해외에 관심을 가진 것이 처음이었다. 유튜브의 위력에 나는 크게 감탄했다.

유튜브가 세상을 바꾸고 있다. 시냇물이 모여 강물을 이루고, 강물이 모여 바다를 이루듯, 개개인이 모여 큰 흐름을 이루고 있다. 새로운 상식들이 계속 생겨나고 있다. 다양한 영역의 경계가 무너지고 있다. 그 경계에서 새로운 융합이 이뤄지고 새로운 것들이 창조되고 있다. 유튜브에서 1인 미디어로 활약하는 개개인들이 이 변화의 중심에 있다. 1인 미디어 시장은 계속 확장되고 있다. 개개인의 힘을 통해 다양한 영역들이 어떻게 변화할지 앞으로의 디지털 세상이 더 기대된다.

유튜브는 이제 사회 내 개인의 커뮤니케이션 도구다. 정보를 얻고 콘텐츠를 볼 수 있으니까. 또한 정치시사 등 사회의 다양한 이면을 느낄 수 있으니까. 그 내용이 진실이든 혹은 거짓이나 가식이든 중요한 이기(利己)임에는 분명하다.

내 인생의 터닝 포인트도 유튜브에서 비롯되었다. 부자가 되고 싶다는 욕망에 나는 부자 관련 영상을 검색해서 보기 시작했다. 영상은 끝이 없었다. 선택에 혼란이 왔다. 다양한 책을 소개해 주고 다양한 실천 방법을 제시하는 영상도 있었다. 하지만 내가 실행하기에는 너무 거리가 멀고 뜬구름 같은 얘기만 하는 영상도 많았다. 소개하는 책들을 다 읽어보아야 된다는 부담감도 밀려왔다.

그러다가 진짜 100억대 부자가 알려 주는 부자 관련 영상을 접하게 되었다. 나는 그 영상에서 부자 되는 방법이 아닌, 하나님과 교회를 규정 짓는 확실한 정의를 내릴 수 있었다. 나는 오랫동안 신앙을 두고 갈등하고 있었다. 그 갈등이 영상 하나로 해결되었다. 그러자 다음으로 전진해 나갈 수 있는 가벼우면서도 단단한 에너지가 솟아났다. 좋은 유튜브는 개인의 삶에 긍정적인 활력을 준다.

나는 식당의 주방에서 일한다. 주방이모, 조리사, 찬모로 불리는 일을 하고 있다. 두세 평 되는 주방에서 보통 하루 12시간을 보낸다. 출퇴근하는 감옥으로 부르던 곳이었다. 하지만 요즘에는 사고를 긍정적으로 바꿔 '꿈꾸는 주방'으로 부르고 있다. 보통 중년의 여성들이 주방 일을 많이 하는데 3D직종인지라 점점 외국인의 유입이 늘고 있다. 얼마 전 여의도 증권가 식당의 살인사건 보도를 접하고, 참 마음이 착잡했다. 식당의 생활 구조를 잘 알기 때문에 표현하기 어려운 감정이 일었다.

내게는 식당 일에 종사하면서 갖게 된 잊지 못할 행복한 추억 하나가 있다. 어느 날 사장님께서 직원 모두에게 심야영화를 보러 갈 테니 한 명도 빠지지 말고 참석하라고 하셨다. 우리는 다른 날보다 일찍 서둘러 마감하고 새벽 1시쯤 인계동 먹자골목에 집합했다. 무슨 영화를 보았는지는 하나도 생각나지 않는다. 곤하게 잠을 잤기 때문이다.

영화가 끝난 후 야식을 먹기 위해 7명의 어른들은 시내 중심 상가를 어슬렁거렸다. 새벽 공기가 도시 특유의 냄새를 감싸면서 시원하게 환류되는 느낌이었다. 젊은이들이 밤거리를 헤매고 다니는 기분을 좀 알 것 같았다.

콩나물 국밥을 먹으면서 사장님의 말씀이 이어졌다.

"내가 영화를 보러 오자고 한 이유는 식당에서 일하는 사람들이 너무 안타깝게 살고 있어서입니다. 문화생활 없이 일하고 먹고 자고를 반복하는 삶이 안타깝습니다. 식당에서 일하는 사람들의 삶이 이렇게 고단한지 몰랐습니다. 고단하더라도 세상 돌아가는 것에 무관심하면 안 됩니다. 일만 하고 있으면 일에서 벗어날 방법을 찾기 어렵습니다. 한 달에 한두 번이라도 바깥바람을 쐬면서 기분전환 하세요."

이 말씀에 나는 그동안 나를 내 안에 가둬 놓고 지냈다는 생각이 들었다. 얼마나 바보스러운 일이었는지를 깨달았다. 내가 알고 있는 성실이라는 덕목은 부지런히 일만 하는 것이었다. 그러다 일도 중요하지만 세상과의 소통도 중요하다는 것을 알게 된 것이다. 그리할 때 더 나은 삶에 더 빨리 도달할 수 있다는 깨달음을 얻은 것이다.

나는 주방에서 일하는 사람들과 소통할 수 있는 유튜버가 될 것이다. 좁은 공간에서 매일 같은 일을 무한 반복하는 이들이다. 그렇게 하루하루를 버텨 내고 있는 주방 식구들에게 꿈과 희망을 전하는 메신저가될 것이다. 다양한 사연으로 인해 힘든 노동을 선택했지만 현재보다 더나은 미래를 꿈꿀 수 있도록 그들과 함께 고민할 것이다.

유튜브를 통해 배울 수 있는 것은 무궁무진하다. 또한 유튜브를 통해할 수 있는 일도 다양하다. 다른 사람의 유튜브 영상을 보고 즐기는 시청자에서 한발 나아가 이제는 크리에이터에 도전할 계획이다. 선배 유튜버들의 말에 의하면, 유튜버가 되는 것은 어렵지 않다고 한다. 시간과 용기만 있다면 일단 시작해 보라고 권한다. 나는 내가 유튜버에 도전할 수있다고 믿는다. 내가 꿈꾸고 계획하며 생각하는 것들은 다 이루어진다. 2020년 나의 버킷리스트에 '유튜버 되기'를 추가한다.

2021년 가족, 친척과 함께 국내 및 해외 여행하기

'나도 나이를 먹었구나'라고 느끼게 하는 것이 한 가지 있다. 부고를 알리는 문자나 전화다. 그런 안타까운 소식을 들으면서 이제 다음은 누구 차례일까 가늠해 보기도 한다. 그리고 내 차례가 한 계단 올라갔음을 인식한다. 오는 순서는 있어도 가는 순서는 없다고 했는데….

최근에 92세의 큰아버지께서 영면하셨다. 나이가 있으시기도 했지만 편찮으셨기 때문에 슬픔보다는 잘 가셨다는 안도감마저 들었다. 장례식장에서는 아무도 큰아버지에 대해 말하지 않았다. 왜 그랬는지 모르지만 나도 "돌아가실 때 어떠셨어요?" 따위의 형식적인 질문은 하지 않았다. 모두가 각자의 사는 얘기를 하느라 바빴다. '큰아버지께서 많이 섭섭해하셨을까' 하는 생각이 지금에서야 든다.

큰아버지께서는 장손으로서 장손답게 사시다가 돌아가셨다. 끝가지 세대 차이를 극복하지 못하시고 조선의 마지막 선비처럼 살다 가셨다. 그래서 장례식장에서마저 외면당하신 걸까? 혼자서 외롭게 먼 여행을 떠나신 큰아버지가 그립다.

가족의 죽음을 경험하고 나면 늘 많은 시간을 함께하지 못했던 게 후회된다. 아버지와의 여행 경험이 없는 나는 어머니와의 추억 만들기에도 서툴다. '돌아가시기 전에 같이 여행도 가고 맛있는 것도 사 드려야지' 결심하지만, 결심이 결심으로 끝나는 도돌이표다. 한번은 TV 드라마에 심취하고 계신 어머니께 여쭤 보았다.

"날 따뜻해지면 꽃구경 갈까요?"

"코로나 때문에 어디 가겠냐?"

"좀 있으면 괜찮아질 거예요. 가까운 곳으로 벚꽃 구경이라도 가요."

내 말에 드라마에 빠져 있던 어머니가 한 말씀 하신다.

"네 큰아버지 산소에 뗏장이 잘 붙어 있나 모르것다."

어머니는 지금 꽃구경보다 당신이 죽어 묻히게 될 꽃밭 같은 산소를 그리고 계신다.

최근 지인으로부터 자기네 가족은 매년 매형, 형수, 조카들 다 빼고 어머니만 모시고 가족여행을 간다는 얘기를 들었다. 오롯이 어머니와 형제자매끼리 가는 여행인데 편하고 좋다고 했다. 상상만으로도 화목한 기운이 느껴진다. 그런 여행은 나중에 얼마나 소중한 추억이 될까. 나도 가족과 그런 여행이 하고 싶어졌다.

각자 나름대로 여행을 하면서 살고는 있을 것이다. 하지만 가족 모두가 함께 가는 여행은 시간 맞추기에서부터 삐걱거린다. 나는 가족여행을 버킷리스트에 적고 나서 여행 계획을 세우기 시작했다. 동생들과 전화로 의논하기 시작했다. 생각은 좋다면서도 모두들 시간 얘기를 했다. 고3 아들 때문에 안 된다, 남편 밥은 어떻게 하느냐, 어떻게 결근을 하느냐…. 결론적으로 일단은 1박 2일로 온천에 가기로 했다. 거창한 계획보다 실천하기 쉬운 것부터 하자면서.

여행을 의논하면서 깨달은 것이 있다. 여행도 습관이라는 것이다. 주변을 보면 여행을 갔다 온 사람이 또 여행을 간다. 가지 않는 사람은 계속해서 가지 못하는 이유를 찾는다. 내가 그렇다. 여행 적금을 붓다가도 꼭 다른 곳에 써 버리고 만다. 그러면서 항상 다음 해로 미루어 왔다.

몇 년 전 친구들과 유럽여행을 가자며 신나게 계획을 세웠던 적이 있었다. 매달 돈을 모아 여행 적금에 넣었다. 그래도 기본적인 영어회화는 할 줄 알아야 할 것 같아 영어도 공부했다. 유럽 각국의 역사를 우리 역사보다 더 열심히 공부했다. 어디로 갈 건지 가 보고 싶은 곳을 만날 때마다 친구들과 의논했다. 여행지 정보를 인터넷으로 찾아보며 신나했었다. 전화 통화를 해도, 카톡을 해도 온통 유럽 얘기였다. 유럽을 몇 번은 갔다 온 것 같았다. 심지어 스페인어를 배우려고도 했었다. 그런데 나만 가지 못했다. 왜 나는 다 내려놓고 떠나지 못하는 걸까. 핑계는 대지 않겠다. 용기가 부족했던 탓이다.

대니얼 드레이크는 "여행은 모든 세대를 통틀어 가장 잘 알려진 예방약이자 치료제이며 동시에 회복제다."라고 말했다.

종이 위에 자유롭게 마음껏 나의 꿈을 적는다. 내가 원하는 방향으로 미래가 바뀌게 될 것이라는 확신이 있기 때문이다. 다시 여행 계획을 세운다. 어머니와 함께 가는 여행이기 때문에 편하게 휴식을 취할 수 있는 온천 지역이 1순위다. 어머니는 이모들과 온천을 자주 다니시는 편이었다. 그런데 언제부턴가 가지 않으셨다. 체력이 달린다며 힘들어하셨다. 자주 만나던 이모들과도 이제 전화 통화로 만남을 대신하신다. 나이 드신 분들과의 여행에는 한계가 있다. 시간이 점점 줄어들고 있다.

나도 나이가 들어가면서 기온과 상관없이 뜨끈뜨끈한 온돌이나 따뜻한 온천물이 그립다. 나는 인터넷을 검색해 국내 추천 온천 BEST9를 찾아냈다. 그리고 그것을 출력해 벽에 붙였다. 주말을 이용해 훌쩍 다녀오기에 좋은 곳들이다. 그리고 베트남의 온천에도 갈 것이다. 베트남의 다낭 '후에' 온천에 대해 지인으로부터 듣곤 꼭 가 보고 싶어졌다.

최근 크루즈여행에 대한 설명을 들은 적이 있다. 그것은 '크루즈여행은 비쌀 것이다'라는 막연한 추측을 뛰어넘는 것이었다. 가족, 이모들, 외삼촌 가족들과 꼭 가 보고 싶은 여행이다. 갔다 온 사람들로부터 생생한 경험담을 듣고 나자, 지금 안 가면 많이 후회될 것 같았다. 나는 내가 듣고 온 크루즈여행에 대해 가족들에게 설명해 주며 반드시 함께 가자고 했다. 크루즈여행은 우리 온 가족이 함께하는 여행으로는 최고의 여행이 될 것이다. 소중한 추억을 우리에게 선사해 줄 것이다.

내 마음에 담고 있는 또 하나의 여행은 아들과의 여행이다. 아들과의 여행은 아들이 원한다면 지금이라도 떠날 수 있다. 그런데 아들은 한사

코 여행을 싫다 한다. 상담이 필요할 정도로 여행에 대해 부정적이다. 어디서부터 잘못되었는지 풀어야 할 매듭이다. 책을 보면 여행을 통해 마음의 병을 치유하는 경우가 많다. 아들도 여행으로 마음을 치유하기 바란다. 아들이 여행에 적합한 복장을 하고 커다란 백을 메고 집을 나서는 모습을 상상한다. 아들이 세상을 돌아다니며 세상을 사랑하는 법을 배우기를 바란다.

멋진 여행지 사진을 출력해서 벽에 붙여 놓고 매일 상상한다. 온천 10장, 커다란 크루즈 배와 여행지 10장. 벽 한쪽을 이런 여행 관련 사진으로 도배했다. 나는 내 안에 나의 버킷리스트를 완벽하게 이룰 수 있는 잠재력이 있다고 믿는다. 내가 상상하는 모든 것은 이미 다 이루어졌다. 나는 나의 여행 버킷리스트를 실행할 참이다.

PART
8

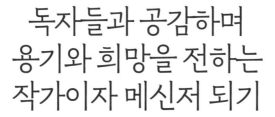

독자들과 공감하며
용기와 희망을 전하는
작가이자 메신저 되기

· 반 현 ·

반 현

가치변화 메신저, 취미생활 멘토, 동기부여가, 자기계발 작가

어렸을 때부터 평소에 하지 않던 걸 해보기를 즐기는, 호기심 많은 소녀였다. 30대 직장인으로 온라인광고마케터, NGO 펀드레이저를 거쳐 현재 치과위생사로 근무하고 있다. 다양한 경력만큼 다양한 취미생활은 그녀를 생기 가득하게 해주는 원동력이다. 현재 '취미로 시작한 역사공부'를 주제로 개인저서를 집필 중이다.

그랜드피아노가 있는
멋진 집에서 낭만적으로 살기

나는 거제도에서 나고 자랐다. 그러다가 대학교에 입학하면서 처음으로 타지생활을 시작하게 되었다. 그곳에 연고자가 없던 나는 학교 기숙사에서 생활하게 되었다. 그리고 같은 학과 동기인 S와 룸메이트가 되었다.

대학 1학년, 학과 동기이면서 룸메이트가 된 우리는 자연스럽게 함께 지내는 시간이 많았다. 시골뜨기였던 나에게 S는 집이 서울인 데다 서울말을 쓰는 첫 친구였다. 나긋나긋하고 상냥한 S의 말투가 어떨 땐 낯간지럽게 들리기도 했다. 하지만 이따금씩 나도 S처럼 서울말을 쓰게 되면 어떨까. 세련된 서울아가씨가 될 수 있을까. 그런 생각을 하며 S의 말투를 따라 하기도 했다.

그녀는 늘 곱게 화장을 하고 예쁜 옷을 차려입고 다녔다. 대학 4년 내내 화장기 없는 얼굴에 편한 추리닝만 입고 다닌 나와는 확실히 다른 친구였다. 그녀는 가끔씩 내게 손글씨로 쓴 엽서를 선물로 주기도 했다. 마음도 예쁜 친구였다. 그런데 이 친구의 진짜 매력은 따로 있었다.

우리는 기타 동아리에 같이 가입했다. 동아리 선배들은 우리에게 기타의 코드를 잡는 방법을 알려 주었다. 몇 개의 간단한 코드만으로도 한 곡의 노래를 연주할 수 있다는 게 신기했다. 그래도 그것보다 나에겐 동아리방에서 다른 학과 학생들과 친해지고 어울리는 게 더 재미있었다. 그래서 기타를 배우겠다는 구실을 대며 자주 동아리방에 들르곤 했다.

동아리방 구석에는 아무도 손대지 않는 낡은 피아노가 한 대 있었다. 그런데 어느 날, 기타를 연습하던 S가 이 피아노를 보더니 갑자기 연주를 시작했다. 아름다운 선율이 동아리방을 가득 메웠다. 그리고 복도를 지나 건물 전체에 감미로운 피아노 소리가 울려 퍼졌다. 동아리방에서 기타를 연습하던 학생들이 모두 그녀를 둘러싸고 연주를 감상했다.

그녀는 악보도 없이 여러 곡을 연주했다. 그녀의 고운 손이 건반을 스쳐 지나갈 때마다 아름다운 멜로디가 그 장소에 있던 모든 사람들을 행복하게 만들었다. 낡은 피아노가 있던 공간이 그녀로 인해 멋진 연주 회장으로 바뀌었다. 평소에도 여성스러운 성격이었던 그녀가 피아노 연주로 또 다른 매력을 선보인 순간이었다.

나도 초등학생 때 피아노를 배웠다. 엄마가 들으신다면 무척 속상해하실 이야기지만 그때 당시 난 정말 피아노를 배우는 것이 힘들었다. 엄마가 피아노 학원에 보내 주셔서 다니긴 했지만 나에겐 피아노 연습이 전혀 재미있지 않았다.

먼저 피아노 선생님이 너무 무서웠다. 악보를 잘 읽지 못해서 엉뚱한 건반을 누르기라도 하면 선생님은 "까마귀 고기를 삶아 먹었냐?!"라고 호통을 치셨다. 내가 실수할 때마다 자로 손등을 내리치기도 하셨다.

피아노 선생님에게 혼나지 않기 위해 마지못해 연습은 했지만 그때뿐이었다. 그러다 보니 나보다 한참 늦게 피아노를 배우기 시작한 친구들이 나의 레슨 진도를 앞질러 가게 되었다. 그럴 때도 나는 '아, 나는 피아노에 소질이 없어'라고 생각하며 피아노 앞에서 시간만 때웠다. 피아노 학원에서 선생님 몰래 만화책만 보다가 집으로 오는 날이 더 많았다. 그러다 자연스럽게 피아노 학원을 그만두게 되었다. 그러다 나는 대학생이 되어 S의 피아노 연주를 듣게 된 것이다.

그녀의 멋진 피아노 연주를 들으며 내심 부럽기도 했다. '아, 나도 피아노를 계속 연습해 둘걸' 하고 후회되기도 했다. 잘하진 못했지만 그래도 피아노 학원을 몇 년간 다녔었는데… 시간이 흘러 대학생이 되었건만 내가 연주할 수 있는 피아노곡은 단 하나도 없었다.

시간은 또 흘러 나는 취업하게 되었다. 그리고 한 남자친구를 사귀게 되었다. 평범한 회사원이었던 그 친구는 음악에 관심이 많았다. 그 친구는 어렸을 때부터 취미 삼아 작곡을 했다고 한다. 그렇게 조금씩 작곡한 곡이 노트로 몇 권이나 되었다.

어느 날 그는 나를 생각하며 작사, 작곡했다는 곡을 피아노 반주와 함께 노래해 주었다. 사랑하는 사람을 마음에 담아 쓴 가사로 노래한다는 것. 이보다 더 로맨틱한 이벤트가 있을까. 하지만 연애 경험이 많지 않았던 나는 그의 가치를 미처 알아보지 못했다. 괜히 쑥스러운 마음에 '남자가 뭔 피아노냐'며 마음에 없는 소리만 했다.

시간은 계속 흘러 그는 이제 다른 사람의 배우자가 되었다. 돌이켜 보면 누군가를 진심으로 사랑하는 모습을 보여 준 그 친구에게 정말 감사하다. 진심으로 그가 행복하길 바란다. 나도 언젠가 평생의 짝을 만나게 된다면 나의 마음을 가사에 담아 아름다운 노래를 만들 것이다. 그리고 멋진 그랜드피아노로 그 노래를 연주하며 프러포즈할 것이다.

나는 어려서부터 줄곧 엄마에게서 이런 말을 들으며 자랐다.

"우리 집은 부자가 아니다."

"우리 애들은 돈 같은 거 몰라요."

나를 세상에서 가장 사랑해 주시는 우리 엄마는 내가 착하고 검소하게 살길 바라신다. 나도 그렇게 살아야 하는 줄로만 알았다. 그러다 우연히 《100억 부자의 생각의 비밀》이란 책을 읽고 나의 생각은 완전히 바뀌었다. 그 책에 나온 내용이다.

"어려서부터 가난으로 고통 받는 부모님의 모습들을 보면서 나는 성공과 부에 대한 욕망을 가지게 되었다. 그 욕망은 나를 작가로, 코치로, 강연가로, 사업가로 만들었다. 그렇게 가난했던 시절이 있었기 때문에 나는 지금과 같은 100억대의 자산가가 될 수 있었다. 하나님께서는 나에게 큰 욕망을 가져야 한다고 말씀하셨다."

어느새 나는 30대 중반이 되었다. 아직 결혼하지 않은 나에게 누군가 "네 이상형은 어떤 사람이야?"라고 물으면 나는 "그랜드피아노를 사주는 남자야."라고 농담 같은 말을 한다.

이상형에 관한 질문의 답으론 약간 엉뚱해 보일 수도 있겠다. 하지만 이건 꽤 오래전부터 생각해 왔던 답변이다. 나의 1년치 연봉보다 더 비싼 그랜드피아노를 갖고 싶다는 소원은 더 이상 허무맹랑한 이야기가 아니다. 그런데, 잠깐. 나는 피아노를 못 친다. 근사한 그랜드피아노가 나에게 생겼는데 눈앞에 두고도 칠 줄 모르면 어쩌나.

그래서 나는 몇 달 전부터 피아노 레슨을 받기 시작했다. 목표는 피아노 연주곡 한 곡을 마스터하는 것이다. 목표 기간은 1년으로 잡았다. 레슨실은 집에서 버스로 1시간이 넘는 거리에 있지만 퇴근 후 틈틈이 들러 연습했다. 20년 만에 다시 피아노를 배우려니 악보를 읽는 것부터 시간이 꽤 걸렸다. 이제 막 구구단을 배우기 시작하는 아이들은 2×1=2, 2×2=4, 2×3=6, 2×4=8 이렇게 구구단을 순서대로 외우면서 숫자를 헤아린다. 그렇듯이 나는 오선지에 있는 음표 하나를 읽기 위해서 도, 레, 미, 파, 솔, 라, 시, 도 이렇게 하나하나 짚어 가며 익혀야 했다.

목표가 있고 내가 원해서 시작한 피아노 레슨은 재미있었다. 연습할 때 잘 안 되는 어려운 구간에서는 건반을 수백 번 반복해 쳤다. 악보를 읽는 것이 서툴러서 진도가 안 나갈 때는 연습량을 늘리는 수밖에 없었다. 나는 몇 달 동안 모차르트 피아노 소나타 8번을 연습했다.

그렇게 악보 읽는 것이 익숙해지자 유튜브 동영상으로 피아니스트들의 연주를 보며 표현을 따라 하려고 노력했다. 유튜브 영상을 보면서 피아니스트가 연주하는 자리에 내가 앉아 있다고 상상했다.

성인이 되어 피아노를 배우면서 새삼 느낀 것이 있다. 피아노 치기는 악보를 손가락으로 표현하는 '신체운동'이라는 것이다. 피아노를 배우는 것은 마치 수영을 배우는 것과 비슷했다. 처음엔 신경 쓸 게 너무 많다. 호흡을 조절하는 것도 힘든데 팔 동작, 다리 동작도 따로따로 생각하면서 연습해야 한다. 내 몸인데 내 마음대로 통제가 안 된다. 하지만 같은 동작을 반복하다 보면 어느새 수영을 하고 있는 자신을 볼 수 있지 않은가.

어렸을 때는 내 머리가 좋지 않아 악보를 잘 못 읽는다고 생각했다. 그래서 피아노를 못 친다고만 생각했었다. 그러다 피아노 연주곡 1곡만이라도 잘 치고 싶다는 생각이 간절해졌다. 그래서 고향집 창고에 방치되어 있던 전자키보드를 찾아내어 더욱 연습에 몰입했다. 몇 달 뒤 내 손가락은 나도 모르게 건반 위를 우아하게 지나다니고 있었다.

얼마 전 나는 살던 곳에서 조금 떨어진 오피스텔로 이사를 왔다. 그러곤 친구들을 여러 명 초대해 손수 만든 음식들로 집들이를 했다. 웃고 먹으며 한참 즐거운 시간을 보냈다. 그러다가 갑자기 친구 한 명이 구석에 있는 전자키보드를 보고선 나에게 피아노 연주를 부탁했다. 나는 몇 달 동안 연습했던 모차르트 피아노곡을 연주하기 시작했다. 순간 나의 작은 오피스텔은 연주회장이 되었다. 연주회장의 주인공은 나 자신이었다. 10분 동안 이어진 피아노 멜로디에 친구들은 행복해했다. 이 짧은 10분을 위해서 100시간이 넘는 연습시간이 필요했지만 나는 결국 해냈다.

그랜드피아노가 있는 멋진 집에서의 어느 날을 상상해 본다. 나는 지금 정원이 딸린 멋진 단독주택에서 살고 있다. 햇살이 넓은 거실을 비추자 열려 있는 그랜드피아노의 위 뚜껑에 빛이 반사되어 눈부시다.

오늘은 한 달에 한 번 나의 가족과 내가 아끼는 사람들을 초대하는 '파티데이'다. 귀여운 나의 딸과 아들, 조카들이 거실에서 피아노 반주에 맞춰 노래를 부른다. 모임에 함께한 사람들은 그동안 자신이 연습했던 악기를 하나씩 연주한다. 피아노, 플룻, 색소폰, 하모니카, 우쿨렐레, 오카리나, 리코더 등 악기 종류도 다양하다.

우리는 사랑스런 눈빛으로 서로의 연주를 감상한다. 연주를 잘하건 못하건 그건 전혀 중요하지 않다. 사랑하는 가족, 천사 같은 아이들, 그리고 친구들과 행복한 시간을 함께 보내고 있다는 것 자체가 가장 중요하다. 노을이 지면 잔디가 깔린 마당에 조명을 켜고 재즈음악을 튼다. 흥겨운 재즈음악이 울려 퍼지자 사람들이 마당으로 모여든다.

오늘은 내 생일이라 특별히 라이브밴드를 초대했다. 밴드의 흥겨운 재즈 연주에 취해서 모두가 일어선다. 리듬에 몸을 맡기면서. 이때 밴드가 내가 가장 좋아하는 마이클 부블레의 곡을 연주하기 시작한다. 그러자 남편이 나에게 다가와 손을 내밀곤 한 곡 같이 추자고 한다. 우리는 서로의 따뜻한 체온을 느끼며 멋지게 춤을 추고 있다. 로맨틱하고 행복한 시간이다.

한동안 정신없이 춤을 추다 보니 배가 너무 고프다. 나의 남동생은 국내에서 손꼽는 셰프다. 스케줄이 아무리 바빠도 '파티하는 날'에는 한 번도 빠진 적이 없다. 남동생이 직접 그릴에서 바비큐를 구워 주면 사람들은 이렇게 맛있는 고기는 아직 먹어 본 적이 없다고 감탄한다. 우리 집에 초대된 모든 사람의 얼굴에서 웃음이 떠나지 않는다. 나는 지금 내가 가장 사랑하는 사람들과 행복한 시간을 보내고 있다. 천국은 어쩌면 멀리 있지 않을지도 모른다. 바로 여기가 천국이다.

나는 이 행복한 상상들이 나의 미래를 창조한다고 믿는다.

진짜 나를 찾아 떠나는
오로라 헌터 되기

어느 날 TV에서 여행 프로그램을 본 적이 있다. 오로라를 찾아 떠나는 여행가들의 다큐멘터리였다. 상상을 초월하는 혹한에 오로라가 펼쳐졌다. 나는 그것을 바라보던 사람들의 표정을 지금도 잊을 수가 없다. 두 눈으로 봐도 믿기 힘들 만큼 아름다운 장관에 사람들은 넋이 나간 모습이었다. 그 사람들의 표정이 오래도록 내 가슴속에 남은 것이다.

도대체 오로라가 뭐길래 영하 40도의 혹독한 날씨에도 그토록 찾아 헤매게 되는가. 나는 사람들을 이렇게 애타게 만드는 오로라의 정체가 궁금해졌다.

포털사이트로 오로라를 검색해 보았다. 오로라는 태양의 폭발로 발생한 태양풍이 지구 대기에 닿아서 색깔을 내는 기상 현상이라고 한다. 태양이 주기적으로 폭발하면서 우주로 뿜어내는 바람을 태양풍이라고 한다. 태양풍에는 지구 생명체에 해로운 여러 가지 물질들이 들어 있다. 하지만 다행히도 지구의 자기장이 그 태양풍이 지구 주위를 빗겨 지나가도록 한다. 지구의 자기장이 태양풍을 막아 주는 방어막인 셈이다. 이런 자기장의 존재를 눈으로 확인할 수 있는 것이 바로 오로라다.

이 오로라를 옛날 바이킹족은 이렇게 생각했다고 한다. 전쟁의 여신 발키리가 죽은 전사를 천국으로 데려갈 때 그녀의 방패에서 반사된 빛이라고. 이 오로라는 지구의 자기장이 태양풍으로부터 지구를 보호한다는 증거다. 나는 이 대목에서 전쟁의 여신이 죽은 전사들을 보호하듯, 우주의 어떤 지적인 존재가 우리가 살고 있는 지구를 보호하는 것일지도 모른다는 생각이 들었다.

새벽의 여신이 여는 하늘의 문. 로마 신화에서는 오로라를 가리켜 태양이 솟도록 새벽의 여신(Aurora)이 하늘의 문을 여는 과정이라고 한다. 이 오로라를 보려면 먼 곳도 마다하지 않는 결단력도 필요하지만 현지에서도 운이 좋아야 한다고 한다. 오죽하면 전생에 나라를 구했거나 아우로라(Aurora) 여신이 예쁘게 봐 주셔야 한다는 말이 있겠는가. 오로라를 찾으러 떠나는 사람들을 괜히 '오로라 헌터'라고 부르는 것이 아닌 듯싶다.

오로라 여행기인 《세상의 끝, 오로라》에서 오로라를 묘사한 한 구절이다.

"땅에서 솟아오른 듯 하늘에서 내린 듯, 천지간을 잇는 기둥이라니. 아니다. 바람에 흔들리는 비단 커튼이다. 그러니 저리 부드럽게 너울거리지. 그것만도 아니다. 누군가 하늘에 레이저 빔을 쏘아 올리는 것도 같고,

알 수 없는 존재가 하늘에 물감으로 쓱쓱 그림을 그리는 것 같기도 하다. 대체 인간의 언어는 왜 이리 빈곤한지. 결국, 표현할 말이 없다."

나는 잠시 눈을 감고 오로라를 상상해 본다. 새벽의 여신인 아우로라 (Aurora)가 치맛자락을 펼치며 나에게 다가온다. 초록색으로 빛나는 융단이 밤하늘을 밝히는 광경을 마주할 때 나는 어떤 기분이 들까. 비행시간만 10시간이 넘는 북반구 끝자락에서만 볼 수 있기 때문에 더욱 특별한 것이 아닐까. 곁에 둘 수 없기 때문에 더 간절해지는 것처럼.

나는 오로라를 보러 떠나야겠다고 마음먹었다. 멀리 가야 하는 만큼 장기간의 휴가와 두둑한 통장의 잔고도 필요하겠지만 상관없다. 난 이제부터 오로라 헌터다.

흥미롭게도 우리나라에서도 오로라를 볼 수 있었다고 한다. 역사책을 보면 삼국시대부터 조선시대까지 오로라를 관측했다는 기록이 700건이나 된다. 삼국사기나, 고려사, 조선왕조실록 등에 기록되어 있다고 한다. 고려사에는 오로라로 짐작되는 기상 현상을 보았다는 기록이 무려 200번도 넘게 나온다. 다음은 《고려사》 중 〈천문지〉에 기록된 것이다.

"붉고 검은 기운이 동북쪽에서 나타났는데 주위 둘레가 20척가량 되었다. 풀어지지 않고 뭉친 채 새가 날개를 펼치는 것처럼 광채를 내뿜다가 흩어졌다."

붉고 검은 기운. 고려인이 묘사한 오로라의 모습니다. 고려시대에는 자북극이 한반도 가까이에 있어 오로라가 종종 목격되었다고 한다. 하지만 지구 자기장의 북극점이 매년 서쪽으로 이동함으로 인해 현재 우리나라에서는 오로라 관측이 어렵다. 그래서 우리는 신비한 빛으로 하늘을 수놓는 오로라를 보기 위해 장거리 여행도 마다하지 않는다.

하지만 그때의 고려인들은 오로라를 보고 마냥 기뻐하지만은 않았을 것이다. '붉고 검은 기운'이란 표현에서 대략 짐작할 수 있지 않을까. 그 당시의 사람들은 오로라를 보고 나라에 불길한 일이 일어날 징조로 받아들였을지 모르겠다. 아니면 외적의 침입을 걱정했을지도. 왕조시대에 왕은 하늘과 백성을 이어 주는 사람인데 하늘이 예사롭지 않은 모양을 보이셨으니 말이다. 만약 1,000년 전, 전생에 내가 이 땅에 태어났더라면 오로라를 보고 무슨 생각을 했을까?

나의 첫 번째 오로라 헌팅 장소는 영화 〈월터의 상상은 현실이 된다〉의 촬영지인 아이슬란드가 될 것이다. 이 영화를 보고 난 후 나는 스스로에게 이런 질문을 던졌다. '나는 일상을 살아가면서 상상하며 꿈꾸는 것들을 이루기 위해 고군분투한 적이 있었던가?', '인생은 끊임없이 용기를 내어 개척하는 것인데 나는 무엇 때문에 그렇게 망설이기만 했을까?'

사랑하는 사람에게 고백하는 것. 인생을 걸고 말도 안 되는 도전을 해 보는 것. 두려워 돌아서고 싶을 때 한 걸음 앞으로 더 나아가는 것. 인생에서 용기를 낸다는 것은 어쩌면 미지의 세계에 나를 내던지는 것일지도 모른다. 진짜 나를 찾아서 떠나는 미지의 여행에서 아우로라 여신은 나에게 어떤 말을 해 줄까?

사실 아이슬란드는 날씨가 변덕스러워서 오로라를 관측하기에 아주 좋은 지역은 아니라고 한다. 하지만 아이슬란드의 오로라가 특별한 이유는 그곳의 아름다운 자연 위로 내려오기 때문이 아닐까 싶다. 머리 위로 내려오는 초록빛 커튼은 나의 온몸을 휘감고도 남을 것이다. 마치 외계 행성이나 천국에 온 것 같은 느낌이 들지도 모른다.

빙하가 녹아내려 만들어진 빙하 호수에서 환상적인 오로라를 연인과 함께 감상하는 상상을 해 본다. 세상에서 겪어 보지 못한 가장 로맨틱한 순간이 될 것이다. 손만 뻗으면 바로 잡힐 것처럼 일렁이는 초록빛 아래서 나는 곁에 있는 연인에게 이렇게 말할 것이다.

"사랑해."

"아우로라 여신이 우리의 사랑을 축복해 주고 계셔."

오로라. 이제는 상상만 해도 설레지 않는가. 나를 찾아 떠나는 여행에서 오로라를 마주하는 꿈이 그저 꿈으로 끝나지 않길 바란다. 왜냐하면 오로라는 지금 이 순간에도 지구 끝에서 나를 기다리고 있으니까.

3

사랑하는 사람을 만나 먼저 프러포즈하기

서른넷, 10년 차 직장인, 고향이 거제도인 싱글녀. 이것이 처음 만나는 사람에게 나를 소개할 수 있는 현재의 내 모습이다. 하지만 이런 몇 개의 간단한 질문과 대답만으로 어떻게 나를 온전히 표현할 수 있겠는가. 그저 세상은 '서른네 살 싱글녀'를 두고 걱정이 참 많은 것 같다. 명절 때마다 고향의 친척분들을 대하는 것이 두렵다. 애인은 있느냐, 왜 지금까지 결혼을 안 했느냐, 언제 시집갈 것이냐 등등. 대답하기 힘든 질문들이 쏟아지기 때문이다.

만나는 사람이 없는 것은 아니다. 나를 아껴 주고 사랑해 주는 사람이 늘 곁에 있었다. 결혼하자고 결심했더라면 이미 20대에 결혼했을지도 모르겠다. 하지만 나는 결혼생활을 상상하면 왠지 모르게 겁부터 나고 마음이 불편해진다.

아버지는 내가 열세 살이던 어느 날 갑자기 사고로 돌아가셨다. 나에게는 나보다 네 살 어린 여동생과 열한 살 어린 남동생이 있다. 아버지가 사고를 당하셨을 때 막내 동생은 두 살이었다. 아장아장 걸어 다니는 막내 동생을 보며 장례식장에 있던 많은 사람들이 우셨던 기억이 난다.

아버지가 없는 빈자리는 너무나 컸다. 아무런 준비도 없이 사랑하는 사람을 떠나보내야만 하는 고통은 말로 표현할 수 없이 크다. 그래서였을까. 나의 잠재의식에는 소중한 사람을 언젠가 갑자기 잃어버릴지도 모른다는 불안감이 항상 내재되어 있었다.

그것은 내가 성인이 된 후 연애를 하는 데 방어기제로 작동했다. 내 마음을 온전히 보여 주지 않거나 전해 주지 않는 방식으로 말이다. 그러다 보니 나는 지금까지 누군가에게 진심을 담아 고백한 적이 없다. 용기가 없었던 탓이다. 연애를 할 때도 깊은 관계로 발전하지 못했다.

과거의 내 연인들은 늘 이렇게 말했다.

"속았어. 이렇게까지 네가 무뚝뚝한 여자인지 몰랐어."

아버지는 먼저 하늘나라로 가셨어도 남겨진 우리 가족은 계속 살아나가야 했다. 아버지는 거제도에서 '한일펌프' 대리점을 운영하셨다. 엄마는 나와 동생들을 키우기 위해 아버지가 하시던 일을 대신하셨다. 키가 150센티미터도 안 되는 작은 체구로 무거운 기계를 하루 종일 옮겨야 했다. 그 탓에 한의원에 자주 다니셨다. 고객이 출장 요청을 해 오면 엄마는 막내 동생을 포대기에 싸 업고선 트럭을 운전해 가셨다.

장사를 마치고 집에 와서도 엄마의 일은 끝나지 않았다. 나는 엄마를 도와드리기 위해 집 안 청소며 간단한 심부름을 도맡아 했지만 모든 것은 엄마의 손길을 거쳐야 했다. 엄마는 장사를 하시면서 동시에 육아, 살림, 자녀 학업과 집안의 대소사까지 신경 쓰셔야 했다. 그야말로 초특급 울트라 슈퍼우먼이었던 셈이다.

나에게 엄마는 그런 사람이다. 자신의 모든 것을 기꺼이 희생하면서 나와 동생들을 키워 주신 분. 내가 고등학교를 다니는 3년 내내 엄마는 새벽에 일어나서 나에게 아침밥을 차려 주셨다. 갓 지은 밥, 따뜻한 국, 새로 만든 반찬으로 말이다.

시험기간이면 등교 준비는 그야말로 전쟁이었다. 내가 새벽에 일어나서 씻고 교복을 입는 동안 엄마는 나의 젖은 머리카락을 드라이기로 말려 주셨다. 그리고 내가 책상에 앉아 먹을 수 있도록 쟁반에 아침밥을 차려다 주셨다. 내가 시험에 나올 만한 문제를 확인하면서 밥을 먹는 동안 엄마는 내 옆에서 밥숟가락 위에 반찬을 하나하나 올려 주셨다.

성인이 되자 친구들이 하나둘씩 결혼하고 아이를 낳기 시작했다. 친구를 닮은 아기는 무척 귀여웠다. 귀여운 아기와 사랑하는 남편, 단란한 가정을 꾸려 가는 친구들의 결혼생활이 부럽기도 했다. 하지만 나는 결혼하고 싶다는 생각이 전혀 들지 않았다. 더욱이 누군가의 엄마가 될 자신은 추호도 없었다.

사람들이 나에게 왜 결혼하지 않느냐고 질문하면 나는 스스로를 이렇게 대변했다. 이대로 혼자 살아도 괜찮아. 싱글이어서 다양한 취미활동도, 자기계발도 할 수 있다고 말이다. 화려한 골드미스의 삶을 흉내 내면서 말이다.

나는 얼마 전에 버킷리스트 50가지를 작성했다. '버킷리스트'라는 말은 중세시대에 목에 밧줄을 감고 양동이를 차 버리는 자살 행위에서 유래되었다고 한다. 어쨌든 죽기 전에 꼭 하고 싶은 일을 생각해 내는 것은 쉽지 않았다. 나는 태어나서 처음으로 인생에서 진짜 소중한 것이 무엇인지 생각해 보기 시작했다. 지난 34년 동안 이 지구별에서 내가 어떻게 살아왔는지, 무슨 생각을 하면서 살아왔는지 과거의 나와 처음으로 마주하게 되었다.

사람은 누구나 크고 작은 상처를 안고 살아간다. 그중 어른이 되어 생긴 상처는 상담이나 독서를 통해서 즉시 치료할 수 있다. 하지만 어린아이 때 받은 상처는 그것이 상처인 줄도 모른 채 큰다.

열세 살에 맞이한 아버지의 죽음, 그리고 가족들을 위해 헌신하는 엄마의 고된 삶이 나의 인생에 영향을 미치고 있었다. 하지만 내가 싱글라이프를 추구하는 진짜 이유는 따로 있었다. 나는 엄마처럼 나의 인생을 희생하며 살고 싶지 않았던 것이다. 이 세상에서 가장 사랑하고 존경하는 사람이 엄마이지만, 엄마의 힘겨운 인생은 닮고 싶지 않았는지도 모른다.

버킷리스트를 작성하면서 나는 내면의 진짜 나의 목소리를 들어 보려고 노력했다. 그렇게 내면의 나와 마주한 순간 나는 깨달았다. 사실 나도 누군가에게 평생 사랑받는 여자가 되고 싶다. 사랑하는 사람과 단란한 가정을 꾸리는 행복한 미래를 떠올려 본다. 그러기 위해선 먼저 나의 내면 깊숙이 쟁여져 있는 상처를 치유하는 과정이 필요하다.

그것은 나의 모습을 있는 그대로 인정하는 데서부터 시작될 것이다. 나를 항상 짓누르고 있는 불안감과 결핍은 나만이 해결할 수 있다. 불안감은 또 다른 불안감을 낳고, 결핍은 또 다른 결핍을 낳는다.

아버지의 이른 죽음과 엄마의 고된 삶은 그 누구의 잘못도 아니다. 우리의 영혼은 육신이 죽은 후에도 사라지지 않는다. 이것을 깨닫기 시작하면서 나의 마음의 상처가 조금씩 치유되기 시작했다.

다음은 《결혼 전에는 미처 몰랐던 것들》이란 책에 나온 내용이다.

"행복한 결혼생활을 해 나가기 위해서는 가장 먼저 나 자신을 사랑할 줄 알아야 한다. 나 자신이 먼저 행복해고 나를 인정하고 사랑해야 사랑하는 사람을 만났을 때 진짜 행복을 느낄 것이다."

나는 나를 사랑하기로 했다. 그리고 언젠가 평생 함께하고 싶은 사람을 만난다면 용기를 낼 것이다. 어쩌면 내 인생에 처음 있을 고백을 할 것이다. 사랑하는 사람을 생각하며 쓴 가사에 멜로디를 붙여 노래도 만들 것이다. 그리고 진심을 담아 내 목소리로 노래해 줄 것이다.

"나와 결혼해 줄래?"

상대가 승낙해 준다면 더없이 기쁘겠지만 설령 거절한다고 해도 나는 괜찮다. 진짜 행복은 내 안에 있으니까.

4

글로벌
베스트셀러 작가 되기

대학 졸업 후 나는 방랑하는 나그네처럼 그때그때의 관심에 따라 직업을 바꾸었다. 비교적 안정적인 직업인 치과위생사부터 온라인 광고 마케터, 리조트 매니저, NGO 펀드레이저까지 말이다. 새로운 분야에서 일하면 미처 겪어 보지 못한 것들을 경험하게 된다. 우리는 그 경험 속에서 다양한 지혜나 배움을 얻을 수 있다.

불과 몇 년 전의 일이다. 당시 나는 전국자원봉사연맹에서 근무하고 있었다. 어느 추운 겨울날, 우리 팀은 연탄 배달봉사를 나갔다. 배달 장소는 서울의 목동이었다. 목동이라면 사람들이 부촌이라고 일컫는 곳이 아닌가. 설마 그런 동네에 연탄을 사용하는 집이 있을 거라고는 상상도 못했다. 주소지가 잘못 기재된 것이 아닐까 하는 생각마저 들었다. 좁은 오르막길을 한참 걸어서 올라가니 슬레이트 지붕으로 된 집이 여러 채 있었다. 그 집에는 보일러가 설치되지 않아서 연탄으로 난방을 하고 있었다. 온수도 나오지 않아서 연탄으로 물을 데워 세숫물을 마련한다고 했다. 가스레인지가 없어 부탄가스로 음식을 해 먹는 곳도 있었다.

이는 내가 목동으로 연탄 배달봉사를 가지 않았더라면 전혀 몰랐을 일이다. 지금까지도 목동은 그저 부자들만 사는 동네라고 여겼을 것이다. 하지만 목동 변두리에는 아직도 연탄이 없으면 냉골에서 몸을 떨어야 하는 사람들이 살고 있다. 그중 한 할머니는 연탄 배달을 온 우리에게 고 맙다며 손수 라면을 끓여 주셨다. 세상에서 가장 맛있고도 슬픈 라면이 었다.

나는 취미생활도 셀 수 없이 많이 해 왔다. 스윙댄스, 피아노 연주, 꽃 꽂이, 캘리그래피, 요리, 수상스키, 서핑, 클라이밍, 탁구 등등. 기억하기도 힘들 만큼 많다. 그것들을 배우기 위해 나는 해당 분야의 전문가들에게 강습을 받거나 학원을 다녔다.

이렇게 다양한 경험을 쌓으려 한 데는 내 나름대로 이유가 있다. 누 구보다도 성공한 삶을 살고 싶었기 때문이다. 경제적으로 풍요롭고 내가 좋아하는 일을 하면서 좋아하는 사람들과 자유롭게 살고 싶었기 때문 이다. 그런데 문제는 내가 무슨 일을 좋아하고 무엇을 잘하는지 나조차 도 모른다는 것이었다. 그래서 이것저것 닥치는 대로 모두 경험해 보기 로 했다.

나는 대학을 졸업하고 사회에 나와서도 내가 무엇을 좋아하고 잘하 는지 알지 못했다. 학창시절의 입시 체제는 나를 문제 푸는 기계로 만들었다. 학교에서 입시 공부가 아닌, 교양 도서를 읽으면 선생님께 혼났다. 고등학교는 집에서 버스로 1시간 거리에 있었다. 새벽 6시 30분이면 집을 나서야 했다. 수업이 끝나도 야간자율학습은 늦은 밤까지 이어졌다. 하루 중 깨어 있는 대부분의 시간을 오직 수능시험을 위한 공부만 한 것이다.

그런데 어이없게도 수능시험 당일에 정답지를 엉뚱하게 작성해 버렸다. 사회탐구 영역의 답안지를 다른 과목으로 바꿔 쓴 것이다. 정말 말도 안 되는 일이 벌어졌지만 재수는 하지 않았다. 대신 성적에 맞춰 대학에 진학했다. 그나마 취업이 잘된다는 학과를 선택해서. 나는 매번 이런 방식으로 살아왔다. 미래에 대한 꿈과 목표도 없이 현실에 나를 맞추었다. 그리고 스스로를 위안했다.

대학생이 되어서도 마찬가지였다. 수능시험을 끝냈더니 이제는 국가고시 합격을 위한 공부가 시작되었다. 매주 쪽지시험과 문제풀이가 이어졌다. 고등학교 때의 야간자율학습을 되풀이 한 셈이다.

나에게 공부라는 것은 늘 이런 것이었다. 수능시험공부, 국가고시공부, 토익시험공부, 자격증시험공부 등. 모든 공부가 스펙과 타이틀을 따내기 위한 도구였을 뿐이다. 나에게 공부라는 것은 항상 무언가를 외워야 하거나 정답을 맞혀야만 하는 괴로운 것이었다.

다양한 사회생활 경험도 좋고 취미생활도 좋다. 하지만 스스로의 성찰과 나를 위한 공부가 없는 삶은 공허하게 느껴졌다. 작가 유시민이 어느 강연해서 했던 말이 생각난다.

"공부가 뭘까요? 인간과 사회와 생명과 우주를 이해함으로써 삶의 의미를 찾는 작업입니다."

나의 삶의 의미는 무엇일까? 한 번도 생각해 보지 못한 질문이다. 나는 왜 이 땅에 태어나서 울고 웃으며 행복해하고 괴로워하는가. 모든 사람은 태어나면 언젠가 반드시 죽는다. 그런데 우리는 무엇을 위해 이렇게 고군분투하며 사는 것인가. 갑자기 내가 철학자가 된 것 같았다. 하지만 나는 알아야 했다. 그렇지 않으면 내 삶이 허무해져 모두 무너져 버릴 것만 같았기 때문이다. 마치 열심히 쌓은 성이 바람이 불면 금세 사라져 버리는 모래성인 것처럼.

학창시절 나는 말썽 한번 부리지 않은 모범생이었다. 친구와 딱 한 번 야간자율학습 시간에 몰래 도망 나와 팥빙수를 사 먹은 것이 유일한 일탈이었다. 학생의 본분을 지키며 열심히 공부하는 것처럼 보였지만 나를 성장시킬 수 있는 공부는 하지 않았던 것이다.

그렇게 나는 사회에 나왔다. 취업하고 난 이후에도 내적 성장을 위한 공부는 하지 않았다. 자연히 책을 멀리하게 되었다. 필명이 김도사인 김태광 작가는 저서 《김 대리는 어떻게 1개월 만에 작가가 됐을까》에서 다음과 같이 말하고 있다.

"책 한 권도 읽지 않는 부류는 자신의 삶을 포기한 사람들이다. 인생을 그저 되는 대로 살겠다는 것이다. 될 대로 되라는 식이다. 하지만 부단히 자기계발을 하지 않는 사람의 미래는 밝지 않다."

뜨끔했다. 거친 독설이었다. 책이 모든 지식과 지혜를 전해 줄 수는 없다. 하지만 독서는 가장 빠르고 효율적으로 성공한 사람의 삶을 간접 체험 할 수 있는 수단이다. 나는 그동안 스스로를 위한 독서와 자기계발을 하지 않았다. 아주 막연하게 성공한 삶을 소망했을 뿐이다.

대체 그런 생각으로 어떻게 성공하는 삶에 다가갈 수 있겠는가. 내 인생의 롤 모델도 당연히 없었다. 성공한 사람을 찾아가서 조언을 들어 볼 수도 있었지만 결국 시도조차 하지 않았다. 성공에 대한 막연한 욕심만 있었지, 구체적인 실행 목표와 의지가 없었던 탓이다.

서른 살이 넘어서야 나는 삶의 의미를 찾기 위한 공부를 하기 시작했다. 인문서적과 성공자들의 자기계발서를 읽었다. 공감이 가거나 닮고 싶은 작가가 있으면 연락을 취해 보거나 찾아다녔다. 그리고 그들의 생각과 행동을 닮으려 노력했다. 나의 내적 영토를 확장시키기 위한 진짜 공부가 시작된 것이다. 한 달에 1권의 책도 읽지 않던 내가 월급의 절반을 도서 구입비로 썼다. 책을 통해 나의 인생을 설계하고 의미 있는 삶의 방법을 찾아 나가야겠다고 생각했다.

그러던 중 나는 김도사를 만났다. 그는 출간한 서적만 250권이 넘는 작가다. '성공해서 책을 쓰는 것이 아니라 책을 써야 성공한다'라는 말을 모토로 삼아 평범한 사람들을 작가, 코치, 1인 창업가로 성장하도록 코칭하고 있다. 그는 현재 100억대의 자산가다. 그가 배출한 작가의 수는 900명이 넘는다. 그의 저서에는 성공을 꿈꾸는 사람이 책을 써야 하는 네 가지 이유가 나와 있다.

첫째, 책 쓰기는 나를 발전시키는 최고의 공부법이다.
둘째, 책 쓰기를 통해 생각과 지식을 구체적으로 체계화시킬 수 있다.
셋째, 책 쓰기는 사회의 공익에 도움이 된다.
넷째, 책 출간의 기쁨은 자신에게 자부심을 안겨줄 뿐 아니라 평생 잊히지 않는다.

맙소사. 나는 왜 여태 이것을 몰랐을까. 나는 작가는 특별한 사람만이 될 수 있다고 생각했다. 하지만 책을 써야 하는 위의 이유는 내가 인생에서 원하는 모든 것이었다. 나는 책을 써야겠다고 결심했다. 나의 이야기로 독자들과 공감할 수 있는 작가가 되어야겠다고 생각했다. 그리고 시련과 좌절을 겪고 있는 이에게 용기와 희망을 전해 줄 수 있는 메신저가 되어야겠다고 다짐했다.

동기부여가인 권동희 작가는 《미친 꿈에 도전하라》라는 책에서 이렇게 말한다.

"인생은 한 권의 책이다. 최고의 베스트셀러를 쓰기 위해 노력해야 한다. 그러기 위해선 이루지 못한 채 눈을 감는다면 후회되는 그런 간절한 꿈을 가져야 한다. 그리고 그 꿈을 이루기 위해 하루하루 완전 연소하며 살아야 한다. 때로 힘에 부쳐 모든 것을 내려놓고 싶어질 때가 있다. 그런 순간, 당신은 '인생'이라는 베스트셀러를 쓰는 작가임을 기억해야 한다."

내가 '인생'이라는 베스트셀러를 쓰는 작가라니. 가슴이 콩닥콩닥 뛰어 잠을 이루지 못했다. 나는 베스트셀러 작가가 되어 좋아하는 일을 하면서 좋아하는 사람들과 자유롭게 살 것이다. 책상 위에 놓여 있는 지구본을 다시 바라본다. 내가 쓴 책은 국내를 넘어 아시아로 팔려 나갈 것이다. 태평양과 대서양을 넘어 전 세계에서 출판될 것이다.

나는 과거에 국제사회의 인권 보장과 공정한 세상을 위해 펀드레이저로 활동했었다. 미래에 나는 그보다 훨씬 강력하고 선한 영향력으로 전 세계인들에게 꿈과 희망을 전해 줄 것이다.

5

내 인생의 주인공이 되어
반드시 연극무대 오르기

"쌤은 어릴 때 꿈이 뭐였어요?"

점심시간에 직장 후배가 느닷없이 질문했다.

"음… 어렸을 때 내 꿈은 말이야…."

꿈? 어렸을 때 내 꿈이 뭐였더라. 하루하루를 살아 내야 하는 직장인에게 어렸을 때의 꿈이 무엇이었냐고 묻는다면 생각보다 대답하기가 쉽지 않을 것이다. 직장생활에 매여 어렸을 때의 꿈을 잊고 살거나 현실에 가둬 버린 사람들이 대부분이기 때문이다. 마음속에 희미하게 꿈이 남아 있긴 하다. 하지만 나이를 먹으면서 그 꿈은 더욱 이뤄지기 힘들 거라 생각하게 된다. 애써 입 밖으로 내뱉지 못하는 경우도 있을 만큼.

내게도 꿈을 꾸던 시절이 있었다. 초등학생이었던 어느 날, 담임 선생님께서 수업시간에 학생들의 얼굴 사진이 붙어 있는 종이를 한 장씩 나눠 주셨다. 그리고 본인의 얼굴 사진 옆에 장래희망을 적어 보라고 하셨다.

대통령, 과학자, 경찰, 선생님 등등. 친구들은 자신이 생각하기에 가장 훌륭해 보이는 직업이나 닮고 싶은 사람을 종이에 적었다. 각자의 얼굴과 장래희망이 쓰인 그 종이는 교실 한쪽 벽면에 1년 내내 붙어 있었다. 그 날 내가 종이에 적었던 장래희망은 무엇일까. 바로 '탤런트'다. 그것이 나의 첫 꿈이었다.

나는 유치원에 다닐 때부터 끼가 많다는 말을 꽤 들었었다. 할아버지가 환갑이셨을 때 동네 사람들을 모두 초대해 성대한 잔치를 벌였다. 그때 나는 온 동네 사람들 앞에서 그 당시 인기 있던 김흥국의 〈호랑나비〉 춤을 추면서 재롱을 부렸다. 지금도 고향에 내려가면 시골 어르신들이 "네가 어릴 때 호랑나비 춤을 추던 애냐~" 하면서 반가워하신다. 그런 말을 들을 때마다, 어렸을 때 내가 사람들 앞에서 노래하고 춤추던 것을 좋아했다는 사실에 놀란다.

직장인인 나는 내가 진정 원하는 것이 무엇인지 떠올려 볼 새도 없이 하루하루를 생존 본능으로 무장해야 한다. 그런 나에게도 꿈에 대해 말하며 한없이 행복한 빛을 발하던 시절이 있었다. 초등학생 때 교실 벽면에 써 붙였던 나의 꿈. 나는 그 꿈이 어른이 되어 가고 있는 나에겐 현실적이지 않다며 돌아보려 하지 않았다.

어느 순간부터 꿈을 좇는 사람보다는 포기하는 사람을, 꿈에 대해 이야기하는 사람보다는 함구하는 사람을 더 많이 보게 되었다. 하지만 나는 어렸을 때, 학창시절에, 직장을 다니는 지금에도 정말 하고 싶은 일이 무엇인지 스스로에게 솔직해질 필요가 있다고 생각한다.

고향집 장롱 속에는 오래된 비디오가 하나 들어 있다. 30년이 다 되어 가는 옛날 비디오다. 그 안에는 여섯 살인 내가 있다. 유치원 재롱잔치 날, 많은 사람들 앞에서 춤추고 노래를 부르고 악기를 연주하는 내가 있다. 밝고 명랑하기 이를 데 없는 귀여운 소녀다.

그 소녀는 사람들 앞에 나서는 것을 매우 좋아했다. 누가 시키기라도 하면 처음 보는 사람 앞에서도 노래면 노래, 춤이면 춤, 못 하는 게 없었다. 지금은 친구들과 노래방이라도 가야 겨우 노래 한 곡 부르지만 말이다.

내가 초등학생 때, 나의 아버지의 장사를 도와주시는 직원이 한 분 계셨다. 나는 그분을 '삼촌'이라고 불렀다. 어느 날인가 부모님께서 삼촌을 보러 가자며 나를 어느 공연장에 데리고 가셨다. 삼촌은 연극배우였다. 게다가 주연배우.

삼촌이 전혀 다른 모습으로 분장하고 연기하는 것이 너무 놀랍고 신기했다. 내가 알던 평소의 삼촌이 아닌 것 같았다. 그때부터 삼촌이 대단한 사람으로 보였다. 하지만 아쉽게도 얼마 뒤 삼촌은 아버지를 도와주시던 일을 그만두셨다. 나는 더 이상 삼촌을 볼 수 없었다.

수업시간에 장래희망을 '탤런트'라고 써 냈지만, 지금 생각하면 나는 연극배우가 되고 싶었던 것이다. 하지만 그때 당시 고향인 거제도에는 엔

터테인먼트에 관련된 정보가 전무했다. 지금은 아역배우를 교육시키는 연기학원들이 많다. 또한 마음만 먹으면 누구든지 유튜브를 통해 본인의 끼를 발산하고 사람들에게 자신을 노출시킬 수 있다. 하지만 내 어릴 적 고향에서는 상상도 못할 일이었다.

몇 년 뒤, 나에게 연극을 할 수 있는 기회가 생겼다. 고등학교 1학년 때 연극 동아리에 가입한 것이다. 거제도에 소극장 하나가 있었는데 나는 그곳의 단원들에게서 연극을 배웠다. 연극 대본에는 여러 등장인물이 나왔다. 각각 등장인물의 캐릭터를 연구하고 나의 목소리와 나의 몸짓으로 캐릭터를 표현하는 것이 너무 재미있었다.

나는 방학기간 동안 동아리 사람들과 〈안티고네〉를 매일 연습했다. 얼마 뒤 나는 소극장에서 공연을 하게 되었다. 눈부신 조명이 나를 환하게 비추고 객석의 많은 사람들이 나의 연기를 관람했다. 설레고 떨렸던 그때의 느낌을 잊을 수가 없다.

이후 나는 '청소년연극제'에도 참여했다. 나의 공연을 응원하러 온 친구들은 공연이 끝날 때까지 나를 알아보지 못했다고 했다. 평소 나의 모습과는 완전히 다른 표정과 말투, 몸짓으로 연극을 했기 때문이다. 비록 조연이었지만 나는 내가 맡은 캐릭터에 완전히 몰입했다. 내 인생에서 가장 짜릿했던 순간이었다.

하지만 엄마는 연극에 빠져 있는 나를 못마땅하게 여기셨다. 아버지 일을 도와주시던 바로 그 삼촌 이야기를 꺼내면서 말이다. 연극인으로 산다는 것이 얼마나 고단하고 배고픈지 가까이서 보셨기 때문이었다.

나는 엄마의 말씀을 따랐다. 그렇게 연극은 내 삶에서 멀어져 갔다. 나는 평범한 고등학생을 거쳐 평범한 대학생으로 졸업했다. 졸업 후에는 당연히 직장에 들어가 헌신적으로 일했다. 어렸을 때의 꿈은 잊혀 갔다. 가끔씩 대학로에서 연극을 보면서 '아 나도 한때는 연극배우가 되고 싶어 했지' 하면서 씁쓸해했다.

그러던 어느 날, 내가 활동하던 스윙댄스 동호회 한 분이 나를 공연에 초대했다. 평소에 같이 동호회 활동을 하던 분이 알고 보니 연극배우였던 것이다. 금주은 작가는《하루 10분, 하루 한 뼘》에서 이렇게 말하고 있다.

"어렸을 때는 어른이 되면 자기가 가고 싶은 곳은 언제든지 갈 수 있고, 하고 싶은 대로 다 할 수 있을 줄 알았다. 하지만 그때의 기대나 바람과는 달리 시간이 지날수록 점점 더 사회와 다른 사람의 잣대에 나를 맞춰 가고 있는 것 같다."

그녀의 연극을 보고 나서 나는 생각이 많아졌다. 날이 갈수록 내 인생의 주인공은 내가 아닌 것 같았다. 사람들 앞에 나서서 말하기를 좋아하고 어느 때고 춤추고 노래하던 나는 이제 없었다. 그저 아주 평범한 직장인의 모습만 남아 있을 뿐이었다.

나를 연극에 초대한 동호회의 언니는 본인도 뒤늦게야 연극을 시작했다고 했다. 순간 나는 '아, 나도 다시 연극무대에 오르고 싶다. 내 인생에서 가장 짜릿했던 순간을 다시 느껴 보고 싶다'라는 마음이 간절했다. 하지만 동시에 '아, 지금 내 나이가 이걸 하기엔 늦지 않았을까?' 하는 생각도 교차한다.

나이 마흔에 첫 영화인 〈변호인〉을 제작한 양우석 감독의 말이다.

"인생은 내가 노력한 만큼의 보상을 해 준다. 그러니 노력을 억울해 할 필요도 없다. 내가 오늘 읽은 책, 그리고 그 책으로부터 확장된 나의 생각, 사회에서 겪은 다양한 모든 경험은 결국 인생의 큰 자양분이 될 것이다. 나무가 여름에 광합성을 하고 가을에 낙엽이 지는 것이 한편으론 억울해 보일 수도 있다. 하지만 낙엽은 거름이 되고 다시 또 봄에 잎을 피워 내는 자양분이 된다."

인간이 가장 행복하게 사는 방법은 자기답게 사는 것이라고 한다. 설령 몇 년의 시간이 성과 없이 지나간다 해도 그 과정에서 나는 진짜 성장할 것이다. 내 나이 이제 서른네 살. 100세 인생이란 관점에서 본다면 아직 어린 나이가 아닐까. 이제 시작하는 나이가 아닐까. 어차피 시간이 지나면 지금의 나도 어린 나이이기 때문이다.

나는 이번 생에 반드시 연극무대에 오를 것이다. 인생은 후불제다. 물론 선불을 받을 때도 있겠지만.

PART
9

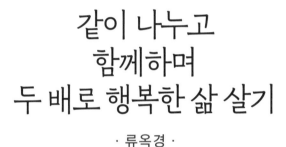

같이 나누고
함께하며
두 배로 행복한 삶 살기

· 류옥경 ·

류옥경

자녀교육 상담가, 청소년 멘토, 자기계발 작가, 동기부여가

숭의여대 문창과와 숙명여대 국문과를 졸업했다. JK MUSIC 음악교습소를 운영하며 10년 동안 학부모들을 상담해 오고 있다. 현재 한국자녀교육코칭협회를 운영하고 있다. 첼리스트 원진경(연세대 강사)과 서울대 물리학 박사과정(서울대 연구원) 원동환의 엄마이다. 2001년 신춘문예 단편소설 부문에서 《망발풀이》로 당선되었으며, 《살인자의 쇼핑목록》, 《초록대문집에 편지가 오면》, 《양귀비 꽃》, 《금남로 가는 길》 등의 작품이 있다. 현재 '자녀를 위대하게 키우는 법'을 주제로 개인저서를 집필 중이다.

딸과
세계 순회 연주 다니기

우리는 늘 하던 대로 커피 한 잔으로 아침을 대신하고 인천공항으로 향했다. 올림픽대로는 항상 같은 간격으로 밀렸다. 집에서 인천공항까지 한 시간이 조금 넘거나 한 시간 정도 걸렸다. 김 기사 아저씨는 오늘도 안전하면서 센스 있게 차를 몬다. 롤링을 느끼지 못할 정도로 운전을 잘한다.

짐은 어젯밤에 쌌다. 진경이는 1년에 30여 차례 연주 여행을 다닌다. 그러다 보니 기본적인 짐은 리모와(Rimowa) 빨간색 가방에 꾸려져 있다. 밖은 아직 차갑고 한강은 아주 연한 연둣빛으로 아른거린다.

진눈깨비가 희뿌연 하늘에서 흩날리던 2006년의 어느 날이었다. 진경이와 나는 진경이의 서울예고 졸업을 앞두고 독일 에센 폴크방 국립음대가 있는 베어덴이라는 중소도시로 떠났다. 진경이를 독일에 유학시키라고 한 사람은 세계적인 첼리스트이자 독일 에센 국립음대 교수인 조영창 교수였다.

당시 나는 한 달이 넘도록 딸의 장래를 결정하지 못하고 있었다. 집안에서는 진경이를 서울대 음대에 보내기를 바랐다. 집안에는 서울대에 들어간 사람이 한 명도 없었다. 당시 우리나라에서는 일찍 유학을 간 여자들을 곱지 않은 시선으로 보았다. 유학을 다녀온 후 우리나라 클래식계에 발을 들여놓기가 어렵다는 주위 선생님들의 조언도 있었다. 주변에서는 진경이가 예원학교, 서울예고, 서울대 음대를 정석대로 갈 수 있는데 조기유학을 보내려 한다고 나의 허영심을 꾸짖기도 했다.

그렇지만 사실은 진경이가 유학을 가겠다고 고집을 부렸다. 그때만 해도 미국으로 유학 가는 것이 정석처럼 여겨졌다. 하지만 진경이는 조영창 교수의 음악에 매료되어 있었다. 진경이는 물불 안 가리고 독일로 가겠다고 했다. 그의 음악에 빠져 나와 남편의 말은 안중에도 없었다. 결국 한 달 넘게 밤을 새우며 낸 결론은 어떤 것이 딸의 장래에 더 유리하게 작용하는지가 아니라는 것이었다. 예술은 예술 그 자체로 바라보아야 한다는 것이었다. 남편은 매우 우려하는 눈빛으로 지켜보기만 했다.

비행기의 탑승 수속을 하려면 첼로는 사람처럼 좌석 한 개를 더 사야 한다. 비싼 몸값도 몸값이지만 약간만 줄이 틀어지거나 잘못되어도 고치는 데 드는 비용이 만만치 않다. 때문에 아주 아기 다루듯 해야 한다. 그런 만큼 항공사 직원이 직접 첼로케이스를 받아서 가지고 들어간다.

해외를 자주 다니다 보니 아시아나 승무원 대부분이 진경이를 안다. 나는 화이트 와인 한 잔을 시켜 놓고 스케줄을 체크한다. 독일 쾰른에서 연주가 있고, 벨기에 왕립 음악당에서도 연주를 하게 되었다. 지난해에는 진경이 클래스 학생들을 데리고 독일 할레라는 도시(라이프치히 옆, 슈만이 클라라와 살았던 곳)의 뮤직페스티벌에 참가했다.

진경이에게는 쾰른이 제2의 고향이 되었다. 에센 폴크방 국립음대에서 5년 만에 초고속으로 석사를 끝내고 6년을 쾰른에서 살았다. 또한 쾰른 국립음대에서 석사와 박사 학위를 땄다. 쾰른의 진경이 아파트는 라인 강가에 있었다. 쾰른역 광장을 가로지르면 메리어트 호텔이 있다. 그 호텔 옆 3층이 진경이의 집이었다.

진경이는 다른 것은 몰라도 집만은 좋아야 한다고 입버릇처럼 말했다. 부모 없이 혼자 외로운데 집마저 구질구질하면 안 된다는 확실한 이유가 있었다. 내가 그렇게 만들었다. 혹시라도 향수병에 걸릴까 봐 집에서 쓰던 퀼트 이불과 퀼트 벽걸이, 예쁜 커튼과 숯 매트를 독일로 보내 주었다. 부치는 비용만 150만 원 이상이 들었다. 여자아이 혼자서 춥고 을씨년스러운 날 집 생각하지 말라고 앤티크 장롱과 앤티크 책상에 책꽂이까지 들여 주었다. 벽에는 2점의 그림도 사다 걸었다.

나는 내 엄마한테서 받지 못한 정성을 진경이한테 한풀이하듯 쏟아 부었다. 내가 서울에서 자취하며 학교를 다니고 회사에 다닐 때도 엄마는 와 보지 않았다. 그 많은 농사일과 술만 보면 다 마셔 버려야 직성이 풀리는 아버지를 두고 우리를 돌보러 오실 수가 없었던 것이다. 전쟁 같은 하루하루를 살아 내야 하는 엄마에게는 서울로 우리 자매들을 보러 오시는 것은 사치였다. 지금은 치매에 걸리셔서 책을 쓰는 나의 옆에서 아기처럼 새근새근 주무신다.

나는 엄마의 삶이 싫어서 도망치듯 한 달 만에 결혼해 버렸다. 그리고 나 자신은 귀족처럼 자라지 못했지만, 진경이한테는 최고의 것과 최고의 인생을 선물하고 싶었다. 나는 1년에 제사를 열세 번씩 지내는 15대 종갓집으로 시집갔다. 그래서 하루 종일 부엌을 벗어날 수 없는 삶을 살았다.

그런 내가 싫어서 내 딸만은 전문직을 갖게 해야겠구나, 오로지 자신의 힘으로 세상에 딱 버티고 서서 당차게 살게 해야겠다며 첼로를 시켰다. 건강한 체력만큼 진경이는 굉장히 산만하고 10분도 가만히 앉아 있지를 못하는 성격이었다. 그런 애를 몇 시간씩 앉혀 놓고 첼로 연습을 시키려 하면 코피를 줄줄 흘리는 것이었다. 차라리 뛰는 것이 나은 아이였다.

진경이는 5학년이 되던 열두 살까지 운동을 열심히 했다. 첼로는 아홉 살 때 시켰다. 첼로를 전공시켜야겠다고 생각한 것은 진경이가 첫 번째 콩쿠르에 나가고 나서였다. 첼로를 시작한 지 두 달밖에 안 되었는데 진경이가 최우수상을 탔기 때문이었다. 나는 바로 이거다, 하고 진경이에게 첼로를 시켰다. 그런데 마음고생과 육체적 고생이 이루 말할 수 없었다. 피겨스케이트 김연아 선수보다 더 고생했으면 했지 덜하지 않을 것이다.

이제는 독일로 유학 간 지 11년 만에 진경이가 돌아왔다. 예술의 전당에서 귀국 독주회도 하고 어느 정도 자리도 잡아 가고 있다. 올해부터 여기저기 불러 주는 곳도 많아서 연주도 많이 하고 있다.

연주하러 갈 때 진경이는 그간 엄마의 고생을 보상이라도 해 주려는 듯 같이 가자고 한다. 같이 가서 연주하는 것도 봐 주고 드레스나 구두 같은 것들도 골라 달라면서. 머리와 화장은 본인이 한다.

무엇보다 일정이 끝나면, 우리는 명품거리에 쇼핑하러 다니는 것을 즐겼다. 뒤셀도르프에 명품 매장이 즐비한 거리가 있다. 거리 옆으로는 커피숍들이 있다. 굵은 가로수 나무 그늘에는 흰색의 테이블과 의자가 즐비하다. 거기에 앉아 귀족들의 사냥개처럼 우아하게 걷는 개들을 바라본다. 그리 춥지도 않은데 발끝까지 치렁치렁한 밍크코트를 입고 우아하게 걸어가는 사람들을 바라본다. 그러면서 마시는 커피의 풍요로운 향. 여유로움과 풍요의 맛. 그런 것들이 그립다.

나는 앞으로 내 앞에 펼쳐질 삶을 상상해 본다. 먼저 진경이의 연주를 위해 JK빌딩을 사서 JK 홀을 지었다. 1층에는 커피숍과 딱 알맞은 울림이 있는 음향시설이 설치되어 있다. 전기전자 컴퓨터공학을 전공한 아들이 깐깐하게 계산해서 아이디어를 내주었다. 지금은 소립자 실험 연구로 우리나라 최초로 노벨물리학상을 타고 서울대 물리학과 교수로 재직하고 있다.

나의 사무실은 JK 홀 맨 위층에 있다. 그곳에서 커피도 마시고 친구도 만나고 소설도 쓴다. 한강을 내려다보면서. 이번에는 내가 만난 음악가들의 삶의 뒤안길에 대해 쓰고 있다. 그들의 일상과 사랑, 연주 여행, 연애, 다양하고 다채로운 삶의 얘기들을 쓰고 있다.

진경이와 나는 리모와 가방을 끌고 메리어트호텔 스위트룸에 짐을 푼다. 그리고 언제나처럼 라인 강가의 잔디밭으로 간다. 검게 그을린 회색빛의 쾰른성당이 더욱 웅장하고 환하게 빛난다. 라인 강가의 잔디 광장 끝에는 맥줏집과 피자집들이 즐비하다. 골목 끝에 진경이가 잘 다니던 선술집이 있다. 낭만을 아는 70, 80년대의 젊은이들인 아티스트들이 모여 기타도 치고 트럼펫도 분다. 칵테일 한 잔이면 몇 시간 행복하게 놀 수 있는 곳이다. 아직도 그때 그대로 그 자리에 있다.

우리는 함성을 지르며 좁은 계단을 올라 2층으로 갔다. 흥겹게 한 시간 정도 있다가 호텔로 돌아와서 샤워했다. 옛날 라인 강가에서 벼룩시장이 열리면 나는 장바구니를 끌고 3킬로미터 정도 되는 강가를 헤집고 다녔다. 신기한 물건들을 구경하며 그 속에서 진귀한 보물을 만나기를 고대하며. 그것은 명품거리에서 만나지 못하는 행운이기도 했다.

벨기에의 명품거리, 파리의 명품거리, 이탈리아의 명품거리. 그곳 명품 매장들 앞에는 롤스로이스가 영화 〈대부〉의 돈꼴레오네 장례식 때나 볼 수 있을 것 같은 긴 행렬을 이루고 있다. 진경이는 어떤 상황에서도 당당하게 이것저것 대보며 입어 볼 수 있느냐고 물어본다. 4개 국어를 하는 진경이는 세계 어디를 가도 언어의 구애를 받지 않는다. 어려서부터 홈스테이를 하고 외국인 선생님을 집으로 오게 해서 영어를 시킨 결과다. 또한 일찍 독일에 유학해 세계 각국에서 온 외국인 친구들과 한 클래스에서 10년 넘게 공부한 결과다.

쾰른의 음악 홀은 역 앞의 파란색 건물이다. 연주가 시작도 되기 전에 사람들이 긴 행렬을 이루고 있다. 나는 2층 맨 앞자리에 앉아서 진경이가 나오기를 숨죽이며 기다리고 있다. 하늘색 드레스를 입은 진경이가 무대 앞으로 당당하게 걸어 나왔다. 동그란 조명이 진경이만을 비추고 있다. 진경이는 첼로를 비스듬히 눕히며 관객들에게 인사한다. 우레와 같은 박수소리가 들린다. 오 마이 갓! 하나님 감사합니다. 어찌 저렇게 영광스러운 딸을 제 딸로 보내 주셨나이까.

진경이의 연주가 시작되었다. 엘가 콘체르트 전 악장 연주였다. 3악장으로 접어들 때 옆자리의 독일 아주머니가 눈물을 흘렸다. 나도 모르게 눈물이 내 볼을 타고 흘러내렸다. 하나님, 감사합니다! 저토록 빛나는 아이를 제 딸로 보내 주시다니. 감사하고 또 감사합니다.

"일어나라 빛을 발하라, 이는 네 빛이 이르렀고 여호와의 영광이 네 위에 임하였음이니라." (이사야 60:1)

2

아들이 우리나라 최초로 노벨물리학상 수상 후 가족이 함께 스위스 여행하기

오늘 중앙일보에 '빌 앤 멜린다 게이츠 재단'이 코로나19 치료제 개발을 위해 1억 달러(한화 약 1,198억 원)를 기부했다는 기사가 났다. 빌 게이츠 관련 뉴스가 나오면 나도 모르게 귀가 그쪽을 향한다. 나는 동환이가 아주 어렸을 때부터 휴대전화에 '아들 빌 게이츠'라고 입력해 다녔다. 아들은 어려서부터 너무 총명했다. 내 친구들은 그런 아들 잘 기르라고 한마디씩 하곤 했다.

아들이 네 살 때 영재원에 아이큐 테스트를 하러 갔다. 그런데 한 시간가량 테스트하던 선생님이 왜 데리고 왔느냐고 물었다. 일반 아이들에 비해 지능이 떨어진다는 거였다. 나는 놀라서 동환이에게 자초지종을 물어보았다. 그랬더니 동환이가 "그럼 엄마가 처음부터 그렇게 말하지 그랬어. 선생님이 귀찮게 자꾸 물어보시니까 다 1번이라고 그랬지."라고 하는 것이었다. 동환이는 그런 애였다. 다시 테스트해 보니 동환이는 0.1%에 속하는 영재였다.

남편과 나, 딸과 동환이 이렇게 넷이 스위스를 여행하고 시상식 주최지인 스웨덴 왕립아카데미로 갈 예정이다. 우리나라 최초의 노벨물리학상을 받으러 말이다. 방송과 신문으로만 접하던 일이 현실이 된 것이다. 오오! 세상에! 우리 아들이 노벨물리학상을 받다니! 이런 일이 현실이 되다니, 꿈만 같다.

리퍼블릭 오브 사우스코리아의 동환 원이 노벨물리학상을 받게 되었다는 연락을 받고, 나는 "오오! 대박!"이라고 부르짖었다. 그것이 내가 처음에 내뱉은 언어였다. 무슨 말이 더 필요한가! 이 세상에 이보다 더 행복한 일이 있겠는가! 오오! 대박! 동환이가 하는 연구는 입자물리학으로 입자실험을 하는 것이다. 동환이가 반물질의 중력가속도 측정 실험에서 성공적인 결과를 얻은 것이다.

남편은 동환이가 네 살 때 우리 집 옥상에 작은 수영장을 만들어 주었다. 둥근 모양의 작은 수영장은 동환이와 딸 진경이가 놀기에 적당한 크기와 깊이였다. 남편은 옥상 전체에 초록색 인조잔디를 깔고 작은 수영장을 만들고 미끄럼틀을 놓아 주었다. 그러고 나서 남편은 그렇게 행복해했다.

그러던 어느 날 동환이가 수영장에 빠져서 죽을 뻔한 사건이 벌어졌다. 남편이 인공호흡을 한 후, 119구급차를 불렀다. 이대 종합병원으로 가는 길이 얼마나 막히던지. 동환이의 발가락과 손가락, 혀까지 안으로 말려 들어가고 있었다. 남편은 엄지손가락을 동환이의 입속에 넣고 있었다. 동환이가 이빨로 자신의 혀를 깨물까 봐 그렇게 한 것이다. 동환이는 실제로 남편의 엄지손가락을 잘려 나갈 만큼 꽉 물고 있었다. 나는 이 일을 기억해 내는 것이 가장 고통스럽다. 수십 년이 지난 지금도. 그렇게 잃어버릴 수도 있었던 아이가 노벨물리학상을 받는다니. 오, 마이 갓!

스위스 인터라켄에 있는 통나무 2층 별장은 브리엔츠 호숫가 언덕 위에 있다. 그날은 안개가 호숫가에 자욱하게 덮여 있었다. 브리엔츠 호 수는 투명하면서도 에메랄드처럼 눈부시게 빛났다. 아침에 안개가 서서 히 걷히자 눈이 뒤덮인 거대한 폴호른(Foulhorn) 산이 창가에 갑자기 확 와 닿는 것 같았다. 공기가 맑고 깨끗하다 보니 갑자기 산이 눈앞에 와 있는 듯 거대하게 느껴졌다.

우리는 차로 융프라우를 향해 떠났다. 눈 덮인 산 옆으로 유유히 흐 르는 튠 호숫가를 달려가서 닿은 곳은 인터라켄역이었다. 꼭대기에 빙하 가 덮여 있는 해발 3,466미터의 산. 그것이 융프라우다. 산 정상은 수만 년 전의 빙하로 덮여 있다. 거기까지 가는 등산열차의 넓은 창밖으로 굵 은 눈꽃송이가 휘날리고 있었다. 천국을 향해 달리는 빙하 특급열차를 탄 기분이었다. 창밖의 풍경을 바라보며 웃는 동환이가 더욱 하얗고 신 비스럽게 내 눈에 들어왔다. '저렇게 찬란한 아이를 제 아들로 보내 주셔 서 감사합니다!' 나도 모르게 우주의 강력한 에너지인 하나님께 감사 기 도를 드렸다.

네 살 때 물에 빠진 동환이는 응급실에 한 달을 입원해 있었다. 남편과 나는 한 달 동안 한마디도 하지 않았다. 면회시간이 되면 눈짓으로 번갈아 들어가 동환이를 봤다. 그렇게 사랑하던 사이였는데. 아이가 그렇게 되고 보니 마음속 깊은 곳에서 서로에 대한 수만 가지 감정들이 뒤엉켜 버렸다. 서로 무심히 쳐다볼 뿐, 단 한마디도 할 수가 없었다.

산소 호흡기를 끼고 혼수상태에 빠져 있던 동환이는 새벽 2시에 깨어났다. 아들은 내게 "엄마, 누나 어딨어? 엄마! 엄마가 〈섬 그늘〉 불러 줘."라고 말했다. 나는 눈물을 철철 흘리며 숨죽여 노래를 불렀다. "엄마가 섬 그늘에 굴 따러 가면 아기는 혼자 남아 집을 보다가…." 콧물이 내 가슴까지 흘러내렸다. 그것도 모른 채 새벽 응급실에서 숨죽여 불렀던 그 노래는 동환이를 재울 때 늘 불러 주던 노래였다.

동환이는 중3 때 부산영재고, 서울과고, 한성과고, 민사고에서 모두 떨어졌다. 내신 성적이 안 좋아서였다. 영어 성적이 안 좋아서 민사고에서 떨어지고, 내신 성적이 안 좋아서 과고에서 떨어졌다. 그럼에도 불구하고 동환이는 별다른 감정 변화를 보이지 않았다. 나 역시 아들의 존재 자체가 엔도르핀 덩어리였기 때문에 크게 스트레스는 주지 않았다. 나는 그냥 내 아들을 믿었다. 그냥 믿음이 갔다. 뭘 해도 잘할 아이라고 굳게 믿었다. 네 살 때부터 과학, 천체물리 책을 혼자 보며 놀이처럼 즐겼던 아이다. 중학교 때 아들의 지적 갈증을 채워 주기 위해 카이스트 박사님을 찾아가 동환이를 부탁했다.

동환이는 서울대 전기전자 컴퓨터 공학부를 4년 전액 장학금을 받으며 합격했다. 그리고 3학년이 되자 물리학부를 복수전공했다. 그러고 나서 석·박사 과정을 밟으며 연구실에서 연구에 전념했다. 서울대 물리학부 김선기 교수님은《무궁화꽃이 피었습니다》의 주인공인 핵물리학자 이휘소 박사의 제자였다. 동환이가 그 맥을 잇고 있었다. 사실 동환이가 정확히 무엇을 연구하는지 나는 잘 알지 못했다.

동환이가 빌 게이츠처럼 크기를 바라지만 오직 큰 부자가 되라는 뜻은 아니다. 나는 동환이가 큰 부자가 되어 빌 게이츠처럼 인류의 풍요와 행복을 위해 헌신하는 사람이 되라고 기도했다. 큰 부를 이루어 그 풍요로움을 크게 나눌 수 있다면 얼마나 행복하겠는가. 그게 내 아들이라면 더욱 큰 행복이 아닐 수 없다.

얼마 전 배우 김남길이 '길스토리'라는 NGO 단체를 만들었다는 소식을 들었다. 그는 골목골목 걸어 다니며 비영리단체를 자비로 꾸려 나가고 있다. 나는 이런 사람들이 많이 나왔으면 좋겠다. 동환이도 사회에 좋은 영향력을 끼치는 사람이었으면 좋겠다. 동환이도 그렇게 하고 싶다는 말을 많이 했다.

동환이의 영어 이름의 머리글자를 딴 DH빌딩에 DH재단 본부를 두고 우리나라뿐만이 아니라 세계적인 구호 활동에도 최선을 다할 것이다. 당연히 동환이가 더 좋은 사회를 만들기 위해 나눔을 실천하는 서울대 교수로 살기를 바란다. 수많은 업적을 남기는 훌륭한 교수였으면 좋겠다.

나와 남편은 그저 아들이 자신이 원하는 삶을 행복하게 살기를 바란다. 그저 건강했으면 좋겠다. 그저 풍요와 자유로움 속에서 여유롭게 살기를 바란다.

3

한남동 74평 더힐 아파트 사서
가족들과 행복하게 살기

집 앞의 산수유가 활짝 피었다. 엊그제만 해도 눈이 내리고 날씨가 영하로 내려가 쌀쌀했는데 금세 노란 꽃이 핀 것이다. 바짝 말라붙어 있던 가지가 수분이 올라 탱탱해지더니 꽃이 확 피어 버린 것이다. 목련도 금방 피겠지.

잠실 종합운동장 건너편에는 정신여고가 있다. 바로 앞에는 아시아 선수촌 공원과 아시아 선수촌 아파트가 있다. 환경이 아주 쾌적할뿐더러 각 동들이 어수선하지 않게 멀찍멀찍 떨어져 있다. 간격도 간격이지만 잔디밭이 잘 조성되어 있다.

나는 그 옆의 우성아파트에서 살고 있다. 우성아파트는 1986년에 지어졌다. 층간소음도 적고 집 근처에 위락시설이 없다. 아주초등학교, 아주중학교, 정신여고가 단지 안에 있어서 아이들을 안전하게 기를 수 있겠다 싶었다. 그것만 생각하고 목동에서 이사 온 지 벌써 18년이 되었다.

35년이 된 아름드리 리기다소나무와 장미꽃, 목련꽃이 흐드러지게 피는 4, 5월이 되면 아파트 단지가 화사하게 빛난다. 지금은 삼성역에서

5분 거리라는 호재가 있어 핫한 동네가 되었다. 나는 아무 생각 없이 아이 안전만을 생각하고 이사를 왔는데. 주거지가 투자의 대상이 된다는 것이 좀 그렇긴 하다. 그런저런 생각 안 하고 지금까지 살 수 있게 해 준 남편한테 감사한다.

나이를 먹다 보니 아들딸을 결혼시킬 때가 다가왔다. 그 아이들에게 집 근처의 작은 아파트를 하나씩 사 주어 자주 보고 살면 좋겠다 싶다. 그런 바람이 나만의 욕심일까? 대부분 그렇게 생각하며 살지 않을까. 사랑하는 가족들과 가까이에서 산다는 것. 너무 자주는 말고 일주일에 한 번씩이라도 만나서 같이 식사하고 손주 손녀도 보면서 지내는 것. 그것이 노년의 풍요이고 행복이 아닐까?

나는 한남동의 74평짜리 더힐 아파트를 사고 싶다. 아들과 딸이 손주 손녀를 데리고 그 집에 왔으면 싶다. 그러면 같이 아파트 근처를 산책하기도 하고 명절에는 같이 잠도 자겠지. 남산도 가까우니 꽃이 피면 피는 대로 낙엽이 지면 지는 대로 남편과 손잡고 그 산책길을 도란도란 걷고 싶다. 단지가 크지 않고 층수도 높지 않은 아파트 환경이 지금 살고 있는 잠실 우성아파트와 비슷해서 좋다. 친한 언니네가 한남동 유엔빌리지에 살고 있으니 같이 남산 길을 산책하면 더 좋을 것 같다.

몇 달 전 진경이 친구 엄마가 이사했다며 초대해서 가 보니 한남동 더힐 아파트였다. 단지도 아담하고 높지도 낮지도 않을뿐더러 동과 동사이가 널찍이 떨어져 있었다. 조경도 잘되어 있었다. 봄이면 아파트 화단에 꽃들이 알록달록 아름답게 피어나겠지. 등 굽은 오랜 명품 나무도 질세라 그늘을 드리워 주고 있었다. 아파트 뒤로는 남산이 이어져 있다. 커뮤니티 시설도 잘 갖춰져 있다.

하지만 이 모든 것보다 편안하고 아늑한 소파, 책 읽기에 좋은 의자와 책상들이 띄엄띄엄 놓여 있는 카페테리아의 분위기가 너무 좋았다. 그래서 갑자기 이 아파트로 이사 오고 싶다는 생각이 들기 시작했다. 이 생각이 내 마음속에서 점점 자라나더니 아주 집요하게 나를 사로잡기 시작했다.

나는 일주일에 세 번 산책한다. 리온이는 재패니스 스피츠다. 하얀색 털이 귀족스러운 강아지다. 그날도 두 살 된 리온이를 끌고 산책하고 있었다. 유튜브를 들으면서. 그때 〈김도사TV〉에서 "우주는 당신의 감정과 느낌을 듣는다."라는 웨인 다이어의 《확신의 힘》을 강의하고 있었다.

그렇다. 그거였구나. 그걸 놓쳤었구나. "이미 이루어진 것처럼 상상하라.", "이미 이루어진 것처럼 살아라.", "원하는 것에만 집중하라." "이미 이루어진 것처럼 느껴라."라는 것을.

또한 네빌 고다드의 책 《믿음으로 걸어라》, 《5일간의 강의》에서는 "나에 대한 관념이 나의 모습과 환경을 결정한다."라는 이야기를 하고 있다는 것을. 〈김도사TV〉에서는 나폴레온 힐의 《놓치고 싶지 않은 나의 꿈 나의 인생》 등도 강의하고 있었다.

그 강의들을 듣는데 알 수 없는 어떤 감정이 가슴 저 아래에서 북받쳐 올라왔다. 나는 후우 숨을 길게 내쉬며 걸었다. 하늘을 올려다보니 달이 떠 있었다. 보름달이었다. 나의 내부에서 뭔가 꿈틀거리는 것 같았다. 내가 확실히 달라지고 있다는 것을 느낄 수 있었다.

나는 한남동 더힐 아파트를 끌어당기기로 결정했다. 나는 꿈속에서 집을 찾아다녔다. 푸른 잔디가 깔린 언덕 위의 집을 보고 있었다. 그런 꿈을 자주 꾸었다. 이게 무슨 뜻일까? 내가 꿈속에서 찾아다녔던 그런 느낌의 집이 한남동 더힐 아파트였다. 아파트 입구로 차를 몰고 들어서자 뭔지 모르게 따뜻하고 편안해지는 느낌이었다. 내가 찾던 아파트다! 바로 그런 느낌이 왔다. 남편을 만났을 때의 첫인상 같은 집.

나는 어려서 넓은 들판이 끝나는 지점에 있는 집에서 살았다. 멀리 수인선이 보이는 집이었다. 뒤에는 작은 산들이 아담한 능선을 이루고 있었다. 끝도 없이 펼쳐진 넓은 논은 사시사철 색깔이 바뀌었다. 마당 끝에는 작은 개울이 있고 미루나무가 줄지어 서 있었다. 뒤에는 과수원이 있었는데 겨울만 빼고 언제나 과일이 풍성했다. 방학이면 마당에 멍석을 깔고 미루나무 그늘을 따라가며 엎드려 책을 읽었다. 행복했던 내 유년의 한 장면이다.

나는 행복, 풍요, 건강, 여유, 긍정, 부, 성공, 사랑을 끌어당기려 한다. 이미 이루어진 것처럼 느낄 것이다. 이미 한남동 더힐 아파트에서 살고 있다고 상상할 것이다. 창밖의 잔디밭과 꽃들을 바라보며, 노랗게 핀 산수유를 바라보며 풍요로운 공간, 여유로운 쉼터, 행복한 보금자리에 있다고 느낄 것이다. 더힐 아파트는 이제 내 것이 되었다. 내 소망이 이미 다 이루어졌다. 그 풍요로운 공간에서 행복을 누릴 것이다. 우리 아들딸과 손주 손녀들이 방문하면 언제든지 따뜻하게 품어 줄 것이다.

아들딸과 함께하는 아름답고 따뜻한 공간을 끌어당기겠다. 넓은 주차장과 멋진 카페테리아가 있는 곳. 책을 읽을 수 있는 커뮤니티 공간이 있는 곳. 이런 곳에 사는 동네 주민이 여유롭고 풍요로운 이웃들이었으면 좋겠다. 그들과 여유 있고 풍요로운 문화생활을 누리며 가끔 음악회도 열고 싶다. 그렇게 음악을 즐기며 가끔은 와인 파티도 하고 싶다. 잔디밭에서 바비큐 파티도 하면서 살고 싶다. 이렇게 행복한 상상을 하자니 나도 모르게 함빡 미소를 짓게 된다. 가슴이 따뜻해지고 행복해진다.

남편은 테니스와 골프를 친다. 그리고 가끔 나의 손을 잡고 산책을 즐긴다. 후후, 행복한 마음이다. I am happiness! I am that I am.

100만 베스트셀러 작가 되어
KBS1 <아침마당> 출연하기

나는 35년 전 결혼했다. 그때 오래된 수동식 타자기 한 대를 가지고 갔다. 나의 오랜 꿈이 작가가 되는 거였다. 어느 정도 인생의 무게를 느껴질 때가 되면 글을 쓰리라 생각했었다. 마흔 살이 되었을 때 이제 글을 쓰라는 내면의 속삭임을 들었다. 어떤 날은 행복했고 어떤 날은 불행했다. 아이 둘을 키우며 종갓집 며느리로, 아내로의 삶을 살아내는 것은 버거웠다. 내가 할 일이 아닌 것처럼 느껴질 때가 많았다. 그냥 나로 살아보고 싶었다. 가족들을 위해 희생만 하면서 사는 삶이 매우 서글프기까지 했다. 나름 대기업에 다니며 능력 있게 일하던 나였다.

나는 그날의 내 마음속 속삭임에 따라 습작을 하기 시작했다. 그러다가 대학에 가서 제대로 글을 써야 되겠다는 생각이 들었다. 그래서 나는 숭의여대 문창과와 숙명여대 국문과에서 열심히 글을 썼다. 나는 《토지》의 박경리, 《미망》, 《나목》의 박완서, 《새의 선물》의 은희경, 《외딴방》의 신경숙, 《슈산보이》의 아사다 지로, 《오만과 편견》의 제인 오스

틴, 《유년의 뜰》의 오정희 같은 작가들을 좋아했다. 실제로 그들의 소설을 필사하였다. 셰익스피어도 한 권을 통째로 원고지에 필사하기도 하였다.

특히 오정희의 소설도 한 권을 필사했다. 시도 1,000편쯤 필사했을 것이다. 그래도 나에게 글쓰기는 어렵기만 했다. 그러다 2001년 광주일보 신춘문예에 《망발풀이》가 당선되어 등단했다. 그리고 나서 단편 소설 몇 편 쓰고 그만두게 되었다.

딸 진경이가 예원학교 시험에서 떨어진 게 계기였다. 내가 애를 돌보지 않아서였다. 합격자 발표가 있던 날, 열세 살짜리가 죽고 싶다고 했다. 나는 오랜 고민 끝에 작가가 되는 꿈을 접기로 했다. 딸이 불행하다는데 내가 행복할 수가 있겠는가? 오직 나만을 위한다면 도대체 나는 누구인가, 하는 생각이 들어서였다.

그날부터 딸 진경이와 나는 한 몸이 되어 수많은 어려운 관문들을 통과해 나갔다. 진경이는 첼로를 열심히 공부했고 연습을 해서 오늘의 자리에 있게 되었다. 자기 길을 한 번의 망설임이나 주저함 없이 당당히 앞으로 나아가는 진경이를 보면 행복하다. 진경이는 어제의 자기 자신보다 한 걸음 더 앞으로 나아가는 첼리스트가 되고자 매일 연습을 게을리 하지 않는다. 그런 딸 진경이가 얼마나 자랑스러운지 모른다.

내가 진정 작가가 되려고 하는 이유는 어렵게 11년 가까운 세월 동안 독일에서 힘들게 박사까지 받아온 진경이를 도와주고 싶기 때문이다.

클래식계의 연주자들은 다 지금 어려운 형편이다. 우리나라뿐이 아니고 세계적인 추세이기도 하다. 정말 어렵게 많이 공부하고 연습해서 실력이 출중한 연주자들도 일자리 얻기가 하늘의 별 따기이다. 오케스트라가 많이 생겼지만 월급이 형편없는 데다 대우도 초라하기 그지없다. 그들이 그런 실력을 갖추기까지 얼마나 많이 노력하고 투자했는지 알면 아마 깜짝 놀랄 것이다. 투자 대비 정말 형편없는 수입이다.

진경이는 운 좋게도 귀국하자마자 연세대학교에 객원교수로 출강하게 되었다. 가끔 여기저기 실내악 연주도 참여하고 있고 독주회도 한다. 제자들도 많은 만큼 다른 연주자들에 비해 꽤 운이 좋은 편이다. 얼마나 많은 투자를 하고 공부를 해야 그 정도의 연주자를 키워낼 수 있는지 알면 정말 놀랄 것이다. 음악가들이 얼마나 연습에 연습을 거듭해야 이른바 잘하는 음악가가 되는지 안다면 아무도 음악가가 되려 하지 않을 것이다.

내가 독일에 머물 때 버그(Burg)라는 곳에 간 적이 있다. 진경이와 첼리스트 친구들, 쾰른음대 교수인 마리아 클리겔과 함께였다. 아주 오래된 나메디 공작의 성(Namedy Castle)성에서 열린 연주회에 참석하기 위해서였다. 그곳의 성주인 공작과 공작부인이 해마다 그 성에서 음악회를 연다고 했다.

진경이와 친구들은 그곳에 연주하러 갔던 것이다. 하루 종일 이어지는 연주회였다. 공작은 홀에서 곡에 대해 설명을 했다. 청중들은 대부분이 그곳 주민들이었다. 연주회에 참석한 주민들은 모두 작곡가와 곡에 대한 공작의 설명을 진지하게 듣고 있었다. 쉬는 시간에는 커피와 피자, 햄버거 한쪽 정도 사 먹을 수가 있었다. 매년 7월 초만 되면 뮤직 페스티벌을 연다고 했다.

나는 호기심 때문에 음악회만 집중할 수가 없었다. 이 작고 아담한 성을 구석구석 구경하고 싶었다. 2층의 침실들과 옥상의 굴뚝들과 공작부인의 거실과 하녀들의 부엌까지 둘러보았다. 잊을 수 없는 소중한 추억으로 남았다.

주민들의 옷은 화려하지 않았다. 아주 유행이 지난 빛바랜 옷이었지만, 기품이 있었다. 그들의 정서와 문화는 급조된 것이 아닌 아주 오래되고 몸에 잘 맞는 옷 같은 것이었다. 음악에 대한 독일 사람들의 존중과 배려는 음악가들에게도 그대로 나타난다. 연주가 끝나면 연주가들에게 최고 존경의 표시로 묵직한 박수갈채를 아낌없이 보낸다.

그렇게 죽을힘을 다해 공부하고 고국으로 돌아온다. 그렇지만 그들 중 몇 명 빼고는 투자하고 노력한 돈의 100분의 일도 보상받지 못한다. 독일은 우리보다 음악가들은 훨씬 존경받는 분위기이다. 수백 년 전부터 내려온 그들만의 정서 때문이다.

지금 나는 한책협의 김도사에게 책 쓰기 과정을 배우고 있다. 나는 책을 써서 돈을 많이 벌어 진경이와 같은 음악가들을 도와주고 싶다. 우리나라의 클래식 발전을 위해서 음악 홀도 아담하게 짓고 하우스 콘서트도 열겠다. 1층에는 코지한 공간의 카페테리아를 만들고 책도 비치해 놓아 북 콘서트도 열겠다. 아름다운 르네상스풍의 2층 음악당에는 핑거푸드와 치즈, 와인을 준비하겠다. 음악과 책을 사랑하는 사람들을 초대하고 그들과 함께 인생의 풍요로움과 여유를 즐기겠다. 나는 KBS 〈아침마당〉이나 백화점 강연회에 나가 사람들에게 나의 꿈을 이야기하고 싶다. 많은 사람의 공감을 얻어 하루빨리 나의 꿈을 완성시키고 싶다.

아이들에게 음악을 자유롭게 시키고 책을 읽는 재미를 알게 하고 싶다. 젊은 엄마들이 좀 더 적극적으로 아이들에게 문화를 누릴 수 있도록 여유를 가졌으면 좋겠다. 그래야 더 행복한 삶으로 연결되고 여유 있고 풍요로운 삶을 살게 될 것이다.

아인슈타인도 바이올린 연주 솜씨가 좋았다. 나는 음악을 사랑하는 많은 기업가들을 만났다. 글락소스미스클라인이라는 세계적인 제약회사의 한국법인 대표였던 김진호 회장님은 실제로 대단한 수준의 첼로 실력을 가지고 있다. 부인 한정아 여사도 피아니스트이다. 음악을 사랑하고 책을 사랑했기에 기업을 오늘날과 같이 성장시키지 않았을까 생각한다. 훌륭한 인품은 어느 날 벼락같이 오지 않는다.

《의식 혁명》을 쓴 데이비드 호킨스 박사도 "예술 중에서도 음악은 우리 눈에 가장 쉽게 눈물을 맺히게 하고, 춤을 추게 하며, 사랑과 창조의 절정에 오르도록 고무시킨다."고 했다.

육체의 무게보다 영혼의 무게가 더 무겁다. 우리는 영혼을 치유하고 잘 가꾸어야 진정 풍요로운 삶을 살 수 있다. 나는 내가 아는 사람들이 행복했으면 좋겠다. 좀 더 여유롭고 풍요로운 삶을 영위하기를 바란다. 책을 읽고 음악을 사랑하는 삶이었으면 좋겠다.

강화도에 별장을 지어
가족 및 지인들과 와인파티 즐기기

횡성의 산기슭에는 바이올리니스트 이순익 교수 부부의 단단하게 잘 지어진 세컨드하우스가 있다. 분당에 살면서 횡성에는 일주일에 한 번씩 간다. 부부는 1년에 한 번, 5월 5일이 되면 지인들을 이곳으로 부른다. 잔디밭에서 바비큐 파티도 하고 향 좋은 와인도 마신다. 그동안 그려 놓은 그림도 감상한다. 그렇게 친한 음악가들과 지인들이 모여 하루 이틀 정도 즐기고 각자의 일터로 돌아간다.

때로는 미국에서 친구가 오고 때로는 독일에서 친구가 온다. 횡성 한우와 정성 들여 고른 치즈와 와인이 함께한다. 하루 종일 잔디밭에서 웃고 떠들어도 누가 뭐라고 불평할 사람이 없다. 이른 아침에는 건너편 산에 자욱하게 안개가 덮여 있다. 커피 한 잔을 들고 안개가 서서히 사라지는 모습을 바라만 봐도 행복하다.

내가 여기 멤버가 된 지는 7,8년 정도 된다. 지금은 자연스레 만나서 뭘 마실까, 뭘 해 먹을까 얘기한다. 거실과 2층 화실에는 중국의 유명한 조각가가 조각한 아름답고 정교한 옥 조각품들이 즐비하다. 이것이 진정한 인생의 자유이고 풍요로움이 아닐까 생각한다. 연주회에서 만나는 음악가들과 실제로 삶터에서 만나는 음악가들의 삶은 연결되어 있다. 생활 자체가 여유롭고 생각 자체가 풍성하다. 음악이 삶이고 삶이 음악인 사람들이다.

잠실 종합운동장에서 올림픽 도로를 따라 한 시간 정도 가면 강화도로 진입한다. 지금도 강화도 풍물시장 5일 장에 가끔 간다. 결혼하고는 목동 쪽에서 살았다. 그래서 주말이면 아이들을 강화도 석모도에 데리고 다녔다. 아이들이 초등학생이었을 때는 우렁이를 잡겠다고 논두렁 밭두렁을 흙범벅이 되어 뛰어다녔다.

나는 어려서 시골에서 자랐다. 때문에 아이들에게도 시골의 정서를 알게 해 주고 싶었다. 그래서 그런지 나는 강화도가 더 마음이 편하다. 잠실에서는 양평이 더 가깝고 경치도 좋고 좋은 맛집도 많은데 말이다.

강화도에 땅을 1,000평쯤 사서 바다가 보이는 산기슭에 예쁜 집을 지어 살고 싶었다. 내 소망이 이루어지면 넓은 잔디밭을 만들고 앉은뱅이패랭이꽃과 봉숭아, 백일홍, 꽃다지 등을 잔디밭 가에 심겠다. 그렇게 예쁘게 정원을 꾸미고 옆에는 등 굽은 소나무와 떡갈나무를 심겠다. 앞으로는 탁 트인 바다와 갯벌이 있었으면 좋겠다. 그렇게 흔들의자에 앉아 멀리 석양을 바라보며 책을 읽고 싶다. 창문으로는 갯벌에 비친 석양으로 인해 시시각각 변하는 바다의 색채를 감상하겠다. 생각만 해도 벅차고 행복하다.

우리 가족은 남달리 여행하는 것을 좋아한다. 하지만 패키지여행은 한 번도 가 본 적이 없다. 외국여행은 아이들이 계획을 세운다. 국내여행은 나와 남편이 가 봤던 곳으로 정한다. 하지만 요즘은 갈 시간이 없다. 우리가 덜 바빠지니 아이들이 바빠져 같이 다닐 시간이 없다. 가족이란 참 묘하다. 함께하고 싶은데 서로의 시간을 못 맞춰 함께하지 못하기도 하니 말이다. 사랑하니까 떠나는 거다. 사랑하니까 보내 줘야 하는 거다.

그래서 우리 가족이 함께할 수 있는, 자연이 있는 공간이 필요하다고 느낀다. 서로 바쁘니까 1년에 몇 번이라도 함께 모여 바비큐파티도 와인파티도 하면서 아이들과 함께할 수 있는 공간이었으면 싶다.

예쁜 펜션들은 즐비하다. 그런데 우리 가족은 모두 늦게 일어나는 만큼 11시에 체크아웃하려면 마음이 바빠져서 쉬는 것 같지가 않다. 쫓기는 것 같은 심정을 누군들 좋아하랴. 우리 가족 모두를 포함해서.

이번에도 새로 생긴, 설해원이라는 강원도의 호텔식 리조트에 갔다 왔다. 주로 골프 멤버십을 가진 사람들만 가는 곳이다. 일본식 온천장 아오모리 리조트와 똑같이 만들어 놨다. 우리 가족은 이곳에서 밤늦게 수영하고 늦게까지 자고 조금 늦게 퇴실했다. 이런 리조트도 좋겠지만 우리는 리조트 회원권보다 별장을 가지고 싶다.

1년 중 경치 좋은 봄가을 그곳에 가족들과 지인들을 초대하고 싶다. 그래서 바비큐파티도 하고 텃밭에서 가꾼 채소도 나누어 가져가고 쑥떡도 해 먹고 싶다. 이렇게 가꾸어 가는 것이 풍요롭고 여유로운 삶이라고 생각한다.

가끔 1년에 한 번 하우스 콘서트도 열고 싶다. 클래식이 생활화되어 우리나라에서도 클래식 인구가 많이 늘었으면 좋겠다. 클래식이 특정 계층만의 문화가 아니고 우리 일반인들에게 친숙한 문화였으면 좋겠다. 아름다운 경치를 보며 맛있는 음식을 나누어 먹고 책을 읽으며 음악을 함께 즐길 수 있다면 얼마나 행복하겠는가.

웨인 다이어의 《확신의 힘》과 네빌 고다드의 《믿음으로 걸어라》에는 "이미 이루어진 것처럼 상상하라.", "이미 이루어진 것처럼 살아라.", "원하는 것에만 집중하라."라고 적혀 있다. 또한 "자신만의 은밀하고 성스러운 내면의 장소인 상상을 견고하게 지켜라.", "누구도 여러분의 상상을 어떤 식으로든 더럽힐 수 없게 하라.", "존경의 마음으로 상상에 말을 걸어 보라. 상상에 경의를 표하라."라고 했다.

나는 강화도 화도면의 동막해변을 내려다보는 산기슭에 아담하고 예쁜 별장을 짓겠다. 거실에는 아름다운 석양을 바라볼 수 있는 넓은 창을 내겠다. 잔디밭에는 흔들의자를 놓고 석양을 바라보며 음악을 듣고 책을 읽겠다. 나는 그러한 장면들을 꾸준히 집요하게 끌어들여 내 삶의 일부분이 되게 할 것이다.

양수리에 아름다운 별장을 가지고 있는 지인은 사람들이 드나들지 않아 가끔 가서 청소만 하고 온다고 했다. 그런 별장은 그저 성가신 짐일 뿐이다.

독일 포겔바흐(Vogelbach)라는 시골 마을에 사는 노희숙 언니가 있다. 언니는 옛날 독일로 건너간 파독 간호사 중의 한 명이었다. 가서 열심히 일하고 공부해 의사가 되었다. 그 후 의사인 해버트와 결혼해 포겔바흐의 산 밑에 25년에 걸쳐 집을 지어서 살고 있다. 루브르 박물관의 축소판 같은 집이다. 그런 집에서 둘이 살고 있다.

언니는 한국에서 아는 지인들이 오면 1층에서 재운다. 언니의 집에는 친구들의 방문이 끊이질 않는다. 미국에서도 오고 한국에서도 오고 스페인 친구들도 온다. 친구들이 오면 언니 부부는 바비큐도 굽고 와인도 마시고 가끔은 리조트에도 데려간다. 수영장과 스파가 있는 멋진 집에서 둘이만 산다면 뭐가 행복하겠는가. 그냥 늙어 가는 서로를 바라만 볼 뿐.

언니는 참 편하게 사람을 대한다. 자신이 일어나는 시간을 이야기해 주고 시간이 맞으면 내일 함께하자고 한다. 그것이 안 되면 각자 시간을 쓰자고 한다. 인생을 풍요롭게 사는 법을 아는 언니다. 그냥 조건 없이 베풀고 나의 풍요로움을 나눌 줄 아는 분들이다. 나도 함께 너그러워지게 하는 풍요로움이다.

같이 나누고 함께하는 삶. 그래야 2배로 행복하다. 나를 포장하지 않고 나를 있는 그대로 드러내는 삶. 날것 그대로 함께 나누는 삶이 진정 행복한 삶이 아닐까.

PART
10

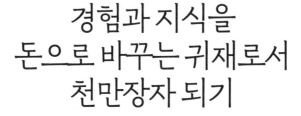

경험과 지식을
돈으로 바꾸는 귀재로서
천만장자 되기

· 이창순 ·

이창순

산모롱이 대표, 발효곶감 전문가, 휴드림연구가, 자기계발 작가, 동기부여가, 강연가, 메신저

대구대학교 국문학을 전공(심리학 복수전공)하고, 상담심리사 2급 자격증 취득, '김영애가족치료연구소'에서 부부상담과정을 수료하였다. 37년 차 행복한 결혼생활 자기계발 작가이자 동기부여가, 강연가, 메신저, 휴드림연구가, 발효곶감 전문가로 활동하고 있으며, 한국결혼생활연구소를 운영하고 있다. 현재 '결혼생활 행복하세요?'란 주제로 개인저서를 집필 중이다.

베스트셀러 작가가 되어
북 콘서트 열기

당신의 결혼생활은 행복한가? 아니면 불행한가? 행복하다가 불행하다가 그렇게 행불행이 왔다 갔다 하지는 않는가? 수십 번도 더 이혼해야지 하다가도 아이들 때문에 참고 살지는 않는지. 어느새 오도 가도 못하고 불행하다는 생각조차 하지 못하면서 살고 있지는 않은지. 나 역시 별반 다르지 않은 결혼생활을 해 온 것 같다. 그 반평생의 결혼생활을 돌아보고자 책을 냈다. 《결혼생활 행복하세요?》란 책 속에는 행복하게 결혼생활을 회복할 수 있는 기술이 담겨 있다. 모쪼록 나의 결혼생활 이야기가 도움이 된다면 더 바랄 것이 없겠다. 베스트셀러가 되어 북 콘서트를 여는 날을 고대한다.

결혼하고 처음 몇 년간은 참 행복했다. 나와 남편은 결혼 전에 '가정을 어떻게 꾸릴 것인가?' 논의했다. 남편은 경제를 책임지고 나는 자식 농사가 최고라며 전업주부로 살기로 했다. 남편은 다니던 직장을 그대로 다니고 나는 다니던 직장을 그만두었다. 남편이 벌어다 주는 월급 안에서 분수를 지켜 가며 살았다.

결혼 후 바로 임신이 되어 첫아이를 갖게 되었는데 너무 힘들었다. 나는 결혼 전에는 소화제나 감기약이 무엇인지도 모를 만큼 건강했었다. 그런데 소화불량과 감기에서 시작되어 급기야 임신 7개월에는 늑막염에 걸렸다. 하는 수 없이 첫아이를 수술해서 낳았다. 그래도 이때까지는 참 행복했다.

처음 결혼생활이 불행하다고 느꼈던 때는 둘째 아이를 출산한 지 1년째 되었을 때다. 연년생을 키우다 보니 몸과 마음이 모두 힘들었다. 남편이 너무도 바빠 혼자서 아이들을 키워야 했다. 그런 속에서 나를 무시하는 남편의 태도와 언어 때문에 괴로웠다.

결혼하면서 나는 남편에게 인간 대 인간으로 살자고 제안했다. 하지만 남편은 펄쩍 뛰었다. 어떻게 남편과 아내가 똑같을 수 있느냐면서. 차차 남편의 마음을 변화시켜 가야겠다고 생각했지만 남편의 언동을 참아내기가 어려웠다. 그러던 어느 날 나는 남편이 받아 온 월급봉투와 가계부를 함께 던져 버렸다. 이혼할 작정으로 앨범에 있는 결혼사진을 닥치는 대로 찢어 버렸다.

이혼을 하고자 하는 이유는 그것만이 아니었다. 남편은 부모가 없고 형제들만 있는데도 나는 내 부모보다 더 높이 섬겼다. 그런데 남편은 내 부모한테 신경을 쓰지 않았다. 나는 '아무리 새엄마라도 그러면 안 되잖아? 알아서 해 줘야지'라고 생각했다. 그런데 남편은 말을 하지 않으니 몰랐다고 했다. 치사하게 그걸 어찌 말하나. 부모를 먼저 섬겨야 하는 것은 기본이지 않나?

그런 서운함을 가슴에 묻고 또 묻고 있다가 결국 막판에 터져 버린 것이다. 나는 이렇게 불행하게 살 수 없다며 이혼을 결심했다. 두 살과 세 살 난 내 아이들이 차 버린 이불을 마지막으로 덮어 주면서. 그런데 그 아이들의 모습을 보고는 도저히 내 마음대로 할 수가 없었다. 이 어린 것들을 또 나와 같이 계모에게 맡겨? 나는 어쩌려고 그러느냐며 나 자신을 마구 꾸짖었다. 계모 밑에서 너무도 힘들게 살아온 내 삶을 아이들에게 물려주려는 순간에 나는 멈췄다. 천벌을 받으려 하는 게지.

나는 다시 마음을 다잡고 아이들을 잘 키워 냈다. 우리 아이들이 부모의 마음에도 들고 자신들이 하고 싶은 것도 할 줄 아는 사람으로 자라서 얼마나 고마운지 모른다.

나는 결혼하면 마냥 행복할 줄만 알았다. 그런데 이렇게 불행하다고 생각하는 때가 종종 있었다. 그렇게 남편은 점점 남의 편이 되어 갔다. 그 속에서 어떻게 하면 행복하게 살 수 있을까? 되뇌며 살다 보니 지혜도 생기고 문제를 해결할 수 있는 기술도 터득하게 되었다. 노력하지 않고는 배우자와 행복하게 살아갈 수 없다는 걸 깨달았다.

남편은 체벌을 주장하고 나는 체벌하며 키우면 아이들에게 상처가 된다고 반대했다. 참 이상하지 않은가? 어머니한테 맞으며 자란 남편은 맞는 것이 싫었다고 했다. 그런데 아이들을 때려가며 키워야 한다니 참

아이러니하다. 나는 새어머니 밑에서 자랐어도 방패막인 할머니가 계셔서 맞고 자라지는 않았다.

나는 지금도 인간 평등에 대한 나의 주장을 포기하지 않는다. 그 이유는 누구나 인간으로 살아갈 권리가 있기 때문이다. 그런 만큼 나는 남편과 아내로 역할은 다르지만 인간으로서 존중해 주며 살아야 한다고 생각했다. 그래서 결혼 초에 남편에게 인간 대 인간으로 살자고 제안했던 것이다.

지금으로부터 37년 전이니 시대를 앞서간 요구일 수도 있겠다. 그래서일까. 남편은 말도 안 되는 소리라며 내 제안을 강하게 거부했다. 그럼에도 불구하고 나는 지금껏 내 주장을 포기해 본 적이 없다. 가족이라는 미명하에 남자가 여자를 하시하는 태도는 용납할 수 없기 때문이다. 그렇게 부딪치고 부딪치며 지금은 인간 대접을 좀 받으며 살고 있다.

나는 남편의 친가를 대할 때, 그 당시에는 남편의 부모가 계시지 않았지만, 나의 부모보다 한 차원 높이 섬겼다. 우리 집의 문화를 무시할 수는 없는 일이기 때문이다. 그러다 보니 서운한 마음이 쌓였던 것 같다. 하지만 많은 노력 끝에 요즈음 남편은 우리 부모를 우선으로 챙긴다. 남편의 부모든 내 부모든 부모가 우선이고 그다음이 형제가 아니겠는가.

건강하면 사람은 어떤 어려움도 물리칠 수 있다. 20여 년간 병을 달고 사느라 나의 몸과 마음은 많이 쇠약해졌다. 우울증까지 찾아왔다. 건강관리의 방향을 잡고도 '병든 마음을 어떻게 치료하나?' 방법을 찾고 있었다.

그러다 사회적으로 늘어나는 이혼을 막아 보자고 상담공부를 하게 되었다. 상담공부를 하면서 나의 마음을 들여다보니 수많은 빙산이 있었다. 그 빙산을 하나하나 녹여내는 작업을 했더니 마음이 치유되었다. 몸 건강의 원리와 마음 건강의 원리를 터득한 것이다. 그 원리를 따라 실천했더니 건강이 회복된 것이다. 건강하니까 쉽게 받던 상처도 어지간해서는 받지 않게 되었다.

하고 싶은 것을 하게 하라. 대신 남편만 하고 싶은 것을 하게 하지 말고 아내들도 그리하라. 나의 남편은 차를 자주 바꾼다. 멀쩡한 차를 바꾸는 걸 보자면 못마땅하다. 하지만 그 부분의 영역은 보장해 주기로 하고 이제껏 말린 바 없다.

나도 내 하고 싶은 것을 했다. 공부가 하고 싶었지만 가정형편이 안 되어 나는 초등학교만 졸업했다. 몸도 약한데 아이들을 키우면서 독학해 고검과 대검까지 합격했다. 그런데 대학교를 가고 싶다는 말을 할 수가 없었다. 그때 남편이 대학교도 가라고 해 주었다. 그래서 4년제 대학교를 갈 수 있었다. 부모가 시켜 주지 않은 공부를 남편이 대신 하게 해 주는 것 같아 고마웠다.

우리는 공평하게 한 셈이다. 서로가 원하는 것을 했으니까. 사회적으로 그렇게 하는 사람이 드물기 때문에 남편은 주변 사람들로부터 엄청난 칭송을 들었다. 내가 한 일은 누구도 알아주지 않지만 자화자찬하면서 산다. 우리는 가난한 가정에서 자라느라 못했던 것을 뒤늦게 한 것이다.

문제를 회피하지 마라. 남편은 나에게 고집이 세다고 한다. 한번 옳다고 생각하면 끝까지 주장하기 때문이다. 내가 느끼기에는 남편이 더 심한데 자신은 못 느끼는 것 같다. 남편의 주장은 자신은 남편인 만큼 그래도 되고 아내는 참아야 한다는 것이었다. 참으면 문제가 더욱 커지므로 의견을 내는 것이라고 하니까 남편은 힘들어했다. 이렇게 의견이 대립되는 경우가 많기는 했지만 문제를 회피하지 않았기 때문에 오늘의 행복이 있다고 생각한다.

극단적인 말을 하지 마라. 극단적인 말로 인한 상처는 회복하기 어렵다. 결혼 초반에는 내가 극단적인 말들을 많이 한 것 같다. 그때는 남편이 많이 수용해 줬다. 그런데 이제는 남편이 그러고 있다. 이전 같으면 맞받아치고 끝을 보았을 것이다. 그러다 3년 전에 내가 이렇게 제안했다. 헤어질 것이 아니면 '다 집어치워라'든지, '못 살겠다'든지 마지막 말을 하지 말자고 말이다. 그런 말을 들으면 상처만 남으니 문제를 풀 방법을 찾아보자고 했다. 방법은 분명히 있을 것이라며.

이렇듯 수많은 문제들을 겪으며 결혼에 대한 환상은 깨어지게 된다. 대부분의 사람들이 결혼하면 행복할 줄 한다. 하지만 상처만 입은 채 불행하다고 생각하며 살아간다. 결국은 견디지 못하고 헤어지는 경우가 점점 늘어나고 있다.

나도 하마터면 이혼할 뻔했다. 몇 번의 위기가 있었지만 잘 극복했다. 지금은 행복하다. 불행의 씨앗은 늘 존재한다. 하지만 행복의 씨앗을 더 잘 자라게 하면 더 이상 불행은 찾아오지 못할 것이다.

그날이 빨리 왔으면 좋겠다. 베스트셀러 작가가 되어 북 콘서트를 열고 독자님들과 결혼생활에 대한 이야기를 하는 그날 말이다. 왜 우리는 행복한 결혼생활을 꿈꾸는데 불행하게 살게 될까. 37년여의 결혼생활을 통해 터득한, 상처뿐인 결혼생활을 회복하는 기술을 한번 풀어 보고 싶다. 부부가 함께 참여해 인정할 것은 흔쾌히 인정하고 힘들었던 마음을 가볍게 해 보면 어떨까. 아내와 남편이 아닌 인간 대 인간으로 한번 살아 보는 것은 어떨까? 그 이야기를 나눌 날이 속히 오기를 바란다.

경험과 지식을 돈으로 바꾸는
귀재로서 천만장자 되기

어느 날 문득 나도 부자가 되고 싶다는 생각이 들었다. 부와는 상관 없이 산속에서 유유자적하며 살고 있는데 왜 부자가 되고 싶다는 생각 이 드는 걸까? 부자가 되면 그동안의 나의 가치에 흠집이 나는 것은 아 닐까? 산속에서 자연만 누리면 되지 웬 부자타령? 그렇게 나는 부자가 되고 싶다는 생각을 눌러 버렸다. 그저 빚만 없으면 좋겠다고 생각했다. 3억 원의 매출을 올리는 소농의 모델만 되어 보자며.

그나저나 3억 매출은 어떻게 올리나? 14년째 농업인으로 살아가는 요즈음 빚이 점점 늘어나고 있다. 근검절약은 몸에 배어 예나 지금이나 다르지 않는데 말이다. 왜 농업인들은 가난하게 살아야 하나? 나는 가난 의 대열에서 벗어나고 싶었다. 그러기 위해 안간힘을 쓰며 살아왔다.

그러나 나아지는 게 없다. 또다시 부자가 되겠다는 욕망이 고개를 쳐 든다. 아마도 부자가 되고 싶다는 생각이 마음속에서 자라고 있었던 모 양이다. 왜 부자가 되고 싶은 게야? 욕망이란 놈이 부자가 되면 원하는 것을 할 수 있다고 속삭인다. 아니야, 아니야, 난 산속 생활에 만족하며 살고 있어. 부자는 무슨 부자? 나는 부자가 되고 싶다는 생각을 또 눌러 버렸다.

그러던 어느 날 지인이 책을 써 보라고 했다. 나는 나중에 쓸 거라면서 뒤로 한 걸음 물러섰다. 그러자 지인은 "책은 성공해서 쓰는 게 아니라 책을 써야 성공한대요."라고 말해 준다. 이거다! 나는 그 말에 사로잡혔다. 그래? 그럼 책을 써야지. 나는 당장 지인이 알려 준 곳을 찾아가 등록했다. 그런데 그곳에서는 책 쓰기만 가르쳐 주는 것이 아니었다. 지식과 경험을 돈으로 바꾸는 기술까지도 알려 주었다. 나도 부자가 될 수 있겠구나. 천만장자가 될 수도 있겠구나. 원하는 것을 하면서 살 수 있겠구나, 싶었다. 그렇게 천만장자로 사는 인생 3막에 도전해 본다.

왜 나는 부자가 되고 싶다는 생각을 눌렀을까? 사회에서나 종교, 교육, 가정, 또는 어느 곳에서도 부자가 되라는 말을 들어 보지 못했으니까. 오히려 부자는 나쁜 부류라는 부정적인 이미지만 주입받았으니까. 그러다 보니 가끔씩 쳐드는, 부자가 되고 싶다는 생각을 억누르곤 했다. 부자들은 부도덕하게 벌어 자신들만 호의호식하면서 산다는 것이 그들에 대한 부정적인 인식이다. 종교에서는 부에 대한 욕망을 자제하라고 한다. 교육기관에서는 근검절약하면서 살라고 한다. 가정에서는 분수에 맞추어 사는 것이 미덕이라고 가르친다. 그럼 농촌에서는 부자를 어떻게 받아들이는가? 부자라는 말에는 감히 근접조차 하지 못한다. 빚 부자라면 몰라도. 가난한 삶을 숙명으로 받아들일 뿐.

그러나 부자에 대한 인식이 바뀌고 있음을 나는 알아챘다. 부자로 살면서 사회에 긍정적인 영향을 미치는 사람들이 보이는 것이다. 나도 긍정적인 영향을 미치는 부자가 되고 싶다. 그리고 부자가 되는 그 길을 모르는 이들에게 알려 주고도 싶다. 나의 축적된 경험과 지식을 꺼내어 부자가 되는 재료로 활용하고 싶다.

반평생을 살아오면서 겪은 다양한 경험과 갈고닦은 나의 지식들이 스멀스멀 고개를 쳐든다. 천만장자가 될 수 있을 만큼 충분하다며. 내 인생의 희로애락을 나만 간직하지 말고 필요한 누군가에게 주라고 한다.

나에게는 다시는 겪고 싶지 않은 상처가 하나 있다. 부모님의 이혼으로 받은 상처다. 심리학에서는 세상에서 가장 큰 상처가 부모님과 이별하는 것이라 한다. 나는 그 가장 큰 상처를 세상에 태어난 지 겨우 9개월 만에 받았다. 생모와 이별하고 세 살 때부터 계모 밑에서 자라야 했던 것이다. 나는 열세 살 때 나를 키워 준 엄마가 계모라는 사실을 알았다. 그때부터 나는 동굴 속에 갇히고 말았다. 사는 것 자체가 힘들어서 부자고 뭐고 생각할 겨를이 없었다.

결혼해서는 남편의 월급으로 근검절약하면서 그런대로 살았다. 큰 욕심 없이 주어진 경제적 여건에서 분수를 지키며 살았다. 우리 부부는 늘 전원생활을 하자는 꿈을 가지고 있었다. 우리 부부의 꿈은 500고지 산속의 흙집에서 이루어졌다. 그런데 전원생활 1년 만에 뜻하지 않게 남편의 수입이 생활이 안 될 정도로 줄었다.

유유자적하며 전원생활을 누리리라는 꿈은 농업인으로 변모했다. 산속에서 할 수 있는 일을 찾아야 했다. 직전에 살던 상주에서 배운 곶감 만들기를 해 보기로 했다. 흙집이다 보니 주위의 권유로 펜션도 운영하게 되었다. 때때로 산에서 능이버섯과 고로쇠, 도토리가루를 채취해 소소하게 수입도 올렸다. 자식농사가 최고라며 전업주부로만 살던 나는 수많은 시행착오를 겪어야 했다. 빠듯하지만 그런대로 생활은 되었다. 그런데 남편이 일손을 놓는 바람에 일이 커졌다. 빚을 얻어 펜션을 증축했던 것이다.

우리는 소득을 보이는 무언가로만 창출하려고 한다. 그래서 생산물로만 소득을 창출하려고 안간힘을 쓴다. 그러나 농촌에서 농산물로만 소득을 창출하려는 것은 영원히 이룰 수 없는 사랑과 같다. 가끔씩 성공한 농부가 소개되지만 어느새 자취를 감추고 만다. '어떻게 하면 빚을 지지 않고 살아갈 수 있을까?' 이는 다른 농업인들과 마찬가지로 자나 깨나 나의 소원이 되었다. 방법이 있을 거야. 암, 그럴 거야. 그렇게 나를 다독이며 살아가는 중에 나는 신세계를 만났다.

경험과 지식을 돈으로 바꾸는 일이 있다는 것을 알게 된 것이다. 책을 써서 그것으로 마케팅을 해야 부자가 될 수 있다는 사실도 알았다. 가난한 자의 사고방식으로는 상상도 못할 일이다. 부자는 자신이 쓴 책이 전국 곳곳을 다니면서 영업사원 역할을 한다는 것을 안다고 한다. 나에게도 반평생을 살아오면서 축적된 다양한 경험과 지식이 있다. 그것을 이제야 깨닫는다. 이제야 천만장자가 될 수 있겠다는 꿈을 꾸어 본다.

다양한 나의 경험을 들으려 하는 누군가 있을지도 모르지 않나? 그렇다. 나도 성공한 사람들의 이야기를 찾아다녔다. 그것들을 나에게 적용시키며 사업을 키워 왔다. 반평생 살아오면서 겪은 희로애락이 얼마나 많겠는가? 슬펐던 일과 기뻤던 일, 절망했던 일, 극복했던 일 등이 누군가에게 위로가 되지 않을까. 도움이 될 수도 있겠지. 그래서 나도 책을 쓰기로 했다.

또한 반평생 갈고닦으며 축적한 지식도 얼마나 많은가. 먼저 대학교에서 배운 국문학 및 심리학 관련 지식이 있다. 농업에 관련된 인터넷 활용 및 정보화, 컴퓨터, 마케팅 등의 교육을 받으며 축적한 지식도 많다. 그 지식들이 잠재의식의 서재에서 잠자고 있다. 왜 이전에는 그들을 깨울 생각을 못했을까? 이제 깨우자. 깨워서 일하게 하자. 과거와 현재, 미래를 함께 버무려 내자. 현대인들이 좋아하는 옷으로 입혀 내자.

지식과 경험을 돈으로 바꿀 줄 아는 귀재가 되고 싶다. 그러려면 먼저 지식과 경험을 돈으로 바꾸는 기술을 개발해야 할 것이다. 그 기술을 온라인과 오프라인 공간을 구축하는 프로그램으로 개발해야 할 것이다.

온라인 공간에는 최신 정보화의 기술을 이용한 '결혼생활 잘하는 법'을 올려 소득을 창출할 것이다. 홈페이지 및 블로그, 카페, 페이스북 페이지, 인스타그램, 카카오 채널, 유튜브를 재구축해 소득을 창출할 것이다.

오프라인 공간에서는 결혼생활 테마관을 지어 결혼생활 동기부여가를 양성하고 박물관, 도서관, 체험관, 스튜디오 등을 운영할 것이다. 프로그램을 개발해 강연도 할 것이다. 코칭도 할 것이다. 상담도 할 것이다. 기본으로 운영되는 펜션과 자연먹거리 상품을 좀 더 고급화할 것이다. 체험과 교육, 상담을 할 수 있는 과정도 신설할 것이다.

2007년부터 13년째 운영하고 있는 펜션이 있다. 이 펜션을 비롯해 발효곶감 및 능이버섯, 고로쇠 등의 자연먹거리를 판매하고 있다. 그동안 펜션 입주권 및 자연먹거리 상품을 홈페이지와 네이버와 쿠팡 등을 통해 판매해 왔다. 펜션 입주권은 홈페이지와 유통업체의 비율을 5:5 정도로 판매하고 있다. 자연먹거리는 직거래와 유통업체의 판매비율이 3:7 정도 된다. 앞으로는 직거래와 유통업체의 비율을 90:10으로 유지하려고 한다. 펜션은 블로그 마케팅으로도 효과를 보았다. 곶감은 블로그와 SNS로 미미한 효과를 보았다. 직거래의 비율을 높이기 위해서 적극적인 마케팅이 필요하다고 판단되는 대목이다.

천만장자의 꿈은 지식과 경험을 돈으로 바꾸는 귀재가 되는 데서 시작된다. 천만장자의 꿈을 이루기 위해서는 할 일들이 많다. 먼저 오프라인 사업장과 온라인 사업장을 구축 내지 강화해야 한다. 그리고 탄탄한 프로그램을 개발해야 한다. 강연가가 되어 책 내용을 주제로 강연도 해야 한다. 결혼생활을 잘하게 도와주는 동기부여가도 양성해야 한다. 때로는 코칭도 해야 한다. 상담을 원하면 상담도 해 줘야 한다. 미미했던 마케팅도 적극적으로 해야 한다.

그중 천만장자의 꿈을 이루기 위해서 먼저 해야 할 일이 있다. 가난한 자의 사고를 부자의 사고로 바꾸는 일이다. 목숨을 걸고 그렇게 할 것이다. 나의 모든 경험과 지식을 총동원할 것이다. 베스트셀러 작가가 되어 북 콘서트를 열고 30~40대를 열광시키는 강연을 하고자 한다. 결혼 생활을 잘할 수 있도록 동기부여도 해 줄 것이다. 코칭도 하고 상담도 할 것이다. 원하는 만큼 벌고 원하는 만큼 도움을 주는 부자가 될 것이다. 그날은 꼭 올 것이다.

3

결혼생활 테마관 지어 동기부여가 양성하기

결혼생활 테마관을 지어 동기부여가를 양성하는 꿈을 꾸어 본다. 갈수록 결혼생활에 어려움을 겪는 사람들이 많아지고 있다. 내가 결혼생활을 잘할 수 있도록 돕는 동기부여가를 양성하자고 생각하게 된 동기가 있다. 나는 9개월 만에 생모와 이별하고 계모 밑에서 자랐다. 계모 손에서 자라면서 너무도 힘들었다. 부모의 이혼은 자식을 평생 고통 속에서 살게 한다. 그 고통은 당해 보지 않고는 모른다. 부모의 이혼으로 인한 아이들의 고통을 사전에 덜어 주기 위해 전문가를 양성하고자 한다. 나도 결혼생활에서 몇 번의 위기를 만났다. 다행히도 잘 극복하고 지금은 행복하게 살고 있다.

결혼생활을 잘하도록 돕는 동기부여가가 꼭 필요할까? 부모의 이혼으로 고통스럽게 살아가는 자녀들이 있다. 그러니만큼 점점 이혼이 늘어나고 있는 이즈음에 꼭 필요한 사람이라고 생각한다. 결혼생활을 잘 이끌어 가는 사람들이 많아지면 사회도 밝아지지 않을까.

그렇다면 어떤 사람이 동기부여가가 되면 좋을까? 계모 밑에서 자랐지만 행복하게 사는 사람이면 좋을 것이다. 그들의 산 경험이 동기부여가 될 테니까. 그들에게서 동기부여를 받고 행복하게 결혼생활을 하는 사람들이 많아졌으면 좋겠다. 동기부여가에게 도움을 받을 사람들도 계모한테서 자란 사람들로 한정한다. 동기부여가의 연령대는 40대 전후로 잡고자 한다. 동기부여가 양성 장소는 환경이 깨끗한 산속 500고지에 자리한다.

계모한테서 받은 상처는 생모한테서 받는 상처보다 더 크다. 나는 부모의 이혼으로 오십 평생 입을 닫고 살았다. 나는 작은 농어촌마을에서 태어났다. 누구나 친부모한테서 사랑받으며 크고 싶듯이 나도 그랬을 것이다. 그러나 나의 뜻과는 상관없이 나의 친부모님들은 이혼을 하셨다. 나는 세 살 때부터 계모 밑에서 자랐다. 열세 살 때 나와 살고 있는 엄마가 계모라는 사실을 알았다.

어느 날 집 뒤에서 또래의 남자애하고 싸웠던 것 같다. 그 애가 네 엄마는 친엄마가 아니라며 나를 놀렸다. 갑자기 하늘이 무너지는 소리가 들렸던 것 같다. 나는 무슨 소리냐, 아니라고 했지만 그 애는 계속 나를 놀렸다. 나는 방에 계시는 할머니한테 뛰어가서 "엄마가 친엄마가 아니라고 하는데 무슨 말이야, 할머니?"라고 소리쳐 물었다. 할머니는 뻐끔뻐끔 담뱃대만 빠셨다. 나는 할머니의 가슴팍을 주먹으로 치면서 "아니지, 아니지. 할머니, 아니라고 해."라고 할머니를 다그쳤다. 할머니는 그래도 말을 하지 않으셨다. 정말이구나.

그때부터 엄마가 무서웠다. 그 이후 내 입은 밥을 먹을 때 외엔 열리지 않았다. 말을 하지 않으니 계모는 나보고 얘는 말을 안 해서 답답하다는 말을 자주 했다. 그 소리가 듣기 싫었지만 말을 할 수가 없었다. 그렇게 50년을 살았다. 부모의 이혼은 이토록 한 아이의 입을 닫게 만든다. 입을 닫고 살면서 얼마나 많은 어려움을 겪었는지 모른다.

결혼생활 20년 되던 해에 나는 두 번째 이혼 위기를 겪었다. 20여 년을 병 속에 살다 보니 몸도 마음도 무기력해졌다. 결국 아이들도 대학교에 잘 다니고 남편도 무탈한데 나에게 우울증이 왔다. 죽고 싶다는 생각밖에 들지 않았다. 같이 살면서 죽으면 안 되겠기에 나는 남편과 이혼하려고 했다. 이혼하고 혼자 어디 가서 죽어야지 했던 것이다.

나는 유서 다섯 장을 썼다. 먼저 원망스런 아버지한테 한 장을 썼다. 그리고 계모한테도 원망을 가득 담아 한 장을 썼다. 세상에서 제일 예쁜 딸에게는 "엄마의 딸로 와 줘서 고마웠어. 너를 처음 만났을 때 참 행복했어." 그렇게 미안해하는 마음을 담아 한 장을 썼다. 아들에게는 "훌륭하게 될 내 아들아, 엄마를 맨날 안아 주어 고마웠어. 아들은 꼭 훌륭하게 될 거야."라는 유서를 눈물을 흘리며 또 한 장 썼다. 마지막으로 남편에게는 "정말 미안해. 당신을 만나 행복했어. 아이들을 잘 부탁해."라며 유서 한 장을 남겼다.

그런데 어이없게도 나는 남편을 원망하고 있었다. 대학교를 다니게 해 준 건 고마웠어. 그런데 대학원은 왜 못 가게 하는 거지. 가만히 생각해 보니 하고 싶은 것을 막은 것에 대한 원망이었다. 하고 싶었던 공부를 못하게 한 계모에게 원망이 남았듯이 남편을 향한 원망도 그런 것이었다.

나는 우울증을 고쳐야겠다고 생각했다. 우울증을 고치려면 무언가는 할 일이 있어야 했다. 우울증도 부모의 이혼 탓에 생긴 병이라 생각했던 만큼 이혼을 막는 상담공부를 하기로 했다. 3년 여간 상담을 공부하면서 나는 내가 가지고 있는 문제를 해결했다. 건강관리도 병행해 마음과 몸의 건강을 되찾았다. 그렇게 두 번째의 이혼 위기를 넘겼다. 우울증이 얼마나 무서운지 그때 알았다.

동기부여가를 양성하려면 프로그램이 있어야 한다. 프로그램 안에 모집 방법 및 인원, 횟수, 기간을 담을 것이다.

동기부여가 양성 목적은 계모 밑에서 자라는 아이들 구하기

동기부여가 모집 대상 자격은 계모 밑에서 자란 사람

동기부여가 지원 연령은 ○○ 전후

동기부여가 양성 인원은 ○○○○명

동기부여가 모집 횟수는 연 ○○회

동기부여가 모집 기간은 ○~○까지

동기부여가 양성 비용은 회당 ○○○○○○원

아이들은 모두 서울 소재 대학을 갔다. 아이들에게는 별도의 집을 마련 해 주고 남편과 나는 전원생활을 하려고 산속에 흙집을 마련해 들어왔다. 그런데 뜻하지 않게 남편의 수입이 줄어서 생활을 이어 가기 어려운 상황에 처했다. 이럴 줄 알았으면 산속으로 들어오지 않는 건데. 한 치 앞을 내다보지 못하는 것이 사람이구나.

하지만 위기는 곧 기회라고 했지 않나. 우리는 이참에 서로 역할을 바꿔 보자고 제안했다. 노후에 혼자가 되었을 때를 대비하자고 말이다. 나는 돈을 좀 벌어 보고 집안일에 깜깜한 남편은 집안일을 하자고 약속했다.

그렇게 우린 곶감을 만들기로 했다. 곶감을 만들 때는 나도 남편을 거들었다. 집안일도 내가 했다. 어쩌다 집안일을 할라치면 남편은 도와줬다며 공치사를 했다. 차차로 습관이 들면 하겠지. 그렇게 나 자신을 달래 보아도 산속에 들어온 지 10여 년이 다 되도록 집안일은 여전히 내 몫이었다. 가끔씩 일을 도와달라고 요구하면 남편은 왜 당신만 유난을 떠느냐고 한다. 시골 사람들이 다 그렇게 사는데 그러느냐며.

더 이상 참을 수 없어서 하루는 작정하고 말했다. 우리가 역할을 바꾸자고 하지 않았느냐. 그런데 자기는 안 지키는 것 같다고. 그랬더니 남편이 펄쩍 뛰는 것이었다. 자신이 언제 그랬냐며 오히려 화까지 내는 것이었다. 그런 남편의 태도에 나도 폭발하고 말았다. 정말 어이가 없었다. 우리는 크게 부딪쳤다. 그러자 남편이 못 살겠단다. 그건 내가 하고 싶은 말이라고 되받아치고 싶었다. 그래도 그러지 못했다. 직장을 그만두고 집에만 있다 보니 남편의 자존감이 떨어졌다는 것을 느꼈기 때문이다.

남편은 다 집어 치우라고 했다. 벌여 놓은 것이 얼마인데…. 그럴 수 없다는 것을 알면서 하는 그 말에 가슴이 터질 것 같았다. 나는 차를 몰고 나가 버렸다. 정말로 끝내 버리고 싶었지만 또 참았다. 집에 돌아와 다시 남편의 약속을 받아 냈다.

부모의 이혼은 자녀에게 크나큰 상처를 남긴다. 부모가 그 자리에 있는 것만으로도 아이들은 안정감을 갖는다고 한다. 부모의 이혼으로 나는 늘 불안에 떨며 살았다. 남들에게는 쉬운 착한 아이였지만 나 자신은 너무 힘들었다. 결혼 적령기가 되어도 부모 팔자 닮을까 봐 불안해하며 결혼을 두려워했다.

결혼생활 테마관을 지을 것이다. 그곳에서 동기부여가를 양성하겠다는 꿈을 꾼다. 사회적으로도 문제가 되는 이혼이 점점 늘어나고 있다. 이 시점에 결혼생활 동기부여가 양성은 꼭 필요하다고 생각한다. 그리고 동기부여가를 양성하기 위해서는 프로그램 개발이 필수다. 동기부여가의 지원을 받을 대상은 첫째, 계모한테서 자랐고, 결혼생활도 잘한 자로 한정한다. 나와 같이 계모를 만나 어렵게 사는 사람들이 없기를 바란다. 그런 마음이 동기부여가를 양성하고자 하는 이유다. 500고지 산속 테마관에서 동기부여가의 꿈은 이루어질 것이다.

4

결혼생활 관련 책
100권 쓰기

　이상하게도 우리 사회에는 자녀를 잘 키우는 법을 다룬 책은 많은데 결혼생활을 잘하는 법을 다룬 책은 매우 적다. 자녀를 잘 키우는 것 못지않게 결혼생활을 잘하게 하는 것이 더 중요한데 말이다. 준비되지 못한 부부가 자녀를 낳으면 어떻게 되겠는가. 부모가 되는 준비부터 시켜야 하는 이유다. 부모가 되면 부모가 해야 할 일도 알아야 한다. 부부 간에 지켜야 할 일과 할 말 안 할 말 가릴 줄도 알아야 한다. 준비되지 않은 결혼이 힘들 수밖에 없는 이유다.

　그럼에도 불구하고 이것이 너무 성급한 재단이 아닐까 생각해 본다. 결혼 준비도 제대로 되어 있지 않은 신혼부부는 갓 발아한 씨앗과 같다. 갓 발아한 씨앗에게 왜 꽃을 피우지 않느냐고 말할 수 있나? 그것처럼 갓 결혼한 자녀들에게 우리는 이런 기대를 하고 있지는 않은가?

　혹자는 요즈음 자녀들은 너무 철이 없다고 한다. 부모들이 다 해 주는데 뭐가 걱정이냐고들 한다. 준비되지 않은 자녀들은 벅차다고 생각하는데 말이다. 요즘 자녀들은 부모들이 떠받들며 키워 온 아이들이다. 그러다 보니 부부가 서로를 받들어 줄 줄을 모른다. 그러한 자녀들이 결혼하면 둘이 다 직장을 다녀야 먹고산다. 양가도 챙겨야 한다. 자녀들도 길러야 한다.

내가 결혼할 당시만 해도 여자들에게나마 결혼해서 해야 할 일을 가르쳤다. 그러나 요즈음은 어떤가? 학업에 몰두하다가 직장을 가진다. 직장에서는 승진에 목매단다. 가정에서 그런 자식들을 만나기는 하늘의 별 따기다. 결혼만 하면 행복할 줄 알았는데…. 빨간불이 켜져도 지나치고 만다. 그러니 지치고 힘들 뿐이다. 어떠한 말에도 귀를 기울일 여유가 없다.

자녀들은 옥토에서 자라야 한다. 그러려면 먼저 옥토를 만드는 교육장이 필요하다. 우리 사회에 옥토를 만드는 곳이 어디 있나? 예비부부를 위한 강좌가 개설된 대학교도 있기는 하다. 겨우 이런 정도로 기하급수적으로 늘어나는 이혼을 막을 수 있을까? 집집마다 결혼 적령기를 넘긴 자녀들이 많다. 옛날처럼 결혼하라고 다그칠 수도 없다. 이혼이라도 하면 어쩌나 하는 불안감 때문이다. 그들을 위한 옥토를 만들지 못하는 사회, 대책이 없는 사회가 불안하다. 이혼이라도 한 부모들은 더욱 그러하다. 행복한 결혼생활을 하려면 옥토에서 자라야 하기 때문이다.

옥토는 가정에서만 만들어진다? 어디 가당키나 한 이야기인가. 우리 아이들을 키울 때의 일이다. 학교에 들어가기 전까지는 공중도덕 교육이 잘되었다. 그런 교육 중의 하나가 휴지는 휴지통에 버리라는 것이었다. "휴지가 생기면 주머니에 넣었다가 휴지통에 버리는 거야."라면서. 학교에 들어가기 전까지는 이 교육이 잘 먹힌다. 그러다 2학년쯤 되니 웬걸. 과자를 먹고 껍질을 길바닥에 버린다. 처음에는 아이들도 놀라고 나도 놀랐다. 그러다 차츰 일상화된다. 교육은 잔소리가 되고 만다. 아이들은 엄마의 눈을 피한다. 가정교육과 학교교육의 불일치다.

그럼에도 불구하고 나는 가정교육을 포기하지 않았다. 아이들의 건강을 위해, 해로운 습관을 들이지 않기 위해 무던히 애썼다. 먹을 것은 가능한 한 집에서 만들어 먹였다. 술도 마실 줄 알지만 마시지 않았다. 담배는 남편이 피우다가 끊어서 걱정이 없었다. 커피는 마시면 가슴이 두근거리는지라 마시지 않았다. 아이들이 친구들을 잘 사귈 수 있도록 관심을 늦추지 않았다.

험한 세상에 그래도 부모를 안심시켜 주는 것은 종교교육이라고 생각했다. 나는 아이들이 종교생활을 할 수 있도록 했다. 무슨 일이 있어도 10시 안에는 집에 돌아올 수 있도록 했다. 책이 사람을 만든다고 하니 도서관과 친해지도록 했다. 아이들을 공부하게 하려고 나 자신도 늘 공부했다. 나는 아이들에게 산교육을 시키려고 아이들에게 요구하는 것을 내가 먼저 했다. 그래서 그런지 아이들은 청소년기도 큰 문제없이 잘 보냈다. 지금은 자신들이 하고 싶은 것을 하면서 엄마보다 현명하게 산다.

가정에서 결혼 준비를 어떻게 시켜 왔나? 37년 전까지만 해도 결혼생활에 대한 교육은 여자에게만 이루어졌다. 여자는 시댁을 잘 섬겨야 한다. 그러므로 예의범절도 갖추어야 한다. 이뿐만 아니라 요리 수업도 시켰다.

남자에게는 어떤 교육을 시켰나. 처갓집을 잘 섬겨야 한다. 혹시 이런 말을 들어 본 적이 있나? 나에겐 마음속의 갈등을 일으킨 요인이었다. 하지만 나는 시댁을 잘 섬기고 있었다. 그런데도 남편은 상의 한마디 없이 자기 가족한테 선물을 해 주었다. 이중으로 선물한 셈이다. 한 집에 2개의 창고가 운영되면 어찌 되겠나? 그런데도 남편은 자기 형제들에게 왜 그만큼도 못하냐면서 오히려 화를 냈다.

그렇게 시작된 다툼의 끈은 질겼다. 요즈음은 역전되었지만 말이다. 결혼하면 둘 다 본가에서 분리되어야 한다. 둘이 하나가 되어 양가를 섬겨야 한다. 이는 어느 시대에나 우리 모두가 지녀야 할 가치다.

우리 사회에는 행복한 결혼생활을 하도록 해 주는 지침서가 필요하다. 교육의 부재를 책으로 대신할 수는 없겠지만 최소한의 대안은 될 수 있다고 본다. 하여 나는 100권의 책을 쓰고자 한다. 100권의 책 속에 우선 결혼 전에 가정에서 준비시켜야 할 것들을 담으려고 한다. 그다음에는 사회에서 준비시켜야 할 것들을 담으려 한다. 그러곤 배우자를 선택하는 기준을 제시하고자 한다. 결혼을 즐겁게 준비하는 방법도 알려 주려고 한다.

어떻게 하면 신혼생활이 행복할까? 아이들을 어떻게 살아가도록 키우면 좋을까? 아이들이 원하는 것은 무엇일까? 중년을 어떻게 하면 행복하게 보낼까? 노년은 어떻게 즐기면서 살까? 등등 우리가 결혼생활을 하면서 갖게 되는 질문들이 있다. 이런 궁금증을 풀어내고자 한다.

100권의 책을 쓰기 위해서는 출간계획서와 집필계획서를 세워야 한다. 홍보계획 또한 필요하다. 다음은 그 내용들이다.

〈출간계획서〉

• 월 ○권의 책을 출간하기로 한다.

• 연 ○○권의 책을 출간하기로 한다.

• 남은 평생에 걸쳐 100권의 책을 출간하기로 한다.

〈집필계획서〉

• 경쟁도서와 참고도서 30권을 읽기로 한다.

• 글은 새벽 2~8시경까지 집중적으로 쓰기로 한다.

• 누군가에게 결혼지침서가 되도록 쓰기로 한다.

〈홍보계획서〉

홍보는 SNS와 방송, 신문, 문자 등을 활용하기로 한다. 블로그 및 페이스북, 인스타그램, 카카오스토리, 유튜브, 카페를 이용하기로 한다. 신문 방송매체도 이용하기로 한다. 문자도 이용하기로 한다.

서로 50%만 맞으면 결혼하자. 남편은 결혼 전에 서로를 탐색해 가는 과정에서 50%만 맞으면 결혼하자는 말을 했다. 50%만 맞으면 결혼하자니, 그럼 내가 마음에 들지 않는다는 건가? 나는 이런 의문을 가지기도 했다. 그러나 남편은 결혼 적령기가 지난 사람들의 결혼 조건은 까다로울 수 있다는 것을 염두에 두고 하는 말인 것 같았다.

그렇게 서로를 탐색하면서 우리 부부는 어릴 때 어렵게 자랐다는 것을 알았다. 남편은 아버지를 여섯 살 때 여의고 홀어머니 밑에서 많은 형제들과 자랐다고 한다. 나는 9개월 만에 생모한테 버림받고 계모에게 학대를 받으며 자랐다.

결혼은 비슷한 사람끼리 해야 한다고들 한다. 그런 면에서 우리는 가장 중요한 부분이 맞는 듯했다. 결혼 적령기를 지나서 만났으니 말이다. 그뿐만이 아니다. 서울에서 만난 우리는 우연히도 같은 충청도 사람이었다. 종교는 달라서 좀 애를 먹었다. 그래도 50%만 맞으면 하자는 말에 공감하며 결혼했다.

그러나 결혼 후 50%만 맞으면 하자던 말은 어디로 가고 줄다리기가 시작되었다. 50%만 맞는 현실게임이 시작되었던 것이다. 같은 충청도에서 살았어도 가정의 풍습은 달랐다. 말하는 방식 때문에 부닥치기도 했다. 서로 다른 식습관 때문에 스트레스를 받기도 했다. 자녀교육에 대한 견해가 달라 갈등도 생겼다. 왜 이렇게 맞지 않지? 가장 큰 문제는 가부장적인 남편의 사고방식 같았다. 인간 대 인간으로 살자고 하는 내 제안을 거부하는 남편과 싸우기 일쑤였다.

그러다 상담공부를 하면서 이 모든 것들이 부모로부터 받은 상처 때문이라는 것을 알게 되었다. 나는 상담공부를 통해 내가 받은 상처를 하나하나 해결해 나갔다. 하지만 남편은 지금도 마이웨이다. 우리 부부가 같이 상담공부를 했더라면 상처는 더 빨리 아물었을 텐데….

누구를 위해 100권의 책을 쓰고자 하는가? 행복한 결혼생활을 원하는 당신을 위해 쓰고자 한다. 행복한 결혼을 준비하는 당신을 위해 쓸 것이다. 어떻게 하면 행복한 결혼생활을 할 수 있지? 이런 답답한 마음이 들 때 들쳐보도록 쓸 것이다. 늘 옆에 두고 행복한 결혼생활을 안내받을 수 있도록 쓸 것이다. 결혼생활에 어려움을 느끼는 사람이 어디 나뿐이겠는가? 어려웠던 나의 결혼생활을 반면교사로 삼길 바란다. 행복을 꿈꾸는 사람에게 모두 도움이 되기를 바라며 책을 쓰고자 한다.

이제 더 이상 준비되지 않은 상태에서 결혼하지 않기를 바라는 마음이 크다. 100권의 책에 결혼 전에 준비해야 할 것과 결혼 후에 행복한 결혼생활을 할 수 있는 방법을 담으려고 한다. 내 평생의 과업이 곧 당신을 위한 과업이 될 수 있기를 바라면서, 가정에서나 사회에서 놓치고 있는 부분들에 대한 대안을 제시하고자 한다. 점점 늘어가는 이혼을 생각하면 마음이 많이 아프다. 제발! 나처럼 부모의 이혼으로 어렵게 자라는 자녀들이 없기를 간절히 바란다. 아울러 내 책이 행복한 결혼생활을 영위하도록 해 주는 시발점이 되었으면 좋겠다.

5

경제적 자유를 누리며
원하는 것 하기

사람의 욕망은 이루는 데 따라서 25%씩 상승한다는 말이 생각난다. 창작공부를 할 때 선생님으로부터 들은 말이다. 수치는 몰라도 무엇인가를 이루고 나면 또 다른 욕망이 생긴다는 말이다. 그렇게 욕망이 생겨나도 경제적으로 여의치 않은 우리는 그 욕망을 잠재우고 만다.

남편은 지금 죽어도 여한이 없다고 한다. 나는 남편하고 다르게 하고 싶은 것들이 많다. 지금 죽기는 싫다. 하고 싶은 것 다 하고 죽고 싶다. 언제인가 나 자신에게 물어본 적이 있다. 경제적인 자유가 주어진다면 무엇을 하고 싶은가? 라고. 그러자 잠자고 있던 꿈들이 새록새록 떠올랐다. 내 속에는 너무도 많은 꿈들이 잠자고 있었다. 이제 잠자고 있던 꿈들을 일으켜 세우려 한다. 욕망이 나쁜 것이 아니라는 것을 알았으니까. 이제 나도 하고 싶은 것을 하며 살리라.

잠자고 있던 꿈 속에는 고품격으로 살고 싶다는 욕망이 가득했다. 여왕처럼 살고 싶다. 산속에 고품격 생활공간을 꾸미고 싶다. 궁궐 같은 집을 짓고 싶다. 황실 같은 정원을 꾸미고 싶다. 서재를 만들어 책을 읽어 가며 책을 쓰고 싶다. 영화를 볼 수 있는 황토 찜질방을 만들고 싶다. 결혼생활 관련 테마관을 짓고 싶다. 결혼생활 관련 도서관을 세우고 싶다. 결혼생활 관련 박물관을 세우고 싶다. 결혼생활 동기부여가를 양성하고 싶다. 홈페이지 및 블로그, 페이스북 페이지, 인스타그램, 카카오스토리, 카카오채널, 유튜브 같은 온라인 공간을 보강하고 싶다. 카페를 새로 구축하고 싶다. 황토 펜션 및 곶감 건조장을 보강하고 싶다. 농산물 판매장과 체험장, 강연장, 스튜디오, 디자인실, 녹음실을 만들고 싶다. 명품 자동차와 명품 시계, 명품 가방, 명품 목걸이, 명품 반지, 명품 옷, 명품 신발, 명품 모자, 명품 지갑, 최고급 TV와 컴퓨터, 휴대전화, 아이패드를 갖고 싶다. 남편에게 명품 자동차를 사 주고 싶다. 딸과 아들에게는 명품 시계를 사 주고 싶다. 계모와 고모한테 용돈을 더 드리고 싶다. 이모한테 용돈을 드리고 싶다. 초등학교 은사님께 명품 지갑을 사 드리고 싶다. 사모님께는 명품 지갑을 선물하고 싶다. 세계 25개국을 도는 크루즈여행을 하고 싶다. 세계 각국의 최고급 요리를 먹어 보고 싶다. 일등석 비행기를 타고 싶다. 5성급 호텔에서 잠을 자 보고 싶다. 국내의 섬들을 가 보고 싶다.

추억의 창고를 뒤져 보니, 우리 가족은 그래도 하고 싶은 것을 좀 하고 살았다. 남편이 처음으로 해외여행을 가자고 했을 때 나는 못 간다고 했다. 8박 9일 여행에 2~3개월의 월급이 다 날아가는데 어찌 가겠느냐며. 우리나라도 다 못 가 봤는데 하면서 거절한 것이다. 남편은 포기하지 않고 한 번만 다녀오자고 조르고 또 졸랐다. 나는 죽은 사람의 소원도 들어준다는데 하면서 가 주었다. 첫 여행지로 스위스와 이탈리아, 프랑스를 갔다. 해외여행을 가 보니 눈동자가 핑글핑글 돌았다. 별천지였다. 돈이 아깝지가 않았다.

그 이후 경제적인 여건이 되면 해외로 나갔다. 그렇게 12개국이나 다녀왔다. 세 나라를 한꺼번에 가니 제대로 살펴보지 못하는 것 같아 그다음에는 한 나라씩 가기로 했다. 거대한 국토에 거대한 인구를 자랑하는 중국이란 나라도 가 보았다. 거기에다 캐나다, 호주, 뉴질랜드, 태국, 캄보디아, 일본, 터키, 베트남까지 여행했다.

우리 아이들은 중학교 이전에는 캐나다와 중국 여행을 함께 했다. 아이들과는 주로 국내여행을 많이 했다. 제주도와 강원도, 충청도, 전라도, 경상도 등 곳곳을 많이도 다녔다. 주말에는 가까운 곳으로 갔고 휴가 때는 멀리 다녔다. 산경험이 최고라며 시간만 나면 아이들을 데리고 다녔던 것 같다. 아이들에게서 고맙다는 인사를 듣는 것 중 하나를 꼽으면, 여행에 많이 데리고 다녔다는 것이다. 대학 친구들에게 우리 가족이 다녔던 여행 이야기를 하면 다들 부러워한단다.

자기 세계가 형성되는 중학교 이후부터는 아이들과 함께 여행하지 못했다. 아이들이 결혼하면 같이 여행하기가 더욱 어려울 듯해 최근에는 다시 가족여행을 하자고 러브콜을 넣는 중이다. 3년 전에 아들 없이 딸하고 셋이서만 터키여행을 다녀왔다. 올해 2월에 아들하고의 여행 일정을 잡았는데 코로나19 때문에 취소해야 했다.

하고 싶은 것을 못하게 하면 더 하고 싶어지는 것은 왜일까? 나는 초등학교 때 공부를 잘 했었다. 공부를 잘할 수 있는 환경은 아니었지만 말이다. 학교를 갔다 오면 계모는 늘 일을 시켰다. 일이 없으면 동생들을 업어 줘야 했다. 저녁을 먹고 나서야 공부할 시간이 생겼다. 11시가 넘도록 공부를 했던 기억이 난다. 등잔불을 피우던 당시 공부하다 하마터면 불을 낼 뻔했다.

하루는 공부하다가 졸았던 모양이었다. 할머니하고 늘 함께 잤는데 할머니가 불날 뻔했다며 큰 소리로 나무라셨다. 눈을 떠 보니 켜져 있던 불이 등잔 꼭지까지 치솟는 바람에 책 위에 떨어져 있었던 것이다. 할머니가 재빨리 끄지 않았다면 크게 불이 났을 것이다. 그래도 개의치 않고 나는 공부를 열심히 했다.

나는 변소에 앉아서도 구구단을 외웠다. 변소 바로 옆에는 같은 학년의 친구네가 살았다. 나는 공부를 잘했지만 그 친구는 공부에는 별로 취미가 없었던 것 같다. 그 친구 엄마는 공부 잘하는 나를 부러워했다. 그리고 변소에 앉아서도 공부를 하는 나를 늘 칭찬했다. 친구한테 창순이같이 공부 좀 해 보라고 혼내는 소리가 심심치 않게 들렸다. 어린 마음에 그 친구에게 미안했다. 그 친구는 내가 미웠을 것 같다.

그러니저러니 해도 나는 공부를 열심히 했다. 초등학교 4학년까지

1, 2등을 놓치지 않았다. 4학년 후반부터는 중학교에 갈 친구들만 학교에 남아서 공부했다. 그들로 인해 나의 성적은 7~8등으로 밀렸다. 하루는 나도 남아서 공부했다가 계모에게 얼마나 혼났는지 모른다. 그다음에 14등으로까지 밀렸다. 그래도 졸업할 때 우등상은 받았다.

한다면 한다. 나는 전업주부로 살다가 사업자에 도전하는 것을 두려워하지 않았다. 펜션을 어떻게 운영하는지도 몰랐지만 13년째 하고 있다. 곶감을 만들지도 몰랐지만 13년째 하고 있다. 어떻게 판매를 해야 하는지도 몰랐지만 해냈다. 위기를 기회로 삼아 도전해 보니 문제없었다.

지금까지의 사업의 주안점은 환경을 덜 파괴하고 건강에 좋은 물품을 만들어 내는 것이었다. 소득만 창출하면 되지 않느냐는 유혹을 물리치며, 그런 기본을 잘 지켜 왔다. 해발이 높은 쾌적한 환경이기에 가능했다. 요즈음 에어컨 없이 펜션 운영이 가능한가? 이곳에서는 가능하다. 곶감은 우리 몸에 해로운 것을 첨가하지 않고 발효시켜 만든다. 능이버섯이나 고로쇠 또한 자연에서 얻는다. 지금까지 지켜 왔던 주안점을 앞으로도 계속 지켜 갈 것이다.

경제적인 자유인이 되어 원하는 것들을 다 이룰 것이다. 그러려면 먼저 억만장자의 꿈을 이루어야 할 것이다. 그 꿈을 이루기 위해서는 온라인과 오프라인 공간을 구축 내지 보강해 소득을 창출해야 할 것이다. 그래야 여왕처럼 살고 싶다는 꿈이 이루어질 것이다. 산속에 고품격 생활

공간을 꾸미고 싶은 꿈도 이룰 수 있을 것이다. 소유하고 싶은 명품도 살 수 있을 것이다. 선물을 주고 싶은 사람들에게도 언제든 줄 수 있을 것이다. 가 보지 못한 25개국 크루즈여행도 가능할 것이다. 각국의 최고급 요리를 먹게 될 것이다. 일등석 비행기를 타 볼 수도 있을 것이고, 5성급 호텔에서 잠을 자 볼 수도 있을 것이다. 국내의 섬 여행을 하고 싶다는 꿈도 이루어지리라.

이 세상에 살게 된 것은 하나님의 축복이다. 세계인들은 대한민국이 살기 좋은 나라라고 한다. 그러니 이 나라에서 살게 된 것도 하나님의 축복이다. 하고 싶은 것을 하고 싶다는 욕망은 죄가 아니다. 숨길 일도 아니다. 억제할 일도 아니다. 더더욱 잠재울 일도 아니다. 하고 싶은 것을 마음껏 하면 되는 것이다. 소풍 가듯이 즐겁게 이루어 가면 되는 것이다. 하고 싶은 것 마음껏 해 보자. 남은여생 잠재웠던 욕망을 깨워서 다 이루어 보자.

PART
11

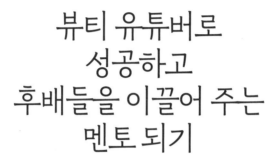

뷰티 유튜버로
성공하고
후배들을 이끌어 주는
멘토 되기

· 김수진 ·

김수진

**스타일리쉬스파 인천계양점 원장, 홈케어 코칭 전문가,
샤퍼 파워트리 멤버십 살롱 인천 지부장, 샤퍼 스타일리쉬클럽 교육이사,
숍 오픈 상담사, 미용분야 작가, 동기부여가**

스타일리쉬스파 대표원장으로 인천계양점을 운영하고 있다. 스타일리쉬스파 테라피 개발 수석 자문위원과 (주)비즈인원 앰플로지 브랜드 개발 자문위원으로 활동 중이다. 어려운 환경에도 끝까지 꿈을 포기하지 않고 이 자리까지 왔다. 자신과 같은 꿈을 꾸는 후배들에게 희망을 주고자 멘토링을 진행 중이다. 현재 '동안피부 만들기'라는 주제로 개인저서를 집필 중이다.

미용 분야
베스트셀러 작가 되기

나의 어릴 적 꿈은 교사였다. 초등학교에 다닐 때 교사라는 직업이 굉장히 멋져 보였기 때문이다. 선생님이 되면 존경받는 데다 출퇴근시간도 일정하지 않은가. 적어도 어린 내 눈에는 존경받는 직업으로 보였다. 교사는 내 마음속의 직업 1순위였다. 나는 우리 부모님이 힘든 기술직에 종사하시는 게 속상했다. 난 부모님처럼 고생하고 싶지 않았다. 그런 생각에 교사가 되고 싶었던 것 같다.

하지만 시간이 지나 사회생활을 시작할 무렵 나는 피부관리사로 사회에 첫발을 내딛었다. 학벌, 환경 어느 것 하나 내세울 것 없는 만큼 나도 부모님과 비슷하게 사회생활을 시작해야 하나 싶었다. 연차가 쌓이고 기술이 무르익으면 내 가게를 차리리라. 내가 그리는 나의 미래는 딱 거기까지였다. 내 가게를 번듯하고 안정되게 꾸리고 사장님 소리를 듣는 것. 딱 그 정도의 미래만 그렸다. 목표 또한 그러했다.

처음 사회에 적응할 때 나는 나의 포지션을 전문성보다 그냥 기술로만 먹고사는 정도에 두었다. 그러다 보니 자기발전이 전혀 없었다. 사실 나 자신의 발전에 관심도 없었다. 그냥 일반 직장인보다 100만 원이라도 더 벌고 싶다는 돈 욕심만 가득했을 뿐. 공부를 해서 전문성을 키워야 돈이 된다는 생각은 못했었다. 그렇게 무지한 채로 3년 정도의 시간을 보냈다.

3년 후 기술을 어느 정도 습득하고 인정받는 에스테티션이 되자 조금씩 자부심이 생겼다. 그때부터 전문 분야 책을 보기 시작했다. 의외로 재미있게 공부해 나갈 수 있었다. 아니, 공부라기보다는 내 경험이 지식이 되는 체험을 하게 된 것이다. 나는 전문성 있게 상담하고 싶었다. 그러려면 공부가 필요하다는 결론에 도달한 것이다.

나는 나를 전문성 있게 만드는 것이 결국 나의 가치를 올리는 일이라는 것을 깨달았다. 순간 더 많은 것에 호기심을 가지게 되었다. 체계적으로 공부한 것은 아니었지만 남들보다 앞서가기 위해 꾸준히 노력하게 되었다.

그렇게 총 5년이라는 시간을 보냈다. 그러던 중 강사라는 새로운 목표가 생겼다. 사실 내 일은 체력적으로 힘이 드는 일이다. 그런 만큼 나이가 들어서도 할 수 있을까 하는 생각이 들었다. 나는 다른 방법을 찾아야겠다고 생각했다. 그렇게 나는 나이가 들어도 할 수 있는 직업을 찾다가 강사가 되기로 했다. 그러려면 일단 학벌이 필요했다. 그래서 대학원에 진학하기로 결심하게 된다.

대학원을 가기 위해 이것저것 준비해 봤지만 너무 막막한 현실에 좌절하고 말았다. 시간도 너무 오래 걸릴 것 같았다. 그중 가장 큰 걸림돌은 역시 돈이었다. 에스테티션의 월급은 고작 200만 원 남짓했기 때문이다. 현실이 그런데다 대학원은 어느 정도 성공하고 나서 가는 엘리트 코스라는 생각에 나의 결심은 무너져 내렸다.

그렇다면 그런 현실 속에서 나는 무엇을 할 수 있을까? 꿈은 잠시 접어 두고 다시 일에만 몰두할 뿐이었다. 건강이나 미용 관련 책을 읽는 방법은 이미 실천하고 있었다.

그렇게 10년이 조금 지난 후 나는 엄청난 기회를 맞이하게 된다. 내가 일하던 숍을 인수할 수 있는 큰 기회였다. 고작 1인 숍만 꿈꾸었었는데 대형마트에 입점되어 있는 숍을 인수할 기회를 잡은 것이다. 내가 7년 이상 근무했던 프랜차이즈 숍이었다.

그렇게 나는 내 숍을 갖게 되었다. 나는 모든 것을 이룬 듯한 착각에 빠져서 그것을 만끽하는 데만 집중했다. 나에게 자기계발은 이미 먼 나라 이야기였다. 굳이 그것을 원하지도 않았다.

그렇게 1년이 지나고 나자 나는 다시 나 자신이 너무나 부족하다는 생각을 하게 된다. 그때까지는 인수한 숍이 운영이 잘되어서 운 좋게 경제적 여유를 누렸던 것뿐이다. 나의 노력과 수고는 많이 부족했던 것이다. 그런 생각을 하며 나는 또다시 지식을 쌓기 위해 노력했다. 하지만 원장으로서의 운영 경력이 짧다 보니 막막하기만 했다. 나는 새로운 기술을 습득해서 프로그램화시키는 것만이 살길이라 생각했다.

　나는 이것저것 알아보다가 기막힌 아이템을 찾아 정착시키면서 정말 나만의 숍이라는 뿌듯함에 사로잡히게 된다. 나의 노력으로 무언가를 이루었다는 성취감과 함께. 그렇게 나만의 숍으로 만들어 가는 과정에서 나는 많은 것을 배우게 된다. 하지만 그런 성취감도 잠시, 나는 마트의 폐업으로 모든 것을 잃고 좌절하게 된다.

　현실은 너무 가혹했다. 모든 것을 걸고 이룬 내 꿈인데, 한순간에 점포를 빼야 하는 상황에 놓인 것이다. 이제야 무언가를 할 수 있겠는데, 그런 자신감이 이제 막 생겼는데…. 나는 상황이 나를 도와주지 않는다고 세상 탓만 해 댔다. 이대로 무너질 수밖에 없다고 자포자기하면서.

　나는 모든 것을 내려놓으며 우울감에 빠졌다. 하지만 마트 밖으로 나와 또다시 시작할 수 있는 기회라는 생각도 들었다. 물론 이번에도 돈이 문제였다. 돈만 있으면 마트를 나오는 것은 일도 아닐 텐데…. 내게 조금만 더 시간이 주어졌다면 돈을 더 모아서 나올 수 있었을 텐데…. 나의 모든 사고가 멈춰 버렸다.

　나는 다시 시작한다는 각오로 직원들을 정리하자. 그리고 1인 숍 운영부터 시작하자는 결론을 내렸다. 하지만 규모가 있다 보니 혼자서 소화할 수 없는 스케줄이었다. 그러다 나는 멘토를 만나게 된다. 그의 도움을 받아 나는 브랜드를 바꾸고 다시 개업하게 된다. 그때 아버지의 도움도 많이 받았다. 혼자 해결할 수 없는 버거운 일이 생겼을 때 그렇게 나를 도와주는 사람들이 있었다. 그들 때문에 힘을 내서 고난을 이겨 낼 수 있었다. 너무 감사한 일이다.

나는 기존의 숍에서 가까운 곳에 있는 점포를 얻었다. 그러곤 인테리어부터 다시 시작했다. 나는 이제 정말 나의 숍을 가졌으니 책임감을 갖고 더 열심히 하자는 각오를 다졌다. 하지만 깊은 우울감과 슬럼프는 쉽게 극복되지 않았다. 멘털이 무너져 내린 것이다. 점포를 얻어 나오는 것까지가 다가 아니었던 것이다. 아마 내 옆을 지켜 줬던 직원들과 멘토 그리고 가족이 없었다면 오픈과 동시에 숍을 정리했을지도 모를 일이다.

우울감과 슬럼프를 이겨 내고자 나는 이것저것 많이 시도했다. 결국 나는 우울감과 슬럼프에서 벗어났다. 그러곤 포기하지 않고 성공하겠다는 강한 의식을 가졌다. 그렇게 새로 옮긴 숍은 조금씩 자리를 잡아 갔고 나 또한 성장하는 시간을 가졌다. 그 과정 속에서 안정된 숍을 3개 갖겠다는 목표도 새로 설정했다.

2년 반이라는 시간 동안 많은 변화를 겪으면서 나는 이 모든 것이 이유 있는 경험이라고 생각했다. 위기는 곧 기회라는 말을 되뇌었다. 내게 1년이라는 시간은 감당하지 못할 만큼의 위기였다. 그렇다면 이 일로 내가 얻게 될 기회는 무엇일까? 나는 생각에 생각을 거듭했다. 숍 운영이 잘 안 될 때 나는 문제가 무엇인지 찾으려고 노력했다. 어떤 환경도 나의 미래를 결정하지 못한다는 생각과 함께 말이다.

나는 분명 나의 미래를 성공적으로 만들어 갈 것이다. 그러니 어떤 형태로든 다가올 기회를 기다리자. 그렇게 차근차근 준비하면서 나는 내 공을 쌓아 갔다. 물론 말처럼 쉬운 일은 절대 아니었다. 일희일비하는 나의 감정부터 다스려야 했다. 나는 기분 좋은 상태를 유지하려고 애썼다.

그러던 중 나의 노하우와 경험을 책으로 내고 싶다는 생각이 들었다. 너무 기뻤다. 상상만 해도 즐거웠다. 그 과정은 힘들겠지만 결과물만 생각하다 보면 너무 즐거웠다. 그래서 고민하지 않고 바로 책 쓰기를 시작했다. 포기하지 않기 위해 유튜브 동기부여 채널을 많이 찾아보았다. 그중에서 책 쓰기에 강하게 이끌렸다.

어렵겠지만 한번 해 보자. 나의 노하우를 담은 책을 펴내 보자. 목표가 생기니 모든 것이 즐거웠고 하나하나 이룰 때마다 기회에 가까워진다는 생각이 들었다. 그리고 그것이 생각뿐만이 아니라 현실이라는 확신이 들었다. 처음엔 우리 고객들과 또 원하는 많은 사람들과 내 경험과 노하우를 나누고 싶다는 생각에 책 쓰기를 시작했다. 하지만 지날수록 베스트셀러 작가를 꿈꾸게 되었다. 그렇게 되기 위해 노력했다.

2008년 내가 처음 에스테티션이 되었을 때를 생각해 보면 지금의 나는 감히 상상도 할 수 없는 일을 하고 있다. 그때는 얼른 경력자가 되려는 목표밖에 없었다. 그러다 시간이 흐르면서 내가 할 수 있는 일, 내가 원하는 일에 따라 목표가 생겼었다. 나는 그것을 해냈던 나 자신을 돌아봤다.

이제 못할 것이 없다고 생각한다. 겁부터 먹고 차일피일 미루던 예전의 내가 아니다. 아무것도 가진 것 없이 성공한 사람들을 보면 하나같이 끈기가 있었다. 나 또한 그러하다. 지금의 나는 분명 많이 부족하다. 하지만 끝까지 성공을 포기하지 않을 것이다.

나는 내가 원하는 해결 방법을 찾아 왔다. 그렇게 하다 보니 이 시점에까지 닿았다. 나는 지금의 현실을 기쁘게 받아들인다. 지금이 나에게는 인생에서 가장 큰 변화의 시점이다. 이 시기를 어떻게 준비하느냐에 따라 결과는 백팔십도로 달라진다는 것을 이미 많이 경험했다. 하기 싫은 일도 찾아서 하고, 힘든 과정도 버티고 이겨 낼 것이다. 끝까지 포기하지 않을 것이다. 어려운 상황도 버티고 이겨 낼 것이다.

그렇게 나는 내 꿈에 한 발자국 더 다가간다. 불행한 20대를 지나오며 평범하게 살지 못했던 나다. 그런 내가 이런 꿈을 꾸고 있다. 꿈꾸는 대로 행하고 있다. 그 자체가 너무 행복하고 벅차다. 혼자서는 절대로 시작도 못할 일. 옆에 든든한 멘토가 있어 주어야 가능한 일. 나를 믿어 주는 내 주변 사람들이 있는 만큼 당연히 해내야 할 일. 나에게는 꿈꿀 이유가 충분하다.

하루하루를 비참한 기분으로 살았던 지난날을 생각하니 마음은 여전히 아프다. 나를 병들게 만든 건 결국 환경이 아닌 나 자신이었음을 깨닫는다. 앞으로 절대로 나 자신이 처한 환경을 탓하지 않을 것이다. 대신 해결 방법만 찾겠다고 또 한 번 다짐한다. 일단 그냥 실천할 것이다. 미루는 것 자체가 핑계라고 생각한다. 나 자신에게 떳떳하기 위해. 나 자신 때문에 나의 미래에 후회하는 일이 절대 없게.

이루고자 하면 반드시 이루어진다. 그것을 깨닫는 과정이 내겐 너무 감사한 여정이다. 나는 반드시 미용 분야 베스트셀러 작가가 될 것이다.

2

숍 3개를 운영해
경제적 자유 얻기

20대 초반에 엄마가 돌아가시면서 나는 살아가는 방향을 아예 잃었다. 다니던 학교를 그만두고 엄마가 하시던 작은 불교용품 전문점을 대신 운영해야 하는 상황이었다. 생계를 위한 어쩔 수 없는 선택이었다. 가게를 팔 수도 없고 닫을 수도 없는 형편이었기 때문이다. 그렇게 장녀인 내가 희생했다. 그때 내 주변 친구들은 어학연수, 유럽여행 등 내가 상상할 수 없는 것들을 즐기고 있었다. 나는 처음으로 앞으로 펼쳐질 내 인생이 불행할 것이라는 생각을 했다.

그렇게 나는 그냥 그들을 쳐다만 보며 부러워하고 시기하고 질투했다. 어느 순간 나는 내가 그들을 따라갈 수 없는 사람이라고 단정 짓게 되었다. 그러면서 그냥 막 살았다. 꿈이나 미래는 생각하지 않았다. 엄마 대신 불교용품점을 운영하면서 바보가 된 셈이다. 거기서 보낸 시간은 2년 반 남짓했다.

이후 백화점 판매 아르바이트를 하며 또 1년 반이 지났다. 어느덧 20대 중반에 접어들었다. 그런데도 무얼 해야 할지 막막했다. 그러다 우연히 주변의 소개로 피부관리사 국가고시반에 등록하게 되었다. 난 자격증을 따고 피부관리사로 사회생활을 시작하게 되었다.

처음 피부관리사가 되었을 때의 1년이 잊히지 않는다. 난 어딜 가나 대접받지 못하는 존재였다. 기술직이니 당연했다. 나의 기본자세에도 문제가 많았다. 그것을 3년 차에 접어들었을 때 처음 깨닫게 되었다. 나는 자존감 있는 피부관리사가 되고 싶었다. 기술직이어서 무시당한다고 생각했던 예전과는 달리 대우받는 직업이라고 스스로 인정하려고 노력했다. 그러기 위해서는 공부가 필수였다. 공부를 하면서 조금씩 자존감도 올라갔고 지식을 습득하는 과정을 즐기게 되었다. 한 숍에서 붙박이로 몇 년을 일하며 나를 찾는 고객도 많아졌다. 나는 그 고객들을 진심을 다해 관리해 주고 싶었다.

그렇게 나는 자기계발에 힘을 쏟았다. 많은 난관에 부딪치며 좌절도 여러 번 했다. 하지만 해를 거듭하면서 내 숍을 갖자는 목표가 생겼다. 그러려면 한 숍에서 인정받는 게 시작이라고 생각했다. 결국 나는 7년 후 내가 일하던 숍의 원장이 되었다.

원장이 되고 보니 모르는 것투성이였다. 운영이 너무 어렵게만 느껴졌다. 부족한 부분을 채우기 위해 여러 컨설팅을 받았다. 그렇게 조금씩 성장해 나갔다. 하지만 상황이 어려워지자 나는 또 한 번 무너져 내렸다. 정말 끝이라는 건 없구나, 나는 아직 멀었구나…. 이렇게 내 상황을 받아들인 나는 앞만 보고 지금 여기까지 오게 되었다.

나는 숍을 하나만 운영해서는 경제적 자유를 꿈꾸기 어렵다는 결론을 내렸다. 그러기 위해선 새로운 목표 설정이 필요했다. 나는 3개의 숍을 3년 안에 내겠다는 목표를 세웠다. 목표를 새로 설정하려니 방법을 생각해 내야 했다. 하나도 겨우 운영하고 있는데 대체 3개의 숍을 어찌 낸단 말인가. 생각에 생각을 거듭했지만 평범하게 매출을 올려 숍을 늘리려면 3년은커녕 10년도 더 걸릴 것 같았다.

남들과 다르게 조금 더 획기적으로 시간을 단축할 수는 없을까? 하나의 숍을 운영하는 원장이 아닌, 사업가의 시각이 필요한 시점이었다. 나는 내가 할 수 있는 것과 도움이 필요한 것을 구분하기 시작했다. 나에겐 혼자라면 10년 걸릴 일을 빠른 시간 안에 이룰 수 있게 도와줄 멘토가 필요했다.

내 주변에는 이미 어려운 환경에서 벗어날 수 있게 도와준 멘토가 있었다. 나는 그분과 많은 것을 의논했다. 그분은 스스로 성장하게끔 나에게 많은 도움을 주셨다. 나는 나를 알리는 일에 관심이 많았다. SNS 마케팅 말고 다른 것을 원했다. 하지만 답이 떠오르지 않았다. 그럴 때면 유튜브를 시청하곤 했다. 그곳에는 본인들의 노하우를 알려 주는 사람들이 많았다.

그러던 중 우연히 책 쓰기를 가르쳐 주는 채널을 접하게 되었다. "성공해서 책을 쓰는 것이 아니라 책을 써야 성공한다." 처음에는 말도 안 된다고 생각했다. 성공하지 않은 사람들이 책을 쓸 주제라도 되겠나 싶었다. 나의 넋두리로 끝날 책을 생각하며 처음엔 채널을 닫았다.

하지만 며칠이 지나도 책을 써야 성공한다는 말이 잊히지 않았다. '나에게도 책을 쓸 자격이 있을까?', '나에게도 책을 쓸 주제가 있을까?' 나는 며칠 동안 깊은 고뇌에 빠졌다. 생각이 길어질수록 궁금증이 생겼다. 당장 한책협의 1일 특강에 참석했다. 내가 그동안 원했던 일, 나를 알리는 일이 이것이구나 하는 확신이 들었다. 그렇게 책 쓰기를 시작했다.

책을 쓰고 짧은 시간 안에 많은 변화를 체험했다. 의식이 확장되면서 새로운 목표가 생겼다. 3개의 숍을 3년 안에 내는 것에만 집중했던 지난날은 잊었다. 3년 안에 더 많은 것을 이룰 수 있는데, 거기에만 목표를 두기엔 내 꿈이 너무 작아 보였다. 내 경험과 노하우를 많은 사람들과 나누자. 그것이 김도사님이 말씀하시는 1인 창업 아닌가. 이미 사업장은 운영하고 있으니 지식창업을 하자. 불과 한 달 전까지만 해도 내 목표는 책한 권 써서 사람들에게 나를 알리는 것이었다. 이게 한 달 만에 가능한변화였던가. 스스로도 매일이 놀라울 뿐이다.

요즘 나는 제대로 된 스승에게 제대로 배워야 한다고 이야기한다. 누구든 당장의 주머니 사정은 어려울 수 있다. 하지만 앞을 내다보고 빠른 시간 안에 성장하기를 바란다면 투자를 두려워해선 안 된다. 그렇게 되면 발전이 없다. 있다고 하더라도 아주 늦거나, 뒷걸음질 치거나 할 것이다. 결국 우리로서는 귀한 시간만 버리는 셈이 된다. 이것을 알기까지 나또한 돈돈 하던 사람이다. 지금 이렇게 어려운데 투자는 무슨 투자야. 아끼는 게 최고야. 투자해도 안 되는 사람은 안 돼. 이렇게 온통 부정적인 생각만 가득했던 나다. 그런데 이제야 깨닫는다. 어떤 멘토를 만나느냐에 따라 인생길을 훨씬 수월하게 갈 수도 있다는 것을. 훨씬 빨리 말이다.

이것을 깨달으면서 버킷리스트도 수정했다. 책 쓰기를 하면서 이미 이루어진 것들은 삭제했다. 꿈꾸는 만큼 보이고, 원하게 된다. 방법도 거기에 맞게 찾게 된다. 나처럼 무언가를 끊임없이 원했던 사람은 언젠가는 그것에 도달한다. 다만 시간이 오래 걸릴 뿐이다. 지금이라도 새로 생긴 목표와 꿈을 위해 행할 것이다. 이미 이루어진 것처럼.

2년 반, 인생의 롤러코스터를 탄 느낌이다. 정점에서 바닥으로 내동댕이쳐진 기분도 느꼈다. 그럴 때 나를 도와준 가족, 지인, 멘토 그리고 우리 직원들. 숍 3개를 운영하겠다고 마음먹고 난 후부터 우리 직원들과 같이하는 미래를 꿈꾼다. 그들은 내가 힘들 때 나를 떠나지 않고 나에게 용기와 희망을 주었다.

이 사람들을 위해서라도 숍을 3개로 늘려야 한다. 이들도 똑같은 꿈을 꾸게 만들고 싶기 때문이다. 무너지지 않게 나를 지탱해 준 나의 사람들이기 때문이다. 그들은 언제나 나를 응원해 줬다. 나도 그들에게 무언가를 해 주고 싶다. 내 미래에 늘 함께하고 싶은 사람들이다. 나도 했으니 이들도 할 수 있다는 것을 나를 통해 보여 주고 싶다. 그렇게 오늘 하루도 힘을 내서 꿈에 한 발짝 더 다가간다.

처음에는 경제적인 자유만 꿈꿨다. 안정적인 숍 3개는 있어야 일을 안 하고 놀 수 있다고 생각했다. 내가 그린 경제적 자유는 딱 거기까지였다. 지금은 다르다. 경제적 자유를 얻고 나를 좋아해 주는 사람들과 많은 것을 나누고 싶다. 돈에 쫓기는 삶은 이제 졸업하고 싶다.

돈 걱정보다는 우리의 빛나는 앞날에 더 집중하고 싶다. 내가 아닌 우리, 그렇게 영역을 넓혔더니 꿈은 더 커졌다. 나는 너무나 힘들게 여기까지 왔다. 그릇의 크기를 넓히는 과정이 너무 고통스러웠다. 우리 직원들은 조금 편한 길을 갔으면 좋겠다. 마음고생도 덜했으면 좋겠다. 나는 나와 우리 직원들을 위해 3개의 숍을 이끄는 시스템을 만들어 갈 것이다.

숍 운영을 처음 시작했을 때가 생각난다. 나는 겉으로는 직원을 존중한다고 늘 이야기했다. 하지만 내 진짜 속내는 조금 달랐다. 행함이 없는 권위의식이 분명 있었다. 나의 숍은 내 불행했던 20대의 삶을 보상해 주는 보험금인 셈이었다. 그것을 침범하는 사람들은 나와 함께하지 못했다. 그만큼 인간관계에도 서툴렀던 나의 지난날을 반성한다. 누구나 나 정도의 사정은 있었을 텐데. 성숙하지 못했던 탓이다. 하지만 실패를 거듭하면서 나 자신도 어른이 되어 가고 있다. 그 여정에 함께해 준 내 주변의 고마운 사람들과 꿈을 같이 이루고 싶다.

3

가족들과 함께 살 2층 전원주택 짓기

우리 가족은 한 번도 아파트에서 살아 본 적이 없다. 어릴 땐 부모님 명의의 주택에서 살았다. 부모님은 아파트보다 주택을 선호하셨다. 그래서인지 정감 있던 이웃들과 지낸 어린 시절이 기억에 남는다. 하지만 나는 쾌적한 아파트에서 살고 싶었다. 엄마가 돌아가시고 가세가 많이 기울면서 상황은 더 안 좋아졌다. 반지하에서 살았던 적도 있다. 1층에 분식집이 있는 3층 주택에서 살 때는 정말 끔찍했다. 늘 바퀴벌레와 전쟁을 벌여야 했으니까. 집 구조나 위치는 좋았으나 나는 빨리 그곳에서 벗어나고 싶은 생각뿐이었다.

2년에 한 번씩 이사를 다니며 조금씩 좋은 집으로 옮기고는 있었지만 언제 이사를 가야 할지 모르는 상황에 늘 불안했다. '나는 언제 내 집을 갖지?'라는 생각보다 환갑이 넘은 우리 아빠에게 언제 집장만을 해드리지 생각했다. 늘 마음 아파하면서.

그러다 숍을 인수한 후에 조금 더 구체적으로 꿈을 꾸게 되었다. 아빠가 대출을 받아서 집을 장만하면 내가 그 돈을 갚아 드려야겠다. 늘 그렇게 다짐했다. 하지만 2년 반에 걸쳐 여러 일을 겪으면서 오히려 아빠의 도움만 받는 입장이 되었다. 너무 죄송한 마음이었다. 그래서 더 빨리 성공해야지. 그래서 우리 아빠 이사 그만 다니시게 해야지 생각했다.

내가 성공하고 싶은 가장 큰 이유는 무조건 우리 아빠 때문이다. 엄마가 돌아가시고 우리 아빠는 본인을 위해 돈 한 푼 써 본 적이 없는 분이다. 부족하지만 장녀로서 항상 챙겨 드리려고 애썼다.

숍을 인수해서 경제적 여유가 생기자 나는 병적으로 아빠를 더 챙기게 되었다. 아빠는 부모라는 이유로 나와 동생을 끝까지 포기하지 않고 여기까지 보듬으며 오셨다. 그런 아빠에게 나는 더 좋은 딸이 되고 싶었다. 하지만 언제 성공해서 언제 집을 사 드릴 수 있을까…. 생각만 해도 눈물이 난다. 지금도 이미 할아버지가 되어 버린 아빠인데. 두려움과 조급함이 나를 힘들게 한다.

내 성공이 더딜수록 우리 아빠는 점점 더 늙어 간다. 그걸 지켜보는 자식의 입장은 너무나 처참하다. 그래서 생각에만 머물렀던 것들을 실행했다. 그렇게 성공하고자 노력했다. 오늘날의 나를 있게 해 준 나의 아빠를 위해.

나에게는 넓고 쾌적한 아파트가 좋은 집이다. 그렇다면 아빠에겐 어떤 집이 좋은 집일까? TV를 볼 때면 아빠는 늘 이야기하신다. 어릴 때 살던 시골에 가서 살고 싶다고. 아빠가 그 이야기를 하실 때면 항상 마음이 너무 아팠다. 너무 고독하게 지내실 모습이 눈에 선했다. 시골에서 조용히 살고 싶다는 말씀이 내겐 다 내려놓고 싶다는 말로 들렸다. 시골에서 지내는 것처럼 우리 가족이 도심에서 지낼 수는 없는 걸까?

그렇게 나는 또 다른 꿈을 꾸게 되었다. 우리 세 식구가 살 아담한 전원주택을 마련하겠다는. 내 상상 속의 집은 따뜻하고 자연친화적인 집이다. 또한 나는 여유 있는 우리 가족의 모습도 상상한다. 몇날 며칠을 즐겁게 그런 상상을 하다 문득 이런 생각이 들었다. 지금 이 꿈을 시각화하자! 지금 당장!

나는 내 꿈을 당장 시각화하기 위해 유튜브를 켰다. 다양한 방법으로 집을 지어 사는 사람들의 영상이 올라와 있었다. 상상만 했었던 것과는 다르게 하나하나 생생했다. 나의 공간, 아빠의 공간, 동생의 공간. 그러다 보니 정말 다음에 이사할 때는 그런 집에 들어갈 것 같은 느낌이 들었다. 원하는 것을 시각화하는 게 정말 중요한 것이구나 싶었다. 이전에는 그런 집을 보면 '저런 데는 원래 부자들이나 사는 곳이야'라고 생각했을 것이다. 꿈을 갖고 시각화만 했을 뿐인데도 목표와 꿈이 명확해졌다.

그렇게 나는 우리 가족이 살 집을 시각화했다. 처음 며칠은 그 집 전체만 상상했다. 매일 그 집 문을 열고 출근하는 상상. 우리 가족만 사용하는 주차장. 바비큐파티를 즐길 수 있는 아담한 마당. 마당에 있는 강아지 등등 상상하는 재미에 빠져 며칠을 보냈다.

그러던 중 집 안을 구체적으로 꾸며 볼까? 라는 생각이 들었다. 1층은 동생과 아빠의 공간으로 꾸민다. 2층은 나의 공간이다. 내 전용 서재에서 글을 쓰는 모습, 커피를 내려서 서재로 가는 모습 등. 마치 지금 눈앞에서 벌어진 일인 듯 생생했다. 그렇게 상상하다가 현실을 마주할 때면 '내가 지금 뭐 하는 거지' 싶은 날도 있었다. 하지만 시각화하면 곧 현실이 된다는 말을 나는 굳게 믿었다. 그렇게 조금 더 구체적으로 집을 꾸며 나갔다. 상상 속에서.

그러다 내 상상과 가까운 집을 유튜브에서 찾게 되었다. 나는 그것을 보며 공간을 꾸미는 상상을 했다. 마치 내 집처럼. 그리고 그것을 아빠에게 보여 줬다. 우리가 이런 곳에서 살면 어떨 것 같으냐는 나의 질문에 아빠는 이렇게 대답하셨다. "우리에게 그런 일이 일어날까?

그렇게 된다면 평생소원이 없겠다." 그 말을 듣는데 눈에 눈물이 핑 돌았다. 나는 내 꿈이기도 하지만 아빠의 꿈이기도 한 그 꿈을 꼭 이뤄 드려야겠다고 굳게 다짐했다. 우리라고 안 될 게 뭐가 있겠나. 꼭 그 집에서 정원을 가꾸며 살게 해 드려야지. 매일 주차할 곳이 없어서 고생했던 우리 아빠 마음 편히 살게 해 드려야지. 그러자 가슴이 뜨거워졌다. 나를 위해, 아빠를 위해. 꿈을 이뤄야 할 이유는 충분했다.

깊이 생각할수록 한 가지 걸리는 것이 있었다. 바로 나의 성공 시점이다. 성공하기 위해 나는 지금의 위기를 기회로 삼고 열심히 살고 있다. 하지만 성공이 바로 눈앞에 있는 것은 아니지 않은가. 집을 짓고 살 시기가 파악되지 않았다. 과연 시기를 정하는 것이 나은 것일까? 한참을 고민하다 이런 결론을 내렸다. 일단 내가 지금 할 수 있는 일에 최대한 집중하자. 답은 그것이었다. 성공 시기를 정해 놓고 거기에 얽매이거나 집중할 필요가 없다고 판단했다. 내가 살 집은 이미 정해졌고, 나는 이제 성공만 하면 되겠구나!

책 쓰기를 시작하면서 너무나 많은 변화가 일어났다. 지금 전 세계는 코로나 바이러스로 초비상 상태다. 아마 한책협의 김도사님을 만나지 않았다면 나 또한 발만 동동거리고 있었을 것이 뻔하다. 이제 겨우 공저를 시작했을 뿐인데, 나의 의식의 변화와 성장이 놀라울 뿐이다.

나는 주변 사람들에게 이렇게 이야기했다. 버킷리스트가 있다면 꼭 써 보라고. 그리고 이루지 못할 것은 없다고 생각하며 써 보라고. 하지만 그것이 무슨 의미인지 알아주는 사람은 아직 없다. 그것이 너무 안타깝다. 그래서 더는 이야기 안 하기로 했다.

요즘 나의 시간은 2배, 3배로 흘러가는 듯하다. 37년을 살아오면서 실천하지 못했던 것들을 두세 배로 해내는 느낌이다. 그동안은 너무 무지해서 몸으로 때우기만 했다. 그런데 이렇게 성장하다니. 나 자신이 놀라울 따름이다. 하지만 아직 겉으로 드러난 변화는 없다. 사용하지 않던 노트북 앞에서 무언가를 하고 있다는 것. 남들 눈엔 딱 그 정도의 변화일 것이다.

지금의 나는 하루하루가 즐겁다. 내 지난 이야기를 꺼내 글로 쓴다는 것이 너무 재미있다. 아직은 훈련이 덜되어서 힘들게 써 내려가고 있다. 그래도 재미있다. 카페로 퇴근해서 내 시간을 갖고 하루를 마무리하는 것도 너무 행복하다. 그전엔 카페를 사람을 만나러 가는 장소로만 생각했다. 하지만 이젠 내 시간을 보낼 수 있는 공간이다. 나를 만나는 시간.

그렇게 조금씩 익숙해져 간다. 꿈을 시각화하는 것도, 글로 써 보는 것도. 나에겐 온전히 내 의식에 집중하는 그 시간이 소중하다. 우리 가족을 위한 집을 갖는 게 내 버킷리스트였다. 하지만 모든 꿈은 연결되어 있다는 것을 깨달았다. 그것이 하나로 연결되어 있고 결국 나는 그것을 이룰 존재다. 그것을 증명해 가는 이 여정이 기적이다.

엄마가 일찍 돌아가시면서 우리 가족의 모든 것이 무너졌다. 나, 아빠, 동생 전부. 아빠가 가장 힘드셨다는 것을 알게 된 지 몇 년 되지 않는다. 부모를 잃은 슬픔이 배우자를 잃은 슬픔보다 더하다고 생각했기 때문이다. 그렇게 아빠를 그대로 아프게 놓아두었던 지난날을 너무 후회한다. 지금부터라도 그 시간을 보상해 드리고 싶다. 아빠를 웃게 해 드리고 싶다. 그것이 나의 행복이라는 것을 깨닫는다.

가족이 함께할 2층집을 짓기 위해 무엇을 해야 할까? 생각을 글로 적어 내려간다. 그러다 문득 깨닫는다. 돌아가신 엄마와 지금 내 옆을 지켜 주는 아빠의 무한한 사랑을. 나의 진짜 버킷리스트는 부모의 사랑을 깨닫는 것이 아니었을까.

성공해야 할 이유가 또 생겼다. 나는 그렇게 성공에 다가가기 위해 쉬지 않는다. 끝까지 해낼 것이다. 나는 그것을 확신한다. 나는 나 자신을 믿는다.

4

피부미용 분야 콘텐츠로
유명 유튜버 되고 TV 출연하기

　요즘 본인을 알릴 수 있는 방법과 기회가 다양해졌다. 유튜브를 예로 들 수 있겠다. 유튜브에서는 자신의 정보를 영상으로 만들어 공유한다. 내가 알고자 하는 정보를 쉽게 얻을 수 있다는 장점이 있다. 그리고 그 시장은 점점 커져 간다. 나 역시 구독하는 채널이 상당하다. 주로 자기계발 채널을 구독 중이다.

　이렇듯 본인이 원하는 콘텐츠를 검색해서 정보를 얻을 수 있는 경로가 다양해졌다. 궁금한 것을 다른 사람의 경험을 통해 푸는 것이다. 예전에는 TV나 인터넷에서 정보를 얻었다. 이제는 유튜브 영상을 찾아서 원하는 정보를 얻는다. 올해 서른일곱 살인 나는 '세상 참 좋아졌다'라는 생각을 자주 한다. 다른 사람들의 경험이나 노하우를 쉽게 얻을 수 있으니 말이다.

　그렇게 유튜브를 시청하는 시간이 부쩍 늘어났다. 한책협에 오게 된 것도 유튜브를 보고서였다. 내가 구독하고 있는 채널은 '성공'과 닿아 있었다. 그 덕분에 〈김도사tv〉를 만난 것이다. 책 쓰기도 시작했다. 그러면서 내 삶의 의미를 깨닫기 시작했다. 나를 발견하는 시간도 가졌다. 나에게는 인생 전체를 바꿀 만한 대단한 기회였다. 그때부터 다른 시각으로 유튜브를 보게 되었다. 남의 인생을 바꿀 정도의 경험치는 못 되어도, 나에게도 나눌 수 있는 것이 있지 않을까? 나는 나의 일에 대해 깊이 생각해 보게 되었다.

나는 피부관리사이자 숍 원장이다. 딱히 잘하는 것 없이 20대 중반까지 허송세월했다. 그러다 우연히 피부관리사 자격증을 취득했다. 그 후 한길을 걸어온 지 어느덧 13년에 접어든다. 숍에서 일하는 것이 처음엔 너무 힘들었다. 한 번씩 찾아오는 슬럼프도 겪었다. 그 과정을 인내한 끝에 지금 이 자리에 있다. 받아들이는 사람의 시각에 따라 조금씩 다를 수는 있을 것이다. 하지만 13년이라는 시간이 결코 짧은 시간이 아님을 안다. 더구나 그 세월을 살며 나에게도 분명 내공이 쌓였을 것이다. 내가 나누어 줄 수 있는 게 분명 있을 것이라 확신한다.

유튜브는 접근성이 좋다. 그런 만큼 다양한 콘텐츠를 만날 수 있다. 거기에 혹해 어느 때는 의미 없이 시간을 보내기도 한다. 될 수 있는 한 내가 구독한 콘텐츠만 보려고 노력하는 이유다. 시간을 허비한 날들이 적지 않기 때문이다. 유튜브는 내게 많은 영감을 주었다. 그 곳에는 평범한 사람들의 경험담이 영상으로 담겨 있다. 하나같이 포기하지 않고 끝까지 무언가를 이루어 낸 사람들. 그들처럼 나도 내 경험과 노하우를 나눌 줄 아는 사람이 되어야겠다고 다짐했다.

처음 피부관리사가 되었을 때가 생각난다. 다들 힘들게 배운 기술인지라 선뜻 알려 주려는 사람이 없었다. 알려 줘 봤자 어차피 따라 하지 못하는데 말이다. 처음 3개월은 정말 빨래만 했다. 빨래하고 널고 개고. '내가 빨래나 하려고 취직했나', '내가 세탁기 대신인가' 하는 자괴감이 들었다. 그렇게 13년이 지나고 돌아보니 그때는 내가 너무 부족했다는 생각이 든다. 같이 배워도 나는 해내지 못했다. 배움의 속도가 느렸던 것이다. 그렇게 다른 사람들이 6개월이면 습득하는 것을 혼자 1년을 헤맸다. 나는 나처럼 습득이 느린 사람들에게 도움을 주고 싶다. 선한 마음으로 내 노하우를 나누어 주고 싶다.

내가 피부관리사로 일했을 때, 나는 내 직업에 대한 이해가 전혀 없었다. 기술직으로만 단정 지었다. 피부관리사 이전에 회사에서 근무해 본 경험도 없었다. 백화점 판매직 아르바이트가 근무이력의 전부였다. 그러다 기술직으로 사회에 첫발을 내딛은 것이었다. 꾸준히 일하다 보면 경력자가 되고, 숍을 오픈할 수 있다는 비전만 있었다.

그렇게 숍을 오픈하고 보니 너무나 중요한 것이 있었다. 바로 행정업무였다. 나는 숍 원장이 되고 멘토를 만나면서 이것이 중요하다는 사실을 알았다. 너무 늦게 안 셈이다. 기술면은 자신이 있었다. 하지만 운영이라는 것은 너무나 힘들었다. 처음부터 이 업무를 못 배운 것이 안타까웠다.

나는 그러지 못했으니 나의 후배나 나의 직원들은 숍 운영 전에 체계적으로 배워야 한다고 생각한다. 나는 그것을 개발하고 교육하는 데 힘쓸 것이다. 처음부터 경영과 행정을 배워야 한다. 그래야 숍을 오픈하고 고생을 덜한다. 나는 일을 거꾸로 배운 셈이다. 이 순서를 바로 알리고 싶다. 이런 콘텐츠는 피부관리사를 꿈꾸는 사람들에게 분명 도움이 될 것이다.

피부관리사로 13년을 근무하다 보니, 고객의 다양한 고민을 접하게 되었다. 내게는 상식인 것들이 그들에게는 어려운 것이었다. 고민은 다양했지만 해결 방법은 의외로 단순하다. 나는 현직 피부관리사이자 숍 운영자로서 당연히 아는 것들. 그것들을 몰라서 꽤 오랜 시간 헤매는 고객들. 그들과 이런 것들을 함께 나누면 어떨까? 생각만 해도 재미있게 나눌 수 있겠다 싶었다.

숍에서 제안할 수 있는 방법을 생각해 봤다. 오프라인으로 우리 숍을 방문하는 고객들은 그 방법을 직접 배워 간다. 나는 하루에도 몇 번씩 피부에 대한 고민을 듣는다. 이 경험만 살려도 콘텐츠는 충분하다. 나의 경험과 지식을 나누는 것. 보다 쉽게 알려 주는 것. 우리 숍 고객들처럼 이것을 원하는 사람들은 충분히 있을 것이다.

우리 숍 고객들에게 제일 처음 물어보는 질문이 있다. 고객님의 피부 고민이 무엇이냐고. 그러면 고객들은 다양한 고민을 털어놓는다. 그다음으로 내가 그들에게 하는 질문은 하나다. 클렌징 습관에 대한 것이다. 대부분의 고객들은 바르는 것에 더 집중한다. 하지만 나는 클렌징 습관부터 코칭해 주고 계속 체크한다. 그렇게 사소하지만 제일 중요한 것을 교

정해 준다. 숍에서는 보약은 가끔 먹는 것이지만 밥은 매일 먹는다. 그런 것처럼 매일 하는 세안에 신경을 쓰라고 이야기한다. 그것이 소통일 것이다. 그것만으로도 만족도는 올라간다. 장기간 숍에 오지 못하는 고객들과는 메신저로 소통한다. 우리 숍의 장점이다. 아무것도 아닌 것 같지만 제일 중요하다.

내가 운영하고자 하는 유튜브 채널의 틀은 크게 두 가지다. 고객과의 소통, 피부관리사와의 소통이 그것이다. 여러 유튜브 채널을 보면서 생각만 했었다. 유튜브는 진입장벽이 낮다. 하지만 시작하고 유튜브를 꾸준히 운영하는 유튜버들은 드물다. 나도 그저 생각에만 그쳤었다.

이제는 하나씩 실행해 보려고 한다. 생각만으로는 아무것도 이루어지지 않기 때문이다. 시작이 제일 중요하다. 그리고 꾸준히 하려면 많은 노력이 필요하다. 한책협의 가르침이라면 충분히 가능할 것이다. 책 쓰기에만 관심이 있었던 나인데 어느 순간 이러한 것들을 계획한다. 너무나 큰 변화다.

성공한 유튜브 채널엔 하나같이 공통점이 있다. 본인들의 경험을 나누는 것은 물론이다. 그것이 궁금한 사람들에겐 너무나 큰 힘이 될 것이다. 하지만 더 큰 힘이 있다. 바로 '동기부여'다. 그들은 내게서 경험과 지식을 얻는 동시에 큰 동기부여를 받는다.

내게는 강력하게 '동기부여'를 해 주는 채널이 있다. 바로 〈김도사tv〉다. 나는 그 채널을 통해 한책협에 왔다. 나의 경험과 지식도 필요한 누군가에게 그러한 동기부여가 되길 기대한다. 내가 유명해지고 대단해지는 것이 먼저가 아니다. 정말 필요한 누군가에게 동기부여가 되길 바랄 뿐이다.

예전과는 다르게 나를 알릴 수 있는 방법이 다양해졌다. 누구나 할 수 있는 유튜브이지만 누구나 성공하진 않는다. 제대로 해내는 법. 이왕 하는 거 성공하는 방법. 그것은 한책협에만 있다. 책을 출간한다고 다 되는 것은 아니다. 제대로 준비하는 사람만이 성공한다. 책 쓰기에서 멈추지 않고 꿈을 꾼다. 뷰티 콘텐츠 유명 유튜버가 되고, 방송에 출연하는 꿈. 그렇게 나의 경험과 지식이 '나'라는 브랜드가 된다. 그것이 원하는 이들에게 도움이 되길 바란다.

5

선한 영향력을 끼치는
사업가이자 멘토 되기

2017년 7월, 나는 7년간 일하던 숍의 원장이 되었다. 2008년도에 처음 피부관리사로 사회생활을 시작해서 10년 만에 이뤄 낸 쾌거다. 짧은 시간에 내가 원하던 목표에 도달한 것이다. 그때는 모든 것을 나의 성실함으로 이뤄 낸 결과라고 생각했다. '50대에 30평짜리 숍 갖기'가 나의 꿈이었으니까. 나는 34세에 내 꿈을 이룬 만큼 더 이상의 목표 설정 없이 그 자리에 안주했다. 처음 1년간은 정말 내가 원하던 세상을 맛봤다. 경제적 여유가 생기면서 내가 할 수 있는 것들이 많아졌다. 그것을 만끽하고 즐기는 데 집중했다. 하지만 그것은 오래가지 못했다. 자기발전이 전혀 없었기 때문이다.

34세 프랜차이즈 숍 원장. 나는 이 타이틀이 너무 좋았다. 하지만 이미 꿈을 이뤘음에도 이유 모를 불안감이 가끔 찾아왔다. 내가 무언가를 많이 놓치고 있다는 불안감 말이다. 나는 다양한 컨설팅을 받으며 불안감을 조금씩 극복했다. 하지만 내가 입점해 있던 마트가 폐업하면서 모든 것을 잃었다. 한순간이었다. 이때 나는 높았던 나의 콧대가 한 번 꺾이는 경험을 했다. 그러면서 다른 시각으로 나를 바라보게 되었다. 그러곤 진짜 내가 원하는 것이 무엇인지 깨달았다. 그렇게 성숙해 가는 시간을 가졌다. 목표 설정도 새로 했다. 내 지난 과거를 돌아보면서 나는 생각하게 되었다. '내가 다른 사람들보다 유독 늦은 이유는 무엇일까', '더 빨리 성장할 수는 없었을까.'

얼마 후 나는 답을 찾았다. 나에게 비전을 제시해 주는 사람이 없었다는 것. 사실 주변에 그런 사람들이 있었지만 내가 찾지 않았다는 것. 그렇게 무지함을 스스로 극복하느라 시간이 오래 걸렸다. 꾸준히 멘토링을 하다 보면 나 같은 사람도 달라질까? 답은 '그렇다'이다. 본인의 역량이 무엇인지 모르는 사람들. 하지만 이 분야에서 무언가를 해 보고 싶은 사람들. 그들에겐 분명 멘토가 필요하다. 나는 그것조차 인지하지 못하고 이제야 깨닫는다.

피부관리사를 꿈꾸는 사람들. 혹은 이미 이 일을 하고 있는 사람들. 그들도 기술로만 먹고살 작정이었던 것은 아닐 것이다. 피부관리사에게도 미래의 비전을 보여 주는 명확한 모델이 있다면 어떨까. 그 방향을 제시해 주는 사람이 있다면 나처럼 헤맬 일이 없지 않겠는가. 내가 그들에게 도움을 준다면 그들 스스로 극복하면서 받는 상처도 최대한 줄일 수 있을 것이라 생각했다. 나는 많이 부족했던 탓에 이리저리 부딪치며 여기까지 왔다. 적어도 내 주변 사람들은 나와 같은 길을 가지 않았으면 좋겠다. 그들이 조금 덜 상처받길 원한다. 그래서 꿈꾼다. 선한 영향력을 끼치는 사업가이자 멘토가 되는 꿈을.

처음 피부관리사가 되었을 때를 떠올려 본다. 힘들게들 배운 기술인 만큼 나에게 선뜻 알려 주는 사람이 없었다. 어차피 알려 줘 봤자 따라 하지도 못할 텐데 말이다. 그러다 1년 차가 되면서 조금씩 재미를 느꼈다. 그때부터는 관련 책에서 정보를 습득하면서 성장했다.

나같이 느린 사람들은 분명 존재한다. 습득력이 느린 사람은 항상 있다. 그래서 다양한 방법의 교육이 필요하다고 생각했다. 하지만 원장이 되고서 직원을 채용할 때면 나는 늘 경력자만 채용했다. 나 같은 사람을 교육할 자신이 없어서였다. 지금의 나는 내 일에서 최고가 되는 꿈을 꾼다. 13년 전에는 상상도 못할 일이었다.

나는 나 스스로의 발전은 이룰 수 있다. 하지만 사회 초년생인 피부관리사를 키우는 것은 두렵다. 체계적인 교육을 받아 본 적이 없어서다. 그래서 경력자만 채용했다. 월급은 부담스럽지만 내가 가르칠 것은 많지 않아 좋았다. 하지만 언제까지 경력자만 채용할 수 있을까. 앞으로 우리 숍은 다양한 인력을 필요로 할 텐데. 어디서부터 교육을 해야 할까. 막막하고 막연했다. 그래도 꿈을 이루기 위해 시작해야 한다.

일단 나는 우리 숍의 교육과정을 체계화하는 것을 목표한다. 이것이 확립될 수 있게 다양한 상황을 대비한다. 그리고 피부관리사를 교육할 프로그램을 구축한다. 나의 직업을 단순히 기술직으로 단정 짓지 말아야 한다. 행정업무의 중요성을 알아야 한다. 기술 습득과 더불어 선행되어야 할 업무다. 사실 이것이 제일 중요하다. 나는 이것을 몰랐기 때문에 많이 헤맸다. 3~5년 차에 접어들면 대부분의 기술은 습득하게 된다. 기술을 습득하면서 다양한 업무처리 능력 또한 갖춰야 한다. 안타깝게도 이 부분을 중요하게 생각하는 원장들은 거의 없었다. 나 또한 13년이 지난 지금에서야 이것을 깨달았다.

그렇다면 비전이 있는 피부관리사란 어떤 것일까? 시간을 단축하고 성장하는 피부관리사의 모습을 그려 봤다. 사회 초년생인 피부관리사에겐 어떤 교육이 적합할까. 내가 처음에 피부관리사로 입사했을 때 어떤 것을 배웠으면 시간이 절약되었을까. 기술과 업무의 비중을 나눠야겠다는 답이 나왔다. 13년을 피부관리사로 근무하면서 전혀 생각지 못한 부분이다.

내가 이런 생각에 도달했을 때 멘토를 만나면서 배움의 기회가 찾아왔다. 처음 하는 업무이다 보니 너무 힘들었다. 차라리 숍을 관리하는 것이 내겐 편했다. 하지만 성장하고 배우려면 그 힘든 시간을 겪어 내야 한다. 그때 생각했다. 이것을 처음부터 교육받았다면 더 빨리 꿈을 이룰 수 있었겠구나.

내가 가장 두려워하는 업무는 기획이다. 직원으로 근무할 때는 군이 배울 필요가 없는 영역이었다. 그러나 원장이 되고 숍을 경영하다 보니 너무나 중요한 업무였다. 배운 대로 해 보려고도 했다. 하지만 겁부터 먹고 차일피일 미뤘다. 그런 상황이 닥쳐야만 일을 했다. 그 순간마다 '내가 이렇게 무능했던가?' 한없이 작아지는 나 자신을 느껴야 했다. 나와는 상관없을 줄 알았던 업무 때문에 슬럼프를 오래 겪었다. 언젠가는 분명히 해내야 하는 일임에도 피하기만 했다. 그래도 반복하다 보니 조금씩 실력이 늘었다. 나는 '반드시 이 업무를 정복하리라' 다짐했다.

그렇게 나는 또 다른 영역에 발을 디뎠다. 여전히 하기 싫고 어렵다고 생각했다. 그렇게 또 나 자신의 성장을 방치했다. 그러던 중 12월 한책협에서 책 쓰기 1일 특강을 듣고 2월부터 글쓰기를 시작했다. 그러면서 나는 놀라운 변화를 겪었다. 한책협에서 알려 준 대로 글만 썼을 뿐인데, 내가 두려워했던 기획이 저절로 되는 것이었다. 기획은 글쓰기와 아무런 상관이 없다고 생각했다. 기대조차 없었다. 정말 딱 한 가지, '나를 알리는 일'에만 집중했을 뿐이다. 그런데 동시에 업무능력이 몰라보게 향상된 것이다. 참 신기했다. 머릿속에 있던 것들을 글로 쓰면서 변화가 시작된 것일까. 요즘 매일매일 놀라운 경험을 한다.

버킷리스트를 정하고 원고를 쓰면서 더 놀라운 경험을 한다. 의식의 확장을 체험하게 된 것이다. 이전의 꿈과 전혀 다른 꿈이 생겨난 것이다. 시야가 넓어지면서 생긴 변화다. 나는 내 인생을 돌아보는 귀중한 시간을 가졌다. 그리고 내 지난날의 상처를 쓰다듬어 주었다. 또한 행복했던 날의 나를 축하해 줬다. 내가 제일 잘 알았던 나의 인생을 다시 한 번 정리할 수 있었다. 이 과정에서 업무능력은 저절로 향상되었다. 그것은 당연한 결과였다. 내 머릿속에서 기획이 정리되는 것은 덤이었다. 하지만 안타깝게도 모두가 경험할 수 있는 일은 아니다. 진심으로 많은 사람들이 이 과정을 체험하길 바란다.

이것을 체험하면서 한 가지 깨닫게 되었다. 피부관리사에게도 기획에 대한 교육과 훈련이 필요하다는 것을. 그것이 선행되어야 더 넓은 시야를 가진 피부관리사가 될 수 있다는 것을. 나는 그런 결론에 도달했다.

다른 사람들은 선한 마음을 갖고 교육받길 원한다. 나는 그들의 멘토가 되어 주고 싶다. 지금의 나는 분명 많이 부족하다. 또한 배워야 할 것 투성이다. 하지만 꿈꾸는 방향대로 그 과정을 밟아 나가기로 결심했다. 나같이 시행착오를 겪지 않길 바라기 때문이다. 그러려면 처음부터 제대로 배워야 한다. 그것이 내가 많은 사람들과 나누고 싶은 나의 꿈이다.

3년 전 나의 꿈은 50대에 30평 숍 오픈하기였다. 그런데 나는 그 꿈을 34세에 이뤘다. 꿈을 이룬 후 여러 시련이 닥쳤다. 그때마다 나를 도와주는 내 사람들 때문에 다시 일어설 수 있었다. 그래서 끝까지 포기하지 않았다. 3년 동안 나는 많은 것을 배웠다. 그동안 나는 나만을 위하던 데서 꿈의 방향을 조금씩 바꿨다. 나는 선한 영향력을 주는 멘토가 되길 원한다. 나처럼 방황하고 멀리 돌아가는 사람들의 시간을 아껴 주고 싶다. 그들이 상처받지 않길 원한다. 부족한 부분을 채워 주고 싶다. 그렇게 내가 아닌 우리를 위해 할 수 있는 일을 찾아 함께 나아갈 것이다.

항상 도움을 받으면서 위기 상황을 극복하곤 했다. 절대 나 혼자서 일어선 것이 아니다. 위기 극복을 나의 공으로 돌려 버린다면 나는 아주 많이 후회할 것이다. 성장하지 못하고 도태될 것이다. 꿈의 영역의 확장을 경험하지 못할 것이다.

PART
12

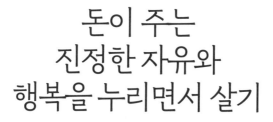

돈이 주는
진정한 자유와
행복을 누리면서 살기

· 박민준 ·

박민준

사업가, 1인창업 컨설턴트, 청소년 멘토, 자기계발 작가, 동기부여가, 강연가

광고디자인과 인테리어를 전문으로 하는 회사를 운영하고 있다. 작가이자 동기부여
가라는 가슴 설레게 하는 꿈을 그리며 청소년들의 멘토로 상담 활동을 하고 있다.
현재 '돈을 끌어당기는 부자의 생각습관'을 주제로 개인저서를 집필 중이다.

베스트셀러 작가 되고
TV 출연하기

너무 지치고 힘들어 도대체 어떻게 삶을 살아 내야 할지 모르겠다. 내가 혼자서 나에게 하는 말이다. 혹시 나와 같은 경험이 있는가? 나에게는 세 아이와 아내가 있다. 그런 만큼 포기할 수도 물러설 수도 없는 삶이다. 그런데 도무지 답이 안 보인다. 어디서부터 뭘 어떻게 해야 하나. 아니면 내가 뭘 그렇게 잘못한 건가. 혹시 답을 알고 계신 분 있으면 좀 알려 주시길. 이게 지금 아주 솔직한 내 심정이다.

내 나이는 올해 42세다. 나는 개천에서 용이 잘 나지 않는 요즘 시대에 용이 된 몇 안 되는 인물이다. 아니, 내 생각일 뿐일까. 하하 그만큼 나의 자존감은 넘쳐 난다. 지방 4년제 대학이기는 하지만 나는 학우가 8,000명쯤 되는 대학교의 총학생회장을 역임하고 졸업했다. 졸업 후 사업을 시작해서 13년 차에 100억에 조금 못 미치는 매출을 달성할 만큼 자수성가하기도 했다. 내가 살고 있는 지역에서는 성공한 사업가로, 가능성이 보이는 예비 정치인으로 방귀 좀 뀌면서 살았다. 그렇게 늘 잘나갈 것처럼 씩씩하고 자신감 있게 사업을 운영했다. 그러던 어느 날 갑자기 들려온 비보에 모든 것이 무너져 내렸다.

　　2013년 4월, 여느 때처럼 거래처 관계자들과 골프로 침목을 도모하고 저녁식사를 하며 술을 한잔하고 있었다. 나는 그 저녁 8시 무렵 한 통의 전화를 받았다.

　　"안녕하세요? 아산병원입니다. 약속하신 날짜에 꼭 방문하셔서 지난번의 건강검진 결과를 들으셔야 된다고 알려 주고자 전화 드렸습니다."

　　"아? 네. 선생님, 혹시 무슨 일이라도…"

　　"약간의 이상소견이 있어서요."

　　"자세히 좀 알려 주세요, 선생님."

　　"네 뭐 그렇게 심각한 건 아니고요. 약간의 암세포가 보이는 것 같습니다. 그런 만큼 꼭 오셔서 상담을 받으셔야 할 것 같습니다."

　　"아, 네. 알겠습니다."

　　나는 이렇게 대답하고는 멍한 채 전화를 끊었다. '암이라.' 이 시간이면 병원은 보통 퇴근시간이다. 그런데도 담당 선생님이 직접 전화해서 암이라는 말과 함께 꼭 와서 상담을 받아야 한다고 하는 것이었다. 나는 같이 여흥을 즐기고 있는 분들과의 자리를 아무 일도 없는 듯 마무리하고 혼자서 많은 생각에 잠겼다. 난 아직 아무것도 이루어 놓지 못했는데… 이루어 가는 과정일 뿐인데… 아내와 아이들도 2명이나 있는데… 정말 머릿속이 복잡하고 뒤죽박죽이었다.

며칠 뒤 병원에서 담당 선생님과 상담하는데 내가 위암 1기라는 것이었다. 그러면서 선생님은 나에게 천운이 따랐다고 했다. 보통 상복부에 암세포가 있으면 잘 발견되지 않는다면서. 거의 말기에 발견되는데 엄청 빨리 발견했다면서. 선생님은 내가 상당히 운이 좋다고 했다. 다만 문제는 암세포가 상복부에 있다는 것이었다. 때문에 위를 전체 다 제거하는 전절제를 해야 한다고 했다.

그때 선택의 여지가 별로 없었던 것인지 아니면 이것저것 선택할 수 있는 마음의 여유가 없었던 것인지는 잘 모르겠다. 나는 선생님께 선뜻 "그럼 위 전절제 수술을 잘 부탁드리겠습니다." 하고 바로 수술 예약 날짜를 잡았다. 아내에게는 그냥 별일 아닌 듯 "여보 괜찮아. 요즘 암은 병도 아니래. 그리고 다행히 1기라잖아."라고 너스레를 떨며 그 상황을 넘겼다.

수술은 며칠 뒤 바로 진행되었다. 수술 후 나의 몸무게는 평상시보다 15킬로그램이나 줄어들었다. 한마디로 피골이 상접한 모습이 되었다. 나는 그 후 나에게 찾아올 시련을 그때는 몰랐다. 어쩌다가 가끔 식당이나 공공장소에서 이런 문구를 본 적이 있을 것이다.

"돈을 잃으면 조금 잃는 것이요, 명예를 잃으면 조금 더 잃는 것이요, 건강을 잃으면 모든 것을 다 잃는 것이다."

나는 그 수술을 시작으로 내가 그때껏 쌓아 올린 모든 것을 다 잃었다. 한번은 오기로 거래처와의 식사 접대 자리에 참석해 보았다. 나는 식사 중에 덤핑증후군이 찾아와도 접대 자리인데 하며 애써 안 아픈 척했다. 그러고 있으면 거래처 부장님이 웃으면서 나한테 이렇게 질문해 왔다. "박 대표, 어디 안 좋아? 왜 그렇게 살이 빠졌어? 어디 아픈 사람 같아." 그러면 나는 그냥 웃으면서 "부장님, 요즘은 웰빙시대잖아요. 다이어트 해야죠?" 하며 넘겼다. 하지만 역시나 지금 나의 몸 상태로는 거래처와의 식사 자리 혹은 대외 비즈니스 활동을 멈춰야 한다는 것을 알았다.

나는 선택을 해야 했다. 사업이냐? 건강이냐? 나는 나와 혼자 약속했다. 지금은 건강을 챙겨야 할 때다. 혹시 지금 건강을 챙기다가 사업에 실패할 운이더라도 할 수 없다. 건강을 챙기고 나서 다시 시작하자고.

나는 매일 산을 올랐다. 그리고 이어폰으로 강의를 듣고 책을 보며 건강을 관리했다. 오로지 초점을 나의 건강에 맞추었다. 내 건강이 1번, 회사는 2번이었다. 회사는 그냥 알아서 굴러가도록 내버려 두었다. 나는 나름 회사 시스템을 괜찮게 갖추어 놓았다고 생각했다. 하지만 시간이 지나서 알게 되었다. 그것이 나만의 착각이었다는 것을.

전쟁에서 진두지휘하는 장수가 다치거나 죽으면 그 군대는 바로 사기가 꺾여 나머지 군사들은 항복하게 되어 있다. 그래서 전쟁을 할 때 제일 먼저 상대방 군대의 장수의 목을 베려 하는 것이다. 회사가 침몰한 이유가 그 때문이라는 것을 나는 몰랐다. 전쟁에 비유하는 것이 약간 그렇긴 해도 사업은 더하면 더했지 덜하지 않다.

13년간 피땀 흘려 만든 내 회사는 구멍이 나는 바람에 조금씩 조금씩 침몰하는 배처럼 그렇게 서서히 무너져 내렸다. 나는 건강과 사업이라는 두 마리 토끼를 잡을 수 없었다. 조금씩 가라앉고 있는 배를 그냥 방치할 뿐이었다.

수술 후 7년이 지난 지금 회사는 부도나고 10억 정도의 부채가 남아 있다. 그리고 아내와 함께 나는 신용불량자다. 경제적인 것은 모두 다 잃었다. 다행히 수술 후 잘 회복되어 건강만큼은 지킬 수 있었다. 아마도 내 또래의 다른 누구보다도 건강은 잘 관리하고 있지 않나 생각한다.

인생 2막을 시작하는 이 시점에서 내가 어떻게 하면 잘 살아갈 수 있는지 무수히 많은 질문을 던져 보았다. 그 질문들은 대략 이렇다. 첫 번째, 나는 술 접대를 하면서 사람을 상대하는 일을 할 수 없다. 두 번째, 나는 더 이상 상처를 받으면서 많은 사람을 상대하길 원하지 않는다. 이런 것들이 늘 내 질문거리였다.

이제 나는 너무 경제적으로 힘들고 지쳤다. 역설적으로 이제 나는 건강한가 보다. 경제적인 힘듦을 신경 쓰는 것을 보니. 내가 너무 지치고 힘들어할 때 아는 지인분이 책 속으로 도피하는 방법을 나한테 알려 주었다. 그래서 이것저것 다 신경 쓰기 싫을 때 나는 책 속으로 도피했다. 나는 읽고 또 읽었다. 이것이 나와 책과의 인연의 시작이다. 그동안은 간간이 취미 삼아 독서를 했다면 이 방법은 진심 책을 사랑하는 계기가 되었다.

이제 나는 작가를 꿈꾸고 있다. 그러면서 베스트셀러 작가가 되기를 희망해 본다. 나의 성공 경험과 건강을 잃고 힘들어한 경험과 사업에 실패한 아픈 경험 역시 많은 분들에게 이야기해 주고 싶다. 그리고 그 힘들었던 삶에 좌절하지 않고 열심히 잘 헤쳐 나오고 있는 지금의 경험 역시도 많은 분들에게 들려주고 싶다. 서두에 말한 것처럼 나는 세 아이의 아빠다. 죽고 싶을 만큼 힘든 적도 많았다. 하지만 물러설 수도, 도망칠 수도 없었다. 나는 가장이기 때문이다.

나도 나의 아이들에게 가정교육을 한다. 거짓말하지 마라. 정직해라. 항상 당당해라. 내가 힘든 삶 속에서도 비겁할 수 없는 이유다. 그리고 당당하게 이야기한다. 조금 있으면 지금의 시련을 극복하고 멋지게 비상할 거라고. 존경하는 김도사님의 《100억 부자의 생각의 비밀》이라는 저서에는 이런 구절이 있다. "시련은 변형된 축복이다." 가슴 깊이 와 닿는 문구다.

나는 어리다면 어린 나이에 큰 성공도 해 보았고 위암 전절제 수술이라는 큰 시련도 겪어 보았다. 하지만 지금은 이 시련의 경험을 감사하며 살아가고 있다. 훗날 내 성공의 밑거름이 될 지금의 환경에 늘 감사하며 하루하루를 열심히 살아간다. 나는 내가 멋진 베스트셀러 작가가 될 것이라 확신한다.

2

나에게 벤츠 아방가르드
선물하기

외제차는 많은 사람들 특히 남자들의 로망이다. 한국에서는 큰 집, 좋은 차가 부의 상징이 되기도 한다. 심지어 이런 우스갯소리도 있다. 벤츠를 타고서 고급 호텔에 일을 보러 가면 입구에서부터 멋진 에스코트와 함께 발렛파킹이 이루어진다. 하지만 경차를 타고 호텔에 일을 보러 가면 발렛파킹 요원이 "아줌마, 차 저쪽에 주차하세요."라고 말하는 웃픈 일이 생긴다. 어쩌면 이것이 가슴 아픈 현실일지도 모른다.

경영학 박사과정 공부를 할 때의 일이다. 마케팅 수업 중 명품의 브랜드 인지도에 대해서 공부하면서 벤츠와 BMW 관련 자료를 조사하다가 이런 의문이 들었다. 벤츠와 BMW를 구매할 수 있는 고객은 대한민국 상위 1%로 제한적이다. 그런데 왜 모든 사람들이 볼 수 있는 TV라든지 대중매체를 통해 광고할까, 하는. 나는 교수님께 이렇게 질문을 드렸다.

"차라리 타깃 마케팅처럼 구매가 가능한 상위 1% 고객에게 집중적으로 홍보하는 것이 더 낫지 않을까요? 그러면 선택과 집중을 할 수 있지 않겠습니까. 왜 돈이 없어서 사지도 못하는 사람들 약을 올리십니까?"

그러자 교수님이 이렇게 말씀해 주셨다. 여기서 포인트는 바로 그것이라고. 부러움, 다시 말해 갖고 싶은 욕망이라고.

사실은 벤츠와 BMW를 구매할 수 있는 고객들은 이미 정해져 있다. 그런데도 많은 사람들을 상대로 벤츠와 BMW의 우월성을 홍보하면서 그들이 부러워하게끔 만드는 것이다. 벤츠와 BMW를 타고 다니는 사람들이 모두에게 부러움의 대상이 될 수 있게끔 하는 것이다.

나는 "나쁜 사람들이네요. 어렸을 때 돈이 있는 친구는 롯데리아에서 햄버거를 사 먹는데 돈이 없는 친구는 그냥 구경만 하면서 속상해하는 것과 같은 경우네요."라고 우스갯소리를 했다.

또한 사업하는 사람들이 형편이 어려운데도 꾸역꾸역 외제차를 타고 다니는 것을 볼 수 있다. 한번은 지인이 이런 이야기를 해 주었다. 아무리 힘들어도 사업하는 사람은 겉으로 있어 보여야 돈을 잘 빌릴 수 있다고. 힘들다고 솔직하게 이야기하면 빌려줄 돈도 안 빌려 준다고. 그 말에 나는 솔직한 게 더 좋은 거 아니냐고 대꾸했다. 그랬다가 세상 물정 모른다고 혼난 적이 있다.

나는 몇 년 전까지만 해도 BMW 자동차를 타고 다녔었다. 당시 내가 BMW를 구입한 의미는 다른 사람들과는 조금 다르다. 2013년도에 위암 전절제 수술을 받고 혼자 속으로 오만 가지 생각을 다 해 보았다. 지금에서야 다 나약하고 부질없는 생각이었다는 것을 알지만 그 당시 나에게는 인생의 큰 숙제 같았다.

지금도 뇌졸중, 급성심근경색증, 암 등은 죽음과 가장 가까운 3대 질병으로 받아들여진다. 나 또한 이대로 죽으면 어떡하나? 그래도 죽기 전에 한 번 타 봐야지 하며 씩씩하게 지른 것이 BMW였다. 차의 가격은 대략 8,000만 원 정도였던 것 같다. 나는 3,000만 원을 선수금으로 내고 나머지는 할부로 구매했다. 한 달에 120만 원 정도의 할부금을 내야 했다. 그리고 그 당시에는 할부금을 걱정하지 않고 타고 다닐 정도의 능력이 충분히 되었다. 수술도 한 데다 너무도 달라진 내 삶이 안타깝기도 했다. 어찌 되었든 나한테는 기분전환이 필요했기 때문이다.

BMW는 정말 좋다. 그래서 사람들이 외제차를 타고 싶어 하는 것 같다. BMW는 발가락 냄새만 나도 출발한다. 그냥 내가 하는 말이다. 그만큼 성능도 우월하고, 승차감도 좋다. 오디오로 듣는 음악의 선율도 좋다. 편안하게 귓가에 멜로디가 와 닿는다. BMW는 오너 드라이브형이고 벤츠는 기사가 운전하면 승차감이 더하는 스타일이다.

나는 약간의 위로를 덤으로 받으면서 BMW를 타고 다녔다. 그러나 BMW가 주는 위로도 잠시였다. 회사가 계속 어려워짐으로써 매달 내는 할부금액이 부담이 되었다. 회사가 계속해서 기울면서 BMW의 할부금은 나에게 너무 무겁고 큰 짐으로 다가왔다. 그리고 무엇보다도 남들의 시선을 무시할 수 없었다. 능력이 되어 외제차를 타고 다닐 때는 남들이 부러워하는 시선을 즐길 수 있었다. 하지만 회사가 어려워지면서 거래처나 주위에 줄 돈을 제때에 못 주게 되었다. 그때 사람들은 속으로, 아니, 어쩌면 들으라고 이렇게 욕을 했던 것 같다. 갚을 돈도 못 갚으면서 외제차를 타고 다닌다고. 많이 가슴 아프고 속상했다.

팔려고 해도 외제차는 감가상각이 너무 많이 되어 오히려 돈을 보태서 처분해야 하는 상황에 맞닥뜨리기도 한다. 이러지도 저러지도 못하느라 조금 시간을 끌긴 했지만 도저히 감내가 안 되는 상황이어서 내 차를 돈을 보태서 중고차로 처분했다. 그리고 나와 친형제같이 가깝게 지내는 형님이 나의 어려운 상황을 늘 가슴 아파하시다 2007연식 EF소나타 차량을 100만 원 주고 사 주셨다. 내가 타고 다니던 BMW와는 비교도 안 될 정도로 성능이 낮지만 그 당시 나에겐 할부금 걱정을 하지 않아도 되는 정말 고맙고 감사한 선물이었다. 난 그때 알았다. 내 능력이 부족할 때 누리는 허울뿐인 여유는 진정한 여유가 아니라는 것을.

난 내 버킷리스트 목록처럼 외제차도 구매해서 타 보았다. 하지만 이제는 이런 불안전한 모습이 아닌 온전한 자유의지를 꿈꾼다. 벤츠를 타고 앞이 뻥 뚫린 고속도로를 멋지게 질주한다. 그리고 차창 밖의 바람은 내 볼을 기분 좋게 쓰다듬는다. 뿐만 아니라 멋진 멜로디를 들려주는 음악은 내 가슴과 어깨를 들썩이게 한다. 그래서 난 꼭 외제차를 할부가 아닌 현찰로 구입하겠다는 바람을 버킷리스트에 추가했다.

3

전원주택 구입
소망 이루기

여러분에게도 혹시 버킷리스트가 있는가? 버킷리스트는 여러분들이 아는 것처럼 죽기 전에 꼭 이루고 싶은 소원 목록 같은 것이다. 나도 나만의 버킷리스트가 있어 여러분께 말씀드릴까 한다. 바로 전원주택 구입 소망 이루기다. 너무 평범하다고 생각하는가? 많은 분들의 버킷리스트 목록에 거의 들어가 있는 것일지도… 모르겠다. 나도 그런 전원주택에서 살고 싶다는 소원을 갖고 있다.

사실 나는 전원주택에서 4년 정도 살아 보았다. 2014년 5월에서 2018년 10월까지. 그러면 이미 버킷리스트를 이룬 게 아니냐고 말씀하실 수도 있겠다. 그런데 나한테는 전원주택의 의미가 약간은 다르게 다가온다고 말씀드릴 수 있을 것 같다.

2014년 5월 전원주택으로 이사를 갔다. 총 11가구가 모여 사는 아기자기한 전원주택 마을이었다. 전원주택이라고 하면 보통 나이가 좀 지긋한 중년의 부부가 멋지게 여유를 즐기기 위해 택하는 집쯤으로 상상할 것이다. 주말에 손주들이 놀러 오면 고기를 굽고 가든파티를 하는 모습을 상상할 것이다. 맞다. 나만 빼고 내 이웃들은 다들 그렇게 지내고 계시는 좋은 분들이었다.

단지 내에는 우리 가족 빼고는 다들 그런 연배의 가정이 살고 있었다. 우리 가족이 처음 이사 갔을 때 마을 분들은 젊은 부부가 아이를 셋이나 데리고 와서 마을이 엄청 젊어졌다고 좋아했다. 너무도 감사하게 진짜 많이 반겨 주고 좋은 이웃으로 받아 주었다. 우리 가족 역시 동네 어른들께 상냥하고 예의 바른 구성원이 되려고 열심히 노력했다.

우리 단지의 풍경은 너무나 아름다웠다. 전원주택이라서 주위 풍광이 아름답기도 했지만 멋진 생활 풍경도 많이 있었다. 우리 아랫집 형님은 주말이면 늘 커피 원두를 마당에서 볶곤 음악을 들으며 독서를 했다. 직접 원두를 볶아 내는 커피의 향은 이루 말할 수 없이 좋았다. 냄새가 한 폭의 그림처럼 멋졌다.

이사 간 처음에 그런 모습들을 보며 이게 전원주택의 맛이구나 싶었다. 또한 아랫집 형님은 주말이면 거실 천장에서 내려오는 대형 스크린에 빔 프로젝트 영상을 쏘아 사방에서 들려오는 고급오디오의 서라운드와 함께 영화를 즐겼다. 그리고 가끔 나를 불러 은근히 오디오를 자랑하곤 했다. 좋은 거라며. 그리고 주말이면 이 집 저 집에서 고기 굽는 냄새가 흘러넘쳤다. 상상만 해도 좋지 않은가.

동네 인심 또한 멋졌다. 내가 퇴근을 하고 들어올 때면 "동생, 이리 와서 한잔하고 가." 하시는 것이었다. 지금 생각해도 너무 좋은 동네이고 좋은 분들이셨다.

나에게는 이곳에서 지내게 된 2014년도부터가 인생에서 여러 가지로 힘든 시기였다. 13년 동안 경영해 온 회사는 내가 위암 전절제 수술을 받으면서 조금씩 조금씩 기울어 갔다. 내가 할 수 있는 일이라곤 괜찮아지겠지, 괜찮아지겠지 하며 그냥 지켜보는 것뿐이었다. 위암 수술을 한 나로서는 달리 할 수 있는 방법이 없었다. 나는 회사뿐만 아니라 경제적으로도 끝을 모르는 늪으로 빨려 들어가고 있었다. 그러니 당연히 전원주택이라는 로망을 즐기기는커녕 삶 자체가 너무도 힘들고 고통스러웠다.

회사는 결국 부도가 나 정리해야만 했다. 책임은 회사 대표이사인 나에게 넘어왔다. 집 또한 내 재산인 만큼 연대책임을 물어 각종 압류가 들어왔다. 진짜 열심히 노력해서 산 집인데… 지금도 그 생각을 하면 쓸쓸하다. 이뿐만이 아니었다. 채권자들은 집 안에 있는 모든 집기에 유채동산 압류를 걸어 놓았다.

하루는 법원 집행관들이 압류딱지를 붙이러 왔다. 나는 조심스럽게 그들에게 이렇게 부탁했다.

"선생님. 집 안에 아이들이 3명이나 있으니 죄송한지만 딱지는 눈에 보이지 않는 곳에 붙여 주셨으면…"

그렇게 집 안 곳곳에 딱지를 붙이고 한참을 생활했다. 우편물이 날아오는 게 두렵기도 했다. 대략 20~30통의 우편물은 모두 체납 관련 우편물이었기 때문이다. 이뿐만이 아니었다. 집에 찾아오는 사람도 모두 두렵고 무서웠다. 혹시나 돈 받겠다고 찾아온 사람은 아닌지 해서. 아내도 일부러 집에 사람이 없는 것처럼 불을 켜지 않고 생활했다고 한다.

사실 지금도 늘 아내에게 고마운 마음이다. 그 힘든 시기에 나에게서 도망가지 않았으니. 진심으로 내가 여자라도 그 삶이 싫었을 것 같다. 가끔 아내가 웃으면서 이렇게 이야기한다. "내가 경제관념이 별로 없으니까 당신 같은 사고뭉치와 산다."라고. 그렇게 웃으면서 이야기하지만 가슴은 찢어질 것이다.

아내는 나와 대학시절부터 5년간 연애하고 결혼해서 누구보다도 나에 대해서 잘 안다. 무일푼으로 회사를 만들어서 성공시켜 본 것. 불알 두 쪽 가지고 결혼해서 전원주택에 외제차에 건물도 몇 채 소유했던 것. 그리고 어느 날 수술과 동시에 모든 것이 무너져 내렸던 것까지. 아내는 옆에서 이 모든 것을 지켜보았다. 내 아내는 외제차 타는 사모님에서 아이들 학원비도 못 내는 상황을 겪기도 했다. 아니, 심지어는 전기세도 못 내서 전기가 끊기는 상황을 모두 경험해야 했다.

나와 아내는 전원주택을 경매로 정리하고 이사를 나왔다. 나는 집을 낙찰 받은 사람과 통화해서 내 사정을 모두 이야기했다. 그리고 "집은 제가 정성스럽게 잘 관리하며 살아서 특별히 손볼 곳은 없을 거다."라고 안내도 해 주었다. 그리고 정중하게 부탁했다. 우리 가족은 월세방을 얻어 이사를 가야 한다. 그러니 언제까지 집을 비워 주겠다. 그리고 죄송한데 이사비용을 300만 원만 부탁드린다고. 난 사실 월세 이사 보증금도 없었다.

내 진심이 통했는지 새 집주인은 흔쾌히 알겠다고 말씀하셨다. 그리고 이사 가기 전에 새로운 집주인분은 우리 집에 들러 혹시 수리할 부분이 있나 확인도 했다. 여러분이 경매 경험이 있으시면 아시겠지만 이건 정상적인 상황이 아니다. 경매 낙찰자와 집을 날리고 이사 가는 사람과의 한 편의 코미디인 것이다. 정상적인 부동산 거래에서나 볼 수 있는 상황인 것이다.

이사를 나올 때 우리는 이웃집에 우리 아이들의 동화책을 모두 주었다. 금액만도 한 1,000만 원은 넘었을 것이다. 그리고 이사를 나오는 전 주말까지도 우리는 마당의 잔디를 깎아 주었다.

어찌 되었든 마무리를 잘해서 다행이었다. 사실 집을 경매로 날리고 이사 나오는 내 마음도 좋을 리야 없었다. 어쩔 수 없는 상황이니만큼 이사를 나오면서 새로 이사 들어오는 분에게까지 화풀이를 하는 것은 아니라고 생각해 잘 마무리했다.

그래서 나에게 전원주택 구입 소망 버킷리스트는 아주 남다른 의미가 있다. 진심으로 내 안의 하나님께 소원한다. 온전히 예쁜 전원주택을 아내에게 선물할 수 있기를. 대출이 없어서 경제적인 걱정이 필요 없는 집. 동화책 속의 집처럼 아름다운 집. 이웃이 모두 좋은 분들인 집. 주말이면 그분들과 맛있는 음식을 나누며 음악이 있고 인간 냄새가 나고 웃음과 사랑이 넘쳐 나는 그런 전원주택. 나는 아내에게 그런 집을 선물하고 싶다.

나는 알고 있다. 이 소원이 꼭 이루어질 거라는 걸. 나는 가끔 아내에게 이렇게 농담한다.

"여보 거기 겨드랑이 밑의 상처 그거 예전에 날개 떼 낸 자리 아니야?"

아내와 아이들에게 늘 감사하는 마음이다. 아직은 경제적으로 풍요롭지 못하고 힘들지만 우리 집에서는 웃음이 끊이지 않는다. 나는 사랑하는 내 가족을 위해서 늘 최선을 다하려 노력한다.

4

통장에
100억 모으기

"혹시 돈 싫어하시는 분 있으신가요? 굉장히 바보 같은 질문이죠?"

지금에서야 당연한 질문이지만 얼마 전까지만 해도 나는 나 자신에게 솔직하지 못했다. 누군가 내게 똑같은 질문을 하면 "아이! 뭐 돈은 있다가도 없고 없다가도 있고 그런 거 아니야. 너무 돈 돈 돈 하면 속 보이잖아!"라면서 얌전 혹은 내숭을 떠는 그런 사람이었다. 속으로는 진짜 좋아하면서 그냥 너무 속 보이는 게 싫었던 것 같다.

우리나라는 자본주의 국가다. 자본주의의 한자적 풀이는 '재물 자' 자에 '근본 본' 자다. 직역하자면 재물이 근본인 사회인 것이다. 좀 더 직설적으로 표현하자면 돈이 전부인 세상인 것이다.

과거에는 사람을 계급으로 나누었다. 양반이라는 계급과 상놈이라는 계급이 존재한 것이다. 사람들은 태어나면서부터 정해진 계급의 역할에 따라 삶을 살았다. 그 누군가는 양반집 도련님으로. 또 그 누군가는 양반집 머슴으로. 요즘에도 그 누가 정해 놓지는 않았지만 존재하는 계급이 있다. 바로 금수저와 흙수저다. 금수저는 태어날 때부터 부자, 흙수저는 태어날 때부터 가난한 자를 일컫는다.

나는 어린 나이에 사업을 시작해서 돈을 좀 많이 만져 보기도 했다. 그렇게 돈이 주는 고마움, 감사함을 느끼기도 했다. 그러다 사업이 실패하면서 거꾸로 돈이 주는 무서움 또한 경험했다.

나는 당시에는 여자 친구였던 아내의 집에 자주 놀러 가서 어른들과도 친하게 잘 지냈다. 여자 친구의 아버님은 '네네치킨'이라는 치킨 체인점을 운영하고 계셨는데 자주 놀러 가서 도와드리며 점수를 따기도 했다.

하루는 아버님과 맥주 한잔하면서 이야기를 나누다 아내와 결혼하고 싶다고 했다. 아버님 눈에는 이제 갓 대학을 졸업하고 직장도 없는 그런 내가 맹랑해 보였나 보다. 아버님은 그럼 내 실력을 한번 보여 달라고 하셨다. 내가 어떻게 보여 주면 되냐고 했더니 3년 동안 1억을 벌어 오면 내 실력을 인정한다고 하셨다. 난 쿨하게 알았다고 했다. 아버님은 한 치의 망설임도 없는 내 대답에 어이가 없으셨던지 "야, 인마. 너 3년 동안 1억 벌려면 한 달에 얼마씩 저금해야 하는지 알아?"라고 반문하셨다. 나는 "네. 뭐, 36개월이니까 한 달에 한 250만에서 300만 원 정도씩 저금하면 되는 거 아니에요?"라고 답변했다." 아버님은 내 무모한 용기에 어처구니가 없으셨던지 그냥 웃으시면서 "암튼 네가 약속 지키면 내 딸 준다."라고 말씀하셨다.

나의 무모한 천안 원정기는 이렇게 시작되었다. 아버님의 치킨 체인점에서 아이디어를 얻어서 나도 치킨 프랜차이즈 체인점을 시작했다. 그런데 나는 좀 더 빨리 돈을 벌어야 하는 만큼 이왕 시작하는 거 지사를 계약했다. 나의 고향 청주에는 이미 충북지사가 있었다. 그래서 나는 할 수 없이 충남지사를 계약했다. 그러곤 천안에다가 1호점 점포를 개설했다.

치킨집 프랜차이즈를 시작해야 하는데 대학을 갓 졸업한 내게 창업 자금이 있을 리가 만무했다. 창업 자금으로는 4,000만 원 정도가 필요했다. 그때 나를 믿고 따르는 동생이 "형님과 한마음 한뜻이고 싶습니다."라고 했다. 그렇게 우리는 의기투합하게 되었다. 우리는 각자 2,000만 원씩 감당하기로 했다. 그런데 2,000만 원 역시 학생 신분에서 이제 막 벗어난 내게 있을 리 만무하지 않은가?

나는 엄마 찬스를 쓰기로 했다. 나는 엄마 아빠에게 상의를 드렸다. 천안에 가서 치킨 프랜차이즈를 해서 돈을 벌어 오겠다고. 창업 자금으로 2,000만 원이 필요하다고. 내게 학교 다니면서 모아 놓은 돈이 1,000만 원이 있다고. 그러니 1,000만 원만 만들어 달라고 떼를 썼다. 엄마는 긴 한숨을 쉬며 "다른 친구들처럼 회사 같은 데 취직하면 좋잖아. 창업은 무슨 창업이냐? 네가 사업을 해 봤냐? 그리고 우리같이 가난한 집에 1,000만 원이 어디 있느냐. 먹고 죽으려도 없다."라며 답답하고 속상한 마음을 내비치셨다.

그렇다. 우리 집은 가난했다. 아빠의 직업은 2평짜리 구두 수선방을 운영하시는 구두닦이였고 엄마는 생산직 공장근로자였다. 나는 이런 엄마 아빠 배 속에서 나온 게 맞나 싶을 만큼 배짱도 좋고 포부도 컸다.

내가 총학생회장이 된 것도 내 안의 거인을 어떻게 주체할지 몰라서 였다. 집안 형편이나 환경을 보면 도저히 그럴 수 없는 무모한 도전을 나는 늘 선택했다. 우리 엄마는 이런 아들을 어떻게 감당할 수 없어서 늘 속상해하셨다.

하루는 아빠가 술에 얼큰하게 취해서 들어오셨다. 그러곤 엄마 아빠의 노후대책으로 넣던 연금을 해약하셨다면서 나에게 1,000만 원을 쥐어 주셨다. 이렇게 한 말씀하시면서. "엄마 아빠의 노후보다 우리 아들의 꿈이 더 소중하다."라고. 그렇게 나는 엄마 아빠의 노후와 바꾼 도전을 시작했다.

나는 매일매일 최선을 다했다. 그리고 항상 즐거웠다. 열심히 노력한 만큼 장사도 잘되었다. 나는 '진인사대천명'이라는 말을 좋아한다. 난 늘 나에게 주어진 삶에 최선을 다하고 멋진 결과를 얻어 냈다. 그렇게 천안 원정기는 순풍에 돛을 단 듯 잘 풀려 나갔다. 이 컨디션대로라면 어쩌면 무모한 것 같은 그 약속이 이루어질 수도 있을 것 듯했다.

그러던 어느 날 갑자기 집에 있던 여동생에게서 전화 한 통이 걸려왔다. 엄마가 공장에 출근하시고 안 계신데 아빠가 많이 아프신 것 같다고. 나는 다급하게 119에 전화해서 아빠를 대학병원으로 모시고 가 달라고 이야기했다. 그러곤 나 또한 미친 듯이 자동차를 몰아 병원으로 향했다. 같이 사업하는 동생에게 가게를 맡긴 채. 하필 그날따라 단체 주문이

30개나 들어와 새벽부터 신나게 일하던 참이었는데.

평상시라면 천안에서 청주까지 1시간 20분 정도 걸린다. 그런데 그 때는 아마 한 45분쯤 걸린 것 같다. 진짜 미친 듯이 날아서 갔다. 병원에 도착하니까 의사 선생님께서 "환자는 지금 심한 뇌출혈 상태입니다. 어쩌면 돌아가실 수도 있고요. 하지만 수술이 잘되어도 정상적인 생활은 어려우실 겁니다."라고 말씀하셨다. 나는 아무 생각이 없었다. "선생님, 제발 수술만 잘 부탁드립니다."라고 이야기하고 보호자 대기실에서 계속 기다렸다.

다행히 수술은 잘 끝났지만 아빠는 한 2주 정도 못 깨어나셨던 거 같다. 2주가 좀 지나서 의식이 돌아오시기는 했지만 가족들만 기억하고 과거의 기억도 부분만 기억하시는 부분 기억상실증에 걸리셨다. 게다가 치매 증상까지 있으셔서 정신지체3급 장애판정을 받으실 정도로 많이 안 좋으셨다.

그러느라 난 한 달 정도 매장을 비웠다. 동생이 관리하고 있기는 했지만 워낙 운영 자체를 내가 거의 다 맡아서 한지라 내가 빠진 공백은 너무나도 컸다. 동생에게는 많이 미안했다. 타향인 천안까지 둘이 부푼 꿈을 않고 와서 진짜 열심히 재미있게 일하고 있었는데…. 뜻하지 않은 아빠의 사고로 그동안 열심히 모아 놓은 돈도 병원비에 다 충당해야 했다.

하루는 일을 하다가 가스가 갑자기 떨어졌다. 나는 가스 사장님께 연락을 드려서 가스 좀 가져다달라고 부탁했다. 그러자 사장님은 밀린 가스비를 주지 않으면 가스를 가져다줄 수 없다고 했다. 나는 천안에 와서 열심히 장사했다. 그 덕인지 장사도 잘되었다. 나이가 예순 정도 되신 이 사장님은 항상 나에게 90도로 인사하며 젊은 사장님이 참 대단하고 입이 마르도록 칭찬하시던 분이셨다. 그런데 지금은 가게가 어려워져 가스비를 제때에 못 주게 생겼다. 그러자 가스를 가져다달라고 부탁하는 나에게 "젊은 양반이 가스비를 줘야 가스를 가져다주지."라며 핀잔을 주는 것이었다. 그렇다. 난 가스 사장님께 한때는 대단한 젊은 사장님이기도 했고 지금은 가스비도 제때 못 주는 젊은 양반이기도 했다.

나는 어린 나이지만 돈이 주는 고마움도 그리고 무서움도 많이 경험할 수 있었다. 우리는 자본주의 사회에서 살고 있다. 서두에 말씀드린 것처럼 어쩌면 돈은 우리 삶에서는 시작과 끝일 것이다. 그 사실을 부정할 수는 없을 것이다.

그래서 난 통장에 100억을 모을 것이다. 그리고 돈이 주는 진정한 자유와 행복을 누리면서 살 것이다. 이제는 어느 누가 물어봐도 자신 있게 돈을 진정으로 사랑한다고, 부자가 되고 싶다고 이야기할 수 있다. 이것이 내가 100억 부자가 되고자 하는 버킷리스트의 이유인 것이다.

5

대한민국 최고의
동기부여가 되기

어느 날 오프라 윈프리의 일생을 담은 글을 보았다. 그녀는 많은 분들이 알다시피 미국에서 제일 영향력 있는 한 사람이다. 사람들은 과연 무엇에 매료되어 그토록 그녀에게 열광하는 것일까? 그녀는 지독하리만큼 힘든 삶을 극복하고 지금은 성공한 큰 부자다. 그녀의 또 다른 매력은 토크쇼에서 보여 주는 솔직함과 당당한 태도다. 이것이 그녀의 최대의 장점인 듯싶다. 나의 꿈은 그녀처럼 대한민국 최고의 동기부여가가 되는 것이다.

어느 날 하나님이 나에게 선물을 보내 주셨다. 나는 지금의 난관을 헤쳐 나가길, 멋지게 비상하기를 늘 기도드리고 또 기도드렸다. 그리고 성공자들의 유튜브 영상을 보면서 동기부여를 받곤 했다.

그러던 어느 날인가부터 김태광 작가님(닉네임 김도사)의 유튜브 영상이 자꾸 내 눈에 띄었다. 나는 김도사님의 영상을 하나씩 하나씩 시청했다. 그리고 깜짝 놀랐다. 나는 하나님이 나에게 내 인생의 멘토를 보내 주신 것이라 확신할 수 있었다. 그래서 김태광 작가님이 유튜브에서 추천해 주는 대로 그분의 저서를 계속해서 읽고 또 읽었다.

책을 읽어 내려가면서 혼자서 고개를 끄덕이며 공감도 하고 감동적인 대목에서는 혼자 눈물도 흘렸다. 그러다 김도사님을 존경하게 되었다. 무일푼 흙수저에서 120억 자산가가 되기까지 김도사님은 노력을 아끼지 않았다. 무일푼에서 돈을 벌어 본 사람은 안다. 밑천 없이 그리고 비빌 언덕 없이 세상에 우뚝 서는 것이 얼마나 힘든지를. 나 또한 누구보다 잘 알고 있다.

나는 수술 이후에 사업의 실패와 경제적 어려움으로 자존감이 탈탈 털렸다. 비록 죽진 않고 살아 있지만 영혼은 벌써 죽은 거나 다름없다. 그렇게 절망할 만큼 자존감 제로, 존재감 제로, 의욕 제로다. 하지만 내 마음대로 죽지도 못하는 게 내 팔자다. 예쁜 마누라와 토끼 같은 자식 3명이 있기 때문이다. 나에게 미안한 마음을 갖고 표현하자면 나는 하루하루 연명하는 삶을 살았을 뿐이다. 아마 어쩔 수 없이 살아 나갔다는 표현이 맞을 것 같다.

그러던 어느 날 친구에게서 한 통의 전화가 걸려왔다. 친구는 "친구야, 난 네가 친구지만 진심으로 존경스럽다."라고 하는 것이었다. 나는 친구에게 "야, 오랜만에 전화해서 무슨 말이야, 생뚱맞게."라고 퉁을 놓았다. 그러자 친구는 며칠 전 있었던 일을 이야기해 주었다. 자신의 사촌 동생이 사업이 힘들어져서 결국에는 자살했다는 것이었다. 사촌 동생은 미혼임에도 그런 선택을 했다는 것이었다.

친구는 사촌들이 모인 장례식장에서 내 생각이 문득 났다고 했다. 그렇게 잘나가다가 엄청 힘들어진 상황에서도 씩씩하게 살아가는 내가 생각났다고 했다. 아내뿐만 아니라 애들이 셋인데도 아랑곳하지 않고서 씩씩하게 살아가는 내가.

친구는 사촌들에게 이렇게 이야기했다고 한다. 나에게는 20년 지기인 대학 동창생이 있다. 대학시절부터 지금까지의 삶을 쭉 지켜본 가까운 사이다. 그는 지금 죽음을 택한 사촌 동생과 같이 힘든 시기를 겪고 있다. 그런데도 잘 이겨 내고 있다고. 아마도 친구에게는 그런 내 모습이 대견했나 보다.

하루는 충북대학교 리더십 캠프에서 꿈과 희망이라는 주제로 강연 요청이 들어왔다. 나는 강연할 때 성공 이야기와 도전 이야기 그리고 실패 때마다 꿋꿋하게 또다시 도전했던 경험들을 이야기한다. 그러다 한 학생과 질의응답을 하게 되었다. 그 친구는 이번 겨울방학 때 할 프로젝트를 계획했다고 했다. 하지만 아직 사업 자금을 마련하지 못했다는 것이다. 성공할지 실패할지 잘 판단이 안 선다고 하면서.

나는 그에게 나에게 멋진 사업계획서를 써 가지고 오면 사업 자금을 투자해 줄 용의가 있다고 말해 주었다. 사업 내용은 기존과 다른 모습의 군고구마 장사를 하겠다는 것이었다. 명함을 제작해서 주변 상가에 직접 홍보하겠다고 했다. 주문이 들어오면 배달까지 해 주는, 찾아가는 마케팅 서비스를 하겠다는 것이었다.

나는 그 학생에게 투자를 해 주었다. 사업계획서를 검토하고 그에 맞는 조언도 해 주었다. 사업을 계획하고 도전하려는 용기는 매우 훌륭하다. 사업을 하다 보면 성공할 수도 실패할 수도 있을 것이다. 하지만 무엇보다도 중요한 것은 도전하는 용기다. '넌 성공할 수도 실패할 수도 있을 것이다. 다만 멋진 경험을 쌓았다고 생각하면 되는 것이다'라고.

나는 힘들고 지치면 책 속으로 도피한다. 그러다 스기모토 히로유키의 저서 《미쳐야 사업이다》라는 책에서 이런 구절을 접했다. 사업을 하다가 힘들고 어려워서 진짜 쓰러지겠거든 정정당당하게 앞으로 쓰러지라는. 나에게는 그때 그 책이 많은 힘이 되었다. 너무 힘들고 지칠 때는 진심 회피하고 싶은 적도 많았다. 그러나 현실로부터의 도피는 손바닥으로 하늘을 가리는 것처럼 어리석은 짓이다. 이것은 올바른 해결책이 아니다.

나는 사업이 망하더라도 절대 피하지 않을 것이다. 정정당당하게 뚜벅뚜벅 앞으로 걸어갈 것이다. 실패는 내가 포기할 때만 주어지는 것이다. 내가 포기하지만 않는다면, 힘겹더라도 한 걸음씩 걸어 나간다면 언젠가는 긴 어둠의 터널도 벗어날 것이다. 찬란한 빛이 나를 비추는 밝은 날이 머지않았음을 알고 있다.

나는 어릴 때부터 또래 친구들보다 도전을 즐기는 편이었다. 고3 수능이 끝나고는 제일 먼저 운전면허 시험을 통과하고 차를 구입했다. 그러곧 친구와 후배에게 운전을 가르쳐 주고 면허를 따게 해 준 경험도 있다. 사업도 친구들 중에서 제일 먼저 시작했으며 집도 가장 먼저 샀다. 집을 살 때는 돈이 부족해서 대출을 이용하기도 했다. 이자를 내는 것보다 집 값이 올라가면 이득이겠다고 단순하게 생각하고 그렇게 한 것이다.

지금 생각해 보면 재무 레버리지 효과를 통해 나는 기회비용을 얻은 것이었다. 나는 이처럼 늘 도전과 경험을 즐겼다. 그리고 친구, 선후배들에게 내가 경험해서 알고 있는 지식들을 아낌없이 조언해 주었다. 아마도 내가 지금 꿈꾸는 동기부여가의 기질이 그때도 잠재되어 있었던 것 같다.

나에게는 아파 본 경험, 성공 경험 그리고 실패 경험이 있다. 뿐만 아니라 이제 곧 다가올 더 큰 성공 경험이 기다리고 있다. 그런 것들이 그 누군가의 삶에 한 줄기 희망이 될 수 있다고 생각한다. 그럼으로써 내가 누군가에게 가슴을 뛰게 하는 힘찬 용기를 줄 수 있지 않을까 생각한다. 그렇게 난 전 세계 최고의 동기부여가를 꿈꾼다.

진짜 힘들고 어려웠을 때도 나는 늘 같은 기도를 했다. "하나님, 100억 부자가 되게 해 주세요! 그리고 세상에 선한 영향력을 펼치는 쓰임 받는 사람이 되게 해 주세요"라고. 그런데 그것을 이루어 줄 수 있는 직업이 동기부여가라는 것을 김태광 작가님을 통해서 알게 되었다. 나는 다시 한 번 다짐해 본다. 전 세계에 선한 영향력을 펼치는 최고의 동기부여가가 되리라고.

PART
13

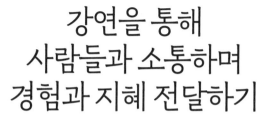

강연을 통해
사람들과 소통하며
경험과 지혜 전달하기

· 김표영 ·

김표영

국제결혼 상담전문가, 자기계발 작가, 동기부여가

평범한 직장생활을 하며 인생의 중심을 잡고자 계획에 없던 국제결혼을 하게 되었다. 국제결혼으로 사회적 문제와 부부간의 갈등 문제를 몸소 느끼며 교육의 필요성을 절감했다. 국제결혼을 하려는 이들에게 도움을 주고자 블로그 '국제결혼 이야기'로 소통하고 있다. 현재 '국제결혼 준비와 잘하는 방법'에 대한 개인저서를 준비 중이다.

1인 창업가로 성공해
나의 성공스토리를 강연하기

그동안 나에게는 꿈이 없었다. 대학을 졸업하기도 전에 일터를 찾아 이곳저곳 옮겨 다녔다. 작년까지 회사를 다니면서도 나에겐 꿈도 비전도 없었다. 그렇게 반복되는 일상 속에서 유일하게 내 눈동자가 빛나는 시간은 휴게실에서 유튜브를 보는 시간이었다.

그곳엔 그동안 나 자신도 모르던 나의 꿈이 실현된 모습이 펼쳐져 있었다. 심장이 두근거렸다. 나는 누군가에게 도움을 주고 그로 인해 경제적 성공까지 이루는 나의 모습을 상상하기 시작했다.

나는 〈단희TV〉를 보며 1인 창업가로 사는 삶이 참 멋지다고 느꼈다. 나의 지식을 도움을 필요로 하는 사람들에게 전하고 그로 인해 보람과 경제적 부를 얻는 삶은 그야말로 꿈같은 일이었다. 나는 단희쌤의 책《마흔의 돈 공부》를 읽기 시작했다. 43세부터 독서를 시작한 그가 독서의 중요성을 강조하는 부분을 읽고 또 읽기 시작했다. 하지만 책을 덮노라면 그 순간은 뿌듯하지만 뭔가 찜찜함이 남았다.

《마흔의 돈 공부》에는 이런 내용이 나온다. "독서에 관련해 이야기해야 할 가장 중요한 한 가지가 남았습니다. 바로, 책을 읽었으면 실천해야 한다는 것입니다. 머릿속에만 쌓아 두는 지식은 죽은 지식입니다."라는. 그 찜찜함의 원인을 나는 이 부분에서 찾을 수 있었다. 바로, 읽기만 하고 실천하지 않았다는 부분. 그러면 무엇을 실천해야 할까? 이번에도 답은 유튜브에 있었다.

"책을 읽기만 하면 삶은 변하지 않는다. 책을 써야 한다. 독자에서 저자의 위치로 바뀌어야 한다."

〈김도사TV〉 채널은 정확한 타이밍에 나에게 이러한 메시지를 던져주었다. 나는 1인 창업가로 성공하기 위해 먼저 책을 쓰기로 마음먹었다. 그러곤 회사에 사표를 던지고 한책협에 등록했다. 한책협에 등록하기 전 나는 〈김도사TV〉의 운영자 김태광 작가가 엄청난 분이라는 사실을 뒤늦게야 알게 되었다. 그리고 그런 성공의 이면에는 책이 있었다는 사실도. 이전에 나는 책 쓰기는 성공한 사람들의 전유물로 생각했었다. 하지만 김도사의 책《10년 차 직장인, 사표 대신 책을 써라》를 읽고 나의 생각이 완전히 틀렸다는 것을 깨달았다.

스타강사 김미경, 소통전문가 김창옥 교수의 강연을 처음 봤을 때가 기억난다. 김미경은 아줌마 특유의 넉살과 친근함으로 다가오는, 기존의 강사와는 다른 분위기에 눈길이 갔었다. 격식 없는 그런 모습에 공감이 많이 되었다.

김창옥 교수는 처음엔 점잖고 핸섬한 이미지였다. 그런데 그 속에 숨겨져 있는 코믹한 모습을 보고 신선한 충격을 받았었다. 이 두 사람은 기존의 틀에서 벗어나 강연에 자신만의 색깔을 입혔다. 그렇게 자신의 지혜와 경험을 많은 사람들에게 전하고 있다.

나는 한때 카드영업을 했었다. 회사에서는 아침 조회시간에 그날 정해진 순서에 따라 자신만의 영업마인드, 실패 극복 노하우 등을 스피치하는 시간을 가졌었다. 그런데 내가 스피치하기로 한 날이면 유난히도 사람이 많게 느껴졌다. 그렇게 떨리는 마음으로 단상에 올라 스피치를 하고 내려왔을 때의 기분을 난 아직도 잊을 수가 없다. 떨리면서도 설레기도 하는 기분. 누군가에게 도움을 줬다는 뿌듯함. 영업은 싫었지만 그 순간만은 정말 좋았다.

스타강사 김미경, 소통전문가 김창옥 교수, 〈단희TV〉의 이의상. 이분들의 공통점은 바로 모두 자신의 책을 썼다는 것이다. 자신의 경험과 지혜를 책으로 강연으로 유튜브로 사람들에게 전하며 선한 영향력을 퍼뜨리고 있다는 것이다. 나는 이분들을 보며 나에게도 그와 같은 삶을 살고자 하는 욕망이 있다는 걸 느꼈다.

1인 창업가로 성공해 사람들 앞에서 강연하려면 어떤 노력을 기울여야 할까? 사람들 앞에 서서 강연을 한다는 건 나의 경험과 지혜를 그들에게 전달한다는 뜻이다. 그러려면 나를 퍼스널 브랜딩해 주는 도구가 있어야 한다는 데 생각이 미쳤다.

이 사실을 깨닫게 해 준 사람 역시 《10년 차 직장인, 사표 대신 책을 써라》의 저자 김태광 작가다. 나는 그가 운영하는 카페 한책협에 곧바로 등록했다. 그리고 지금은 나의 저서를 쓰기 위해 분투하고 있다.

저서를 펴내면 관련 기관이나 단체로부터 강연 요청이 들어온다. 그런데 한 번도 경험해 본 적이 없는 사람이 강연을 한다면 어떻게 될까? 서로 민망해지는 장면이 펼쳐질 거라 생각한다. 나는 책 쓰기뿐만 아니라 강연하는 법도 배울 계획이다.

《마흔의 돈 공부》의 저자 단희쌤 이의상도 자신의 스피치 능력을 올리기 위해 과거 스피치 학원을 다녔다고 한다. 그는 준비된 강연가였던 셈이다. "기회는 준비된 자가 쟁취하는 것이다."라는 말이 그냥 있는 말이 아니었다.

나는 왜 성공한 1인 창업가가 되어 사람들 앞에서 강연하려는 걸까? 과거부터 현재에 이르기까지 문명의 발전은 선대의 경험과 지혜가 책으로 문서로 전해졌기 때문에 가능했다. 한 사람의 경험과 지혜는 하나의 도서관과 맞먹는다는 말도 있지 않은가.

내가 가진 경험과 지혜를 내 뒤에 올 사람이 나를 통해 미리 학습한다면 그는 자신의 인생에서 가장 중요한 시간을 벌 수 있게 된다. 나는 나의 경험과 지혜를 영상으로 책으로 블로그로 남기는 것에 만족하지 않는다. 강연을 통해서도 나의 모든 것을 다른 이들과 소통하고 싶다. 한 사람의 경험과 지혜를 책으로 만나는 것도 좋을 것이다. 하지만 그 사람을 직접 만나고 소통하면 더 가슴에 와 닿게 된다고 생각하기 때문이다.

1인 창업가로 성공해 강연을 하면 어떤 기분이 들까? 더 나아가 세상을 위해 어떤 선한 일을 할 수 있을까? 더 큰 포부는 무엇인가? 지금까지 뭐 하나 제대로 이루어 놓은 게 없는 인생인 만큼 성공해 강연하게 된다면 정말 기쁠 것 같다. 나는 이런 감정을 텍스트로 표현할 때마다 한계를 느낀다. 기쁘다, 이런 표현만으로 어찌 그 감정을 다 표현할 수 있으랴. 너무 좋아서 강연하다 울지도 모르겠다. 이것이 적당한 표현이라 생각한다.

내가 나도 몰랐던 꿈을 찾을 수 있었던 건 롤 모델이 있었기 때문이다. 스타강사 김미경, 소통전문가 김창옥 교수, 단희쌤 이의상 작가 등. 그리고 나에겐 빛과도 같은 존재인 김태광 작가가 있다. 이분들을 보며 나는 꿈을 꿀 수 있었다.

나는 국제결혼을 해서 지금의 아내와 단란하고 행복한 가정을 꾸리고 있다. 그런 만큼 국제결혼을 하려는 사람들에게 도움을 주고 싶다. 한 나라의 시작은 한 가정에서 시작되듯이 가정이 화목해야 사회도 안정된다고 생각한다. 나의 경험과 지혜로 한 사람이 화목한 가정을 이루는 데 도움을 줄 수 있다면 이보다 가치 있는 일은 없다고 생각한다.

한국사회에서 국제결혼을 바라보는 시선은 그다지 좋지 않다. 국내든 국제든 잘 사는 부부, 못 사는 부부가 다 존재한다. 그런데 우리 사회가 국제결혼에만 유독 엄격한 잣대를 들이대는 게 마음이 아프다. 당사자들이 서로를 잘 모르거나 해법을 찾지 못해서 국제결혼이 깨지는 경우가 많다. 그들이 사전에 충분한 교육을 받고 올바른 마음가짐으로 결혼생활을 하고자 한다면 이러한 문제는 많이 개선될 거라 생각한다. 정부가 관심을 갖고 다문화 가정을 지원하는 것도 좋지만 더 세심한 교육을 펼칠 필요가 있다고 생각한다.

나는 나의 경험과 지혜를 통해 올바른 국제결혼 문화를 정착시키는 데 일조하고 싶다. 그리고 국제결혼을 하려는 사람들이 나를 보고 자신들도 화목한 가정을 꿈꾸길 바란다.

2

가족들과
전 세계 크루즈여행 하기

내가 아주 어렸을 때부터 어머니는 공장을 다니기 시작하셨다. 아버지의 농사 소득만으로는 가계를 꾸리기 힘드셨기 때문이다. 당시 어렸던 나는 출근하시는 어머니의 옷자락을 붙잡고 울며 떼를 쓰기 일쑤였다. 지금에서야 당시 어머니께서 얼마나 마음이 아프셨을지 조금 이해된다.

아버지도 밤이나 낮이나 일을 하셨다. 나는 중1 때까지 가족들과 여행이나 피서를 가 본 기억이 전혀 없다. 내가 중학교 2학년 때쯤인가 처음으로 가족들과 지리산으로 피서를 갔던 것 같다. 그런 기억이 희미하게 난다. 할머니와 형은 같이 못 갔던 것으로 기억한다. 나와 부모님과 누나 이렇게 네 식구의 첫 여행이자 피서는 어색하기도 설레기도 했다.

차가운 계곡물에 발을 담그고 물소리를 들으니 참 좋았다. 새소리 물소리 바람소리 모두 새롭게 느껴졌다. 그렇게 한참 피서를 즐기다 우리 가족은 준비해 온 음식을 꺼내기 시작했다. 어머니께서는 위풍당당하게 삼겹살과 불판을 꺼내셨다. 곧 고소한 향이 주위에 퍼지기 시작했다.

주변의 다른 피서객들도 저마다 준비해 온 음식들을 먹기 시작했다.

그런데 갑자기 사람들의 손길이 분주해지기 시작하는 것이었다. 영문도 모른 채 어머니도 그들처럼 불을 끄고 불판 위를 종이로 덮으셨다. 얼마 뒤 순찰 나온 지리산 관리사무소 직원의 모습을 보게 되었다.

직원들은 불법 취사행위를 단속하기 위해 나온 것이었다. 그들은 우리 주변을 맴돌며 냄새의 근원지를 찾기 시작했다. 다행히도 모두 그 상황을 무사히 넘겼다. 우리는 다시 고기를 구워 먹기 시작했다.

지금 생각해 보면 직원들도 다 알고 있었던 것 같다. 그리고 어쩌면 우리 가족이 첫 피서를 망치지 않도록 배려해 준 게 아닐까? 라는 생각이 조금은 들기도 한다.

얼마 전에 부모님을 모시고 아내와 함께 통영으로 여행을 다녀왔다. 아버지 칠순기념으로 내가 직접 예약하고 운전하고 코스도 미리 정한 여행이었다. 우리는 2박 3일 동안 즐거운 시간을 보냈다. 더군다나 국제결혼을 한 나를 두고 걱정이 많으셨던 부모님은 나와 아내의 다정한 모습을 보며 흐뭇해하셨다.

여행을 떠나기 전과 여행하는 동안 부모님의 얼굴에는 설렘이 가득했다. 똑같은 풍경인데도 부모님에게 여행지는 더 아름답게 비치는 듯했다. 공기도 다르게 느껴지시는 듯 보였다. 돌아오는 길에 어머니는 다음 여행은 어디로 갈 거냐고 나에게 물어보셨다. 아버지께서는 한술 더 떠 다음에도 표영이가 운전해서 오면 좋겠다고 말하셨다.

두 분의 말을 듣고 나는 더 좋은 곳, 한 번도 경험해 보지 못한 여행의 기쁨을 안겨 드려야겠다는 생각이 머릿속에 떠올랐다. 그러자 나도 경험해 보지 못한 크루즈여행이 생각났다.

바다 위를 떠다니는 도시, 온갖 것들이 다 있는 곳, 한 번에 여러 나라를 경험할 수 있다는 크루즈여행은 너무도 꿈만 같았다. 자식들을 위해 일만 하시느라 자신들의 행복은 잊은 지 오래인 부모님께 최상의 선물을 드리고 싶다는 강한 열망이 나에게 생기기 시작했다.

나는 얼마 전에 책을 쓰기 위해 한책협에 가입했다. 이곳은 〈김도사 TV〉 채널을 운영하고 있는 김태광 작가의 카페이기도 하다. 그런데 공교롭게도 그의 아내인 권동희 대표가 크루즈여행을 주제로 책도 쓰고 유튜브도 하고 있었다.

나는 그동안 내 주변에서 크루즈여행을 다녀왔다는 사람을 본 적이 없었다. 크루즈여행은 부자들만 하는 것이고 비싸다는 편견을 가지고 있기 때문일 것이다. 평범한 사람이 갈 수 있는 여행은 아니라는 생각이 지배적이기 때문일 것이다.

여태껏 말로만 들었던 크루즈여행을 한책협의 김태광, 권동희 부부는 이미 일상처럼 즐기고 있었다. 두 부부가 전해 주는 크루즈여행의 경험과 느낌들은 나를 더욱 설레게 만들었다. 그리고 한 가지 놀라운 사실은 생각보다 그렇게 많은 비용이 들지 않는다는 것이었다.

이 두 부부는 나의 롤 모델이기도 하다. 그들은 각자의 일을 열정적으로 하면서 크루즈여행으로 자신에게 휴식을 선물한다. 그런 그들의 모습은 내가 상상하는 가장 이상적인 모습이다.

가족들과 전 세계 크루즈여행을 하려면 어떤 노력을 기울여야 할까? 나는 삶의 백미가 자신의 분야에서 성공을 이뤘을 때 떠나는 여행이라고 생각한다. 온갖 걱정을 안고 떠나는 여행은 여행 자체를 즐기지 못하게 한다.

나는 지금 국제결혼을 주제로 책을 집필하고 있다. 그 책을 주제로 국제결혼을 하려는 사람들에게 도움을 주는 카페를 만들고 교육도 할 예정이다. 1인 창업을 준비하고 있는 만큼 사람들에게 도움을 주고 그로 인한 경제적 풍요도 완성할 것이다. 단지 필요한 금액만 모아 크루즈여행을 떠나지는 않을 것이다. 성공한 아들로서 부모님께 크루즈여행을 선물해 드리고 싶기 때문이다.

난 더 이상 부모님의 선의의 거짓말을 믿지 않는다. 부모님도 좋은 것 비싼 것 다 좋아하시는데 자식이 먼저라 자신들의 욕구를 감추셨을 뿐이다. 이제는 부모님이 원하시기도 전에 좋아하는 것을 다 해 드리는 성공한 아들이고 싶다. 이것이 그동안 피땀 흘려 나를 키워 주신 부모님에게 내가 해 드릴 수 있는 최선이라 생각하기 때문이다. 아, 그리고 참 쉬운데 어렵기도 한 그 말, "아버지, 어머니. 사랑합니다."라는 말도 곁들여서.

가족들과 전 세계 크루즈여행을 하게 되면 어떤 기분이 들까? 얼마 전 부모님과 통영에 여행 갔을 때 아들과 함께여서인지 가는 곳마다 부모님의 얼굴에 미소가 옅게 번져 있었다. 숙소 바로 앞은 바다였는데 선착장 쪽에 굴이 따닥따닥 붙어 있는 것을 보고 어머니는 가만있지 않으셨다. 손수 굴을 캐서 아버지와 나의 입속에 넣어 주시고는 본인도 하나 까서 드셨다.

아내는 이 모습을 보며 웃기 바빴다. 어머니도 이런 광경이 우스우셨는지 따라 웃으셨다. 그리고 이내 우리 가족 모두는 배꼽을 잡고 웃기 시작했다.

크루즈여행은 통영의 소소한 분위기와는 또 다를 것이다. 내가 가 본적이 없기 때문에 디테일한 느낌을 글로 표현하지는 못하겠다. 하지만 일단 그 배의 규모에 놀랄 것이다. 부모님은 배라면 질색하신다. 그러나 크루즈를 보시면 그 규모에 압도당해 두리번두리번하시리라 생각한다. 크루즈의 내부에 들어가서도 부모님과 나의 반응은 같을 것이다. 이게 배인지 도시인지… 꼭 처음 상경해 서울의 높은 빌딩을 쳐다보듯 그렇게 감상하고 있을 것 같다.

크루즈 안에는 없는 게 없다고 한다. 식당, 노래방, 수영장, 극장, 콘서트홀 등등. 다 이용하기도 버거울 정도로 많다. 그리고 가장 놀라운 건 거의 모든 음식이 무료라는 것. 아마도 부모님은 식사를 다 마치고 왜 계산을 안 하느냐고 나에게 분명 물어볼 것이다. 음식이 무료라는 사실에 눈이 휘둥그레지실 부모님을 상상하니 벌써부터 웃음이 나온다.

크루즈 안에서는 가는 곳곳마다 놀라움의 연속일 듯싶다. "와, 여기에 이런 것도 있어?", "이야, 저건 또 뭐야?" 이런 감탄사를 연발하게 될 것 같다. 평생의 그것보다 더 많은 감탄사를 발하게 될 것이다. 그리고 여행을 마친 후 일상으로 돌아가면 부모님은 가는 곳, 만나는 사람들에게 크루즈 이야기를 하시며 아들 자랑을 늘어놓으실 것이다. 그렇게 난 부모님의 기를 살려 드리고 또 하나의 추억을 만들어 드렸다는 것에 뿌듯함을 느낄 것 같다.

여행에 대한 생각에는 저마다 차이가 있을 것이다. 하지만 일상에서 경험하지 못하고 느낄 수 없는 것을 마주한다는 점에서는 모두 같다. 나에게 여행은 그저 휴식을 취하고 놀다 오는 것이 아니다.

나는 여행을 통해서 부모님과 아내가 행복해하는 모습을 보며 휴식과 위로를 받는다. 그리고 그런 모습이 내가 더 앞으로 나아갈 수 있게 해 주는 힘이 되어 줄 것이다.

3

두바이에 가서
스카이다이빙 하기

2008년도쯤으로 기억한다. 그때 예능방송에서는 연예인들이 번지점프를 하는 장면을 쉽게 볼 수 있었다. 지금도 채널을 돌리다 보면 번지점프대 위에서 쩔쩔매는 연예인의 모습을 간혹 볼 때가 있다. 그 모습을 보며 나는 그냥 뛰어내리면 될 텐데 왜 벌벌 떠는지 이해가 안 되었다.

그래서 나는 그해 여름 직접 번지점프를 해 보기로 마음먹었다. 마침 광주에서 그리 멀지않은 곳에 번지점프대가 있다는 사실을 확인할 수 있었다. 혼자 가기에는 좀 그렇고 누군가 봐 줄 사람이 필요하다는 생각에 대학 친구와 같이 가게 되었다.

번지점프대가 있는 곳에 도착해 보니 의외로 사람이 많지 않았다. 아니 한 명도 없었다. 시설도 약간은 오래되어 보였다. 그래도 시간을 들여 온 곳이었다. 나는 번지점프를 하리라 마음먹었다. 직원의 안내를 받으며 뛰기 전 동의서 같은 것을 작성했다. 간단하게 말하자면 내가 사고를 당하더라도 책임을 묻지 않겠다, 라는 의미의 문서였다. 나는 덤덤하게 사인을 했다. 친구한테도 사인하고 같이 뛰자고 했지만, 이놈은 먼 산만 바라보고 있었다.

그렇게 모든 준비를 마치고 나는 가장 높은 곳으로 올라갔다. 아마 30미터였던 것으로 기억한다. 번지대 공간이 좁아 혼자 올라가고 혼자 뛰어야 했다. 그런데 막상 번지대에 올라오니 심장이 콩닥콩닥 뛰기 시작했다.

아래를 보니 아찔했다. 그런 나를 더 불안하게 했던 건 에어매트 한쪽이 찢어져 바람이 새고 있는 모습이었다. 순간 카운트다운 소리가 들려왔다. 그 짧은 순간에 오만 가지 생각이 스쳐 지나갔다. 하지만 TV 속의 연예인들의 쩔쩔매는 모습을 비웃던 내가 그들과 같은 모습을 보이고 있다는 사실에 용기를 내었다. 나는 그들처럼 겁쟁이가 되고 싶지 않았다. 두려움에서 도망치고 싶지 않았다.

몸을 던지자 바람이 두 뺨을 스쳐 지나가고 온몸이 자유로워지는 느낌을 받았다. 세상에 태어나 처음 겪어 본 기분이었다. 하지만 얼마 지나지 않아 내 발목을 무언가가 잡아끌어 당겼다. 두려움을 넘어서자 자유로워졌지만 나는 이내 밧줄에 대롱대롱 매달려 있는 박쥐 꼴이 되어 버리고 말았다. 안도의 한숨 뒤에는 아쉬움도 남아 있음을 느낄 수 있었다.

번지점프를 하고 나서 나는 좀 더 오랫동안 자유를 경험할 수 있는 게 없을까 생각했다. 그리고 오래지 않아 그 자유를 느낄 수 있는 방법을 찾게 되었다. 그것은 바로 '스카이다이빙'이다. 낙하산 하나에 의지해 1만 4,000피트 상공에서 뛰어내리는 스카이다이빙이야말로 가장 오랫동안 자유를 체험할 수 있는 방법이었다.

얼마 전 유튜브를 통해 윌 스미스의 '스카이다이빙과 두려움'에 관한 영상을 보았다. 윌 스미스가 스카이다이빙을 하면서 느꼈던 두려움에 대한 생각을 아주 재미있고 생생하게 전달하는 영상이었다. 그것은 내가 번지점프를 하면서 느꼈던 감정을 제대로 설명해 주고 있었다. 그 영상에는 이런 내용이 있다.

"당신은 뛰어내린 지 단 1초 만에 깨닫게 될 거예요. 당신 인생에서 가장 행복한 경험이라는 것을요. 신은 인생에서 최고의 것들을 항상 두려움 뒤에 놓습니다. 즉 가장 두려운 순간은 가장 최고의 순간이 될 수 있습니다."

나는 윌 스미스가 뛰어난 배우를 떠나 영적으로도 성숙한 한 인간이라는 생각이 들었다. 이 영상을 보면서 윌 스미스가 더 멋지게 보였다. 그리고 두바이에 가서 그처럼 아름다운 팜 아일랜드를 보며 스카이다이빙하고 싶은 욕망이 생겼다. 내가 두려움에도 왜 번지점프대 위에서 뛰어내렸는지 그는 확실히 알게 해 주었다. 두려움 때문에 무너졌다면 그 자유와 행복을 느낄 수 없었을 것이다. 두려움 뒤에는 최고의 기쁨이 따른다는 것도. 나는 훗날 두바이에서 스카이다이빙할 내 모습을 상상해 본다.

두바이에 가서 스카이다이빙하려면 어떤 노력을 기울여야 할까? 두바이에 가서 단지 스카이다이빙만 하고 오는 것은 엄청난 에너지 낭비일 것이다. 두바이, 아무것도 없는 사막에 신기루처럼 존재하는 도시에는 멋진 호텔과 볼거리가 가득하다. 이런 곳에서 스카이다이빙만 하고 온다는 것이 말이 될까?

그런 곳에서 마음껏 즐기고 느끼려면 무엇보다 지금 준비하고 있는 1인 창업을 멋지게 성공시켜야 할 것이다. 아무것도 없는 나에게 보물과도 같은 콘텐츠를 찾아 준 사람은 한책협의 운영자인 김태광 작가다.

김태광 작가는 한국, 아니, 세계 제일의 책 쓰기 코치다. 그는 24년간 250권의 저서를 펴냈고, 9년간 1,000명의 작가를 배출한 살아 있는 전설이다. 나는 지금 김태광 작가의 코칭을 받으며 나의 이야기를 집필하고 있다. 그렇게 1인 창업의 첫 단계를 밟아 가는 중이다.

책 쓰기를 시작할 때 나의 의식은 번지점프대 위에 섰을 때와 같았다. 하지만 과정을 하나하나 밟을수록 나는 점점 자유를 느끼고 있다. 마치 번지점프대에서 뛰어내린 것처럼 말이다.

스카이다이빙을 하면 어떤 기분이 들까? 이것에 대한 정확한 표현이 방금 생각났다. 스카이다이빙하면 하늘을 나는 기분일 것 같다! 이것보다 더 명확한 표현은 없다고 생각한다. 〈대장금〉의 장금이도 "홍시 맛이 나서 홍시라 생각한 것일 뿐인데."라고 하지 않았던가.

요즘 아이들에게도 이 질문을 하면 같은 말을 할지 모르겠다. "너는 꿈이 뭐니?" 어렸을 때 이런 질문을 받으면 나는 "하늘을 나는 게 꿈이에요."라고 말했던 기억이 난다. 그때는 별생각 없이 그냥 그 말이 튀어나왔다. 어린 만큼 심오한 생각을 갖고 말하진 않았을 것이다. 오히려 순수한 마음으로 말했을 것이다.

　나는 인간에게는 영혼이 있고 그 영혼은 태초부터 자유로운 상태였다고 생각한다. 자유로운 영혼은 어디든 갈 수 있고 무엇이든 할 수 있다고 생각한다. 이 영혼이 한계로 가득 찬 인간의 몸에 들어 있으니 얼마나 답답하겠는가. 그래서 원래의 상태로 되돌아가고자 어린아이는 그렇게 하늘을 날고 싶어 했는지도 모른다.

4

어머니에게
정원 만들어 드리기

　'어머니' 하면 당신에게는 어떤 생각이 먼저 떠오르는가? 내가 어렸을 때 〈우정의 무대〉라는 프로가 있었다. 젊은 세대들은 아마도 이 프로그램을 모를 것이다. 이 프로의 진행은 팔뚝이 뽀빠이처럼 굵어서 뽀빠이라는 별명이 붙은 이상용 씨가 맡고 있었다. 〈우정의 무대〉는 전국의 부대를 돌며 나라를 지키는 군인들을 위문하는 방송이었다. 그중에서도 많은 사람들에게 감동을 준 코너가 있었다. 바로 스크린에 비친 그림자를 보고 장병이 자신의 어머니를 찾아내는 코너였다.

　그 코너는 이렇게 진행되었다. 먼저 이상용 씨가 "그리운 어머니."라 부르며 무대 뒤에 계신 어머니에게 몇 가지 질문을 한다. "어머니, 어디서 오셨어요?", "오시느라 많이 힘드셨죠?", "아들 많이 보고 싶으시죠?"라고. 그러고 나서 이상용 씨는 장병들에게 외친다. "내 어머니가 맞는다고 생각하는 장병들은 무대 위로!" 그리고 그 말이 끝나기가 무섭게 수십 명의 장병들이 무대 위로 뛰어오른다. 그중 스크린에 비친 자신의 어머니를 알아본 장병은 어머니를 등에 업고 휴가를 떠나게 된다.

이 프로가 시작되면 '엄마가 보고플 때 엄마 사진 꺼내놓고'로 시작되는 배경음악이 흐른다. 그러자면 벌써 벌겋게 달아오른 장병들의 눈이 카메라에 잡힌다. 왜 우리가 어머니를 생각할 때면 이런 감정들이 올라오는 걸까?

그것은 아버지와는 다른 어머니의 사랑 때문일 거라 생각한다. 나의 어머니는 지금까지 갚지도 못할 만큼 많은 사랑을 나에게 부어 주셨다. 내가 막내라는 점도 없잖아 작용하는 것 같다. 막내는 가장 늦게 태어나 가장 적게 어머니와 함께한다는 말도 있지 않은가.

부유하지 않아도 모자람 없이 어머니는 내가 원하는 것을 들어주셨다. 나는 중학교 때 마을에서도 유일하게 속셈학원을 다녔다. 영어와 수학 과외도 받았었다. 그러나 나의 머리와 마음이 어머니의 기대에 미치지는 못했다.

공부와는 담을 쌓고 살았던 나는 어머니에게 대학을 가지 않겠다고 말했다. 철없는 내 말에 어머니는 대학을 나와야 사람구실이라도 한다고 강조하셨다. 그렇게 난 별 생각 없이 대학을 갔다. 그리고 교수님의 소개로 골프장에 취직했다. 그러나 일을 시작한 지 얼마 되지 않아 나는 직장 일과 대학 수업의 상관관계를 찾을 수 없었다. 그저 부모님이 내준 비싼 등록금이 아까웠을 뿐이었다.

그렇게 직장생활이 3년째 접어들 때쯤 난 다른 것을 하고 싶었다. 문득 핸드백 디자이너가 되고 싶었던 것이다. 그런데 광주에는 그 공부를 가르쳐 주는 학원이 없었다. 나는 인터넷 검색에 들어갔다. 그러곤 관련 학원이 서울 압구정에 딱 한 군데 있다는 것을 알아냈다.

나는 즉시 서울로 올라가 상담을 받았다. 그리고 일주일에 한 번씩 수업을 듣기로 했다. 그런데 당시 차를 산 지 얼마 안 되었던 나는 돈이 없었다. 200만 원이 넘는 학원비를 어디서 구해야 할지 고민이 되었다. 나는 어머니께 이러한 상황을 말씀드렸다. 이번에도 어머니는 나를 지원해 주셨다. 핸드백 디자이너가 괜찮을 것 같아서가 아니라 아들이 하고 싶어 한다는 이유로 말이다.

어머니의 사랑을 이 작은 종이 위에 다 옮기는 게 가능한 일일까? 20년이 넘게 다니시던 공장에서 명예퇴직하신 후에도 어머니는 쉬지 않으셨다. 내 결혼 자금과 아파트 장만을 위해서 말이다. 지금 내가 결혼하고 오피스텔에서 살 수 있는 것은 모두 부모님 덕이다. 지금도 어머니는 막내아들 아파트 장만에 한 푼이라도 보태시려고 일을 하신다.

한 달에 한 번씩 난 광주에서 시골집으로 내려간다. 그러던 어느 날 못 보던 돌들이 여기저기에 널려 있는 걸 보게 되었다. 나는 어머니께 물었다. 이 돌들은 다 뭐냐고. 어머니의 말씀을 듣고 그제야 나는 어머니가 돌을 좋아하신다는 것을 알게 되었다. 어머니는 나중에 이 돌들로 정원을 만들 거라고 하셨다. 예쁘게 꽃도 심고 나무도 심을 거라면서 말이다.

그 순간 난 어머니께 예쁜 정원을 만들어 드리고 싶다는 욕망을 갖게 되었다. TV에서나 볼 수 있을 법한 그런 멋진 정원을 만들어 드려야겠다는 생각이 머릿속에 맴돌았다. 하지만 한 가지 해결해야 할 숙제가 있었다. 정원을 못 만들게 하시는 할머니를 설득해야 하는.

할머니 연세는 지금 아흔이 넘으셨다. 그럼에도 불구하고 일거리가 있으면 가만있지 않으신다. 평생을 일만 하신 할머니는 밭이나 논이 놀고 있으면 너무도 안타까워하신다. 그 땅에 뭐라도 심으면 먹을 수도, 내다팔 수도 있는 양식이 생기는데 무슨 정원이냐며 말이다. 할머니의 이런 반응을 이해 못하는 건 아니다. 하지만 사람이 밥으로만 사는 건 아니지 않은가.

작년에 부모님과 누나, 매형, 조카들과 함께 곡성으로 꽃구경을 갔었다. 곡성에서는 해마다 장미축제를 한다. 어머니는 그전부터 장미축제에 가 보고 싶다고 말씀하셨다. 그래서 일정을 맞춰 가게 되었다.

축제장에 들어서자 만개한 장미꽃들이 우리 가족을 맞이했다. 어머니는 감탄사를 연발하시며 꽃향기를 맡으셨다. 조카들과 사진도 찍으셨다. 그날 난 그렇게 환하고 밝은 어머니의 미소를 처음 보았다. 마치 소녀로 되돌아가신 듯한 모습이었다.

정원을 만들어 드리려면 어떤 노력을 해야 할까? 내가 이 분야를 잘 몰라 정확하지는 않다. 하지만 나무 한 그루, 돌 하나가 그 종류에 따라 가격이 천차만별이라는 것은 알고 있다. 그런데다 아름다운 정원이라면?

비용이 만만치 않게 들 것이다. 그럼에도 불구하고 이왕이면 나는 어머니에게 아주 멋진 정원을 만들어 드리고 싶다. 그러기 위해선 내가 준비하고 있는 1인 창업부터 성공시켜야 할 것이다.

지금 이 글을 쓰는 게 그 시작이라 볼 수 있다. 지금까지 내가 학원을 다니며 쏟았던 열정이 반딧불이었다면 글을 쓰는 열정은 태양 빛과 맞먹는다. 좀 과한 것 같은가? 나의 열정은 나 한 사람한테서 나온 것이 아니기 때문이라고 말하고 싶다.

어머니에게 정원을 만들어 드리면 어떤 기분이 들까? 아마 어머니의 소녀 같은 미소를 다시 보게 될 것 같다. 그 미소를 보면서 난 그동안 받은 사랑에 조금이라도 보답했다는 뿌듯함을 느낄 것이다. 어머니는 정원의 아름다움을 계절별로 감상하게 될 것이다.

아름다운 자연은 때론 마음에 휴식과 위로를 가져다준다. 사람이 젊어서는 자신의 젊음에 빠져 아름다운 자연의 가치를 알지 못한다. 그러다 나이가 들어서, 인생의 전환점을 맞이하고 나서야 보이지 않던 것들을 발견하게 된다. 언제였는지는 모르겠지만 눈의 결정이 내릴 때마다 달라진다는 사실을 책에서 접한 적이 있다. 멀리서 보는 눈은 작년이나 올해나 똑같은 모습일 것이다. 그러나 가까이서 바라보면 순간순간 눈이 아름답게 변하는 것을 알 수 있다.

자연은 그렇게 멀리서도 가까이서도 우리에게 놀라움을 안겨 준다. 난 어머니가 누구보다 자연을 아름답게 바라보고 느끼신다고 생각한다.

그 모습을 볼 때마다 난 사람이 자연보다 아름다울 때도 있다는 사실을 깨닫곤 한다. 그리고 그 순간 자연과 하나가 된다는 게 이런 모습이지 않을까 생각해 본다.

강연을 통해 사람들과 소통하며 경험과 지혜 전달하기 · 김표영 · 429

5

라오스 처갓집에
집 지어 드리기

난 2018년 1월에 라오스 출신 아내와 국제결혼을 했다. 국제결혼의 과정은 순탄치 않았다. 우여곡절 끝에 라오스 아내를 맞이하게 되었다. 동남아 쪽 여성들이 국제결혼을 선택하는 이유 중 하나는 가족들에게 도움을 주기 위해서다.

나의 아내도 가족들에게 도움을 주기 위해 국제결혼을 선택했다. 아내가 한국에 들어와 산 지 얼마 되지 않았을 때였다. 나는 아내에게 이루고 싶은 꿈이 뭐냐고 물어봤다. 한참을 침묵하던 아내는 나에게 서툰 한국말로 부모님께 집을 선물하고 싶다고 말했다.

그 말을 듣고 나서 나는 아내의 꿈을 꼭 이루어 주고 싶다는 생각이 들었다. 그것은 단지 처가에 도움을 주거나 지원하겠다는 그런 종류의 결심은 아니었다. 아내의 눈에는 가족의 행복을 바라는 순수한 마음이 담겨 있었다. 나에게는 타국에 와서도 가족 생각뿐인 아내가 대견하면서도 안타깝게 느껴졌다.

내가 어릴 때 우리 집은 마을에서 가장 안 좋은 자리에 위치해 있었다. 바로 옆에는 정미소가 있어 추수철이 되면 소음과 먼지가 집으로 날아들었다. 평지가 아닌 움푹 들어간 지형이어서 비가 오면 물이 고이기 일쑤였다. 지붕은 슬레이트로 되어 있었다. 그리고 아궁이에 불을 때 밥을 짓고 물을 데웠다.

내가 초등학교 3학년 때쯤으로 기억한다. 아버지께서는 지금의 집을 허물고 새집을 짓기로 하셨다. 그때 우리 가족은 마을의 가장 뒤쪽에 있는 집으로 이사를 가야 했다. 그 집은 폐가였고 바로 뒤에는 대나무밭이 있었다. 그 집에 처음 갔을 때 난 이상한 기운을 감지했다.

그 집은 비가 오면 물이 샜다. 자다가 물방울에 맞아 깨면 그때부터 전쟁이 시작되었다. 나는 일어나 물이 새는 곳 아래에 바가지를 놓았다. 그러다 조금 지나면 또 다른 곳에서 물이 새기 시작했다. 한 번에 하나씩 새는 것이 아니라 시간차를 두고 물이 떨어졌다. 그렇게 한참 지나고 주위를 둘러보면 여기저기에 바가지와 대야가 널브러져 있었다.

비가 오고 바람이 불면 뒤쪽에 있는 대나무밭에서 이상한 소리가 들려왔다. 그것은 바람소리인 듯 귀신의 소리인 듯했다. 나는 너무 무서워서 잠을 이룰 수 없었다. 그러던 어느 날이었다. 잠을 자다가 속이 메스꺼워 눈을 뜨게 되었다. 이어 속이 울렁거리고 현기증이 나기 시작했다. 구토가 올라와 나는 잠자리를 박차고 마당으로 뛰쳐나갔다. 그런 나의 행동에 가족들도 하나둘 깨기 시작했다. 그런데 나만 속이 메스꺼웠던 게 아니었다. 그날 우리 가족은 모두 메스꺼움과 현기증을 느꼈던 것이다. 나중에 그것이 연탄가스 때문이었다는 사실도 알게 되었다.

그 집에서 반년 정도 지냈던 것 같다. 그때 난 유난히도 병원을 자주 갔다. 원인도 명확하지 않은 그저 메스꺼움과 현기증 증세로 말이다. 그 때 별의별 민간요법을 다 받았던 것으로 기억한다. 말이 민간요법이지 고 문 수준의 치료였다. 억울한 건 그 고문 수준의 치료가 별 효과가 없었 다는 것이다.

나는 학교와 병원을 다니면서 공사 중인 우리 집을 바라보았다. 빨리 집이 완공되기를 손꼽아 기다렸다. 그리고 마침내 완공된 우리 집으로 이사 가는 날이 밝아 왔다. 빨간색 벽돌 외양과 아름다운 문양이 새겨진 현관문 그리고 나무로 된 거실 문. 그 문을 열고 거실에 들어섰을 때 너 무도 좋아 입이 다물어지지 않았다.

거실 천장은 나무로 되어 있었는데 그 패턴과 무늬가 너무도 아름다 웠다. 그리고 가운데에는 샹들리에도 있었다. 너무도 눈이 부셨다! 모든 곳이 예쁘고 마치 천국처럼 느껴졌다. 폐가의 어두침침한 분위기와는 비 교도 되지 않았다.

새집으로 이사 와 살면서 나의 몸도 점점 건강해졌다. 병원에 가는 횟 수도 점점 줄어들었다. 환경과 집이 얼마나 중요한지 다시 한 번 느꼈다.

라오스 처갓집에 집을 지어 드리려면 어떤 노력을 해야 할까? 얼마 전 아내가 일을 시작했다. 첫 달 월급을 받고 나서 아내는 이렇게 말했 다. 2,000만 원을 모아서 부모님께 드리면 집을 지을 수 있을 거라고. 라오스는 우리나라보다 경제 규모가 많이 작다. 내가 어릴 때도 이 정도 돈이면 집을 지었던 것으로 기억한다.

지금 나는 퇴사하고 아르바이트를 하고 있다. 책을 쓰기 위해서다. 회사에 들어갈 수도 있지만 글쓰기에는 생각보다 많은 에너지가 든다. 그래서 나는 월급을 포기하고 시간을 선택했다. 문제는 아르바이트만으로는 생활을 꾸리기가 쉽지 않다는 것이다. 그러다 보니 아내가 번 월급으로 생활비를 충당해야 하는 상황이 되었다. 물론 아내도 이런 상황을 받아들였다. 아내는 나의 꿈을 지지해 주기로 뜻을 같이했다.

결혼한 지 불과 2년 만에 가장의 위치가 바뀌었다. 도움을 주던 남편은 작가와 1인 창업가의 꿈을 이루기 위해 직장을 내려놓았다. 그리고 이제는 아내가 직장을 다니며 남편의 꿈을 응원하고 있다. 아내의 꿈을 이뤄 주겠다고 마음먹었는데 오히려 내가 아내의 도움을 받고 있는 것이다.

나의 꿈은 이제 나만의 것이 아니게 되었다. 나의 꿈을 이루는 것은 아내의 꿈을 이루어 주는 것과 연결된다. 그러므로 나는 작가와 1인 창업가로 반드시 성공해야 한다.

라오스 처갓집에 집을 지어 드리고 나면 어떤 기분이 들까? 제일 먼저 환하게 웃고 있을 아내의 얼굴이 떠오른다. 나의 아내는 미소가 정말 아름답다. 그 미소에 반해서 내가 아내와 결혼했다고 해도 과언이 아니다. 세상을 다 가진 듯한 아내의 미소는 나에게 천국을 맛보게 해 준다. 그 미소를 보고 싶어 아내와 영상통화를 했을 때가 기억난다. 국제결혼을 하면 바로 입국할 수 있는 게 아니기 때문이다. 보통 6개월에서 7개월 정도 준비기간을 거친 후에야 들어올 수 있기 때문이다.

그 기간 동안 나는 아내와 영상통화를 하고 사진을 주고받았다. 언젠가 아침시간에 통화를 하게 되었다. 장인어른과 아내가 마당에서 불을 쬐고 있었다. 최근에는 장인어른께서 화장실을 만드신다며 구덩이를 파고 있는 사진을 보게 되었다. 이런 모습들을 보며 아내가 한국에서 지내다 라오스에 가게 되면 얼마나 불편을 느낄까 생각하게 되었다.

내가 어릴 때는 밥을 하려면 아궁이에 불을 때야 했다. 빨래를 하려면 한참을 걸어가야 했다. 하지만 이런 것들이 불편하게 느껴지지 않았다. 그냥 당연하게 여겨졌다. 환경이라는 게 그런 것 같다. 적응하면 불편함을 잘 느끼지 못한다.

이제 아내는 한국의 환경을 경험해 봤다. 때문에 불편한 라오스의 생활이 더 마음에 와 닿을 것이다. 부모님에게 좋은 환경을 만들어 주고 싶다는 생각도 더 강하게 들 것이다. 그래서 아내는 열심히 돈을 모아 부모님에게 빨리 집을 선물하고 싶다는 생각뿐일 것이다.

아내는 내가 돈을 인출하려고 통장을 꺼내면 도끼눈을 하고 바라본다. 하지만 이내 수긍하고 받아들인다. 나는 아내의 그런 반응이 그저 예쁘게만 보인다. 빨리 부모님께 집을 선물하려고 12시간씩 일해 번 돈인데 얼마나 아깝게 느껴지겠는가. 혹시 '내가 아내한테 들인 돈이 얼만데!'라고 생각할 사람도 있으려나.

나는 아내에게서 돈보다 더 귀한 것들을 받고 있다. 그것은 글로 설명한다고 알 수 있는 것이 아니다. 그 느낌을 표현할 만큼 아직 내 필력이 좋은 것도 아니다. 아내는 자신이 1년간 번 돈을 전부 라오스에 보내도 행복해할 것이다. 그것이 사랑을 품고 있는 사람이 돈을 대하는 마음이다. 아내는 내가 쓴 이 글을 보고 나서야 왜 그렇게 글 쓰는 데 열중인지 알게 될 것이다. 그리고 혼자가 아닌 둘이 꾸는 꿈이라는 사실에 더 힘을 받으리라 생각한다. 나 또한 그 꿈의 힘을 받아 훗날 현실이 될 라오스의 새집을 상상해 본다.

PART
14

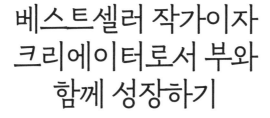

베스트셀러 작가이자 크리에이터로서 부와 함께 성장하기

· 이명란 ·

이명란

전문상담사, 청소년 멘토, 인성교육 강사, 동기부여가

상담심리학 석사로, 울산매곡초등학교 전문상담사로 재직 중이다. 현장에서 심리적, 정서적으로 어려움을 겪는 학생들을 상담하고 있다. 또한 울산법원소년위탁보호위원으로 청소년 멘토로 활동 중이다. 현재 '감정조절이 안 되는 아이의 육아법'을 주제로 개인저서를 집필 중이다.

배우고 도전하는
자세로 살아가기

아들들과 하루하루 정신없이 보내다가 두 아들을 유치원에 입학시키게 되었다. 그리고 나니 나만의 자유시간이 주어졌다. 얼마나 이날을 기다렸던지. 하루라도 허투루 보낼 수 없었다. 나는 아이들을 키우면서 미루었던 일들을 쭉 적었다. 운전면허증 취득, 공부하기, 애들 잘 키우기, 나의 일 찾기, 돈 벌기… 등등.

애들 챙겨서 유치원에 보내고 난 운전면허 학원에 등록했다. 6개월 만에 필기시험과 실기시험에 합격해 면허증을 받았다. 내 생애 처음으로 국가자격증을 받은 것이다. 그런데 이보다 기뻤던 것은 내가 핸들을 조종하면 차가 움직인다는 사실이었다. 나는 감격했다.

이번에는 두 번째로 공부하기다. 무슨 공부를 해야 할까. 난 시간과 경제적으로 부담이 되지 않는 공부를 찾았다. 그러다 현대주부대학이 생각났다. 현대주부대학은 회사에서 직원 가족을 위한 복지 차원에서 운영하고 있는 배움터다. 주부들의 삶에 도움을 주는 교양 과목을 가르쳐 주는 곳이다. 나는 현대주부대학 17기에 입학해 9반 반장을 맡았다. 그래서 좀 더 열정적으로 다니게 되었다. 우물 안 개구리로 살다가 다양한 사람을 만나고 세상을 구경하다 보니 6개월은 금방 지나갔다.

이제는 세 번째로 애들 잘 키우기다. 알아야 면장을 한다고 난 아이들 양육 방법을 공부하기로 결심했다. 원하는 자에게 길은 열려 있다는 말이 실감났다.

부모와 자녀 대상의 대화기법 1기 과정이 열린다는 현수막을 보게 되었다. 이 또한 회사에서 지원해 주기 때문에 6개월 과정이 무료라고 했다. 누군가 나를 성장시키기 위해 틀을 짜 놓은 것처럼 생각대로 되어 갔다.

부모와 자녀의 대화기법 과정에서는 아이들과 대화하는 방법을 배우고 실습해 보았다. 아이의 말을 잘 들어 주는 연습을 했다. 그러던 어느 날 밤이었다. 잠자리에 들었는데 작은아들이 "엄마, 내 말도 사람 말이잖아."라고 하는 것이었다. 나는 이게 무슨 소리지 갸우뚱하며 "그래. 당연히 아들 말인데 사람 말이지." 했다. 그랬더니 작은아들은 울음보를 터뜨렸다. "엄마는 내 말은 안 들어 주고 형아 말만 들어 줬잖아요." 하면서. 나는 "에구, 울 아들 많이 서운했구나!"라며 아들을 감싸 안았다. 그러자 아들은 더 서럽게 더 크게 울었다.

자신의 말을 안 들어 준 것이 자신의 말은 사람 말이 아니냐고 항변할 정도로 아이를 아프게 했구나… 이런 생각에 이르자 나는 아이에게 미안한 마음이 커졌다. 또한 아이의 말을 잘 들어 줘야겠다고 한 번 더 느끼게 되었다.

지금껏 내가 원하던 삶이 무엇인지, 진정 원하는 꿈은 무엇인지, 그 길을 잘 가고 있는지 생각해 보았다. 초등학교 때 말해 보고 꿈이란 것을 생각 속에서 지우고 살았던 것 같다. 꿈을 이룬 사람들도 있지만 꿈을 못 이룬 사람들이 더 많다는 말이 있다. 그 이유는 대부분 사람들이 꿈을 잊고 지내기 때문이라고 한다. 나 역시 꿈을 잊고 살아왔다. 잠시 멈추어 버린 내 꿈을 다시 써 보기로 했다.

초등학교 때의 나의 꿈은 선생님, 간호사였다. 내 나이 30대 초반에 다시 그 꿈에 도전해 보고 싶었다. 그러려면 대학을 가야 했다. 일반 대학교에 가는 것은 힘드니 한국방송통신대학을 알아봤다. 울산에는 지역 대학이 없고 대신 부산에 있었다. 그렇게 2001년 한국방송통신대 국문과에 입학했다

1학년은 잘 마무리했다. 그러다 2학년 1학기 때 교과과목도 어렵고 부산에 다니는 것도 힘들어서 어떻게 할까 고민하게 되었다. 그러던 차에 한국방송통신대에서 울산에도 학습관을 짓고 있다고 했다. 나는 이 기회에 전과도 하고 그만둬야겠다고 마음먹었다. 그러곤 2학년 1학기 중간고사를 치르고 그만뒀다.

나는 2003년에 한국방송대 교육과에 다시 입학했다. 교육심리학, 청소년 심리학 등 내 적성에 딱 맞는 학과였다. 학교에 다니는 내내 임원을

도맡아 했다. 집행부 일에도 적극적이었고 왕성하게 봉사활동도 했다.

봉사활동은 학원에서 60~70대 어머니들께 한글을 깨우쳐 드리는 일이었다. 한글교실하면 지금도 잊을 수 없는 기억이 있다. 한 어머니께서 "내가 손자 이름 썼다. 남편 이름 썼다."라고 외치시던 모습이다. 어머니께 서는 은행에 가서 스스로 집 주소 적고 서명란에 이름을 적어 보는 것이 꿈이라고 하셨다. 그날이 그 꿈을 이룬 날이었다.

오토바이 절도죄로 보호감찰을 받고 있던 중학교 2학년 남학생을 상담하기도 했다. 오토바이 소리만 들어도 저건 100cc, 저건 125cc, 250cc라고 말할 정도로 관심은 온통 오토바이에 가 있는 친구였다.

나는 이렇게 다양한 봉사활동을 통해 사람들을 만나고, 학교 공부를 하면서 나의 꿈을 찾아 가고 있었다. 그런 중에도 교육과 선배들은 졸업 한 후 어린이집, 학교, 공공기관 평생교육사로 취업해 나갔다. 나도 학교 취업을 목표로 하고 민간자격증을 준비했다. 그러다 2006년 초등학교 특수실무사로 취업하게 되었다. 정식 교사는 아니지만 학교에서 학생들 과 호흡하는 일이었다. 아이들은 나를 선생님이라고 불러 줬다. 어릴 적 에 꿨던 꿈을 나이 마흔이 넘어서 반쯤 이루게 되었다.

넘어져도 꿈을 향해 넘어져라. 나는 또다시 꿈을 꾸고 꿈밭에 씨앗을 뿌리는 작업을 하고 있었다. 전문상담교사가 되는 것이 내가 정말 가고 싶은 길이었다. 준비하는 자에겐 기회가 온다고 했던가. 나는 5년간 특 수실무사로 근무하고 전문상담사로 이직했다.

이제 내 꿈에 조금 가까워졌다. 난 전문상담사가 아닌 전문상담교사가 되기 위해서 2011년 부산에 있는 교육대학원 상담심리학과에 입학했다. 그 과정은 포기하고 싶을 만큼 힘들었다. 이른 아침에 남편 밥 준비해 놓고 학교에 출근했다. 그리고 4시 30분에 퇴근해 부산을 다녔다. 일주일에 3일간씩. 도로 사정은 얼마나 안 좋은지 달리고 달려도 2시간이 넘게 소요되었다. 3일 중 2일은 지각을 했다.

그렇게 8시간을 일하고 왕복 5시간 운전하고 다니자니 힘에 부쳤다. 수업을 마치고 어둠이 쫙 깔린 고속도로를 타고 집에 올라치면 눈꺼풀이 스르르 내려앉았다. 꼬집어도 보고 크게 소리도 질러보았다. 그래도 내려오는 눈꺼풀을 주체할 수 없을 때는 고속도로 쉼터에서 잠깐 잤다. 또한 마지막 3일째는 시외버스를 타고 다녔다. 수업을 마치고 집에 도착하는 시간이 새벽 2시가 보통이었다.

한번은 일 끝나고 집에 가면 잠부터 자야겠다는 생각이 간절했다. 퇴근 후 집에 도착하자 갈증이 나서 냉장고에 들어 있던 캔 맥주를 따서 마셨다. 일주일, 아니, 그동안에 쌓인 피로가 확 녹아내리는 기분이었다. 그날 마신 맥주 맛은 아직도 잊을 수가 없다. 그 후부터 나는 맥주 한두 잔은 피로회복제라고 말한다.

정신을 챙길 틈도 없이 정말 숨 가쁘게 2년 6개월 동안 울산과 부산을 왕복했다. 고생한 만큼 보람은 컸다. 가족의 축복 속에 졸업장과 동시에 상담교사 자격증을 받았다. 상담교사 자격증은 내 생애 국가자격증 2호다. 세상을 다 가진 듯 기쁘고 홀가분했다.

꿈길을 걷는 만큼 일은 힘들지만 견딜 수 있고 이겨 낼 수 있고 희망을 가질 수 있게 해 주었다. 그런데 나의 의지와 상관없는 일을 당한 것은 큰 아픔이고 고통이었다. 전문상담사 5년 차에 계약기간 1년 만료라는 통보를 받은 것이다. 그 원하던 꿈을 향해 달리고 달렸건만 이 통보는 나를 무너지게 만들었다.

하지만 나는 이 또한 나의 운명이라 받아들이기로 마음먹었다. 다른 일을 찾고 있던 중 노동조합에서 한 통의 전화가 걸려왔다. 전문상담사는 상시지속적인 업종이니만큼 1년 만에 해고할 수 없다는 내용이었다. 내가 이제 와서 어쩌지 못할 일 아니냐고 물었더니 방법이 있다고 했다. 구제신청을 하자고 했다. 하지만 나는 자신이 없었다. 나는 상담교사 기간제 자리가 나오면 가겠다고 했다. 노동조합에서는 생각할 시간을 준다고 했다. 노동조합에서 도와주는데 한번 해 볼까 말까. 그래, 한번 해 보자는 생각이 들었다.

나는 노동조합에 전화해서 한번 해 보겠다고 했다. 노동조합에서는 잘했다고 격려해 주었다. 그런 지 9개월. 그 기간 동안 나는 살얼음판을 걷는 심정이었다. 대전 중앙노동부에서 마지막 판결이 열리는 날이었다. 나는 간절히 기도했다. 제발 학교에 복귀시켜 달라고. 오직 아이들을 위해서 내 삶을 쓰겠다고. 나는 아이들과 함께하기를 정말 간절히 원하고 원했다. 판결은 승소였다.

하느님은 무심하지 않으셨다. 나의 기도에 귀 기울여 주셨다. 내 손을 잡아 주신 하느님께 보답하는 길은 마음이 아픈 아이들과 함께하는 것이다. 함께 웃을 수 있고 울 수 있고 화 낼 수 있도록 나를 낮춰서 아이들의 이야기를 다 들어 주는 것이다.

포기하지 않으면 불가능은 없다는 말을 새삼 깨닫게 해 준 지난한 싸움이었다. 내 삶에 이보다 더 큰 싸움이 있으랴. 있어서는 안 된다. 나는 싸우는 것을 엄청 싫어하기 때문이다. 주변의 도움을 받으며 조마조마하게 9개월을 보냈지만 포기하지 않으면 불가능은 없다는 사실을 깨달았다.

30대 후반부터 나는 내 꿈을 이루기 위해 또다시 꿈을 꾸고, 내 꿈에 도전장을 내밀었다. 그리고 그러한 과정 속에서 아픔과 시련을 견뎌 내고 역경을 이겨 내며 성장했다. 시련과 역경이라는 단어를 볼 때면 여고시절 교시가 생각난다.

"어떠한 시련과 역경을 이겨 낼 수 있는 소녀 이외에는 이 교문을 들어설 수 없다."

산업체 고등학교에 다닐 때 교문 석돌에 새겨져 있던 글이다. 교시처럼 시련과 역경을 이겨 내지 못하면 고등학교를 졸업할 수 없었다. 어릴 때부터 나는 시련과 역경을 견뎌 내는 법을 배웠다. 유능한 사람은 언제

나 배우는 사람이라고 괴테는 말했다. 인생에서 가장 중요한 것은 언제나 배우려는 의지다.

나는 언제나 배우고, 어디서나 배우고, 누구한테서나 배우고 도전하는 자세로 내 삶을 살아갈 것이다. 내 꿈을 이루어 갈 것이다.

2

〈아침마당〉
출연하기

〈아침마당〉은 내가 빼놓지 않고 보는 단골 프로였다. 출연자들의 인생스토리며 성공스토리에 감동받기 일쑤였다. 거기에다 이웃집 언니 같은 이금희 아나운서의 매력에 푹 빠져서 〈아침마당〉 팬이 되었다.

그렇게 〈아침마당〉을 시청하면서 나도 거기에 출연하고 싶다는 생각을 하게 되었다. 50대에 〈아침마당〉에 출연하려면 지금부터 준비해야겠지. 나는 이 소망을 우선 버킷리스트 2순위에 적었다.

85번째 엄마 생신 때 온 가족이 모인 자리에서 나는 대학원의 마지막 학기를 마쳤다고 말했다. 그러자 다들 고생했다, 대단하다고 말해 주었다. 큰언니는 대학원을 졸업하면 이젠 뭐 할 거냐고 나에게 물어왔다. 작은언니도 "너 서른 살 때부터 시작해서 지금껏 공부했는데 편하게 살아야지." 했다.

그 격려들에 나는 내 꿈은 〈아침마당〉에 나가는 거라고 대답했다. 그랬더니 모두들 배꼽을 잡고 웃었다. 언니들만 내 말에 관심을 보였다. "〈아침마당〉에는 대단한 사람들만 나오던데…"라며.

나는 언니들의 빈정거림에 "조금 전에 나한테 대단하다고 하지 않았어? 빈말이었어?"라고 쏘아붙였다. 그러자 언니들은 "아니, 그게 아니고 우리 동생 대단하다는 말이지."라고 얼버무렸다.

나는 큰오빠에게 "나 농담이 아니다. 진짜 〈아침마당〉에 출연하고 싶다. 내 버킷리스트에도 적어 놨다. 그러니 퇴직하기 전에 내 꿈을 이룰 수 있게 도와줘."라고 지원사격을 부탁했다. 그러자 오빠는 "〈아침마당〉은 내 담당 프로가 아니다. 출연할 대기자들이 쫙 줄 서 있어서 명함도 못 내민다."라고 말했다. 나는 "그러니까 부탁하지." 하며 "에이, 힘 한번 써 줘 봐. 오빠 입사 동기들 다 피디잖아." 하면서 오빠에게 매달렸다. 오빠는 묵묵부답이었다. 옆에서 동생이 "맞아, 우리 오빠 자수성가한 사람이라 그런 부탁 절대 못 할 거야."라고 거들었다.

그때 작은언니가 "〈아침마당〉 출연자들을 보면 끼도 많고 말도 맛깔스럽게 잘하던데. 성공한 사람들만 나오던데. 너는 준비한 것 있어? 무슨 이야기할 건데." 하며 끼어들었다. 그 말에 나는 "할 이야기야 책을 10권도 쓸 수 있을 만큼 많지."라고 되받아쳤다.

그러자 작은언니가 "그래, 그럼 여기서 연습해 봐라. 여기서 통과하면 오빠가 너를 위해 힘 좀 써 주겠지." 하는 것이었다. 나는 좋은 생각이라며 "다들 나한테 집중하세요."라고 했다.

자, 가난 속에서 7남매를 훌륭히 키우신 배경엽 여사 성공스토리부터 시작합니다.

배 여사는 남해 창선에서 제일 잘나가는 남편을 만나게 되었다. 그 남편은 공군비행기 조종사였고 그녀의 초등학교 동기다. 몇 년 떨어져 살다가 조종사인 남편은 몸이 안 좋아서 퇴역했다. 토끼 같은 새끼들이 7명이나 되어 아파도 쉬지 못하고 면사무소에 취직했다. 술도 좋아하고 친구도 좋아하는 성품이었다. 둘째 딸이 중학교에 전교 1등으로 입학할 때 남편은 면사무소 직원들과 중·고등학교 선생님들께 한턱낼 정도로 통이 컸다.

남편은 1970년대에는 택시 사업도 병행했다. 그러다 3년 후 서른아홉 살 젊은 나이에 세상을 떴다. 짧고 굵게 사신 분이다.

나이 마흔에 남편을 떠나보내고 살길이 막막했던 7남매의 가장인 우리 엄마 배 여사. 책가방 7개만 봐도 숨이 턱턱 막히고 한숨만 나올 뿐이었다. 어떻게 살아갈까, 걱정이 앞서 엄마는 세상을 한숨과 눈물로 살았다. 우리 엄마의 명언 3개를 소개하려 한다.

하나, 돈은 잠을 안 잔다. 둘, 눈만큼 게으른 것 없고 손만큼 부지런한 것 없다. 셋, 고생 끝에 낙이 온다. 엄마는 이 세 가지를 신세한탄처럼 자주 우리에게 들려주셨다. 엄마의 명언처럼 고생 끝에 낙이 왔다.

이제 우리 집의 기둥 큰오빠의 성공스토리를 시작하려 합니다.

7남매의 장남으로서 성실하고 정직하고 두뇌 명석한 오빠는 학교에서 전교 1등을 도맡아 했다. 하지만 아버지를 일찍 여읜 장남은 집과 4명의 동생들을 책임져야 했다. 판사가 꿈이었던 장남은 꿈을 접고 부산상

업고등학교에 들어갔다.

고등학교에 다닐 때 장남에게는 방 구할 돈이 없었다. 그래서 경비아저씨 눈을 피해서 학교에서 잠자곤 했다. 그것도 안 되면 친척집을 전전하면서 학업을 이어 갔다. 그러던 어느 날 밤 친구와 라면을 끓여 먹다 불이 날 뻔한 사건이 일어났다. 그 후로 학교에서는 숙식을 할 수 없게 되었다.

그렇게 고통스러운 3년을 보낸 장남은 공부와 돈에 한이 맺혀 외환은행에 취직했다. 그러다 군에 입대했다. 군복무 기간에 외환은행에서는 매달 9만 원의 월급을 부쳐 왔다. 월말이면 꼬박꼬박 들어오는 군대 간 장남의 월급으로 동생들은 중학교, 고등학교 학업을 이어 갈 수 있었다.

군복무를 마친 장남은 외환은행을 몇 년 더 다니다가 부산대학교에 입학하기 위해서 사직 했다. 공부에 한이 맺힌 장남은 이번에도 지독한 가난 때문에 학업을 포기해야 했다. 그러곤 1985년에 KBS방송국 피디로 입사해서 2018년에 정년퇴임했다.

나의 이야기를 듣고 있던 셋째 언니가 "이제 그만해라, 눈물 나서 도저히 못 듣고 있겠다. 너는 우찌 그리 다 기억하노?"라며 내 이야기를 만류했다. 나는 "〈아침마당〉에 나갈라꼬 다 정리해 놔서 기억하는 거야."라고 언니에게 말해 주었다. 그러자 언니는 "그래, 니 〈아침마당〉 나가도 되겠다."라고 해 주었다. 내가 "그럼 나 통과된 거야?"라고 묻자 언니는 "눈물 나도록 재미있다. 내 성공스토리를 이야기해 봐라." 하는 것이었다.

우리 셋째 언니 스토리는 가슴이 아프다 못해 찢어지는데…. 그러면서 내가 망설이자 언니는 "야! 우리 가족 중에 가슴 안 아픈 사람이 어딨노? 다 지나갔으니 함 해 봐라." 하는 것이었다.

7남매 중 유일하게 중학교 입학이 1년 늦었던 우리 셋째 언니는 예술적 재능과 끼를 타고났다. 어렸을 때부터 그 끼를 주체할 수 없어 내 머리카락을 도맡아 잘라 주곤 했다. 일명 바가지 머리다. 그러던 어느 하루에는 눈썹을 잘라 주면 잘 긴다고 하면서 내 눈썹을 잘라 주었다. 그 눈썹은 아직도 자라지 않고 있다.

인물도 안 보고 데리고 간다는 셋째 딸이지만 형제들 중간에 끼어서 제일 고생도 많이 했다. 중학교에 보내 달라고 울고불고 밥도 안 먹고 반항했던 딸이다. 집이 워낙 가난했던지라 언니는 한 해 쉬고 중학교에 들어가기로 했다. 1년 후 후배들과 중학교에 입학해서는 공부도 잘하고 씩씩하게 학창생활을 했다.

그러다 중학교 3학년 학기말에 고등학교라는 난관에 부닥쳤다. 일반 고등학교는 엄두도 못 낼 뻔한 형편이었다. 언니는 마산한일여고 산업체에서의 주경야독을 택했다. 경남모직에서 3교대 하면서 학업을 마쳤다.

못다 이룬 예술적 재능을 언니는 늦은 나이에 그림으로 갈고닦고 있다. 환갑 때 개인전을 열겠다며 열심히 작품을 준비하고 있다.

그 외의 가족들 이야기도 넘쳐 난다. 작은 오빠의 경찰 이야기, 사업가인 언니 이야기, 동생 이야기는 다음으로 미루고 내 성공스토리를 시작하려 한다.

나는 일곱 살 때 아버지를 여의고 언니 오빠들 사이에서 존재감 없이 살았다. 중학교 때는 새마을 사업이 한창이었다. 바닷길 넓히고 도로를 넓힌다고 우리 동네에서도 토요일, 일요일마다 한 가구에 한 명씩 새마을 사업에 참여해야 했다. 나는 주말마다 엄마를 대신해서 일했다. 안 나가면 벌금이 매겨졌기 때문이다.

그때 나는 시력이 차츰 약해지고 있었다. 칠판 글이 안 보일 정도였다. 하지만 돈이 없는 것을 뻔히 알기 때문에 안경을 맞춰 달라는 말을 못했다. 대신 칠판 글이 안 보인다고 선생님께 말씀드려서 산만 한 덩치가 3년 내내 앞자리를 차지하고 공부했다.

나 역시 일반 고등학교 진학은 입 밖으로 꺼내지 못했다. 스스로 언니가 다녔던 산업체학교를 택했다. 낮에는 산업역군으로, 밤에는 학생으로 열심히 살았다. 그러던 중 같은 방을 사용하던 대구 후배가 어느 날 이렇게 말하는 것이었다. "언니, 우리 공부해서 대구대학교 특수교육학과 가요." 그 말에 솔깃해서 나는 후배와 따로 공부했다.

기숙사는 10시 30분에 점호를 마치면 소등했다. 우린 복도에 나와 피곤함과 추위를 견디면 서 입시를 준비했다. 하지만 2학년 1년 동안 준비하다가 나는 포기했다. 그 후배는 꿈을 이루었다는 소문을 들었다.

3년 동안 주경야독하는 힘겨운 날들을 보내고 졸업했다. 그러곤 직장생활만 했다. 그러다 1989년에 결혼해서 울산에 살림을 차렸다. 연년생인 두 아들을 유치원에 보내고 나서야 나의 인생이 시작되었다.

　나의 버킷리스트인 〈아침마당〉 출연. 그 꿈이 이루어지는 날까지 나는 꿈을 향해 달려갈 것이다.

3

이명란상담심리연구소
설립하기

나는 2002년부터 상담공부에 매료되어 열정을 쏟아붓고 있었다. 그 때는 사회적으로도 상담심리에 대한 관심이 커지고 활성화되던 시기였다. 그래서인지 상담교육 프로그램이 여러 기관에서 진행되고 있었다. 울산과학대에서도 상담 프로그램들이 매주 열렸다.

성격유형 중 에니어그램에 관해서 공부할 때였다. 대전에서 중학교 교사로 근무하시다 이직한 분이 그 동기에 대해 말씀하셨다. 그분께서 말씀하시길 놀이터에서 놀고 있는 아이를 보면 그 아이 미래의 모습들이 스쳐 지나간다고 했다. 그것이 힘들어서 학교를 그만두고 심리공부를 시작했다고 하셨다.

그래서일까. 하루는 그 교수님이 내 이름표를 보고 이름을 불렀다. 나는 깜짝 놀라서 "네!"라고 대답했다. 교수님께서는 그런 나를 보고 "지금 툭 건들면 울 것 같다."라고 하셨다. 내 동기들에게 오늘 이명란 선생님 데리고 가서 울게 해 줄 사람 손들어 보라고 하시면서. 그 말씀에 나는 눈물이 왈칵 쏟아졌다.

수업시간에 나는 잠깐 내 힘든 상황을 말했다. 나는 다음메일로 연락을 주고받을 사람이 없어서 메일을 열지 않고 있었다. 그러다 엊그제 열어 봤다. 그리고 1년 동안 쌓인 메일을 읽게 되었다. 한 달에 한두 통씩 와 있었다. 그 메일은 고3 때 사귀었던 첫사랑한테서 온 것이었다. 내용인즉 다음넷에 내 이름을 넣고 사람 찾기를 했다고 했다. 그래서 나는 답장을 해 줘야 하나, 말아야 하나 고민하고 있다고 말했다.

동기들은 부럽다며 연락하라고 힘을 실어 주었다. 속마음을 얘기하고 나니 뭔가 편해졌다. 교수님께서도 이제 표정이 밝아졌으니 나를 울리지 않아도 되겠다고 말씀하셨다.

내담자를 상담할 때 그 사람 얼굴만 보고도 마음을 읽어 내야 하나? 나에게는 그런 능력이 없는데 어떡하지? 그러나 그런 걱정도 잠시뿐이었다. 나도 교수님처럼 상대방의 표정을 보고 마음을 읽어 내는 능력을 키워야겠다고 생각했다.

심리공부는 하면 할수록 재미있고 신기했다. 내 적성에 딱 맞는 공부였다. 연심리상담연구소에서는 남편과 함께 상담공부를 했다.

하루는 소장님께서 남편한테 이명란 선생님 성격을 색으로 표현한다면 무슨 색이냐고 물었다. 남편은 망설임 없이 빨간색이라고 대답했다. 큰아들은 파란색, 작은아들은 연두색으로 표현했다.

소장님은 그럼 본인은 무슨 색이냐고 물었다. 그러자 남편은 자신은 검정색이라고 했다. 소장님은 남편에게 아내의 성격을 왜 빨간색으로 표현했냐고 질문하셨다. 남편은 집사람이 뭔가 하겠다고 생각하면 앞뒤 계산도 없이 밀어붙이기 때문이라고 말했다.

작은아들이 고등학생 때 "엄마, 이놈의 인기는 식을 줄을 몰라."라고 했다. 나는 "정말? 와, 좋겠다."라며 아이의 말을 거들었다. "아들아, 이놈의 열정은 식을 줄을 몰라."라고 맞장구치면서. 나는 열정이 식기 전에 학생들과 만나고 싶어 초·중·고등학교에서 학생상담 자원봉사를 했다. 그러다가 2006년에 초등학교 특수실무사로 근무하게 되었다. 하지만 내가 원하는 일은 학생상담이었다.

준비된 자에겐 기회가 오는지 특수 일을 한 지 딱 5년 만에 전문상담사 채용공고가 났다. 나는 망설임 없이 지원했고, 드디어 내가 원하는 일은 하게 되었다.

상담일을 시작한 지 얼마 지나지 않았을 때 교감선생님께서 5학년 5반 아이들 집단상담을 부탁하셨다. 기간제로 근무하시는 담임 선생님과 아이들 간의 갈등이 심해서 부모님들이 민원을 넣는다면서. 나는 그 반 담임 선생님께 양해를 구하고 2시간의 상담을 허락받았다. 반 전체 학생 30명을 집단상담 하는 건 무리였지만 얼마나 하고 싶어 한 일이었던가.

나는 아이들을 분단별로 4그룹으로 만들고 8절지에 감정나무를 그리게 했다. 아이들은 다양한 색으로 자신의 감정을 표현하고 그룹별로 그것을 발표했다. 나는 아이들이 자신의 감정을 표현하게 도와주고 공감해 주는 역할을 했다. 발표를 하면서 반 전체 아이들은 울었다. 나는 아이들이 실컷 울 수 있도록 멘트도 넣어 줬다. 그랬더니 아이들은 토해 내듯이 울음을 터뜨렸다. 그때부터 우리 학교 상담 샘은 아이들을 울리는 데 전문가라고 소문이 났다.

며칠 뒤엔 6학년 여자아이가 점심시간에 와서 자신이 왕따를 당하고 있다고 말했다. 2학년 때 반 남자아이가 괴롭혀서 엄마한테 이야기했다고 한다. 그랬더니 엄마가 다음 날 아침에 교실로 와서 그 애 뺨을 때렸다고 한다. 친구들 앞에서. 아이는 그 일이 있고부터 자신은 왕따를 당했다고 했다. 6학년인 지금까지도 그렇다면서.

나는 아이에게 "얼마나 힘들었니? 어떻게 그 힘든 시간을 견뎌 냈어? 네가 견뎌 내 줘서 고맙다."고 위로의 말을 아끼지 않았다. 그 아이는 그때부터 울기 시작해서 5,6교시 청소시간까지 장장 3시간을 울었던 기억이 난다. 복도를 지나갈라치면 "선생님, 우리 반은 상담 안 해 줘요? 누가 울고 싶대요."라고 말할 정도였다. 아이들과 학부모님들께서 나를 찾아와 참 많이 울고 갔다.

나는 울고 싶을 때 실컷 울 수 있도록 상황에 맞게 공감해 주고 맞장구쳐 준다. 그러면 어떤 아이는 "선생님이 우리 엄마였으면 좋겠어. 우리 엄마 싫어. 집에 가기 싫어."라고 통곡하기도 한다. 한참을 울다 울음을 그친 아이에게 "그래, 내가 네 엄마 되어 줄게. 우리 집에 가자."라고 말하면 씩 웃으면서 "아니에요." 한다. 쑥스러워하면서.

눈물을 흘리면 스트레스가 표출되면서 감정이 정화된다. 그래서 실컷 울고 나면 심리적으로 정리되고 홀가분함을 느낄 수 있다.

나는 나의 강점을 살려서 퇴직하고 내 이름으로 된 심리상담소를 개소할 것이다. 나의 버킷리스트 3순위다. 상담소를 찾아오는, 마음이 아픈 아이들과 상처를 함께 나누고 치유해 줄 것이다. 또한 앞날이 불안하고 막막한 아이들에게 꿈을 심어 주고 꿈길을 걸을 수 있도록 안내할 것이다.

새해가 되면 나는 나의 버킷리스트를 선언한다. 위의 버킷리스트는 늘 빠지지 않고 등장하는 목록이지만 나의 능력을 완전히 믿지 못해서 선언을 망설이게 된다. 때문에 나는 매일 꿈을 말하고 상상하고 시각화시키는 연습을 한다.

2018년 겨울에 동울산 세무서에 가서 상담소 개소에 관해 문의했다. 세무서에서는 연구소는 신고제라 언제든지 열 수 있고 누구든지 운영할 수 있다고 했다. 비영리기관으로 운영하면 직장생활과 병행할 수도 있고 지금 당장이라도 열 수 있다면서.

그날 이후로 나는 진짜 심리상담연구소 소장이 되었다. 우리 집 대문에는 내 이름이 들어간 '이명란상담심리연구소'라는 팻말이 붙어 있다. 또한 큰방 문에는 '마음의 쉼터'라는 팻말을 붙여 놓고 소장처럼 말하고 행동한다.

이런 나를 주책이라고 말하는 가족은 아무도 없다. 언제나 지지해 주고 믿어 주는 나의 가족은 오히려 나에게 상담소장님이라는 호칭을 붙여 준다.

4

베스트셀러를 출간한
크리에이터로 성공하기

한 달에 15억 명 이상이 유튜브 동영상을 시청하고 있다고 한다. 분당 400시간 분량의 동영상이 새롭게 올라온다니 어마어마한 시장이 아닐 수 없다. 유명 크리에이터들은 수백만의 팔로워를 이끌며 연예인을 능가하는 인기를 얻고 있다. 우리나라의 상위 몇몇 유튜버들의 수입은 억대에 육박한다고 한다.

요즘은 초등학생의 꿈도 1인 크리에이터다. 이 시장에 진입하는 데는 자본이 필요하지 않다. 누구나 할 수 있고 또 자신의 취미를 직업으로 만들 수 있다. 그런 점 때문에 많은 이들의 인기를 끌고 있다. 유튜브는 나이를 불문하고 앞으로 뻗어 나가게 해 주는 큰 시장이라는 것을 알 수 있다

최근에 출간된 《유튜브로 돈 벌기》, 《왕초보 유튜브 부업왕》은 유튜브의 수익구조, 채널 아이콘, 채널 아트, 미리보기 이미지, 촬영 배경을 통해 채널의 브랜딩을 표현하는 방법을 꼼꼼하게 알려 준다. 이런 책들이 베스트셀러가 될 만큼 대중들의 관심도 높다.

초등학생들도 무언가 정보가 필요할 때 유튜브에서 검색한다. 나도 요리나 운동 등 분야를 막론하고 무언가를 찾아볼 때 유튜브를 찾는다. 유튜브에 들어가서 이것저것 추천 동영상만 시청해도 1시간은 금방 갈 정도로 정말 많은 것들이 모여 있다. 그만큼 많은 유튜버들이 콘텐츠를 연구하고, 동영상을 제작해서 올리는 것이다

동영상을 시청하면서 나도 나만의 콘텐츠를 찾는다면 억대는 못 되더라도 풍요로운 삶을 살 수 있는 수익구조가 생길 것 같았다. 그래서 시간이 날 때마다 유튜브에 올라온 동영상을 샅샅이 뒤지다가 눈이 번쩍 뜨이는 동영상을 만났다.

"71세 박막례, 인생이 부침개처럼 확 뒤집혀 버렸다!"

나이 71세에 유튜브 크리에이터로 다시 태어난 박막례 할머니와 할머니의 행복을 외치는 PD 손녀 김유라의 에세이 《박막례, 이대로 죽을 순 없다》의 소개글이다. 손녀와 함께 유튜브를 하면서 삶의 의미를 새롭게 찾게 되었다는 박막례 할머니. 손녀 역시 은퇴를 준비하던 71세 할머니에게 '유튜버'라는 새로운 직업을 갖게 해 준 것을 가장 잘한 일이라고 한다. 손녀와 함께 떠난 호주 여행이 박막례 할머니의 인생의 시작이 되었다. 그야말로 할머니의 인생은 부침개처럼 확 뒤집혀 버렸다.

나에게도 71세 박막례 할머니처럼 인생을 부침개처럼 확 뒤집어 줄 콘텐츠는 없을까? '모방은 창조의 어머니'라고 하지 않았던가? 이미 완성된 것을 따라 하다 보면 새로운 창조물이 나올 수 있다고 했다. 그래서

작은아들한테 박막례 할머니의 여행이야기, 손녀가 할머니 생애를 책으로 낸 이야기를 들려줬다. "아들아, 나도 성공한 부자로 살고 싶거든. 엄마랑 같이 여행 다니자. 동영상 찍어서 유튜브에 올리게."하면서.

내 말에 아들은 "엄마, 저는 아직은 아니에요. 번지수가 틀렸습니다."라고 손사래를 친다. 그러면서 "엄마, 아빠와 같이 여행 다니면서 동영상 찍어서 올리세요."라고 한다. 나는 "그래, 알았어."라고 뾰로통하니 받아 쳤다.

그러곤 혼잣말로 "그래, 두고 봐라. 난 꼭 성공한 부자가 될 테니까."라고 중얼거렸다. 내 주절거림에 아들은 생뚱맞게 "오, 주여. 저의 꿈을 이루어 주셔서 감사합니다."라고 읊조렸다. "어머니, 사실 저의 꿈은 재벌 2세가 되는 것이었습니다. 엄마가 부자가 되면 저는 재벌 2세가 되는 것이 기정사실이니까요."라면서. 아들, 어디서 많이 듣던 말인데… 아들의 재치에 나는 한바탕 웃어젖혔다.

드디어 나는 나의 콘텐츠를 찾았다. 나의 콘텐츠는 책을 출간해서 베스트셀러 작가가 되는 것이다. 나는 지금 베스트셀러 작품을 쓰고 있다. 이미 베스트셀러 작가가 되었다.

유튜브에서 나는 나를 베스트셀러 작가라고 소개한다. 사람들이 나를 알아본다. 유명해지니 팔로워 숫자도 자꾸만 늘어난다. 이제 내가 꿈꾸던 성공의 길에 들어섰다. 그 성공의 길을 걷고 있다.

보통 사람들이 성공하거나 부자가 되기 힘든 이유는 유명하지 않기 때문이다. 사람들은 유명하지 않으면 주목하지 않는다. 사람들이 알아주지 않는다면 아무리 가치 있는 상품이나 재주가 있더라도 그것을 돈으로 바꾸기가 쉽지 않다.

성공을 원하면 자신의 성공을 단언하라고 말한다. 말로 표현된 언어는 무엇보다 먼저 자기 자신의 잠재의식에 스며들기 때문이다. 거짓말도 거듭 말하면 잠재의식에 각인되어 진실이 되는 것처럼, 나는 나의 모습을 매일 생각하고 말한다. 매일 표현되는 언어는 나의 잠재의식에 각인되어 그 모습을 현실화하기 위해 모든 에너지를 끌어모은다는 우주의 법칙을 알기 때문이다.

우리의 인생의 모습은 곧 행동의 결과라고 말한다. 그리고 성공은 행동의 변화를 통해 이루어진다. 여기서 성공이란 나다움을 유지하며, 하고 싶은 일을 여유롭게 해 나갈 수 있는 금전적인 풍족함이나 사회의 지위다.

돈은 우리 사회에서 또 하나의 힘이다. 돈이 전부라고는 말할 수 없으나 돈은 살아가면서 꼭 필요하다. 또한 돈은 많은 문제를 해결해 주기 때문에 많이 가질수록 좋은 것은 사실이다.

옛 어른들은 아이가 태어날 때 자신이 먹을 것을 가지고 태어난다들 말했다. 하지만 현대사회에서는 어림없는 말이다. 직장을 잃고, 급여가 끊기고, 돈이 없으면 이 세상을 살아갈 수가 없다. 가끔씩 들려오는 안타까운 소식도 거의 돈과 관련되어 있다고 해도 과언이 아니다. 돈 때문에 죽고 사는 일들이 우리 이웃에서 수없이 일어나고 있다. 나 역시 지금 당장 수중에 돈이 없다면 끼니를 거르고 잠잘 곳을 찾아다니는 노숙인 신세가 될 것이다.

또한 돈이 없는 부모는 자녀를 만족스럽게 교육시킬 수 없다. 충분히 교육받지 못한 아이들은 가난의 굴레에서 빠져나오기 힘들다.

인간이 돈을 많이 벌고 싶은 욕망은 삶을 풍요롭게 만드는 것이지 잘못된 탐욕은 아니다. 지금보다 더 나은 생활과 높은 수입을 원한다면 돈의 가치를 알고 돈을 소중히 여기고 돈을 끌어와야 하지 않겠는가. 이로써 나의 인생 2막이 시작되었다.

평소 내가 자주 생각하는 것들이 현실세계에 나타났다. 지금 내가 누리고 있는 것도 과거에 자주 생각했던 것들이다. 내가 바라지 않았는데 일어난 것은 단 하나도 없다. 소망은 잘못된 것이 아닌 한 반드시 이루어진다. 내가 원하는 것에 대한 솔직한 표현은 큰 힘을 가진다.

연 수입 10억이란 상징적 표현일 수도 있다. 현실화될 수 없어 보이는 것도 사실이다. 그러나 완벽하게 충족되었음을 알고 그 길을 찾아간다.

베스트셀러 작가가 된 모습, 크리에이터로 성공한 모습을 상상하면 가슴이 떨린다. 나는 경제적으로 풍요롭게 지낼 수 있는 환경을 만들고, 소망을 이루는 방법 또한 매일 생각하고 이미지화할 것이다. 하루하루 최선을 다하면 나다운 삶이 만들어질 것이다. 그러므로 내가 원하는 것을 끌어당기는 강한 에너지가 만들어진다. 그 에너지가 작용하면 불가능이란 없다.

　꿈은 누구나 꾼다. 하지만 누구에게나 이루어지지는 않는다. 꿈을 이룬 사람은 자신의 꿈을 확신하고 꿋꿋하게 지키는 사람이다. 꿈을 이룬 사람들은 자신이 원하는 것에 몰입하고 주변의 말장난에 휘둘리지 않는, 집념이 강한 사람들이다. 그리고 꿈을 눈에 잘 띄는 곳에 적어 두고 꿈을 잊지 않기 위해 공언하는 사람들이다.

5

부와 함께 성장하는
베스트셀러 작가 되기

나의 초·중학교 시절에는 전화기가 없었다. 연락을 주고받을 수 있는 수단은 오로지 손으로 쓴 편지였다. 7남매 중 여섯 번째인 나는 직장생활을 하는 언니, 학교에 다니는 오빠에게 일주일에 서너 통씩 편지를 썼다. 가장인 엄마는 가족 생계를 위해서 하루 종일 농사일을 하셨다. 그러다 밤이 되면 객지에 나간 자식들 걱정에 나를 불러 앉히셨다. 그러곤 지금부터 엄마가 불러 주는 대로 받아 적으라고 하셨다.

나는 엄마의 말을 하나라도 놓칠세라 열심히 받아 적었다. 그러다 보면 뭔가 앞뒤 말이 연결이 안 될 때가 있었다. 피곤에 지친 엄마가 앉아서 잠든 채로 잠꼬대를 하시는 것이었다. 그렇잖아도 엄마 말을 받아쓰기하기 싫었던 나는 소리를 버럭 질렀다. 그러면 내 소리에 놀라서 잠을 확 깨신 엄마는 쓴 것을 읽어 보라고 하셨다. 만약 편지 내용이 엄마 마음에 들지 않으면 나는 지우고 다시 써야 했다. 정말 그때는 귀찮고 싫었다.

그런데 중학생이 되고 나서는 나 스스로 언니들, 오빠들한테 편지를 썼다. 그때 나의 편지쓰기가 지금 글을 쓰는 데 밑거름이 되었던 것 같다.

고교 2학년 때의 일이다. 전교생이 참여하는 웅변글쓰기 대회가 열렸었다. 나는 학년에서 최우수상을 받았다. 글은 나에게 힘을 주는 무기였다. 주경야독의 힘든 과정을 글을 쓰면서 이겨 냈던 것 같다. 힘든 현실도 글을 쓰고 나면 치유가 되었다.

결혼 후에도, 아이들 양육할 때도, 직장생활을 할 때도 나는 꾸준히 글을 썼다. 글 쓴 노트를 뒤적거리다 참 순수하고 가슴 아픈 내용이 있어서 잠깐 소개해 본다.

4학년 남자아이 이야기다. 미술시간에 찰흙 수업을 했다. 그런데 그 아이가 흙이 묻은 판을 화장실에 가서 씻어 오는 것이었다. 나는 아이를 칭찬해 줬다. 그러고 나서 잠시 후 아이들이 큰일 났다며 나를 부르는 것이었다.

서둘러 화장실에 갔더니 그 아이가 교과서를 수돗물에 씻고 있는 것이 아닌가? 그것도 천진난만하게 웃으면서. 책은 이미 물에 젖어 흐물흐물해졌다. 나는 어이가 없었지만 혼낼 수가 없었다. "철이야! 왜 책을 씻었어?"라고 물었더니, 웃으면서 책에 흙이 묻어서 씻었다고 했다. 그래 그랬구나. 흙 묻은 판을 씻어 와서 칭찬해 줬더니 또 칭찬받고 싶었구나? 내가 그렇게 말하자 아이는 고개를 끄덕였다.

한편 스케치북에 대고 자신의 손을 그린 5학년 여자아이도 있다. 조금 후엔 양말을 벗고 판에 대고 발도 그렸다. 잠시 후 그 아이는 자신의 얼굴을 스케치북에 올려놓고 자신의 머리를 낑낑거리면서 그리고 있었다. 한 학급에서 서너 명쯤 늘 사고를 치고 웃음을 주는 아이들이 있었다. 여느 아이들보다 생각주머니가 약간 작은 아이들이다. 하지만 이 세상 누구보다 순수하고 예쁜 마음을 가진 아이들이었다. 특수반 아이들과 5년을 함께하면서 참으로 다양한 에피소드들에 맞닥뜨리곤 했다.

마지막으로 3학년 여자아이 이야기다. 아이들과 교사인 나는 급식실에서 같이 점심을 먹는다. 그런데 그 아이는 빠른 속도로 밥을 먹고 급식실을 나가는 것이었다. 그러곤 잠시 후에 내 양치질 컵에는 물을, 칫솔에는 치약을 짜 담아서 왔다. 물을 엎지를까 봐 조심조심 걸어오는 모습에 나는 웃음이 빵 터지고 말았다. 순수한 아이들과 함께한 이야기, 상담실에 찾아와 아픔을 털어놓으며 함께 나눈 가슴 따뜻한 이야기를 책 속에 풀어낼 것이다.

"성공해서 책을 쓰는 것이 아니라 책을 써서 성공하는 것이다."

책을 쓰고 싶고 잘 살고 싶은 나에게 용기와 희망을 주는 메시지다. 그래 내 이름으로 된 책을 쓰는 거야. 다양하게 경험한 내 스토리를 담아서 세상에서 가장 가치 있는 한 권의 책을 출간하는 거야. 나는 책을 쓰는 작가다. 나는 베스트셀러 작가다.

베스트셀러 작가가 되면 나는 많은 기회를 잡을 수 있다. 나의 버킷리스트 1순위인 〈세바시〉에서 강연하기. 좌석을 꽉 메운 청중들 앞에서 나의 경험담과 지혜를 당당하게 말하고 있는 내 모습을 그려 본다.

《1년에 10권도 읽지 않는 김 대리는 어떻게 1개월 만에 책을 쓰고 작가가 됐을까》의 저자는 평범한 사람, 스펙이 없는 사람도 충분히 작가가 될 수 있다면서, 인생 2막을 준비하는 방법은 바로 '책 쓰기'라고 말한다. 자신의 전문분야에서 코치나 1인 창업가가 되어 수익을 창출하고 싶다면 가장 먼저 자신의 이름으로 된 책을 펴내야 한다고 강조한다.

저자는 24년 동안 250권가량의 책을 쓴 베테랑 작가다. 또한 대한민국 최대 규모의 책 쓰기, 1인 창업교육 회사인 한책협을 운영하고 있다. 그리고 그걸 통해 수백 억대의 부를 창출하고 있다.

저자는 그 어떤 꿈이든 종이에 적고 공언하면 반드시 실현된다는 믿음을 갖고 있다고 한다. 그런 만큼 꿈을 적어 눈에 잘 띄는 곳에 붙여 둔다고 한다. 또는 지갑에 넣어서 다니기도 했다고 한다.

10년 전의 나의 버킷리스트는 100억대 부자 되기, 상가 건물주 되기, 연 1회 이상 해외여행 다니기, 전문상담사 되기, 주상복합아파트로 이사 가기, 체중 10킬로그램 감량하기 등이었다.

나는 이루고 싶은 꿈의 목록을 코팅해서 여러 군데에 붙여 두었다. 아침에 일어나면 제일 먼저 하는 것이 "감사합니다, 내 꿈은 이루어졌습니다."라고 말하는 것이다. 지금 내가 누리고 있는 것은 내가 과거에 간절히 원하고, 자주 생각했던 것들이다. 내가 바라지 않았는데 일어난 것은 단 하나도 없다.

나는 내 꿈을 종이에 적고 말하고 늘 생각했다. 그러면서 절반 이상이 이루어지는 것을 경험했다. 지난 버킷리스트 '100억대 부자 되기'는 이제 한책협을 만나서 현재진행형이 되고 있다. 한책협을 만난 것은 나에겐 힘이고 행운이다. 이 또한 부자가 되리라 생각하고, 부자를 꿈꾸었기 때문에 주어진 기회일 것이다.

이제 10년 후의 나의 버킷리스트를 다시 적는다. 베스트셀러 작가, 〈세바시〉 강연, 〈아침마당〉 출연, 심리연구소 개소, 유튜브 크리에이터, 연 수입 10억 이상, 가족과 크루즈여행 하기 등이다.

10년 전에는 작은 종이에 적었었는데…. 이번에는 여러 명의 작가가 다양한 꿈을 한곳에 집중시켜서 세상 사람들을 향해 공언한다.

《부자부모 없는 당신이 진짜 부자 되는 법》. 최고의 코치이자 이 책의 저자인 작가는 "백지장도 맞들면 낫다."라는 속담처럼 "무슨 일이든 함께할 때 쉽고 수월합니다. 여러분의 꿈도 지지해 주는 사람들과 함께할 때 쉽고 빠르게 이룰 수 있습니다. 성공하기 위해선 성공의 파트너를 만나야 합니다. 성공 파트너란 상대방의 부족한 점을 채워 주고 능력을 십분 발휘할 수 있도록 도와주는 동지입니다.

자신에게 맞는 성공 파트너를 만났다면 이미 성공의 반은 달성한 것이나 다를 바 없습니다. 성공 파트너와 함께하는 사람은 그렇지 않은 사람보다 수십 배, 수백 배 빠른 속도로 성공을 향해 나아갑니다. 마치 자신의 능력에 제트 엔진을 단 것과 같습니다. 자신의 부족한 부분을 성공 파트너가 보완해 주기 때문에 도움이 됩니다."라고 말한다.

정말 가슴에 울림을 주는 말들이다. 지금의 한책협은 그런 곳이다. 성공의 길을 가고 있는 작가님들, 이미 성공한 작가님들께서 서로의 꿈을 지지해 주고 경험담을 들려주는 곳이다.

나의 눈부신 인생 2막이 시작되었다. 한책협과 함께 시작되었다. 나는 인생 2막에는 내 이름으로 된 책을 펴낼 것이다. 그럼으로써 나의 지식과 경험, 나만의 노하우를 돈으로 바꿀 수 있는 시스템을 만들 것이다. 나는 지금보다 풍요로운 삶을 살 것이다. 이미 추월차선에 진입했다. 꿈을 향해 나아간다. 꿈을 향해 직진한다.

PART
15

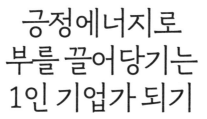

긍정에너지로
부를 끌어당기는
1인 기업가 되기

· 박상민 ·

박상민

직장인, 자기계발 작가, 동기부여가

공군에서 항공정비 부사관으로 근무했으며 다양한 직업군에서 특별한 경험을 했다.
현재는 항공업체 부품생산부 차장으로 근무 중이다. 1년에 책 한 권 안 읽었지만 '삶
의 형태는 달라도 결과는 같다'고 느껴져 무작정 읽었던 책이 이제는 삶의 일부가 되
었다. 지난날의 특별한 경험을 통해 삶을 치유하고자 하는 이들과 기적의 힘을 책과
함께 나누고자 한다. 현재 '내 삶을 바꾸는 독서의 기적'을 주제로 개인저서를 집필
중이다.

의식을 바꾸고
긍정에너지를 끌어당겨
100억 부자 되기

한때는 남들처럼 그저 평범하게 회사 다니고 퇴근하는 것이 부럽기도 했다. "나는 왜 남들 다 하는 걸 못 하는 건가."라며 자책하기도 했다. 하지만 그런 생각도 잠깐. 현실 속에 파묻혀 혹독하고 치열하게 살아야 했다.

나는 어떻게 하면 큰돈을 벌 수 있을까 늘 생각했다. '무조건 열심히 살면 나에게도 기회는 오겠지'라고 막연히 생각했다. 그렇게 남들이 이미 갔던 길에 솔깃해하며 발을 담갔다가 큰 낭패를 보고서야 돈에 대한 생각이 달라졌다.

나는 프랜차이즈 요식업을 시작했다. 그 당시에는 프랜차이즈 요식업이 인기였다. 나, 아니 우리 부부는 "그래도 먹는 장사가 남는다."라는 말에 한 가닥 희망을 걸고 과감히 요식업에 뛰어들었지만 실패했다. 그리고 우리는 그 실패에 대한 대가를 혹독히 치러야만 했다. 이렇듯 돈을 좇아가면 닿을 듯 말 듯하다가 돈은 멀리 떠나고 만다. 우린 그것을 모른 채 막연히 하루하루 돈의 노예로 살았던 것이다.

《시크릿》의 저자 론다 번은 이렇게 전하고 있다.

"돈을 끌어당기려면 부에 집중해야 한다. 돈이 부족하다는 점을 느끼면서 돈을 더 많이 끌어당길 수는 없다. 돈이 부족하다고 느낀다는 건 돈이 부족하다고 생각한다는 뜻이기 때문이다. 돈이 부족하다는 사실에 집중하면 돈이 부족한 온갖 상황을 만들어 내게 될 것이다. 반대로 돈을 끌어당기려면 반드시 풍족한 상태에 집중해야 할 것이다.

사람들은 대부분 빚 청산을 목표로 정한다. 그렇게 하면 영원히 빚에서 벗어나지 못한다. 무엇을 생각하든, 그것을 끌어당기게 되기 때문이다. 누군가는 '하지만 빚에서 '벗어나겠다는 건데'라고 말할지도 모른다. 빚에서 벗어나든 빚에 빠져들든 상관없다. 빚을 생각하면 빚을 불러들이게 된다."

그녀는 빚 대신 풍요에 집중하라고 이야기하고 있는 것이다.

나는 돈을 사랑하지 않았다. 어릴 때도 그랬고 커서도 다들 돈은 적당히 있어야 된다고들 했다. 그런데 그들은 돈이 없어 전전긍긍하다가 어떤 일에 휩싸이면 돈을 빌리기 바쁜 삶을 산다. 나는 항상 불만이 많았다. '누구보다 열심히 하는데 왜 이거밖에 안 되지?'라는. 또한 돈을 쓸 때도 전혀 기쁘지 않았다. 오히려 조마조마하고 불안하기까지 했다. 그것이 당연한 줄로만 알았다. 그 불안한 마음의 부정적인 에너지가 결합해

더욱 강력한 부정이 나에게 돌아온다는 것을 알지 못했다.

나는 감사하는 마음은 어버이날이나 스승의 날에만 쓰는 단어로 생각했다. 나는 신용불량자이자 개인 파산자다. 누구에게도 말하고 싶지 않은 나의 치부라고 생각한다. 그러니 나는 당연히 몸을 많이 쓰는 일들을 택할 수밖에 없다. 조금이라도 더 벌기 위해서다. 몸을 쓰는 직업을 무시하는 것이 아니다. 오해 없길 바란다.

이런 직업을 가진 사람들의 공통점은 부지런하다는 것이다. 그러나 거기까지다. 아침 일찍부터 풍요를 생각할 겨를조차 없이 오로지 일만 한다. 나 또한 마찬가지로 13,000원 하는 책값이 아깝다고 느꼈던 적이 있었다. 소주 한잔하는 값보다 많지도 않은데 말이다.

나는 살아오면서 인생은 일정한 패턴을 그린다는 것을 알게 되었다. 세 번의 죽을 고비를 아무렇지 않게 넘기면서.

한 번은 군 부사관 시절에 난 교통사고다. 그때 파출소장님께서 "자네는 인생을 다시 한 번 산다고 생각하게. 내 평생 이런 대파사고가 났는데 사지 멀쩡한 사람은 자네가 처음이야. 얼마 전에도 자네보다 약한 사고가 났지. 그런데 그 운전자는 아직 의식불명 상태야."라고 말하는 것이었다. 그 말이 아직도 귓가에 생생하다.

두 번째는 2.5톤 화물차에서 물건을 내리던 중 미끄러진 일이다. 나는 눈 내리는 겨울철 벽제 공동묘지 내에 위치한 공장 바닥에 한 시간가량 기절해 있었다.

세 번째는 충북 청원에서 적재함 뭉치가 머리를 숙이고 있던 나에게 그대로 낙하한 일이다. 머리 외피가 깨진 나는 6시간가량 치료를 못 받다 경기도 안양까지 와서 응급실에 갔다. 당시 수건 다섯 장이 피에 젖었다. '나에게는 정말 좋지 않은 일들만 따라다닌다'라는 생각이 들 정도였다. 도대체 왜일까? 얼마나 더 열심히 살아야 남들처럼 사는 건가? 내가 무엇을 잘못했기에 이런 일들이 반복적으로 벌어지는 걸까? 나는 무엇이 문제인 걸까? 나는 나 자신에게 묻고 또 물었다. 원인은 아주 간단했다.

《운을 부르는 부자의 말투》의 저자 미야모토 마유미는 "속으로는 일을 싫어해도 좋으니 일하는 걸 좋아한다고 말해 보시기 바랍니다. '좋다, 좋다' 하는 사이에 정말로 일을 좋아하게 될 테니까요. 이것이 바로 말이 가진 신비한 힘입니다."라고 들려주고 있다. 또한 "자기 스스로 기분을 조절할 줄 모르는 사람은 절대로 행복해질 수 없습니다. 즉, 부자여서 행복한 게 아니라 행복해야 부자가 된다."라고 말하고 있다. 미야모토 마유미는 평범한 소시민에서 일본의 억만장자 사이토 히토리의 제자가 된 사람이다. 교토의 부자 순위에 올라 인생역전을 이룬 인물이다.

바로 여기에 기본적인 핵심이 담겨 있다고 해도 과언이 아니다. 나는 열심히 부지런히는 했지만 말에는 너무 무신경했다. 일할 때도, 쉬면서 수다를 떨 때도 우리는, 아니, 나는 습관적으로 "그건 안 돼.", "아, 짜증 나네.", "아우, 열 받아." 같은 말들을 너무 쉽게 아주 당연한 듯 무의식적으로 쓰고 있었다. 마치 그런 말을 사용하지 않으면 고리타분하다는 느낌을 줄까 봐 눈치 아닌 눈치를 보면서. 주위를 둘러보라. 버스 안이나 스타벅스 안쪽 무리들의 이야기를 들으면 부정 아닌 부정의 말을 너무도 많이 쓰고 있다는 것을 느낄 것이다.

《허공의 놀라운 비밀》이라는 책에서도 알려 주고 있듯 생각을 물질화시키려면 맨 먼저 현재의식을 바꾸어야 한다. 오염된 현재의식을 신선한 공기(긍정적 사고와 명확한 목표)로 채워야 한다. 신선한 공기는 감성과 작용해 물질화의 촉매역할을 하는 신경전달물질을 분비시킨다. 그리고 그것을 통해 무의식을 움직여 물질화시스템을 작동시킨다.

현재의식을 바꿀 수 있는 가장 좋은 방법은 바로 말이다. 내가 죽을 각오를 하고 일해도 돈이 모이지 않는 진짜 이유가 바로 여기에 있는 것이다. 말에는 강한 힘이 있다. 여기에 느낌의 감정까지 끌어올릴 수 있다면 반드시 원하는 부자가 될 것이다.

이서윤은《해빙》의 저자이며 대한민국 상위 0.01%가 찾는 행운의 여신이라 불린다. 그녀는 부자로 이끌어 주는 신호로 편안함을 말한다. 진정한 편안함이란 내 영혼이 원하는 것과 행동이 일치될 때 느껴지는 감정이라는 것이다. 그녀는 그것을 흘러가는 물 위에 자연스럽게 몸을 맡기고 떠 있는 느낌이라고 말한다.

《확신의 힘》을 쓴 웨인 다이어 역시 모든 걸 이루고자 할 때의 다섯 가지 방법을 이야기했다.

1단계, 이미 이루어진 것처럼 상상하라.

2단계, 이미 이루어진 것처럼 살아라.

3단계, 이미 이루어진 것처럼 느껴라.

4단계, 원하는 것에만 집중하라.

5단계, 잠재의식 속으로 들어가라.

나의 첫 번째 버킷리스트는 '100억 부자 되기'다. 100억 부자. 듣기만 해도 입가에 웃음이 번진다. 언젠가 꿈과 버킷리스트에 대해 물음을 받은 적이 있다. 나는 선뜻 대답하지 못했다. 무척 당황스럽기도 했지만 순간 '생각대로 살지 않으면 사는 대로 생각하게 된다'라는 말이 뇌리를 스치고 지나갔다. 그때의 마음가짐에 비해 지금의 모습은 가히 상상을 초월한다.

이전의 삶은 고통이었고 전쟁을 방불케 했으며 무슨 일에든 감사함이란 없었다. 지금은 숨 쉬고 있는 모든 것에 고맙고 감사하다. 목표와 그모든 걸 이룬 마음의 자세와 풍요가 가져다준 선물일 것이다.

이제는 꿈이 있다는 것만으로 내 삶의 의미가 달라졌다. 나는 이미 이루어졌다고 상상하고 이루어진 것으로 말하며 이루어진 것으로 행동한다. 오늘도 나는 외친다. 나는 100억 부자다! 나는 매일매일 모든 면에서 점점 더 나아지고 있다!

매월 1억 원씩 버는
1인 기업가 되기

나는 30대 초반에 신용불량자가 되었다. 첫째 딸이 태어난 지 얼마 안 되었을 무렵이다. 채무 변제를 요구하는 각 카드사와 은행권의 전화가 빗발쳤다. 이런 상황이다 보니 가질 수 있는 직업이 한정되어 하루하루가 불안하기만 했다.

결국은 어렵사리 배송 일을 하게 되었다. 새벽 4시에 출근해서 해당 구역의 김밥체인점에 들어가는 재료를 배송하는 일이었다. 그렇게 해서 한 달에 약 150만 원가량의 월급을 받았다. 그중 70만 원은 빚을 갚는 데 쓰였다. 그리고 남은 돈 80만 원에서 월세 30만 원을 내고 나면 50만 원으로 생활해야 했다. 빠듯한 생활비에 아이 병원비까지 더해지면 통장 잔고는 언제나 바닥이기 일쑤였다.

어느 여름 오후 아내는 딸을 안고 장을 보기 위해 마트로 향했다. 장을 보던 중 진열대의 하얀색 면 티셔츠가 눈에 들어왔다. 세일 행사 중이었고 가격은 3,000원이라 적혀 있었다. 아내는 딸을 앞에 안고 그 티셔츠를 한참 이리 뒤집고 저리 뒤집으면서 꼼꼼히 살폈다. 혹시나 불량품이 아닌가해서였다. 그렇게 아내는 그 하얀색 면 티셔츠를 계속 들었다가 내려놓기를 반복했다고 한다.

아내가 이런 행동을 반복했던 이유는 살까 말까 고민이 되어서였다. 생활비가 빠듯했기 때문에 꼭 필요한지 따져 보고 또 따져 보느라 그랬던 것이다. 결국 빈손으로 집에 돌아온 아내는 딸아이를 붙잡고 소리 없이 눈물을 흘렸다고 한다.

나는 이런 사실을 15년이 지나고서야 아내에게서 우연히 듣게 되었다. 지금은 상황이 나아졌지만 그날 일을 회상할 때면 아내의 눈에는 지금도 눈물이 맺히곤 한다.

나는 사람이 살면서 기본적인 의식주가 해결되지 않을 때 가장 비참함을 느낄 거라고 생각한다. 내가 미치도록 부자가 되고 싶은 이유다.

평생직장이란 말이 사라졌다. 이제는 마흔을 넘기면 스스로 앞날을 대비해야 한다. 그러지 않으면 자칫 가정경제에 크나큰 위험이 닥칠 수 있기 때문이다.

나 역시 그런 위험을 겪었고 언제 또다시 겪어야 할지 모르는 나이에 와 있다. 혹자는 "무슨 일이든 열심히 근면성실하게 하면 문제될 것이 없다."라고 말할지 모르겠다. 공감이 가는 말이다. 다시 한 번 이야기하자면 누구 하나 부정하지 않을 말이다.

나는 한 여인의 남편이자 사랑스러운 아이의 아빠다. 그런 만큼 나는 누구보다 열정적으로, 밤샘을 마다하지 않고 일했다. 이제 와 잘못을 가려 보자면 수입 파이프라인을 회사에만 전적으로 의존했었다는 것이다. 그 길이 막히면 막막할 뿐 아니라 죽을 때까지 일과 가난을 벗어나지 못한다는 사실을 늦게 깨달았다는 것이다.

여기 다른 예를 들어 보겠다.

국내 1위 유튜버 〈보람튜브〉가 있다. 유튜버 순위 사이트인 워칭 투데이에서 관련 자료를 공개한 적이 있다. 그 자료에 따르면 〈보람튜브〉는 2020년 3월 13일 기준 구독자 2,380만 명에 92.5억 회의 놀라운 조회 수를 기록했다. 고작 223개의 영상으로 이뤄 낸 기록이다. 그때 〈보람튜브〉의 나이가 고작 7세였다.

한국 기준 빅히트, 블랙핑크, BTS 유튜브 채널에 이어 4위다. 1인 유튜버로 시작한 것을 기준으로 하면 국내 1위다. 전 세계로 치면 93번째로 많은 구독자를 확보하고 있는 유튜버다. 연간 예상 수입은 11.2억~156억 원에 달한다. 정점은 월 40억의 수익을 냈을 때다. 그 수익으로 〈보람튜브〉는 95억짜리 빌딩을 매입했다고 한다.

미국의 유튜브 분석 사이트인 소셜블레이드에 따르면 한국 유튜브 채널 중 광고 수익 1위 채널은 〈보람튜브 토이리뷰〉로 월 160만 달러(약 19억 원)의 수익을 낸 것으로 추정되었다. 생각해 보라. 내 딸보다도 어린 7세 아이가 어떻게 저럴 수 있는지 놀랍지 않은가?

지금은 정보화 시대라는 말이 무색할 지경이다. 버튼 하나만 누르면 본인이 전혀 해 보지 못한 일일지라도 따라 하기가 가능한 세상에 살고 있다. 그것이 유튜브의 매력이다.

나는 음식을 전혀 할 줄 모른다. 기껏해야 라면이나 끓여 먹는 정도다. 남들은 그래도 김치찌개나 된장찌개쯤은 할 줄 아는데 난 아니다. 그런 내가 백종원 대표의 유튜브를 따라 해 아이들에게 양파덮밥을 해 준 적이 있다. 그다지 어려운 것은 아니지만 나 스스로 칼질을 해 가며 만들었다는 사실에 새삼 놀라지 않을 수 없었다. 그저 따라 했을 뿐인데 말이다.

유튜브의 매력은 자신이 좋아하는 일이나 각종 취미를 서로 공유하며 즐기는 데 있다. 관심 있는 사람들의 커뮤니케이션 장소다. 아울러 구독자 수가 일정 인원이 되면 비즈니스 파트너로 인정되면서 광고를 삽입해 수익을 창출하게 된다. 블로그나 카페 활동을 다양하게 하는 이들 또한 이러한 구조를 통해 수익을 창출하는 1인 기업가들이다.

나는 어렸을 적 장사나 사업이라는 단어에 부정적인 인식을 가졌다. 내 학창시절에도 아버지는 늘 이렇게 말씀하셨다. "사업은 누구나 하는 것이 아니야. 공무원이 제일 좋다. 아니면 대기업이나 중견그룹 회사에 입사해 능력을 인정받는 게 좋지. 제날짜에 꼬박꼬박 나오는 월급이 안정된 삶을 보장해 주는 거야."라고.

그러다 나는 프랜차이즈 사업에 실패하고 신용불량자가 되었다. 그래

보니 더더욱 이 말들이 실감났다. 돈을 모을 수 있는 파이프라인이 회사 하나밖에 없었던 셈이었다. 조금의 여유 자금이라도 있는 사람들은 그나마 부동산이나 증권에 투자하기도 한다. 생활비를 걱정해야 하는 나로서는 그럴 여력이 없는지라 방법을 찾지 않으면 안 되었다.

엠제이 드마코는 저서 《부의 추월차선》에서 빠르게 부자 되는 법을 이렇게 알리고 있다.

"돈은 기하급수적으로 벌어들이는 것이다. 영향력의 법칙에 따라 수백만 달러를 벌기 위해서는 수백만 명에게 영향을 끼쳐야 한다. 어떻게 수백만 명에게 영향을 끼칠 수 있는가? 널린 게 사업 기회라지만 대부분은 추월차선을 탄 길이 아니다. 10달러짜리 이발을 제공하는 이발소를 운영한다면 논리적으로 수백만 명에게 서비스를 제공할 수 있을까? 그가 수백만 달러를 벌려면 수백만 명에게 서비스를 제공해야 한다. 당신의 길이 영향력의 방향으로 뻗지 않는다면 아무리 서비스를 잘해도 부를 이루기 어렵다. 영향력이야말로 부의 문지기이기 때문이다."

나는 순전히 현장에서만 일해 왔다. 열악한 환경에서 12시간은 기본이었다. 내리 4일 동안 잠을 자지 않고 일했던 적도 있다. 그런데다 둘째 아이가 돌잔치 한 달여를 남겨 두고 왼쪽 팔 손목 부위의 뼈가 녹아내렸다. 돌잔치가 코앞인 아이가 손목이 휘어 있었다. 처가에 머물던 아내가 급히 지방의 한 대학병원에 입원해 진료를 받았다. 하지만 원인불명이라는 소견을 들어야 했다. 순간 무엇을 어떻게 해야 할지 모르고 머릿속이 텅 비는 느낌을 받았다. 당장 돈 생각부터 났다.

당시 나는 '탕바리'라 불리는 골판지 배송 일을 했다. 순번을 기다렸다가 짐을 싣고 최대한 빠르게 하차 후 서둘러 들어와야 순번에 밀리지 않았다. 공장은 24시간 돌아갔기 때문에 본인만 괜찮다면 밤새 일해도 무관했다.

나는 돈을 더 벌려고 밤새 뜬눈으로 일했다. 병원에서 괴로워할 아이를 생각하면 가슴이 아팠고 막막했다. 오로지 돈을 벌어야겠다는 생각밖에 없었다. 짐을 하차할 때면 다음 순번을 생각해 짐을 들거나 머리에 이고 뛰어다녔다. 오로지 쉴 수 있는 시간은 운전할 때뿐이었다. 그렇게 내리 4일 밤을 새우며 일했다. 4미터 높이로 쌓아 놓은 적재물 위에서 나도 모르게 깜빡 졸기도 했다. 차량 밖으로 고개가 반쯤 꺾여 몸 전체가 45도 이상 기울어지려는 순간 무언가 나를 잡아채는 듯 깨워 추락사를 모면하기도 했다.

《부의 추월차선》의 저자 엠제이 드마코는 "당신은 40년 동안 죽도록 일만 하다 65세쯤 되어 휠체어를 탈 때쯤에나 부자가 될 수 있을 것이다. 하지만 부에 대한 경제 구루들의 진부한 가르침은 '현재의 삶을 미래의 삶과 맞바꾸라는 의미'다. '부자가 되기 위한 그런 40년짜리 플랜'에 속지 말라."라고 목소리를 높인다.

나는 평생직장의 노예에서 벗어날 수 있는 방법으로 1인 기업가를 생각하고 있다. 나 역시 책을 읽지 않았다면 희망을 보지 못했을 것이다. 뿐만 아니라 언제나 제자리에 머물며 현실에 안주해 있었을 것이다. 나는 어떤 일에든 과감히 도전하고 실행에 옮겼다. 그것은 책이 전해 주는 메시지가 아니었다면 불가능했을 것이다.

무조건 책을 많이 읽는다고 해서 삶이 달라지지는 않는다. 갖추어야 할 것은 바로 공감과 비장한 의식이다. 나는 나의 경험을 책으로 써서 또 다른 이에게 작게나마 희망을 주고 싶다.

또한 카페, 유튜브를 개설해 1인 기업가로서 독자들과 커뮤니케이션을 해 나갈 생각이다. 이를 통해 수익을 창출하는 새로운 파이프라인을 형성할 것이다. 그리고 동시에 또 다른 꿈에 도전할 생각이다. 공감과 느낌을 독자들과 꾸준히 공유해 나간다면 월 1억 수입의 버킷리스트는 반드시 이루어질 것이다.

3

제주도에 정원과 풀장이 있는
하얀색 2층집 짓기

나는 집에 대한 애착이 많은 편이다. 서울 사람들은 형편이 넉넉해도 전세나 월세로 사는 경우가 흔하다. 나머지 돈은 때로 투기에 사용하기도 한다.

하지만 대부분의 사람들에게 집은 큰 자산이다. 그런 만큼 지금 당장 마음에 든다 하더라도 동네 위치를 따져 추후 얼마나 오를지 체크하곤 한다.

차를 구입할 때도 H그룹의 차가 아닌 D사의 자동차가 마음에 드는 경우가 있을 것이다. 그때도 차주는 나중을 생각해서 H그룹의 차를 구입한다. 왜냐하면 브랜드가 갖는 적절한 보상가치 기준 때문이다.

그러나 나의 기준은 다르다. 집의 가치는 편안함에 있다. 그런 집을 찾았다면 본인 명의로 빨리 구입해야 한다. 그것이 가족의 든든한 보호막이 되기 때문이다.

어릴 때의 집에 대한 나의 기억은 그리 밝지 않다. 부모님은 언제나 바쁘셨고 볼일도 바깥으로 나가 봐야 했다. 또한 여러 집이 화장실 하나를 같이 쓰곤 했다. 그런 이유에서인지 부모님께서는 집에 대한 애착이 남달랐다. 부모님의 억척스러운 생활력 덕분에 우리는 남의집살이를 끝낼 수 있었다.

내가 처음으로 집을 산 것이 42세 때다. 서울 생활에 지쳐 있는 데다 뭔가 방향을 잡고 싶었다. 때마침 아내는 나에게 경남에 위치한 처가로 가면 어떻겠냐? 라고 물어왔다. 이대로라면 서울에서 집을 매입하는 것은 불가능할 것 같았다. 그래서 "생각해 보겠다."라고 얼버무렸다.

곰곰이 생각해 보니 '어차피 힘든 거 서울이나 지방이나 마찬가지 아닐까' 하는 마음이 들었다. 당시 첫째는 초등학교 3학년이었고 둘째인 아들은 일곱 살이었다. 나는 차라리 지금이 적기가 아닐까 생각하며 지방행을 결심했다. 그러나 직장을 다니는 관계로 이사할 집을 알아볼 시간이 빠듯했다.

그때마다 장모님께서 손수 발품을 파시고 집을 알아봐 주셨다. 하지만 우리가 장모님께 보낸 돈으로는 폐가를 연상케 하는 집들만 살 수 있을 뿐이었다. 돈이 터무니없이 부족했던 것이다. 안 되겠다 싶으셨는지 장모님께서 직접 대출을 받아 아파트를 계약해 주셨다. 솔직히 살짝 자존심이 상했다. 하지만 내 집이 생겼다는 데 생각이 미치자 금세 행복해졌다. 신용불량자이자 개인파산자인 내가 집을 마련한다는 것은 전혀 예상하지 못한 일이었다. 나와 아내는 내 집을 가졌다는 행복감 속에서 열심히 대출금을 갚아 나갔다.

지금 생각해도 너무 감사하다. 그렇게 우리 부부는 남의 집이 아닌 우리 집을 갖게 되었다. 처음 이삿짐이 들어오던 날을 생생히 기억한다. 너무 기뻐 어쩔 줄 모르며 여기저기 방문을 열어 보고 내 눈에 확인 도장을 마구 찍었던 그날을. 아이들도 믿기지 않는다는 듯 연신 웃기만 했다.

사실 내가 꿈꾸는 내 집은 제주도에 있는 주택이다. 앞마당이 탁 트인 정원이 있는 집을 좋아하고 꿈꾼다.

우리에게 익숙한 가수 이효리 씨 집을 볼라치면 '나도 저런 집에서 살고 싶다'며 살짝 부러움이 인다. '갑자기 제주도가 웬 말이냐'라고 할지도 모르겠다. 나는 결혼 후 40대 중반이 넘어서야 처음으로 제주도에 여행을 갔다. 남들은 몇 번씩 다녀온다는 곳을 말이다.

내가 본 제주도는 '경이로웠다'라고 해야 하나. 제주도는 처음 가 본 나에게는 환상 그 자체였다. 후에 집에 대한 꿈을 다시 스케치했던 계기가 되었다.

우리는 살면서 내 집 마련이라는 꿈을 이루기 위해 노력한다. 1,000원짜리 할인 쿠폰을 모으며 허리띠를 졸라매는 일이 우리들에겐 일상이 되었다. 그런 마당에 아파트 한 채는 하루하루를 힘겹게 살아가는 서민들에게는 아주 거대한 방탄 철문 같은 안전장치로 받아들여지지 않을까.

나와 아내는 열심히 돈을 모아 더 큰 평수의 아파트로 이사했다. 비록 같은 아파트 단지지만 산이 바로 코앞에 보이는 전망 좋은 곳이다.

24평에서 32평으로 이사했으니 지금 시점에서 본다면 '용'이 된 것이다.

나에게 내 집은 월세 달라는 주인집의 전화를 받지 않아도 되고 철새처럼 옮겨 다니지 않아도 된다는 의미다. 내 집은 내게 아이들과 함께 따뜻한 밥 한 끼 먹는 즐거움과 행복감을 주는 곳이다. 삶에 위안을 주는 소중한 쉼터다.

각종 매체를 통해 논객들은 주택 가격이 폭락한다고 설레발을 치곤했다. 하지만 결국 집값은 인플레이션을 넘어서 위기 때마다 투자의 대상이 되었다. 지금도 '오를까? 또는 더 내려가지 않을까?' 하며 투자자들은 촉각을 곤두세우기도 한다.

세금을 많이 내야 하니 내 집 마련보다 월세나 전세를 사는 것이 이득이라고 말하는 젊은 부부들도 있다. 그러면서도 차는 외제차를 구입해 타고 다닌다. 내 집 마련보다는 여가생활과 과시형 생활이 우선시되고 있는 듯하다. 어떤 게 정답인지 아닌지는 별개의 문제다. 개인이 가지고 있는 사회적 판단 기준이 우선시되어야 한다는 것이 나의 생각이다.

나는 집은 '투자보다는 내 집 마련이 우선되어야 한다'는 보수파다. 집값은 하루 만에도 천정부지로 뛰었다가 큰 폭으로 하락하길 반복한다. 투자의 감이 없는 우리네들은 지출의 우선순위를 당연히 집에 둘 수밖에 없다. 제일 많은 돈이 들어가는 물건이기 때문이다. 남의 집에 사는 것을 좋아한다면 누가 말리겠는가? 그리고 굳이 외제차를 타고자 한다면 그 또한 누가 말리겠는가? 하지만 조금은 살기가 불편하더라도 두 다리 뻗고 잘 수 있는 내 집이 있는 것이 좋지 않을까?

시장은 팩트로 말한다. 거품이 끼어 있다고 해도 2002년 집값과 지금의 집값은 천지 차이다. 조금 허접하더라도 구매할 수 있다면 내 집을 마련해야 한다. 전셋돈은 시간이 지나도 그냥 그 돈이다. 하지만 매매는 다르다. 만약 집값이 오르지 않는다고 해도 남의 눈치 보며 살지 않아도 된다. 두 다리 편하게 뻗고 잘 수 있는 내 집이 좋은 이유다.

나는 한때 신용불량자에 개인파산자였다. 한여름 햇볕에 온몸이 땀범벅이 되다가도 과하다 싶으면 오히려 땀이 흐름을 멈춘다. 뿐만 아니라 그 땀은 쉽사리 마르지 않는다. 한겨울 새벽에 짐을 들고 뛰어다니다 보면 머리카락과 눈썹에 고드름이 맺힌다. 그럴 때마다 집은 나에게 오아시스 같은 존재였다. 내 집 마련은 유일한 나의 꿈이었다.

언뜻 생각해 보면 힘들고 지친 나날들이다. 그런 날들을 보내면서도 나는 입버릇처럼 '나는 전망 좋은 32평 아파트에서 산다. 창문을 열면 아름다운 경치를 볼 수 있는 아파트에서 산다'라고 혼잣말하곤 했다. 시간만 나면 그렇게 상상하곤 했다. 그렇지만 돈은 여전히 없었다.

24평 아파트에서 산 지 1년이 지났다. 그때 갑자기 아내가 서둘러 같이 갈 데가 있다고 했다. 나는 퇴근하자마자 옷도 갈아입지 못한 채 '갈 데'에 끌려가다시피 했다. 도착한 곳은 같은 아파트 단지의 32평형 14층이었다. 평소 '전망이 좋다'는 소리를 듣곤 하던 곳이다. 그곳이 갑자기 매물로 나왔다고 부동산에서 아내에게 연락해 왔던 모양이다. 우리는 그

곳을 계약했다. 내가 매일 혼잣말로 중얼거렸던 그 평수와 그 풍경이었다. 돈은 여전히 빠듯했다. 서울 아파트에 비해 돈 가치도 상당한 차이가 날 수 있다. 하지만 내 꿈은 현실이 되었다.

나는 드라마를 보면서 자신만의 공간, 서재를 가지고 있는 남자 주인공을 부러워하곤 했다. 나는 서재에서 책을 보는 내 모습을 상상하기 시작했다. 그리고 누구보다도 열정적으로 회사생활을 했다. 대표이사께서는 자리를 비우는 시간이 많았다. 그래도 나는 일에 집중했다. '대표이사께서 자리에 없는 상황'에서도 요령을 부리지 않고 내 자리를 지켰다.

기계를 수리하면서 기술진들과 함께 밤을 새우기도 했다. 그렇게 2주의 시간이 흘렀음에도 원인을 찾지 못한 채 시간만 흘러갔다. 몇 날 며칠 밤을 새우며 힘겨워하던 그때 나는 막걸리 한 병을 사서 종이컵에 부었다. 그리고 무작정 빌었다. '제발 살려 달라'고. 빌고 또 빌었다. 이대로 가다간 대기업 납품에 큰 차질이 생겨 회사가 위태로워질 수도 있었다. 답답한 나머지 마지막 발악을 한 것이다. 그래서일까. 며칠이 지나 원인이 밝혀졌고 회사는 빠르게 자리를 잡아 갔다.

지금은 내 서재가 있는 45평 아파트로 이사했다. 돈은 지금도 없다. 돌이켜 보면 내가 원하는 만큼 물건이든 아파트 평수든 그대로 이루어졌다. 나 스스로를 믿고 간절히 원하며 매일 반복적으로 되뇌었기 때문이다. 내 인생을 부정하지 않았기 때문이다.

나는 노후를 제주도에서 보내기로 정했다. 군이 '왜?'라고 묻는다면 인생 3막에는 익숙하지 않은 곳에서 철저히 나만의 여유로움을 갖기 위함이다. 나는 매일 상상한다. 그리고 수시로 중얼거리며 머릿속에 나의 제주도 집을 각인시킨다.

제주도에 위치한 나의 집은 하얀색 2층이다. 1층은 연로하신 부모님과 이곳이 고향이기도한 장모님과 장인어른께서 생활하신다. 우리는 2층을 쓰고 있다. 1층 TV 앞에서 부모님들은 과일을 드시며 크게 웃고 계신다. 2층 거실에선 아내가 커피를 음미하며 마시고 있다. 거실 투명 창으로 내다보자 아내는 이내 행복한 미소를 짓는다. 집 앞 풀장에선 아이들이 수영을 하며 즐거운 시간을 보내고 있다. 집 주변의 주차장에는 각자의 자동차들이 나란히 주차되어 있다. 나는 집 주변에 심어 놓은 야자나무를 바라보며 우리의 반려견 하루와 한가롭게 산책을 즐기고 있다.

나는 이번에도 내 꿈이 어김없이 이루어지리라 믿는다.

4

파란색 포르쉐 파나메라4S
차주 되기

　남녀 할 것 없이 누구나 차에 관심이 많다. 나 역시 자동차라는 단어를 떠올리면 먼저 스포츠카가 연상된다. 누구나 한 번쯤은 갖고 싶어 하는 선망의 대상이기 때문이다. 성공이란 단어와 함께 연상되어 더욱 그 매력에 빠지지 않을 수 없다.

　천장이 없는 빨간색 스포츠카를 사랑하는 연인과 함께 굉음을 내며 고속도로를 빠르게 질주한다. 그리고 석양이 기울어 가는 호숫가에 도착해 진한 감동의 키스를 한다. 각종 영화나 드라마에 단골처럼 나오는 장면이지만 질리지 않는다. 오히려 빠져들기 시작한다. 마음 한구석에선 부러움이 자라 우리를 괴롭힌다. 그 이유는 일반인들이 쉽게 접근할 수 없는 범위를 살짝 자극하기 때문이리라.

　나는 1994년도에 첫 차를 구입했다. 당시는 김일성 사망에 따라 김영삼 대통령이 전군에 특별 경계령 지시를 내린 해이기도 하다.

　나는 강원도 강릉에서 공군 부사관으로 근무 중이었다. 일정 기간 근무하면 영외 거주자라 하여 부대 밖에서 출퇴근할 수 있는 직업군인이 된다. 나는 이 시기에 자취를 시작했다. 문제는 출퇴근 시간이 일정치 않아 버스를 탈 수 없는 경우가 많다는 것이었다. 그래서 생각한 것이 자동차 구입이었다. 마침 군 선배도 차량 구입을 계획하고 있었다. 우리는 같은 기종의 차량을 구입했다. 바로 H사의 엑센트 모델이었다. 디자인이 파격적이어서 젊은 우리를 끌어들이기에 충분했다. 그렇게 나는 생애 첫 오너드라이버가 되었다.

자동차의 사전적 의미는 '원동기를 장치해 바퀴를 굴려서 철길이나 가설된 선에 의하지 아니하고 땅 위를 움직이도록 만든 차'다.

자동차의 대량생산이 시작된 것은 1913년이다. 미국의 헨리 포드가 컨베이어시스템을 도입해 포드 T라는 승용차를 생산했다. 대량생산에 힘입어 1대의 자동차가 완성되는 시간이 대폭 줄어들었다. 그러자 자동차의 값이 점점 싸져(포드 T의 가격은 260달러까지나 내려갔다), 노동자도 살 수 있게 되었다.

미국의 자동차 보급률은 1929년에 적어도 5명당 1대꼴이 되었다. 유럽에서 미국처럼 승용차가 활발하게 보급된 것은 1950년대의 일이다.

독일에서는 제2차 세계대전 전에 국민 누구나가 탈 수 있는 값싸고 성능이 좋은 국민차의 생산 계획을 세웠다. 그에 따라 페르디난트 포르쉐가 시험 제작되었다.

자동차의 부품은 모두 합해 1만 개 이상이나 된다. 그중 중요한 부품이 하나라도 잘못되면 자동차는 고장이 나고 만다. 따라서 하나하나의 부품을 정해진 치수와 재질로 정확히 제작해 조립해야 한다.

세계에서 가장 비싼 차 1위는 롤스로이스 스웹테일로, 1,300만 달러(약 146억 원)다. 오직 1명을 위해 제작된 특별한 모델이 스웹테일이다. 팬텀 쿠페를 기반으로 한 스웹테일은 슈퍼요트에서 영감을 받은 매끄러운 디자인과 고급스러운 실내 공간을 특징으로 한다. 그에 따라 한층 더 고급스러움이 묻어난다. 6.75리터 V12 엔진을 탑재해 최고출력 460마력(ps), 최대토크 73.5kg·m의 성능을 발휘하며 8단 자동변속기와 짝을 이룬다. 이 특별한 모델을 완성 짓기까지는 총 4년이라는 시간이 소요되었다. 제작에만 2년 이상의 시간이 걸렸다고 한다.

국내 3대 슈퍼카 브랜드 신차등록을 보자. 먼저 최근 5년간 페라리, 맥라렌, 람보르기니의 연도별 신차등록 현황이다. 2014년에는 3개 브랜드를 합쳐도 79대에 불과했지만, 2018년에는 258대로 5년 동안 226.6%나 증가하는 추세를 보였다.

브랜드별로는 페라리가 5년 동안 573대의 신차등록 대수를 기록하며 독보적인 증가세를 나타냈다. 맥라렌은 2015년부터 정식 판매되기 시작했다.

람보르기니는 우라칸이 118대로 가장 많은 신차등록 대수를 기록했고, 아벤타도르 75대, 가야르도 4대로 집계되었다. 아벤타도르 75대 중 17대는 정식수입, 58대는 병행수입으로 람보르기니 모델 중 병행수입

대수와 비율이 가장 높았다. 국내 3대 슈퍼카의 최근 5년간 신차등록 현황을 살펴본 결과, 전반적으로 지속적인 성장세를 나타냈다. 2018년에는 3개 브랜드 합계 258대로 매월 20대 이상의 슈퍼카가 팔렸다.

나는 개인적으로 포르쉐를 선호한다. 특별한 이유는 없다. 그저 스포츠카의 대명사 같은 브랜드이기 때문이다. "그냥 차는 시간이 흐르면 폐차장으로 가지만 포르쉐는 박물관으로 간다."라는 말이 있을 정도로 기계적 완성도가 뛰어나다는 평가를 받고 있기 때문이다. '데일리 카처럼 탈 수 있다'는 장점도 있다. 최근엔 폭스바겐, 아우디와의 기술 협업으로 디젤 엔진이라든지 '카이엔'이나 '파나메라' 같은 새로운 모델 개발도 가능해졌다.

포르쉐는 세계에서 유일하게 슈퍼카를 기계로 양산하는 업체다. 또한 순수익을 따졌을 때 세계에서 가장 높은 수익률을 자랑하는 자동차 회사이기도 하다. 포르쉐는 고정밀 기계 생산으로 고품질을 달성하고 JIT 시스템 도입을 통해 생산 단가를 감소시킴으로써 슈퍼카를 상대적으로 저렴한 가격에 생산 및 판매할 수 있게 만들었다.

나는 포르쉐 모델 중 파란색 파나메라4S에 관심을 갖고 있다. 4인승 스포츠카다. 총 길이는 5,050mm, 배기량 3.0 V6 바이터보 가솔린, 변속기 PDK 8단 듀얼 클러치, 출력 6기종 440마력, 최고속도 289km/h, 0에서 100m에 도달하는 데는 4.4초가 걸린다.

포르쉐의 가장 큰 특징은 단연 엄청난 패키징 설계능력이다. 포르쉐의 치밀하고도 밀도가 높은 패키징은 출력이 엄청나게 높은 편이 아닌데도 대단한 성능을 발휘하도록 해 준다.

포르쉐 중에서도 가장 치밀하고 계획적인 설계가 이루어지는 911을 예로 들어 보자. 출력은 모델별로 다르지만 보통 '카레라'는 300~400마력대로 아주 높은 편은 아니다. 고성능 라인업인 터보도 500~600마력대에 머문다. 하지만 911은 이런 비교적 낮은 출력에도 상당한 성능을 보여 준다. GT2 및 GT3 계열은 자연흡기/과급기 모델 할 것 없이 해당 차량보다 상급의 모델들 혹은 스펙이 더 앞선 웬만한 경쟁 차들보다도 빠른 랩타임을 보인다. 몸소 탁월한 성능을 유감없이 보여 주는 것이다.

단점으로 지적되는 것은 '스포츠카치고는 지나치게 편안하다'는 것이다. 그럼에도 불구하고 센터콘솔에서 몇 가지만 조작하면 바로 트랙에 뛰어들어도 괜찮을 정도로 세팅이 잘되어 있다. 그렇게 스포츠카로서의 본질을 잃지 않아서인지 포르쉐는 수많은 마니아들을 거느리고 있다. 실제로 모터쇼 등에서 시트에 앉으면 어지간한 세단보다 편하다. 포르쉐 측에서도 광고 등을 통해 이러한 점을 강조하고 있다. 이런 이유로 나는 포르쉐를 드림 카로 품고 있다.

다음은 〈매일경제〉 기사 내용이다.

"한국의 백만장자는 약 74만 1,000명이라는 조사 결과가 나왔다. 부동산과 금융자산 등을 합쳐 100만 달러(약 11억 7,000만 원) 이상을 보유한 사람들로, 세계 백만장자의 1.6%를 차지했다. 자산 규모가 5,000만 달러(약 585억 원)를 웃도는 초고액 자산가는 한국이 2,984명으로 세계에서 11번째로 많았다. 보고서는 앞으로 5년 동안 한국의 백만장자는 100만 명, 초고액 자산가는 4,200명으로 늘어날 것으로 예상했다."

내가 드림 카에 대한 관심과 꿈을 가지게 된 것은 한책협의 대표이자 멘토이신 김태광 대표 코치님을 만나고부터다. 평소라면 "내가 어떻게 2억 원에 가까운 차를 살 수 있습니까?"라고 반문했을 것이다. 대표 코치님이 "평범하고 일상적인 의식구조 때문에 현재와 미래까지도 포르쉐는 그저 부러움의 대상으로만 여겨지고 말 것이다."라며 의식 변화에 대한 강한 가르침을 주시기 전까지는.

나는 김태광 대표 코치님을 만나 책을 쓰고 있다. 동시에 꿈의 지도를 그리기 시작했다. 포르쉐의 차주가 되어 고속도로를 빠르게 질주하는 내 모습이 그 지도에 함께 담겨져 있다. 많은 사람들이 꿈을 꾸지만 이루지 못하는 것은 현재의식을 바꾸기 위해 꾸준히 노력하거나 커다란 결심을 하지 않기 때문이다. 보다 중요한 것은 왜 어려운지에 대한 의식이다. 매 순간 꿈의 지도를 펼쳐 오로지 의식에 집중, 몰입한다면 포르쉐가 차고에서 주인인 나를 맞이하고 있을 것이다.

나는 책을 쓰고 독자들과 만나는 1인 창업을 계획 중이다. 이를 통해 꿈 지도에 그려진 보물을 하나하나 찾아 갈 것이다. 파란색 포르쉐 파나메라4S와 함께.

가족들과
유럽여행 다녀오기

에어컨도 나오지 않는 트럭을 몰고 고속도로에 진입했다. 여름 휴가철이 되어 고속도로는 정체가 심했다. 나는 슬슬 짜증이 나기 시작했다. 나는 '아직 살 만한가 보네'라며 속으로 비아냥거렸다. 일에 치이면서 조급해져 가는 내 모습에 살짝 열등감이 발동했다.

나에게는 여행이라는 단어가 낯설다. 심지어 학창시절에 찍은 가족여행 사진조차 없다. 나는 결혼 후 첫아이가 태어남과 동시에 신용불량자가 되었다. 그러다 보니 여행은 내게 사치였다. 그래서인지 나 자신과 사회에 대해 심한 열등의식을 가지고 있었다.

남들처럼 회사를 다니며 휴가를 갖는 것조차 내게 부러움의 대상이었을 때가 있었다. 휴가철이 되면 아침부터 고속도로의 정체가 시작된다. 골판지 배송 일을 하는 나로서는 여간 힘든 상황이 아닐 수 없다. 정체로 인해 시간을 허비하다 보면 엄청나게 조바심이 나게 된다. 우리 일은 시간이 바로 돈이기 때문이다. 서둘러 짐을 부리고 다시 공장에 도착해야만 순번에 밀리지 않기 때문이다. 그래야만 '한 탕'이라도 더 뛰어서 돈을 더 벌 수 있기 때문이다. 그런 이유로 언제부턴가 나는 차량이 많지 않은 늦은 오후에 출근하기 시작했다.

여행이란 단어가 낯설지 않게 다가온 것은 마흔 중반을 넘기고서였다. 그동안에는 먹고사는 문제가 시급해 다른 데 신경 쓸 겨를이 없었다. 여행을 한다는 건 나에겐 무리였다. 그러나 서서히 시간이 흐르면서 나는 그것이 경제적 문제만이 아니라는 걸 깨달았다. 어느 순간 아이들과의 소통에 문제가 있음을 느꼈다.

나는 고지식했다. 융통성도 없었다. 또한 말까지 거칠었다. 아내는 다른 건 몰라도 거친 말은 용납하지 않았다. 한때는 이 문제로 옥신각신 싸우기도 했다. 나는 오로지 '내가 벌지 않으면 식구들이 죽는다'라고 생각하며 몸이 부서져라 일했다. 그때는 젊었기 때문에 몸 하나는 누구보다 자신이 있었다. 일만큼은 누구에게도 지기 싫었다. 힘으로 물건을 지고 오르내리는 골판지 배송 일은 더욱 그랬다. 나는 '이것마저도 못 해낸다면 더 이상 돈을 벌 수 없다'라고 생각했다. 그래서인지 100여 대가 넘는 2.5톤 차량 가운데 내 차의 매출이 제일 높았다.

그렇게 밤새 일하고 아침나절 집에 도착하면 나는 제일 먼저 아내에게 부항을 떠 달라고 했다. 당시 가정용 부항기가 인기여서 다들 하나쯤은 가지고 있을 때였다. 아내는 양쪽 어깨에 사혈 침을 놓고 몇 분간 부항을 떠 주었다.

그렇게 한 채 시간이 흐르면 부항을 붙였다 떼어낸 부위에서 피가 흘러내린다. 하지만 내 어깨의 피는 그대로 굳어 흘러내리지 않았다. 화장지로 닦아 내려 해도 흡수되지 않았다. 마치 선지해장국의 선지 모양으로 굳어 있었다. 어느 때는 부항을 뜬 상태로 잠이 들기도 했다. 아내마저도 아이들 시중들기에 바쁜 나머지 부항기를 떼어내는 걸 깜빡 잊곤 했다. 그럴 때면 깨어날 때까지 부항기를 붙인 채 자야만 했다. 깨어날 때쯤이면 어깨가 더 심하게 아프고 피부는 껍질이 벗겨졌다. 이런 일이 매일 아침마다 반복되었다.

어느 날 우리 부부는 일본여행을 계획했다. 가족들과의 첫 해외여행이었다. 우리에게는 첫 해외여행인지라 처형네 식구들과 함께 가기로 했다. 처형네는 많은 해외여행 경험을 가지고 있기 때문이었다. 또한 동서지간인 형님은 동남아를 홀로 여행할 만큼 여행 경험이 풍부했다. 게다가 영어회화가 수준급이다. 그런 이유 때문에 우리는 처형네 식구들에게 일본여행을 함께 가자고 제안한 것이다. 우리 부부는 첫 가족여행이라는 설렘을 안고 비행기에 몸을 실었다.

여행지는 후쿠오카, 유후인, 벳부, 모지코 항으로 정했다. 후쿠오카 공항에 도착한 우리는 렌터카를 빌려 자유여행을 하기로 했다. 다들 알다시피 일본은 운전석이 오른쪽에 있다. 처음엔 여행 경험이 많은 동서 형님이 운전했다. 그러다 나중에는 아내가 교대해 주었다. 내가 처형네 세 살배기 딸아이와 놀아 주고 있었기 때문이다. 참고로 아내는 10년 무사고 운전자다.

약 3시간 동안 렌터카로 이동하면서 일본의 도로와 시골집들을 볼 때면 TV의 그것과는 색다른 느낌이었다. 그들의 절제된 검소함과 개인주의에서 비롯된 독특한 문화를 직접 접하게 되니 신기하기도 했다. 새로운 것을 마주하면서 행복감을 느끼게 되는 것이 여행인 듯싶었다.

한번은 유후인을 관광하고 몹시 배가 고파 식당에 들어갔다. 주인장으로 보이는, 연세가 많은 할머니 한 분이 우리를 맞이했다. 테이블에는 젊은 일본 아가씨 서너 명이 앉아 식사를 하고 있었다. 우리는 우동이며 간단한 요기 거리를 주문했다.

그때 마침 동서 형님이 '휴대전화 배터리가 부족하다'며 충전기를 무심코 전기코드에 꽂았다. 그 순간이었다. 알아들을 수 없는 일본어를 구사하는 할머니로 인해 식당의 분위기는 싸늘해졌다. 옆 좌석에서 식사하던 일본 아가씨들의 표정에서도 뭔가 좋지 않은 기류가 감지되었다. 나는 아차 싶었다. 우리는 거듭 '죄송하다'고 사과했다. 다행히 할머니 표정이 원래대로 밝아졌다. 전기코드를 사용하기 전에 우리는 주인 할머니에게 그래도 되는지 물어보아야 했던 것이다. 우리나라에서는 자연스러운 행동이 일본에서는 무례한 행동으로 받아들여질 수 있었던 것이다. 인지하고 있던 부분이지만 실제 맞닥뜨리니 당황할 수밖에 없었다.

이후 벳부, 고쿠라 성, 모지코 항, 야나가와의 뱃놀이를 끝으로 무사히 여행을 마쳤다. 4박5일간의 첫 가족여행은 나에게 잊지 못할 추억으로 남았다.

여행이 주는 행복감은 나에겐 처음 맛보는 진정한 자유와 같았다. 나는 영어를 못한다. 하지만 나는 나보다 영어를 더 못하는 일본인도 있다는 것을 알았다. 이런 여행의 묘미는 일에 복귀했는데도 입가에 미소를 짓게 했다. 그리고 1년 후 우리 가족은 또다시 일본여행을 갔다.

또다시 일본여행을 계획한 것은 무엇보다 저렴한 여행경비 때문이었다. 당시에는 제주도보다도 저렴한 패키지여행 상품이 많이 나왔었다. 우리는 또다시 일본 자유여행을 계획했다. 일본여행을 다녀온 이후 고등학교에 다니는 딸이 '다음엔 일본 쇼핑여행을 하고 싶다'라고 말하곤 했다. 그래서 우리는 3박 4일간 묵을 숙소 한 곳을 정해 놓고 지하철을 이용하기로 했다. 아내가 인터넷으로 4인 숙소를 예매했다. 목적지는 오사카.

이번 여행에서는 우리 가족만 움직였다. 공항에서 '에그'를 임대했다. 스마트폰과 연결해 와이파이를 쓰기 위함이었다. 우리는 간사이공항에 내려 지도책과 스마트폰을 이용해 숙소로 향했다. 지하철은 우리나라와 비슷했지만 우리는 방향을 잡지 못하고 있었다. 지하철 역사 안에서 갔던 길을 다시 돌아오거나 제자리에서 뱅글뱅글 헤매기도 했다.

그러다 우리는 침착하게 하나하나 감을 잡아 나가기 시작했다. 그러곤 스마트폰을 이용해 무사히 숙소에 도착했다. 일본의 지하철 구조도 우리나라와 크게 다르지 않다는 것을 새삼 느꼈다. 이번 여행에서는 쇼핑을 많이 했다. 난바 신사이바시에 도착한 딸아이와 아내는 여기저기를 둘러보며 서로 웃느라 시간 가는 줄 몰랐다. 나와 막내아들은 그 둘을 졸졸 따라다니며 이국에서의 쇼핑을 즐기고 있었다.

저녁 무렵 우리는 도톤보리로 향했다. 그곳에는 한국이라고 착각할 만큼 우리나라 사람들이 참 많았다. 그런 인파 속에서도 유독 경상도 사투리가 내 귀에 많이 들렸다. 그건 아마도 내가 살고 있는 지역의 말에 내 귀가 공명해서일 것이다.

여행에 있어 참 재미는 그 나라 그 지역의 음식을 맛보는 것이다. 가족들과 맛있는 음식을 선택하는 과정에서부터 소통이 시작된다. 이번 여행의 가장 큰 소득은 딸아이와의 소통이었다. 당시 딸은 사춘기가 끝나지 않은 고등학교 1학년이었다. 사춘기에 접어든 중학교 1학년부터 딸아이는 나와 서먹해지기 시작했다. 무엇 때문에 서먹해졌는지는 아무도 모른다.

그런 딸아이가 여행을 하면서 조금씩 달라졌다. 말도 많아졌고 웃음도 많아졌다. 내 재미없는 농담도 잘 받아 줬다. 이렇듯 예전에는 몰랐던 친밀감을 끌어내 주는 것이야말로 여행의 묘미인 것 같다.

이번 여행의 하이라이트는 유니버셜 재팬이었다. 우리는 단 하루에 모든 걸 만끽해야만 했다. 그래서 아내는 돈을 더 지불해야 됨에도 익스프레스 티켓을 구입했다. 대기 줄을 거치지 않고 시간 안에 많은 걸 타 보기 위해서였다. 우리는 총 9개로 구성된 테마를 빠르게 구경했고 아이들뿐만 아니라 나와 아내도 색다른 3D환상에 빠져들었다. 그리고 '해리 포터' 테마를 끝으로 여행을 마무리 지었다. 우리 가족은 지금도 유니버셜 재팬만큼은 '다시 가 보고 싶다'라고 말하곤 한다.

나는 여행을 통해 중요한 두 가지 이점을 얻게 되었다. 먼저 아이들에 대한 나의 시각이 달라졌다는 점이다. 두 번째는 직설적이고 일방적이었던 내 사고방식이 달라졌다는 점이다.

지금은 또 다른 여행을 구상 중이다. 나는 부모님과 장인 장모님을 포함한 우리 가족 모두의 유럽여행을 목표로 세웠다. 보다 넓은 지역으로의 여행을 온 가족들과 함께 다녀오고 싶기 때문이다. 여행경비만도 만만치 않게 들어갈 것이다. 하지만 일단 목표를 설정하고 꿈을 향해 나아가다 보면 내가 원하는 곳, 바라는 곳에 갈 수 있을 것이라고 믿는다.

나는 현재 직장인이다. 그리고 책을 출간할 예정이다. 그에 따라 1인 사업도 계획하고 있다. 바쁜 나날의 연속이다. 처음엔 미약할지 모르나 확고한 신념과 목표를 가지고 한 발 한 발 나아갈 것이다. 그렇게 하다 보면 유럽행 티켓은 어느새 내 손에 들어와 있을 것이다.

버킷리스트 23

초판 1쇄 인쇄 2020년 5월 19일
초판 1쇄 발행 2020년 5월 22일

지 은 이   임정호 박옥희 이남희 김유정 주연아 우경화 이순복 반 현
           류옥경 이창순 김수진 박민준 김표영 이명란 박상민
펴 낸 이   권동희
펴 낸 곳   위닝북스
기   획   김도사 · 권마담
책임편집   김진주
디 자 인   김하늘
마 케 팅   포민정

출판등록   제312-2012-000040호
주   소   경기도 성남시 분당구 백현로97 다운타운빌딩 2층 201호
전   화   070-4024-7286
이 메 일   no1_winningbooks@naver.com
홈페이지   www.wbooks.co.kr

이 도서의 국립중앙도서관 출판도서목록(CIP)은 서지정보유통지원시스템
홈페이지(http://seoji.nl.go.kr)와 국가자료공동목록시스템(http://www.nl.go.
kr/kolisnet)에서 이용하실 수 있습니다.(CIP제어번호: CIP2020018570)

위닝북스는 독자 여러분의 책에 관한 아이디어와 원고 투고를 설레는
마음으로 기다리고 있습니다. 책으로 엮기를 원하는 아이디어가 있으신 분은
이메일 no1_winningbooks@naver.com으로 간단한 개요와 취지, 연락처
등을 보내주세요. 망설이지 말고 문을 두드리세요. 꿈이 이루어집니다.

※ 책값은 뒤표지에 있습니다.
※ 잘못 만들어진 책은 구입하신 서점에서 교환해 드립니다.